19~20세기 유럽의 개신교 소수(少數)교회

클라우스 피첸 지음
백용기 옮김

호서대학교 출판부

저자 클라우스 피첸 (Klaus Fitschen)

1980-1987 하이델베르크(Heidelberg), 뮌헨(München)과 키일(Kiel)에서 개신교 신학을 공부
바이에른(Bayern) 개신교-루터교회에서 목사로 시무
라이프치히(Leipzig)대학 신학부의 근·현대 교회사 교수

역자 백 용 기

연세대학교 및 동대학원 신학학사(B.A.), 석사(Th.M.)
독일 보훔 루르(Ruhr-Uni. Bochum)대학 신학박사(Dr. Theol.)
現 강남대학교 기독교역사 교수

Klaus Fitschen

Protestantische Minderheitenkirchen in Europa im 19. und 20. Jahrhundert

Kirchengeschichte
in Einzeldarstellungen

IV - 4

Herausgegeben von
Ulrich Gäbler, Johannes Schilling
Begründet von
Gert Haendler und Joachim Rogge †

Evangelische Verlagsanstalt

발 간 사

풍성한 결실의 계절 만추(晩秋)에 기다리던『KGE 교회사 전집』15권을 발간했습니다. 이는 그 동안 우리 교회사 학계의 소원 하나가 이루어진 것이어서 마음이 쾌한 것이 그지 없습니다.

우선 돈독한 신앙과 학문적 열정으로 4년여에 걸친 지난한 번역의 작업을 묵묵히 감내해온 열일곱 분의 번역자께 존경과 감사의 말씀을 드립니다. 또한 발간이 되기까지 노고를 아끼지 않은 한국과 독일의 출판사 대표, 한국개신교단의 총회장님들, 그리고 한국과 독일의 가교가 되어준 네 분의 독일 학자들께도 심심한 감사의 말씀을 올립니다. 그러고 보니 '모든 것이 협력하여 선을 이루는'(롬 8:28) 일이 바로 여기서 이루어졌습니다.

이 전집은 교회사 전반을 아주 상세하게 기록한 문헌 자료로서도 그 의미가 클 뿐만 아니라, 높은 학문적 성취로 그 가치를 크게 인정받고 있습니다. 그렇기 때문에 이 전집은 교회사와 같은 신학의 분야는 말할 것도 없고 로마사와 같은 서양사 분야, 또는 중세 지성사와 같은 인문학 분야의 연구를 진작하고 견인할 것으로 기대를 모으고 있습니다. 또한 영성을 형성하고 길러내는 데에도 큰 기여를 할 것입니다. 저는 이 일에 힘쓰신 번역자 및 관계자 여러분의 숭고한 뜻과 호서대학교 출판부의 도움을 역사의 한 기록으로 남겨 소중히 보전하고자 합니다.

앞으로도 한국의 교회사학자 여러분께서는 학문적 열정으로 한국 교회와 신학 연구 및 교육 발전에 크게 기여하실 것을 축원하는 바입니다.

호서대학교 총장 / 철학박사

추 천 사

2011년 봄에 두란노아카데미에 의해 출판된『기독교 고전총서』는 영미권 출신 학자들이 즐겨 사용해 온 LCC (Library of Christian Classics)를 기본으로 한 교회사 관련 원전 번역 시리즈의 한글번역으로, 한국교회사학회 회원 학자들의 적극적인 참여와 원로교회사가들의 오랜 염원이 맺은 결실이었습니다.

이번에 번역된『KGE 교회사 전집』은 세계교회사를 독일학자들의 시각에서 정리한 시리즈이기에 이 가치를 잘 아는 독일권 유학 학자들의 오랜 염원의 결실이라고 믿어집니다. 물론 세계교회사를 다룬 책은 단행권과 시리즈로 다양하게 있고 번역된 것도 많이 있지만, 이 전집만큼 방대한 분량의 전집은 일찍이 없었습니다. 또한 교회사의 각 시기와 분야에서 최고 수준의 독일 학자들이 교회사 전체를 심도있게 다룬 것이라, 독일권 학자들의 교회사에 대한 관점을 더 잘 이해하고 나눌 수 있는 기회가 될 것입니다. 이번 출판을 크게 기뻐하며,『KGE 교회사 전집』을 적극적으로 추천합니다.

『기독교 고전총서』가 두란노출판사의 당시 대표 故 하용조 목사님의 배려가 없이 나올 수 없었던 것처럼,『KGE 교회사 전집』은 호서대학교 강일구 총장님의 결단과 후원 없이 불가능한 일이었습니다. 척박한 출판문화와 현실 가운데서도 문서사역의 가치를 새롭게 하시고 교회사 연구의 외연을 확장시켜 주신 두 분께 특별한 감사를 드리며 독일과 한국의 후원자들께 깊은 감사를 드립니다. 또한 보다 적절한 단어와 표현을 찾아내며 독자들에게 그 원 뜻을 전하고자 노고를 아끼지 않으신 번역자 교수님들과 이 시리즈의 일체 진행을 맡으셨던 염창선 교수님의 수고에 큰 존경과 감사를 표합니다. 한국교회사학회를 통해 이룬 이 두 가지의 귀중한 번역 자료를 보면 전자는 교회사의 주요 인물들의 글을 통해 교회사를 관통하는 주요주제들을 배우는 것이라면, 후자는 교회사 전체를 아우르며 정리해 주는데 다수에게 익숙해져 있는 교회사의 주요 내용들을 새로운 관점으로 소개하고 있어 두 자료의 활용도는 상호보완적입니다. 따라서『KGE 교회사 전집』은 독일어 자료의 활용이 제한되어 있을 수 있는 학자들이나 학생들, 교회사 일반 독자들을 고려할 때 참으로 의미있고 유익한 성과입니다.

『KGE 교회사 전집』은 다수의 한국교회와 교인들이 간과하고 있는 교회 역사에 대한 다양하면서도 깊고 넓은 이해를 제공할 것이며, 어리석고 무지한 인간들의 역사가운데 면면히 흐르고 있는 교회를 향한 하나님의 뜻을 깨닫고 그것을 현실화해야 할 성도의 마땅한 의무를 되새길 수 있는 귀한 기회를 마련해 줄 것으로 기대됩니다.

횃불트리니티 신학대학원대학교 총장

이 정 숙

감 사 의 글

하나의 일을 이루기 위해서는 수많은 준비 작업이 필요한데 이 시리즈의 출판을 위해 애쓰신 많은 분들께 지면을 통해 감사를 드립니다. 먼저 이 책을 출판하도록 적극적으로 도와주시고 출판되는 일을 가능하게 하신 호서대학교의 강일구 총장님께 진심으로 감사드립니다. 강 총장님의 결단이 없었더라면 이 책이 출판되지 못했을 것입니다.

이와 함께 출판 작업에 애쓰신 호서대학교 고중세문헌연구소와 호서대학교 출판부 담당자 여러분께 감사드립니다. 특히 이 시리즈의 편집을 위해 수고해주신 호서대학교 고중세문헌연구소장이신 염창선 교수님께 감사드립니다.

다음으로 감사드릴 분은 독일에서 이 시리즈의 출판을 위해 애쓰신 분으로, 이 시리즈의 번역을 맨 먼저 저에게 제안한 신실한 친구인 욥스트 렐러 박사(Dr. Jobst Reller)에게 감사를 드립니다. 그는 독일출판사에 내야할 인세를 독일루터교연합회(Die Vereinigte ev.-lutherische Kirche Deutschlands)와 노이엔데텔스아우(Neuendettelsau)에 있는 독일 바이에른 루터교의 선교부(Die Mission EineWelt)의 도움을 받아 해결해 주었습니다. 또한 이 책의 출판을 위해 계속 독일의 출판사와 연락을 취하면서 자기 일처럼 수고해주었습니다.

또한 독일 라이프치히(Leipzig)에 있는 출판사인 Evangelische Verlagsanstalt의 A. 바이트하스 박사(Fr. Dr. Annette Weidhaas)에게 감사드립니다. 번역 출판의 판권 문제에 관하여 애를 써주셨고 출판의 지연에도 불구하고 인내를 가지고 응원해주셨습니다.

세 번째로 감사드려야 할 분들은 이 시리즈의 번역을 맡아 수고해 주신 여러 교수님들입니다. 강의와 연구 그리고 학교의 행정일로 매우 바쁘신 가운데도 귀한 시간을 내어 주신 교수님들께 감사드립니다.

네 번째로 이 시리즈의 출판을 위해 재정적으로 후원해주신 많은 독지가들입니다. 이분들의 정성스런 후원이 있었기에 출판에 많은 도움을 받을 수 있었습니다.

마지막으로 이 시리즈의 출판을 위해 번역위원회를 결성하고(2011년 10월 21일에 열린 한국교회사학회 임시임원회) 번역위원으로 수고 하신 배재대학교의 이성덕 교수님, 협성대학교의 한정애 교수님, 호남신학대학교의 홍지훈 교수님께, 번역 추진을 위해 보이지 않은 많은 수고를 해주신 것에 심심한 감사를 드립니다.

독일 루터교 연합회와 바이에른주 루터교 선교부에 이 시리즈 번역의 성사를 위해 대한예수교장로회(통합) 박위근 총회장님, 기독교대한성결교회 주남석 총회장님, 기독교한국루터회 엄현섭 총회장님께서 추천서를 써주신 것에 감사드립니다. 실로 이 시리즈 번역은 한국의 여러 교단과 여러 신학대학교수들, 그리고 독일의 루터교회가 함께 일구어 낸 글로벌한 에큐메니컬 운동의 열매입니다.

이 시리즈가 신학대학교와 대학원에서 그리고 목회자와 교회사에 관심을 가진 많은 평신도들에게 좋은 양식이 되고 한국신학교육 발전에 큰 진전을 이루는 일이 되리라 믿습니다.

KGE 번역위원장 / 평택대학교 교수

김 문 기

한국어판 서문

이 한국어판 『KGE 교회사 전집』은 독일 라이프찌히에 있는 출판사(Evangelische Verlagsanstalt)에 의해 'Kirchengeschichte in Einzeldarstellungen'이란 제목으로 1978년에 첫 출판된 『테르툴리아누스부터 암브로시우스까지』(I/3, Gert Haendler, 조병하 역) 이래 현재까지 나온 36권 중 우선 15권만 선별하여 번역한 것이다. 번역에 동참한 17명의 교회사학자들과 더불어 한국교회사학회와 호서대학교 고중세문헌연구소 및 호서대학교 출판부가 2011년 12월부터 2015년 11월까지 오랜 기다림과 수고 끝에 얻은 소중한 학문적 결실이다.

이 전집은 신학, 교회사 및 일반 서양사를 배우는 학생들은 물론 그것을 가르치는 자들과 이 분야에 관심이 있는 자들을 염두에 두고 집필되었으며, 1세기 기독교 시초부터 현대까지 시대를 대표하는 인물들과 중요한 신학개념들이 이해하기 쉽도록 설명되어있다. 또한 단순한 개론서 수준을 넘어선 이 전집은 대학(원) 강의교재 및 연구 자료로 사용하기에도 매우 적합할 것이다. 더욱이 시대연구나 신학주제들을 좀 더 심화하려는 독자들에게는 별도로 수록된 역사자료에 대한 도표, 연대표, 색인, 도서목록 및 지도들이 큰 도움이 될 것이다.

이제야 비로소 오랜 산고 끝에 결과물을 손에 넣게 된 것은 오직 학문적 동기로 번역에 동참하신 교회사학자들과 이 일이 가능하도록 실제적인 도움을 준 여러 손길들에게도 참으로 감사할 일이다. 물론 이런 감사가 몇 마디 문장으로 다 표현될 수는 없으나, 도움을 주신 고마운 분들과 기관들의 큰 뜻을 감사의 마음을 담아 여기에 적어둠으로써 길이 기억될 발자취로 남기고자 한다.

감사의 마음을 표하고 싶은 단체 및 기관으로는 호서대학교(강일구 총장)와 한국교회사학회(이정숙/ 김문기 회장), 독일 루터교연합(VELKD) 및 독일 바이에른 루터교 선교부인 'Mission Eine Welt'가 있으며, 개인적으로 힘을 모아주신 고마운 분들 - 남신현(카페포레 사장), 이계자(서울소망교회 권사), 이종목(안산광림교회 권사), 장광석(해창평화교회 목사), 정하성(평택대학교 교수), 차광선(호서대학교 교수), 채재수(전 우원건설회장), 한정희(전남대학교 교수) - 께도 감사드린다.

이 일이 진행되기 위해서 먼저 학자적 안목과 열정에서 번역사업을 흔쾌히 허락하시고 적극적으로 지원해주신 본교 강일구 총장님께 큰 감사를 드리며, 시작단계에서 독일 출판사 측에 추천서를 써주신 한국루터대학 엄현섭 총장님과 기독교대한성결교회 주남석 총회장님과 예수교장로회(통합) 박위근 총회장님, 그리고 독일과 한국 측에 다리 역할을 해주신 한국 루터대학교 M. 리노 교수님(Prof. Malte Rhinow)과 독일 라이프찌히대학교 P. 찜머링 교수님(Prof. Peter Zimmerling)과 특히 J. 렐러 박사님(Dr. Jobst Reller)과 독일 출판사의 A. 바이트하스 박사님(Fr. Dr. Annette Weidhaas)께도 깊은 감사를 드린다. 마지막으로 KGE 번역위원위원장 김문기 교수님(평택대)과 15명의 번역자들에게도, 끝으로 이 사업의 실질적인 손과 발이 되었던 호서대학교 출판부 김애리 팀장에게도 진심으로 감사드린다.

이렇게 여러 손길들을 통해 이루어진 이『KGE 교회사 전집』이 교회사 연구에 기여하고, 한국교회의 일꾼들을 배양하는 교재로 사용되며, 교회의 역사와 전통의 중요성을 널리 알리는데 쓰인다면, 번역에 열정을 바친 학자들과 이 훌륭한 뜻에 마음을 보탠 손길들에게 더 큰 기쁨이 되기에 한국어 번역본 출판을 계기로 이번 일의 품과 꼴을 밝힌다.

KGE 편집인 / 호서대학교 고중세문헌연구소장

염 창 선

번 역 지 침

1. 번역 기본 지침사항

- 표기법은 기본적으로 '국립국어원'의 맞춤법을 따랐다.
- 한글성경 인용의 경우, 개역개정판을 기본으로 하고, 그 외의 성서인용은 출처를 밝혔다.
- 원서에서 사용한 부호를 가능하면 그대로 사용했다.
- 역자가 필요에 따라 첨가한 '역자 주'(각주와 설명) 표기는 각주나 본문에 표기했다.
- 각주 번호는 통일성을 위해 각 장별로 새로 시작했다.
- 외래어는 처음 1회에 한하여 한글과 병기하고, 그 후는 한글 번역만 사용했다.
- 인명과 지명이 외래어인 경우, 기본적으로 '한국교회사학회 용어(인명 • 지명) 통일 원칙'을따랐다.
- 그 외 기본적인 외래어는 '국립국어원 - 외래어 표기법'을 따랐다.

2. '국립국어원' 외래어 표기법 (1986년 문교부 고시)

1) 언어별 표기법이 공유하는 공통적인 특징

- 현지에 해당하는 국가에서 쓰는 언어 표기를 쓰는 것을 원칙으로 한다.
- 경음(ㄲ, ㄸ, ㅃ, ㅉ)과 격음(ㅋ, ㅌ, ㅍ, ㅊ)이 대립하는 언어가 아닌 경우 격음으로 쓴다.
- ㅈ, ㅉ, ㅊ 다음에는 [j] 발음이 들어간 이중 모음(ㅑ, ㅒ, ㅕ, ㅖ, ㅛ, ㅠ)은 쓰지 않는다.

2) 일반적인 외래어 표기법

- 외래어는 국어의 현용 24자모만으로 적는다.
- 외래어 1음운은 원칙적으로 1기호로 적는다.

- 받침에는 'ㄱ, ㄴ, ㄹ, ㅁ, ㅂ, ㅅ, ㅇ'만을 쓴다.
- 파열음 표기에는 경음을 쓰지 않는 것을 원칙으로 한다.
- 이미 굳어진 외래어는 관용을 존중하되 그 범위와 용례는 따로 정한다.

3) 독일어 표기법

- 독일어의 표기세칙은 기본적으로 영어의 표기 세칙을 준용한다.
- [r]
  ① 자음 앞의 [r]는 '으'를 붙여 적는다.
  ② 어미의 [r]와 '- er[ər]'는 '어'로 적는다.
  ③ 복합어 및 파생어의 선행 요소가 [r]로 끝나는 경우는 위의 ②규정을 준용한다.
- 어말의 파열음은 '으'를 붙여 적는 것을 원칙으로 한다.
- 철자 'berg', 'burg'는 '베르크', '부르크'로 통일해서 적는다.
- [ʃ]
  ① 어말 또는 자음 앞에서는 '슈'로 적는다.
  ② [y], [ø] 앞에서는 'ㅅ'으로 적는다.
  ③ 그 밖의 모음 앞에서는 뒤따르는 모음에 따라 '샤, 쇼, 슈' 등으로 적는다.
- [ɔy]로 발음되는 äu, eu는 '오이'로 적는다.

4) 라틴어 표기법

- y는 '이'로 적는다.
- ae, oe는 각각 '아이', '오이'로 적는다.
- j는 뒤의 모음과 함께 '야', '예'등으로 적으며, 어두의 'L+모음'도 '야', '예'등으로 적는다.
- s나 t 앞의 b와 어말의 b는 무성음이므로[p]의 표기 방법에 따라 적는다.
- c와 ch는 [k]의 표기 방법에 따라 적는다.
- g나 c 앞의 n은 받침 'o'으로 적는다.
- v는 음가가 [w]인 경우에도 'ㅂ'으로 적는다.

5) 그리스어 표기법

- y는 '이'로 적는다.
- ae, oe, ou는 각각 '아이', '오이', '우'로 적는다.
- c와 ch는 [k]의 표기 방법에 따라 적는다.
- g, c, ch, h 앞의 n은 받침 'ㅇ'으로 적는다.

역자 서문

우리의 기독교에 대한 지식은 매우 제한되어 있다. 가톨릭과 정교회, 그리고 개신교를 통틀어 기독교라 하나 우리는 개신교 이외의 형제들에 대해서는 아는 바가 매우 적다. 유럽의 개신교에 대한 지식도 스위스나 독일 등 몇몇 국가에 한정되어 있다. 이러한 상황에 있는 우리들에게 이 저서는 유럽의 19/20세기 개신교의 흐름과 변화를 살펴 볼 수 있는 좋은 기회를 제공한다.

본 저서는 19/20세기 서구 유럽 가톨릭이 강력하게 영향을 갖는 국가의 개신교 역사를 다루고 있다. 이제껏 우리에게 알려진 몇몇 국가의 기독교나 역사가 아니라, 현재의 전 유럽에서 개신교가 소수 종교인 국가들의 기독교 역사를 시대적 상황 속에서 교회사적으로 그리고 교파적인 관점에서 서술하고 있다. 특히 여기에는 프랑스 혁명 이후의 소수파 교회의 변화들이 기구사적, 정신사적, 사회사적 그리고 신학사적 측면들의 다양한 면들이 언급되어진다. 또한 공산주의 국가에서 소수 종교로 존재했던 교회들 역시 설명되어진다.

가톨릭이나 정교회가 지배하는 국가에서의 개신교의 다양한 흐름들을 살펴보며, 무엇보다 근대 이후 유럽의 정치적 지형변화 속에서 개신교를 이해할 수 있는 점은 이 책의 큰 장점이다. 유럽의 각 국가 경계선은 종교개혁 이후 무수히 변화를 겪었으며. 이에 따라 정치적이고 교파정치적인 여건들도 변화를 겪게 된다. 이러한 역사의 부침 속에서 유럽의 개신교, 특히 소수자로서의 개신교의 흐름은 독자들에게 여러 가지 신앙과 신학, 기독교 역사에 상상력을 자극할 것이다.

백 용 기

목 차

제3장 동유럽 정교회 지배하의 소수 개신교

머 리 말

이 책에서는 교회사적인 면과 교파적인 관점이 겹친다. 19~20세기의 시간은 현재까지 이르며, 따라서 최소한 전망이 실제 상황의 관점에서 펼쳐질 수 있다. 그래서 이것은 특별한 의미가 있는 것으로 보인다. 왜냐하면 1989년까지 공산주의 독재 상황 아래 존재했던 교회들이, 그 이후에 또 한 번 철저한 변화들을 체험하고 사회에서 그들의 위치를 완전히 새롭게 오늘날에 이르기까지 종결되지 않는 결과를 가지고서 정의를 내려야 하기 때문이다. 그러나 서유럽의 열세에 놓여있는 교회들에 대해서는 가장 최근의 시대사가 먼저 항목별로 작성되고, 비판적으로 숙고되면서 적절하게 묘사되고 있다. 이것은 무엇보다 1960년대와 70년대의 격변과 관련이 있다. 1989년 이후 변화과정에서 체득한 해방과 도전은 관용이 허락된 시대, 그러니까 대략 200년 전에 자주 체험했던 소수 교파(Konfession)에 속한 자들과 유사한 점이 있다. 당시의 시간을 근대와 비교하는 것에는, 그 두 경우에 오랜 동안 강요된 신뢰에 대한 높은 실망과 흔들림처럼 증가된 희망도 포함되었다. 계몽주의의 관용과 근대 다원주의는 이전의 주변부 개신교 공동체의 문화적 적응력에 대해 유사한 물음을 던지면서 되돌아 볼 때 드러난다. 자유지교회(freie Gemeinde)나 독립교단(Freikirche) 안에서 개신교 내부의 차이에 대한 물음은 상당히 분명한 방법으로 답변이 이루어졌다.

그래서 시기 구분의 시작점 역시 고정적인 것으로 다루어질 수 없다. 오히려 각 국가와 교회에 따라 프랑스 혁명과 계몽주의, 혹은 관용법 제정을 통해 소수교파의 지위에 결정적 변화가 일어난 지역들이 고려될 것이다. 언급한 서술 범위에 대해서는 처음부터 다 설명하기 부족한 점들, 그러니까 사회제도사적 정신사적, 사회사적 그리고 당연히 신학사적 측면들의 다양성을 다 기술할 수 없다는 점이 고려되어야 한다.

책의 내용에 대한 서술은 불균형적일 수 있다. 실제로 이것은 완전히 차별적인 사전작업을 고려해 보면 균형 있게 서술될 수가 없었다. 프랑스와 오스트리아 개신교에 대해서는 그동안 수많은 연구와 개괄적 서술이 있다. 오스트리아 교회사에 있어서도 도나우왕국[1]의 몰락에 이르기까지 헝가리, 체코, 슬로바키아 그리고 옛 오스트리아-헝가리의 다른 지역의 개신교 역사에 대해서 서술들이 전개된다. 1918년 이후 시기에 대해서는 대략적으로 서술되어 있다. 이탈리아 개신교에 관해서는 중세 발도파(Waldenser) 역사에 두고 자세하게 서술했으나 최근 몇 년의 관심은 근대 개신교 역사를 염두에 두고 전체적인 스펙트럼 안에서 강조되었다. 폴란드 개신교 역사는 1945년까지 아주 잘 서술되었다. 그 이후는 피난과 추방만이 드러나는 것이 아니라, 공산주의 독재에 의한 소외도 두드러진다. 아일랜드에서 소수 개신교가 가졌던 위대한 시대는 잉글랜드가 이 섬에서 떠남으로써 끝이 났다. 서유럽의 다른 국가들만이 아니라, 남유럽 지역들에서도 역시 개신교인들이 역사에서 흔적을 거의 남기지 못했다. 그러나 여기서는 완전하게 하기 위해 앞서 언급한 지역에 대한 관찰이 서술될 것이다.

필자는 언어능력의 부족으로 인해서 특히, 슬라브어로 된 원전과 문헌자료에 접근할 수 없다는 점은 많은 이전 연구 자료를 다루는데 방해요소였다. 이 책이 많은 저자들의 공동 작업이 되어야 했기 때문에 시리즈의 구상과 모음집과 관련된 비용이 문제가 되었다. 예컨대 유럽 소수 개신교 교회 역사를 서술할 때에, 저자가 의무적으로 알아야 할 과제가 또한 있다. 서술할 때 드러난 문제점은 주제에 적절한 기초자료가 단지 산발적으로만 찾을 수 있다는 것이다. 따라서 원전자료집을 만들어 내는 일은 여전히 미결로 남아있다. 최

1) 옛 오스트리아-헝가리 왕국별칭 - 역자 주

근에 많은 정보와 텍스트들이 인터넷에서 찾아 볼 수 있다는 점만 언급하고 넘어간다.

유럽의 소수 개신교 역사가 다루어져야 한다. 여기에서 유럽이란 지리적, 문화적 경계를 통해서 규정된다. 예컨대 러시아는 서술하지만, 터키는 언급하지 않는다. 물론 오스만 제국의 유럽 지역의 개신교 역사는 언급한다. 오늘날 터키 지역의 개신교 역사는 동방 교회사의 구성이 되어야 한다.

그러나 어떤 교회들이 개신교 소수교회에 해당하는가? 소수라는 개념은 교파라는 관점 안에서, 그리고 근대 유럽의 지평에서 보면 그리스도교 교파들의 상호관계 속에 적용될 수 있다. 예컨대 다음과 같은 교회가 문제시 된다. 즉 그들의 역사가 다수의 가톨릭이나 정교회 주민들의 여건 아래서, 그리고 이러한 다수 교파의 정치적 지배 아래에서 진행되었던 개신교 교회가 문제가 된다. 그래서 개신교 국교 지배 하의 지역, 예를 들어 잉글랜드 같은 지역에서 개신교 소수교회는 여기서 논의되지 않는다. 모슬렘 주민이 다수인 알바니아 역시 고려되지 않는다. 그런데 여기서 주된 원인은 제2차 세계대전 이후에 급진적인 무신론적 정책으로 인해 개신교가 비로소 1989년 이후에 그곳에 적응할 수 있었다는 점이다. 더욱이 오늘날 개신교회는 무신론적으로 변해버린 주민들의 다수에서 소수로 전락하고 말았다. 이것은 예전의 동독(DDR)만이 아니라, 동유럽 국가들과 중앙유럽 국가들의 동부지역에서도 해당된다. 그렇지만 이것은 깊은 역사를 갖지 못한 완전히 고유한 과정의 결과이며, 동독 교회사와 관련해서는 이 시리즈의 다른 책에서 다루어진다.[2]

이 책의 서술에서 문제점 하나는 종교개혁 이후 유럽 지도가 고정되지 않았고, '오스트리아', '이탈리아' 혹은 '폴란드' 같은 명칭이 매우 부정확하다는데 있다. 오스트리아는 - 역사적인 세습영지만을 말할 뿐만 아니라 - 19세기에 오늘날의 국경선을 훨씬 넘어서는 하나의 대제국이었다. 이탈리아는 비로소 19세기에 처음으로 정치적으로 재통일되었다. 폴란드는 쪼개지고, 새롭게 경계가 정해지고 지도책에서 위치가 바뀌었다. 그러므로 이것은 정치적이고 교파정치적인 여건이 어떻게 조성되었는지, 각각의 경우 안에서 서술되어야 한다. 그래서 이 책을 읽을 때 역사지도책을 참조할 것을 추천할 만하다.

---

2) Rudolf Mau: Der protesyantismus im Osten Deutschlands 1945-1990(KGE IV/3), Leipzig 2005.

독일의 개별 영토와 스위스 주(州, Kanton)에 있는 상황들은 특별한 상황이다. 종교개혁을 매우 반겼던 기역들의 분할로 인해서 교파적으로 다양한 지도가 만들어졌으며, 이 지도에서 보면 개별 지역의 경계들은 본질적으로 교파적인 경계선이었다. 소수교파의 위치는 19세기에도 뜨겁게 토론되었다. 소수였던 개신교는 19세기 독일 국교체제에 편입되었으며, 마찬가지로 가톨릭 소수자들도 역시 거기에 편입되었다. 국가별 그리고 주별 상황에 대한 서술은 서술의 영역을 뛰어넘게 된다. 그 외에 독일의 개신교 역사는 『KGE 교회사 전집』에서 이미 몇 권으로 출판되었으며,[3] 그리고 그 사이에 또한 칼 하인츠 보이크트(Karl Heinz Voigt)는 다른 나라들을 개괄적으로 살피면서 독일의 독립교단에 관한 책을 내 놓았다.[4]

'개신교적'이라는 개념은 19세기적인 의미에서 개신교적인 방향을 포괄하면서 폭넓게 수용되어져야 한다. 이 책을 집필하는 중에 드러난 점은 19세기 이래로 새롭게 설립된 교단과 교회들인 '독립교단'의 개입이 불가피하게 되었다는 점이다. 여기서 '교회', '공동체' 혹은 '운동' 같은 개념들은 긍정적으로든 소극적으로든 배척이라는 의미에서 사용되지는 않는다. 예전의 '소종파'라는 개념이 극단으로 내몰린 그러한 배척은 - 이것은 이단자라는 명칭 외에 다른 것이 아니다 - 역사적인 의미에서 보면 무용한 것이었다. 그러나 종교개혁 시기에 뿌리내린 개신교와 유사한 운동들의 경계는 분명하다.[5] '사제'(Pastor) 혹은 '목사'(Pfarrer)는 여기서 구별 없이 공동체 지도자를 나타내는 것으로 사용된다, 이 개념들은 당시의 자기에 대한 명칭과 상관없이, 그리고 또한 성직자의 행정적인 권한과 상관없이, 당시 교회의 자기이해에 따라 교회직무와 결합되었다. 교인 수는 제시된 문헌에 대한 추가 검사 없이 인용되었다. 때때로 그런 자료들이 모순되는 것은 종종 추정이나 부정확한 통계방법에 기인한다.

필자는 2006년 여름 로마와 빈에서 가졌던 두 번의 해외연구를 감사하게 생각한다. 거

---

3) Martin H. Jung: Der Protestanismus in Deutschland von 1815 bis 1870 (KGB III/3), Leipzig 2000; 동저자: Der Protestanismus in Deutschland von 1870 bis 1945 (KGB III/5), Leipzig 2002.

4) Freikirchen in Deutschland (19. und 20. Jahrhundert) (KGB III/6), Leipzig 2004.

5) 비교. Helmut Obst: Ausserkirchliche religioese Protestbewegungen der Neuzeit (KGE III/4), Leipzig 1990.

기에 또한 상세하게 교회 학술지, 즉 원 자료를 연구할 기회가 주어졌다. 이 책의 초고는 구스타프 아돌프 협회(Gustav-Adolf-Verein) 175주년 기념에 맞춰 완성되었다. 스웨덴 왕이 더 이상 '그리스도인과 영웅'(Christ und Held)은 아닐지라도, 브라이텐펠트 전투 장소의 기념비에 새겨진 것처럼 그는 '브라이텐펠트에서 세상을 위한 신앙자유'를 구해냈다. 그렇지만 스웨덴 왕의 이름과 결합된 라이프치히에 소재하는 있는 이 협회는 여기서 다루어진 시대에서 언급된 많은 교회들에게 간과할 수 없는 역할을 했다.

이 책은 나의 학생 조교들의 예비작업이 없었다면 더 오랫동안 독자들을 기다리게 하였을 것이다. 그래서 자료를 찾는데 도움을 준 마티아스 빌데(Matthias Wilde)와 철저하게 교정하고 무엇보다 대담하게 개입하여 오래 묵은 초고를 매끄러운 문장으로 만들어준 프리데리케 퓌엘(Friederike Fürll)에게 감사를 전한다.

2008년 2월 라이프치히

클라우스 피첸 (Klaus Fitschen)

참 고 문 헌

I. 개론서(여러 국가)

Bassarak, Gerhard/Wirth, Günter: Luther und Luthertum in Osteuropa. Selbstdarstellungen aus der Diaspora und Beiträge zur theologischen Diskussion, Berlin 1983.

Gäbler, Ulrich: 'Auferstehungszeit'. Erweckungsprediger des 19. Jahrhunderts: sechs Porträts, München 1991.

Gäbler, Ulrich: Evangelikalismus und Réveil, in: Gustav Adolf Benrath/Ulrich Gäbler (Hg.): Geschichte des Pietismus, Bd. 3, Göttingen 2000, 27-84.

Geißler, Bruno/Stökl, Günther (Hg. Herbert Krimm): In Oriente Crux. Versuch einer Geschichte der reformatorischen Kirchen im Raum zwischen der Ostsee und dem Schwarzen Meer, Stuttgart 1963.

Glaube in der 2. Welt, 1973 ff.

Koch, Ernst: Das konfessionelle Zeitalter – Katholizismus, Luthertum, Calvinismus(1563-1675) (KGE Ⅱ/8), Leipzig 2000.

Die Lage der Protestanten in katholischen Ländern, Zürich 1953.

Lehmann, Hartmut/Schjørring, Jens Holger (Hg.): Im Räderwerk des 'real existierenden Sozialismus'. Kirchen in Ostmittel- und Osteuropa von Stalin bis Gorbatschow, Göttingen 2003.

Lindemann, Gerhard: Sauerteig im Kreis der gesamtchristlichen Ökumene: Das Verhältnis zwischen der Christlichen Friedenskonferenz und dem Ökumenischen Rat der Kirchen, in: Gerhard Besier/Armin Boyens/Gerhard Lindemann (Hg.): Nationaler Protestantismus und Ökumenische Bewegung. Kirchliches Handeln im Kalten Krieg (1945-1990), Berlin 1999, 653-932.

Maner, Hans-Christian/ Schulze-Wessel, Martin (Hg.): Religion im Nationalstaat zwischen den Weltkriegen

1918-1939, Stuttgart 2002.

Maser, Peter (Hg.): Der Kirchenkampf im deutschen Osten und in den deutschsprachigen Kirchen Osteuropas, Göttingen 1992.

Maser, Peter (Hg.): „Kirchengeschichte in Lebensbildern“. Lebenszeugnisse aus den evangelischen Kirchen im östlichen Europa des 20. Jahrhunderts (Beiträge zur ostdeutschen Kirchengeschichte 7), Münster 2005.

Maser, Peter/ Schjørring, Jens Holger (Hg.): Wie die Träumenden? Protestantische Kirchen in der Phase des Zusammenbruchs der kommunistischen Herrschaft im östlichen Europa, Erlangen 2003.

Maser, Peter/ Schjørring, Jens Holger (Hg.): Zwischen den Mühlsteinen. Protestantische Kirchen in der Phase der Errichtung der kommunistischen Herrschaft im östlichen Europa, Erlangen 2002.

Obst, Helmut: Außerkirchliche religiöse Protestbewegungen der Neuzeit (KGE Ⅲ/4), Berlin 1990.

Ramet, Sabrina Petra (Hg.): Protestantism and Politics in Eastern Europa and Russia. The communist and postcommunist Eras, Durham/London 1992.

Tomka, Miklós/ Zulehner, Paul M.: Religion in den Reformländern Ost(Mittel)Europas, Ostfildern 1999.

Tomka, Miklós/ Maslauskaitė, Aušra/Navickas, Andrius/Tos, Niko/Potočnik, Vinko: Religion und Kirchen in Ost(Mittel)Europa: Ungarn, Litauen, Slowenien, Ostfildern 1999.

Tomka, Miklós/ Zulehner, Paul M.: Religion im gesellschaftlichen Kontext Ost(Mittel)Europas, Ostfildern 2000.

Voigt, Karl Heinz: Freikirchen in Deutschland (19. und 20. Jahrhundert) (KGE Ⅲ/6), Leipzig 2004.

Voss, Eugen: Die Religionsfreiheit in Osteuropa. Texte zum kirchlichen Verständnis der Religionsfreiheit und zum Religionsrecht, Zollikon 1984.

Ⅱ. 각 장별 도서목록

제1장 A

Baubérot, Jean: Le Retour des Huguenots, Paris/Genf 1985

Besier, Gerhard: Die protestantischen Kirchen Europas im Ersten Weltkrieg. Ein Quellen und Arbeitsbuch, Göttingen 1984.

Carbonnier-Burkard, Marianne/ Cabanel, Patrick: Une Histoire des Protestants en France, Paris 1998.

Crespin, Raoul: Les Protestants engagés. Le Christianisme social 1945-1970, Paris 1993.

Encrevé, André: Protestants français au Milieu du XIXe Siècle. Les Réformés de 1848 à 1870, Genf 1986.

Fath, Sébastien: Une autre Manière d'être chrétien en France. Socio-histoire de l'Implantation baqtiste (1810-1950), Genf 2001.

Fath, Sébastien: Du Ghetto au Réseau. Le Protestantisme évangélique en France 1800-2005, Genf 2004.

Gambarotto, Laurent: Foi et Patrie. La Prédication du Protestantisme français pendant la Première Guerre mondiale Genf 1996.

Gerdes, Uta: Ökumenische Solidarität mit christlichen und jüdischen Verfolgten. Die CIMADE in Vichy-

Frankreich 1940-1944, Göttingen 2005.
Gresch, Eberhard: Die Hugenotten. Geschichte, Glaube und Wirkung, Leipzig 2005.
Krum, Horsta: Frankreich am Kreuz. Protestanten Frankreichs unter deutscher Okkupation 1940-1944, Berlin 1993.
1982.
Nefontaine, Luc: Le Protestantisme et la Franc-Maçonnerie. Des Chemins qui se rencontrent, Genf 2000.
Robert, Daniel: Textes et Documents relatifs à l'Histoire des Églises Réformées en France (Période 1800-1830), Genf/Paris 1962.
Mours, Samuel/ Robert, Daniel: Le Protestantisme en France du XVIIIe Siècle à nos Jours, Paris 1972.
Stephan, Raoul: Gestalten und Kräfte des Französischen Protestantismus, München 1967.
Strasser- Bertrand, Otto Erich: Die evangelische Kirche in Frankreich, Göttingen 1975.
Wolff, Philippe/Encrevé, André (Hg.): Les Protestants en France 1800-2000, 2. Aufl. Toulouse 2001.
Zorn, Jean-François: Le grand Siècle d'une Mission Protestante. La Mission de Paris de 1822 à 1914, Paris 1993.

제1장 B

Aquilante, Sergio/Becchino, Franco/Bouchard, Giorgio/Tourn, Giorgio/Violante, Luciano: Chiese e Stato nell'Italia que cambia. Il Ruolo del Protestantismo, Turin 1998.
Armistead, David: Cristiani in divisa. Un Secolo di Storia dell'Esercito della Salvezza fra gli Italiani (1887-1987), Turin 1987.
Bouchard, Giorgio: Chiese e Movimenti evangelici nostro Tempo, Turin 1992.
Chiarini, Franco: Storia delle Chiese Metodiste in Italia (1859-1915), Turin 1999.
Chiarini, Franco (Hg.): Il Metodismo italiano (1861-1991), Turin 1997.
Comba, Augusto: Valdesi e Massoneria. Due Minoranze a Confronto, Turin 2000.
Dalmas, Davide/Strumia, Anna:Una Resistenza spirituale. „Conscientia' 1922-1927, Turin 2000.
De Meo, Giuseppe: ",Granel di Sale". Un Secolo di Storia della Chiesa cristiana Avventista 7⊠ Giorno in Italia 1864-1964, Turin 1980.
Denecke, Norgert: Spurensuche. Die Gemeinden der Evangelisch-Lutherischen Kirche in Italien, Erlangen 1999.
Dreibundert Jabre Waldenser in Deutschland 1699-1999. Herkunft und Geschichte (Hg. Albert de Lange), Karlsruhe 1998.
Erk, Wolfgang (Hg.): Waldenser. Geschichte und Gegenwart, Frankfurt a. M. 1971.
Gay Rochat, Donatella: La Resistenza nelle Valle Valdesi 1943-1944, 2., korr. Aufl. Turin 2006 (1.Aufl. 1969).
Hugon, Augusto Armand: Storia dei Valdesi. Bd.2: Dall'Adesionealla Riforma all'Emancipazione (1532-1848), Turin 1989.
Junker, Fritz: Die Waldenser. Ein Volk unter Gottes Wort, Zurichh 1969.

La Bibbia, la Coccarda e il Tricolore. I Valdesi fra due Emancipazioni(1798-1848). Atti del XXXVIIe del XXXVIII Convegno di Studi sulla Riforma e sui Movimenti religiosi in Italia (Torre Pellice, 31 Agosto - 2 Settembre 1997 e 30 Agosto - 1 Settembre 1998), Hg. Gian Paolo Romagnani, Turin 2001.

La Luce, 1908 ff.

Liebscher, Sandra Marcella Lucia:Gegenwartige kulturelle Probleme und Varianten der Valdesi. Ethnographie der italienischen Waldenser 1991-1993, Bochum 1994.

Long, Gianni: Der italienische Staat und die Freikirchen, in: KZG 13 (2000), 331-346.

Long, Gianni: Le Confessioni religiose „diverse dalla cattolica'. Ordinamenti interni e Rap-porti con lo Statteo, Bologna 1991.

Lovisa, Barbro: Italienische Waldenser und das protestantische Deutschland 1655 bis 1989, Gottingen 1994.

Maselli, Domenico:Liberta della Parola. Storia delle Chiese cristiaane dei Fratelli 1886-1946, turin 1978.

Maselli, Domenico: Storia dei Battisti italiani 1873-1923, Turin 2003.

Maselli, Domenico: Tra Risveglio e Mennio. Storia delle Chiese cristiane de Fratelli 1836-1886, Turin 1974.

Miloneschi, Cesare: Ugo Janni. Pioniere dell'Ecumenismo, Turin 1979.

Nuovi Accordi fra stato e Confessioni Religiosi. Studi e Testi, Mailand 1985.

Papini, Carlo/Tourn, Giorgio: Claudiana 1855-2005. 150 Anni di Presenza evangelica nella Cultura italiana, Turin 2005.

Patzelt, Herbert:Evangelisches Leben am Golf von Triest, Munchen 1999.

Ricca, Paolo: die Waldenser und ihre Uberwindung der Trennung bon Staat und Kirche, in: KZG 13 (2000), 347-358.

Rochat, Giorgio: Regime fascista e Chiese evangeliche, Turin 1990.

Schubert, Ernst: Geschichte der deutschen evangelischen Gemeinde in Rom 1819 bis 1928, Leipzig 1930.

Spanu, Paolo/Scaramuccia, Franco: I Battisti. Liberta, Tolleranza, Democrazia, Turin 1998.

Spini, Giorgio: L'Evangelo e il Berretto frigio. Storia della Chiesa cristiana libera in Italia 1870-1904, Turin 1971.

Spini, Giorgio: Italia liberale e protestanti, Turin 2002.

Stretti, Eugenio: Il Movimento pentecostale. Le Assemblee de Dio in Italia, Turin 1998.

Tourn, Giorgio: Die Waldenserkirche und die italienische Kultur, Torre Pellice 1993.

Tourn, Giorgio: Geschichte der Waldenser, Klagenfurt/Wien/Erlangen 2006.

I Valdesi e l'Europa, Torre Pellice 1982.

Van den End, Thomas:Paolo Geymonat e il Movimento evangelico in Italia nell seconda Metadel Secolo XIX, turin 1969.

Viallet, Jean-Pierre: La Chiesa Valdese di fronte allo Stato fascista 1922-1945, Turin 1985.

Vinay, Tullio: Liebe, die Berge versetzt. Die Waldenserkommunitat Agape, Stuttgart 1997.

Vinay, Valdo:Facolta Valdese di Teologia (1855-1955), Torre Pellice 1955.

Vinay, Valdo: Storia dei Valdesi, Bd. 3 (Dal Movimento evangelico italiano al Movimento ecumenico. 1848-1978), Turin 1980.

제1장 C

Delpech, Jacques: Die evangelischen Christen Spaniens. Dokumente zu ihrer Lage, Munchen, 2. Aufl. 1960.

Kruger, Jurgen/Tichy, Christiane: Kirchenbau und Politik. Deutsche evangelische Kirchen auf der Iberischen Halbinsel 1900-1945, Petersberg 2003.

Stricker, Wilhelm: Die Deutschen in Spanien und Portugal und den spanischen und portugiesischen Landern von America, Leipzig 1850.

Van der Grijp, Rainer Maria Klaus: Geschichte des spanischen Protestantismus im 19. Jahrhundert, Wageningen 1971.

Viana Tome, Antonio: Los Acuerdos con las Confesiones relgiosasyel Principio de Igualdad, Pamplona 1985.

제1장 D

Cardoso, Manuel Pedro: Gott mehr gehorchen als den Menschen. Uber Evangelische in Portugal, Kassel 1992.

Gennrich, paul-Wilhelm: Geschichte der evangelischen Gemeinde deutscher Sprache zu Lissabon, Bad Rappenau 1978 (1. Aufl. unter dem Titel Evangelium und Ceutschtum in Portugal, Berlin 1936).

Guichard, Francois:Le Protestantisme au Portugal, in: Arquivos do Entro Cultural Calouste Gulbenkian 28 (1990), 455-482.

제1장 F

Braekman, Emile M.: Histoire du Protestantisme en Belgique au XIXe Siecle (Premiere partie: 1795-1865), Flavion/Florennes 1988).

Dhooghe, Jos: Le Protestantisme en Belgique, in: Liliane voye(Hg.): La Belgique et ses Dieux: Eglises, Mouvements religieux et laiques, Louvain-la-Neuve 1985, 311-332.

제1장 G

Loetsch, Klaus: Zwischen vielen stuhlen. Geschichte des Protestantismus in Luxemburg, in: Forum online fur Politik, Gesellschaft und Kultur in Luxemburg, Marz 2006, 33-40.

제1장 I

Bain, John A.: Protestantismus und Katholizismus in Irland, Munchen 1905 (Berichte uber den Fortgang der „Los von Rom-Bewegung', II. Reihe, 7.Heft), Munchen 1905.

Tanner, Marcus: Ireland's Holy Wars. The struggle for a Nation's soul 1500-2000, New Haven/London 2001.

제1장 J

Amt und Gemeinde, hg. vom Bischof der Evangelischen Kirche (A.B.), 1947 ff.

Barton, Peter F.: Evangelisch in Osterreich. Ein Uberblick uber die Geschichte der Evangelischen in Osterreich, Wien 1987.

Dantine, Johannes/Thien, Klaus/Weinzierl, Michael (Hg.): Protestantische Mentalitaten, Wien 1999.

Evangelische in Osterreich. vom Anteil der Protestanten an der osterreichischen Kultur und Geschichte. Katalog zur gleichnamigen Ausstellung in der Osterreeichischen Nationalbibliothek. Wien, November 1996 bis Feber 1997, Wien 1996.

Fischer, Otto:Das Protestantengesetz 1961, Wien 1962.

Graf-sStuhlhofer, Ranz (Hg.): Frisches Wasser auf durres Land. Festschrift zum 50-jahrigen Bestehen des Bundes der Baptistengemeinden in Osterreich, Kassel 2005.

Hinkelmann, Frank: Geschichte der Evangelischen Allianz in Osterreich. Von ihren Anfangen im 19. Jahrhundert bis zum Ausgang des 20. Jahrhunderts, Bonn 2006.

Jahrbuch fur die Geschichte des Protestantismus in Osterreich, Wien 1880 ff.

Meindl, Birgit: Die fulle des Himmels - die Halfte der Arbeit. 30 Jahre Frauenordination in der Evangelischeen Kirche in Osterreich, Wien 1995.

Pichler, dietlind: Burgertum und Protestantismus. die Geschichte der Familie Ludwig in Wien und Oberosterreich (1860-1900), Wien/Koln/Weimar 2003.

Porubszky, Gustav: Die Rechte der Protestanten in Osterreich. Sammlung der wichtigsten Gesetze und Verordnungen uber protestantische Kirchen-und Schulangelegenheiten in den deutsch-slavischen Kronlandern Osterreichs, wien 1867.

Reingrabner, Gustav/Schwarz, Karl (Hg.): Quellentexte zur osterreichischen evangelischen Kirchengeschichte zwischen 1918 und 1945 (Jahrbuch fur die Geschichte des Protestantismus in Osterreiich 104/105), Wien 1988/1989.

Reingrabner, Gustav: Protestanten in Osterreich. Geschichte und Dokumentation, Wien/Koln/Graz 1981.

Schermann, Ursula:Die Evangelische Kirche A und HB in Osterreich zwischen 1918 und 1938 unter besonderer Berucksichtigung der Meinungsbildung in der evangelischen Geistlichkeit zu politischen und organisatorischen Fragen der Kirche (Diplomarbeit), Wien 1987.

Schwarz, Gerhard Peter: Standestaat und Evangelische Kirche von 1933 bis 1938. Evangelische Geistlichkeit und der Nationalsozialismus aus der Sicht der Behorden von 1933 bis 1938 (Diss.), Graz 1987.

Schwarz, Karl: Funfzehn Thesen zum Protestantismus in Osterreich im 20. Jahrhundert, in: Klaus Thien/ Sigrid Lindeck-Pozza(Hg.): Erfahrung aber bringtHoffnung. Erinnerungen evangelischer Zeitzeugen, Wien 1996, 21-44.

Trauner, Karl-Reinhart:Die Los-von-Rom-Bewegung. Gesellschaftspolitische und kirchliche Stromung in der ausgehenden Habsburgermonarchie, Szentendre 1999.

Trauner, Karl-Reinhart/Zimmermann, Bernd(Hg.): 100 Jahre Evangelischer Bund in Osterreich. Probleme und Chancen in der Diaspora-Arbeit, Gottingen, 2003.

Volker, Karl: Die Entwicklung des Protestantismus in Osterreich, Leipzig/Prag/Wien 1917.

Wagner, Oskar: Muttetrkirche vieler Lander. Geschichte der Evangelischen Kirche im Herzogtum teschen

1545-1918/20, Wien/Koln/Graz 1978.

제2장 A

Balog, Zoltan (Hg. Gerhard sauter): Miarbeiter des Zeitgeistes? Die Auseinandersetzung uber die ZeitgemaBheit als Kriterium kirchlichen Handelns und die Kriterien theologischer Entscheijungen in der Reformierten Kirchee Ungarns 1967-1992, Frankfurt a. M. 1997.

Brandt, Juliane: Konfessionelle und nationale Identitat in Ungarn: Die protestantischen Kirchen, in: Maner/ Schulze Wessel, Religion im Nationalstaat (s.o. Uberblicksdarstellungen), 31-71.

Bucsay, Mihaly: Der Protestantismus in Ungarn 1521-1978. Ungarns Reformationskirchen in Geschichte und Gegenwar. Teil II: Vom Absolutismus bix zur Gegenwart, Wien/Koln/Graz 1979.

Fabiny, Tibor: Bewahrte Hoffnung. Die Evangelisch-Lutherische Kirche Ungarns in vier Jahrhunderten, Erlangen 1984.

Fabiny, Tibor: Geschichte der Evangelischen Kirche in Ungarn, Budapest 1995.

Fabiny, Tibor [iun.]: The hungarian Revolution of 1956 and its Aftermath in the Lutheran Church. The case of Bishop Lajos Ordass, in: Lehmann/Schjorring, Im Raderwerk (s. o. Uberblicksdarstellungen), 31-40.

Fabiny, Tibor[iun.]: The Testimony of Bishop Lajos Ordass during Communism in Hungray, in: Maser/ Schjørring, Zwishen den Mühlsteinen (s. o. Überblicksdarstellungen), 303-320.

Geschichte und Gegenwart der Reformierten Kirche in Ungarn. Herausgegeben von der Presseabteilung des Synodalbüros der Reformierten Kirche in Ungarn, o. O. o. J.

Gottas, Friedrich: Die Frage der Protestanten in Ungarn in der Ära des Neoabsolutismus. Das ungarische Protestantenpatent vom 1. September 1859. München 1965.

Korányi, András: Diakonische Theologie. Weg oder Irrweg zwischen Staat und Kirche in der Kirchengeschichte Ungarns, in: ZBKG 74 (2005), 23-27.

Ottlyk, Ernö: Der Weg einer evangelischen Kirche im Sozialismus. Die Entwicklung des ungarischen Luthertums seit 1945, Berlin 1982.

Punger, Joseph: Protestantism in Hungary. The Communist Era, in: Ramet, Protestantism and Politics (s. o. Überblicksdarstellungen), 107-156. Terray, László: Ungarn: „Politik der kleinen Schritte", in: Maser/ Schjørring, Wie die Träumenden (s. o. Überblicksdarstellungen), 135-160.

Tökés, Zoltán: Bischof Imre Révész (1889-1967) unter besonderer Berücksichtigung seines ökumenischen Wirkens und seines Rücktritts vom Bischofsamt, in: Maser, Kirchengeschichte in Lebensbildern (s. o. Überblicksdarstellungen), 138-146.

Vajta, Vilmos: Die diakonische Theologie im Gesellschaftssystem Ungarns, Frankfurt 1987.

제2장 B

Bock, Paul: Protestantism in Czechoslovakia and Poland, in: Ramet, Protestantism and Politics (s. o. Überblicksdarstellungen), 73-106.

Borggrefe, Friedhelm/Opocenská, Jana (Hg.): Christen im Herzen Europas. CSSR, Kassel 1989.

Capek, Jan: Bozena Komá rková , in: Maser, Kirchengeschichte in Lebensbildern (s. o. Überblicksdarstellungen), 120-124.

Daske, Ulrich: Die Tschechoslowakische Hussitische Kirche in der deutschen theologischen Literatur und in Selbstzeugnissen, Frankfurt a. M. 1987.

Dienende Gemeinde. Leben und Werk der protestantischen Kirchen in der Tschechoslowakei, Prag 1961.

Frey-Reininghaus, Gerhard (Hg.): Kirchen in der Tschechischen Republik zehn Jahre nach der Wende, Prag 1999

Otter, Jirí: Die erste Vereinigte Kirche im Herzen Europas. Die Evangelische Kirche der Böhmischen Brüder, Prag 1991.

Sakrausky, Oskar: Die Deutsche Evangelische Kirche in Böhmen, Mähren und Schlesien nach dem Tagebuch ihres ersten und letzten Kirchenpräsidenten D. Erich Wehrenfennig, Bd. Ⅰ-Ⅵ, Heidelberg/Wien/Bad Rappenau 1991-1992.

Schwarz, Karl (Hg.): Die Reformation und ihre Wirkungsgeschichte in der Slowakei, Wien 1996.

Švorc, Peter: Die Evangelische Kirche Augsburger Bekenntnisses in der Slowakei und ihr Schicksal in der Tschechoslowakei nach 1953, in: Lehmann/Schjørring, Im Räderwerk (s. o. Überblicksdarstellungen), 125-142.

Szymeczek, Józef: Die kommunistische Kirchenpolitik in der Tschechoslowakei am Beispiel der Evangelischen Kirche A. B. in Schlesien ab 1945, in: Maser/Schjørring, Zwischen den Mühlsteinen (s. o. Überblicksdarstellungen), 221-234.

Tschechische Ökumenische Gemeinschaft. Ein Porträt der Mitgliedskirchen des Tschechischen Ökumenischen Rates, Prag 1982.

Urban, Rudolf: Die slavisch-nationalkirchlichen Bestrebungen in der Tschechoslowakei mit besonderer Berücksichtigung der tschechoslowakischen und der orthodoxen Kirche, Leip-zig 1938.

Urban, Rudolf: Die Tschechoslowakische Hussitische Kirche, Marburg 1973.

제2장 C

Bassarak, Gerhard (Hg.): Ökumene in Polen, Berlin 1982.

Besier, Gerhard: Altpreußische Kirchengebiete auf neupolnischem Territorium. Die Diskussion um „Staatsgrenzen und Kirchengrenzen“ nach dem Ersten und Zweiten Weltkrieg, Göttingen 1983.

Borggrefe, Friedhelm/Janik, Ryszard (Hg.): Protestanten in Polen – Europäer zweischen Ost und West, Leipzig 2001.

Greschat, Martin (Hg.): Deutsche und polnische Christen. Erfahrungen unter zwei Diktaturen, Stuttgart/Berlin/Köln 1999.

Gürtler, Paul: Nationalsozialismus und evangelische Kirchen im Warthegau, Göttingen 1958.

Kiec, Olgierd: Die protestantischen Kirchen in Polen unter Kommunistischer Herrschaft, in: Maser/Schjørring, Zwischen den Mühlsteinen (s. o. Überblicksdarstellungen), 137-208.

Kiec, Olgierd: Protestantische Kirchen in Polen in der Phase des Zusammenbruchs der Kommunistischen

Herrschaft (1980-1990), in: Maser/Schjørring, Wie die Träumenden (s. o. Überblicksdarstellungen), 117-134.

Kleindienst, Altred/Wagner, Oskar: Der Protestantismus in der Republik Polen 1918/19 bis 1939 im Spannungsfeld von Nationalitätenpolitik und Staatskirchenrecht, kirchlicher und nationaler Gegensätze, Marburg 1985.

Kneifel, Eduard: Geschichte der Evangelisch-Augsburgischen Kirche in Polen. Niedermarschacht 1962.

Krebs, Bernd: Nationale Identität und kirchliche Selbstbehauptung. Julius Bursche und die Auseinanadersetzungen um Auftrag und Weg des Protestantismus in Polen 1917-1939, Neukirchen 1993.

Neumeyer, Heinz: Kirchengeschichte von Danzig und Westpreußen in evangelischer Sicht. Bd. Ⅱ : Die evangelische Kirche im 19. und 20. Jahrhundert, Leer 1977.

Quellenbuch zur Geschichte der Evangelischen Kirche in Schlesien (Hg. Gustav Adolf Benrath u. a.), München 1992.

Rhode, Arthur: Geschichte der evangelischen Kirche im Posener Lande, Würzburg 1956.

Rogall, Joachim: Die Posener Evangelische Kirche im Gegenüber zum Nationalsozialismus, in: Maser, Der Kirchenkampf im deutschen Osten (s. o. Überblicksdarstellungen), 159-179.

Viertel, Gerlinde: Evangelisch in Polen. Staat, Kirche und Diakonie 1945-1995, Erlangen 1997.

제2장 D

Hermann, Arthur/Kahle, Wilhelm (Hg.): Die reformatorischen Kirchen Litauens, Erlangen 1998.

제3장 A

Baier, Hannelore (Hg.): Bischof Friedrich Müller. Erinnerungen. Zum Weg der siebenbürgisch-sächsischen Kirche 1944-1964m Köln/Weimar/Wien 1995.

Binder, Ludwig: Die Kirche der Siebenbürger Sachsen, Erlangen 1982.

Böhm, Johann (Hg.): D. Dr. Viktor Glondys. Tagebuch, Dinklage 1997.

Böhm, Johann: D. Dr. Viktor Glondys (1882-1949). Sein Wirken als Bischof der evangelischen Landeskirche A. B. in Rumänien von 1932-1941, in: Maser, Kirchengeschichte in Lebensbildern (s. o. Überblicksdarstellungen), 147-175.

Boyens, Armin: Zur Rolle des Ökumenischen Rates der Kirchen in der Schlußphase der kommunistischen Herrschaft, in: Maser/Schjørring, Wie die Träumenden (s. o. Überblicksdarstellungen), 45-62.

Ferencz, Árpád: Der Einfluss der Theologie Karl Barths auf die Reformierte Kirche Rumäniens unter Berücksichtigung der Impulse für eine osteuropäische Theologie der Befreiung, Zürich 2005.

Klein, Christoph:Ausschau nach Zukunft. Die Siebenburgisch-Sachsische Kirche im Wandel, Erlangen 1998.

Plajer, Dietmar C.: Die Reformatorischen Minderheitenkirchen in Rumanien 1944-1989, in: Maser/Schjorring, Zwischen den Muhlsteinen (s. o. Überblicksdarstellungen), 209-220.

Pope, Earl A.: Protestantism in Romania, in: Ramet, Protestantism and Politics (s. o. Überblicksdarstellungen), 157-208.

Roth, Harald: Kleine Geschichte Siebenburgens, Koln/Weimar/Wien 1996.

Schlarb, Cornelia: Das Ringen um die innere selbstandigkeit der Evang.-Luth. Kirche in Bessarabien in den 20er und 30er Jahren dieses Jahrhunderts, in: Maser, Der Kirchenkampf im deutschen Osten (s. o. Überblicksdarstellungen), 248-263.

Schlarb, Cornelia: Tradition im Wandel. Die evangelisch-lutherischen Gemeinden in Bessarabien 1814-1940, Koln/Weimar/wien 2007.

Schmidtmann, Dietmar: Evangelische Kirche mit deutscher verkundigungssprache im sudosteuropaischen Raum im Gegenuber qum Nationalsozialismus: Der Kirchenkampf in Siebenburgen, in: Maser, Er Kirchenkampf im deutschen Osten (s. o. Überblicksdarstellungen), 233-247.

Wien, Ulrich Andreas/Schwarz, Karl(Hg.): Die Kirchenordnungen der Evangelischen Kirche A. B. in Siebenburgen (1807-1997), Koln 2005.

Zwischen Anpassung und Widerstand. Referate einer Tagung des Hilfskomitees der Siebenburger Sachsen im Fruhjahr 1980, Munchen 1980.

제3장 B

Mojzes, Paul/Shenk, N. Gerald: Protestantism in Bulgaria and Yugoslavia since 1945, in: Ramet, Protestantism and Politics (s. o. Überblicksdarstellungen), 209-236.

제3장 D

Fledelius, Karsten: Gescheiterter Atheismus? Staat und Glaubensgemeinschaften in Albanien, Bulgarien und Jugoslawien (1945-1992), in: Maser/Schjørring: Wie die Träumenden (s. o. Überblicksdarstellungen), 177-209.

Herzog, Heinrich: Die Verfassung der Deutschen Evangelisch-Christlichen Kirche Augsburgischen Bekenntnisses im Königreiche Jugoslawien, Leipzig 1933.

Schwarz, Karl: Von Cilli nach Wien. Gerhard Mays Weg vom volksdeutschen Vordenker zum Bischof der Evangelischen Kirche in Österreich, in: Maser, Kirchengeschichte in Lebensbildern (s. o. Überblicksdarstellungen), 189-214.

Steindorff, Ludwig: Im Windschatten. Die protestantischen Kirchen in Jugoslawien nach 1945, in: Maser/Schjørring, Zwischen den Mühlsteinen (s. o. Uberblicksdarstellungen), 235-270.

Sterlemann, Karl: Studien zur Kirchengeschichte der Reformierten Christlichen Kirche in Jugoslawien, Kroatien und Südungarn (von der Ansiedlungszeit bis 1944), Bad Nauheim 1988.

Vetter, Roland: Keine bleibende Stadt. Beiträge zur Geschichte deutscher Protestanten aus Jugoslawien, Wiesbaden 1990.

Wild, Georg: Die Deutsche Evangelische Kirche in Jugoslawien 1918-1941, München 1980.

제3장 E 러시아

Amburger, Erik: Geschichte des Protestantismus in Russland, Stuttgart 1961.

Diedrich, Hans-Christian: Siedler, Sektierer und Stundisten. Die Entstehung des russischen Freikirchentmus, Berlin 1985.

Fild, Horst Alfred: Zwischen Odessa und Kasachstan. Aspekte zum Weg der deutschen evangelischen und Katholischen Gemeinden in der Ukraine, 2. Aufl. 1996.

Kahle, Wilhelm: Die lutherischen Kirchen und Gemeinden in der Sowjetunion seit 1938/1940, Gütersloh 1985.

Kahle, Wilhelm: Dokumente und Berichte zum Leben der lutherischen Kirchen und Gemeinden in der Sowjetunion seit 1939/1940, Gütersloh 1988.

Kahle, Wilhelm: Geschichte der evangelisch-lutherischen Gemeinden in der Sowjetunion 1917-1938, Leiden 1974.

Kahle, Wilhelm: Symbiose und Spannung. Beiträge zur Geschichte des Protestantismus in den baltischen Ländern, im Innern des Russischen Reiches und der Sowjetunion, Erlangen 1991.

Khiminwts, Pavlo: Protestantismus in der Ukraine. Rolle und Stellung des Protestantismus im soziokulturellen Kontext der Geschichte der Ukraine, Frankfurt a. M. 2006.

Luchterhandt, Otto: Die Phase der Errichtung der kommunistischen Herrschaft in der Sowjetunion, in: Maser/Schjørring, Zwischen den Mühlsteinen (s. o. Überblicksdarstellungen), 25-62.

Sawatsky, Walter: Protestantism in the USSR, in: Ramet, Protestantism and Politics (s. o. Überblicksdarstellungen), 237-275.

Steindorff, Ludwig (Hg.): Partei und Kirche im frühen Sowjetstaat. Die Protokolle der Antireligiösen Kommission beim Zentralkomitee der Russischen Kommunistischen Partei (Bolschewiki) 1922-1929, Münster 2007.

Stricker, Gerd: Christen in der Sowjetunion als Glaubenszeugen und Märtyrer, in: Maser, Kirchengeschichte in Lebensbildern (s. o. Überblicksdarstellungen), 215-235.

Stricker, Gerd: Die Ev.-Luth. Kirche in Rußland im ersten Jahrzehnt der sowjetischen Herrschaft (1917-1929), in: Maser/Schjørring, Zwischen den Mühlsteinen (s. o. Überblicksdarstellungen), 63-120.

Stricker, Gerd: Die gesellschaftliche Rolle der Kirchen in der Sowjetunion im späten Kommunismus, in: Maser/Schjørring, Wie die Träumenden (s. o. Überblicksdarstellungen), 77-106

Stricker, Gerd: Die Kirchen der Rußlanddeutschen und ihre Position gegenüber dem Dritten Reich, in: Maser, Der Kirchenkampf im deutschen Osten (s. o. Überblicksdarstellungen), 180-205.

Tschoerner, Helmut: Kirchenordnungen und Statute der Evangelisch-Lutherischen Kirche in Rußland. Bd. 1: Von 1832 bis 1924, Bd. 2: Von 1990 bis zur Gegenwart, Erlangen 2005.

Willems, Jochen: Lutheraner und Lutherische Gemeinden in Russland. Eine empirische Studie über Religion im postsowjetischen Kontext, Erlangen 2005.

19～20세기 유럽의
개신교 소수(少數)교회

제1장

서유럽 가톨릭 국교 지배하의 개신교

여기서 거론되는 국가들의 상황은 매우 다양하다. 그러나 하나의 공통점이 있다. 즉 개신교 교회들은 - 그것들이 작던지 크던지 - 19세기에, 부분적으로는 20세기 지금까지도 가톨릭 국가교회주의나 혹은 최소한 가톨릭 문화와 인구가 통계학적으로 우세한 여건 속에 생존하였다. 이것은 '이탈리아'라는 개념 아래 포함될 수 있는 국가들 그리고 스페인과 포르투갈도 마찬가지다. 여기서 개신교인들은, 비록 발도파들이 기대에 반하여 더 오래 살아남고 이탈리아 개신교가 19세기에 어느 지역에서 활기를 띠었다하더라도 주변부에 머문다. 프랑스에서는 상황이 다르다. 왜냐하면 심각한 박해에 방치된 개혁파(reformiert) 개신교들은 엘사스(Elsass) 지역의 루터교(Luthertum)를 통해서 강화되었고 그리고 이미 19세기에 개신교인들의 법적 지위를 현저하게 향상시켰기 때문이다. 이것은 오스트리아에 대해서도 마찬가지라고 말할 수 있는데, 1781년 요제프의 관용칙령(Josephinische Toleranzpatent)은 현대 관용정책의 근본자료(Urdatum) 중 하나이다. 잉글랜드에 의해서 지배된 순수한 가톨릭 국가인 아일랜드의 상황은 특이하다. 여기서는 개신교 국교가 설립되었다. 계속해서 이 장에서 다루어질 나라들의 상황은 아주 진기하다.

예를 들어 프랑스와 이탈리아에서 소수 개신교 교회가 계속 연결되었던 상황에 대해서는 분명하게 밝혀져야 한다. 그리고 이것은 무엇보다 스위스, 영국 그리고 독일의 다수 개신교와의 연결이다. 경건성과 신학, 교회와 국가의 관계에 대한 견해, 노래와 소책자들은 국경선을 넘어 전달되어졌고, 설교자, 목사 그리고 비신학자들은 그들의 유동성을 통해서 새로운 발전을 전달하는 다리가 되었다.

A 프랑스

1. 억압으로부터 시민관용에 이르기까지

16세기, 확장과 인내의 단계가 지난 후 프랑스 개신교인들은 1685년 낭트 관용칙령이 취소되는 바람에 박해와 억압을 견뎌야 했다. 그럼에도 불구하고 프랑스 개혁파 개신교는 몰락하지 않았다. 왜냐하면 가정의 신앙심과 교육이 중요한 사회적 요소로 남아있었기 때문이다. 교회(Gemeinde)는 '광야의 교회'(Kirche der Wueste)로서 지하에 모였다. 파리에 있는 개신교인들은 - 그 가운데에는 루터교 교인도 있었는데 - 개신교 국가들의 대사관교회에 연결될 수 있었다. 1715년 루이 14세(Ludwig XIV.: 1638-1715) 사망 이후 상황은 다소 완화되었다. 그러나 루이 15세(Ludwig XV.: 1710-1774)는 1724년 분명하게 개신교 신앙이 금지된다는 선언을 발표하였다. 여하튼 뒤이은 10년은 개신교인에 대한 억압이 보다 덜 조직적이고 덜 잔인하게 추진되었다. 또한 불규칙적으로 국민노회(Nationalsynode)가 열렸다. 18세기 중반 이후 계몽사상으로 뒷받침된 실용주의적인 관용이 실행되었다. 또한 자연법에 근거한 동등권이 강하게 요구되었다. 그럼에도 불구하고 개신교인의 법적 지위는 불안정하였다. 왜냐하면 그들의 존재가 공적으로 부인되었기 때문이다. 그래서 그들은 계속해서 차별의 희생양들이었다.

1787년 국왕 루이 16세(Ludwig XVI.: 1754-1793)는 마침내 개신교인들에게 시민평등권을 허락하였다. 여기에 대한 추진력은 미국 독립전쟁에서 귀환한 라파옛(Lafayette: 1757-1834) 장군이었다. 그는 교파관용에 대한 미국의 모델로부터 영감을 얻었다. 1787년[1] 관용칙령은 지금까지의 잔인한 억압을 취소하고, 이성과 인도주의의 토대 위에, 그리고 폭력을 배제하는 그리스도교의 토대 위에 세워졌다. 마찬가지로 관용은 정의와 자연법의 토대 위에서, 특히 군주국의 이해에 근거해서 행사되었다. 이 군주국의 이해에 따라 수많은 위장 개종자들과 이민자들이 대립하였다. 출생, 결혼, 장례와 같은 개신교인들의 호적 상황은 이제 공적으로 공무원이나 그 외에 호적 직무를 담당하는 가톨릭 신부를 통해서 등록이 가능했다. 하지만 이러한 규칙 역시 반작용이 있었다. 가톨릭교회가 공적인 종교행사에서 그들의 특권적 지위와 유일한 권리를 유지하였기 때문에, 결국 국왕의 명예에는 어떤 손상도 가지 않았다. 루이16세는 대략 오스트리아 요제프 2세가 선포한 관용칙령(아래의 제1장 J. 1을 보라)의 선에서 결정하였다. 또한 법적인 관점에서 보면 개신교인들은 아직도 차별을 당했다. 왜냐하면 그들에게는 국가 관직이 허락되지 않았기 때문이다. 여하튼 지금은 대략 50만 명이라는 많은 개혁파가 개신교 프랑스에 아직 존재하고 있었다.

18세기 계몽주의와 경건주의의 두 가지 경쟁적인 흐름이 개혁파 개신교 내에 영향을 끼쳤는데, 이들은 그 다음 시기에 지속적인 영향을 끼쳤다. 왜냐하면 그들은 새로운 양식

1) Carbonnier-Burkard/Cabanel: Une Histoire, 107f.(Praeambel)

으로 반복해서 발언권을 신청하였기 때문이다. 그 외에 또 경건주의는 빈약한 처지에 있었다. 그들은 19세기에 처음으로 각성운동으로 관철되었다. 그 사이에 개혁파 교인들은 더 이상 프랑스 개신교만을 대표하지는 않았다. 왜냐하면 루이 16세의 팽창정책으로 개신교 내부의 교파 상황이 변했기 때문이다. 국왕은 '재통일'(Reunion)의 조류 속에 엘사스를 즉시 프랑스의 지배지로 만들었다. 엘사스에는 주민의 1/3을 차지하는 개신교인들이 있었는데, 대부분 루터교 교인들이었다. 물론 소수의 개혁파 주민들도 있었다. 국왕은 공식적으로 교파에 대한 보장과 함께 베스트팔렌 평화조약을 받아들였다. 따라서 개신교 교회는 유지되었고, 마찬가지로 목사들도 계속해서 스트라스부르에서 학업을 할 수 있었다. 그러나 법적인 보증에도 불구하고 가톨릭으로 되돌리려는 작업이 상당히 강하게 추진되었다. 거기에 대한 적절한 수단은 교회를 가톨릭 예배로 바꾸거나 혹은 개신교와 가톨릭의 예배가 드려져야 하는 공동교회(Simultankirche)로 변용하는 것이었다. 그래서 교파들 사이의 논쟁은 예정된 것이었고, 개신교 측의 손실, 무엇보다 구체적으로 목회자 층의 손실로 드러났다. 그러나 많은 사람들이 개종했음에도 불구하고 엘사스는 개신교 저항의 피난처였으며, 이것은 18세기 이후 상황이 완화되었다. 또한 이 시기에 엘사스 목사들 가운데에 경건주의와 마찬가지로 계몽주의 영향이 증가하였다.

백작령 몽벨리아르(Montbéliard)의 상황은 엘사스의 개신교인들과 비슷했다. 몽벨리아르는 중세 이후 묌펠가드(Moempelgard)로 뷔르템베르크에 속했던 지역이며, 이곳 영주 집안의 구성원에 의해서 통치되었다. 루이 14세는 또한 이 지역을 자기 지배권으로 끌어들이고자 하였으나 프랑스 주둔군은 다시 철수해야만 했다. 1790년 이후 프랑스 혁명군이 라인강으로 처음 진격함으로써 그 지역은 프랑스가 점유하였고 그 다음 뷔르템베르크에 속하는, 교환 장소가 되었다. 이것은 제국 명성의 대 종결을 의미했으며 라인강 우측의 손실을 보충하기 위해서였다.

2. 프랑스 혁명과 나폴레옹 시기의 개신교

가톨릭교회는 프랑스 혁명 초기에 자신의 지위를 계속 주장할 수 있었다. 또한 가톨릭 측으로부터 계속적인 개신교의 완전한 동등권을 방어하였다. 혁명 전의 신분제의회에서, 그 결과는 '삼부회의 요구서'(Cahiers de doléances)로 나타났다. 여기서 성직자들은 번번이 1787년에 승인된 관용에 대하여 항의하였고 민족의 이익을 위해서 그것들의 폐지를 요구하였다. 혁명의 진행과정에서 교파들 사이에 아직도 양측의 희생자가 서로 고소를 반복하는 폭력행위가 일어나고 있었다. 프랑스 개신교는 기대했던 개혁을 통해 - 이것은 혁명 중에 변하였는데 - 어떤 경우이든 상황이 나아질 것을 기대하였다. '자유, 평등, 박애'는 관용만이 아니라 또한 프랑스 사회에서 개신교의 확장이라는 면에서도 거대한 약속이었다. 그 후 공화주의자, 반성직주의자, 자유주의자 그리고 (대부분은 온건한) 좌익 세력은 프랑스의 개신교 정체성을 유산으로 공유했으며, 그리고 거기에 상응하여 혁명 중에 개신교 대변인들에게 유대교에게도 관용을 요구하는 것이 어렵지 않았다. 그래서 개신교인들은 혁명에 참여하였고, 결정기구와 행사기구에서 과도한 비율로 대변자 역할을 맡았다. 물론 거기에서 그들이 개신교인으로서 인식된 것은 아니었다.

개신교 측에서 보면 혁명 초에 장 폴 라보(Jean-Paul Rabaut: 1743-1793)가 첫 줄에 서 있었으며, 그는 라보 생-에띠엔(Rabaut Saint-Étienne)으로 알려졌다. 그의 아버지 폴 라보(Paul Rabaut: 1718-1794)가 1744년 이래 목사로서 활동했고, 그 역시 1764년 이래 목사로 활동한 님(Nîmes)의 국회의원이었다. 라파엣(Lafayette)은 1785년에 라보에게 파리로 이사가서, 거기서 궁중을 향하여 개신교를 대변해달라고 설득하였다. 그런 상황에서 1787년 관용칙령에 대한 공동 작업이 이루어졌다. 그나 앙투안 바르나브(Antoine Barnave: 1761-1793)와 같이 정치적으로 활동하는 다른 개신교인들은 그래서 혁명 운동의 최고 자리에 있었다. 라보 생-에띠엔은 개신교 이상이 혁명적인 이상에서 실현된다는 것을 확신하는 사람이었다. 그는 - 1790년 3월에 겨우 헌법제정의회의 의장에 선출되었는데 - 단두대에서 처형당했으며, 그의 아버지는 감옥에 감금되었다. 바르나브와 다른 사람들 역시 혁명적인 테러에 희생되었다.

라보 생-에띠엔과 라파엣의 신앙자유와 양심자유 채택은 1789년 8월 26일 인권선언에 힘을 입고 있다. 그러나 이 인권선언은 단지 개인에게만 해당된다. 그럼에도 불구하고 동일한 선언이 공적 질서를 해치지 않아야 한다는 유보조건 아래 인권선언이 배치되었다.

종교의 자유는 예컨대 계속 개인의 종교적 행위에 제한되었다. 1789년 12월 24일 개신교 인들에게 완전한 시민평등권과 모든 공무권이 주어졌다. 1790년 7월 10일 국민의회는 - 프랑스로 돌아오려는 개신교 이주자들의 후예들에게 - 이전에 압류된 가족 소유물을 다시 돌려주도록 결정하였으며, 1790년 12월 15일 되돌아오는 자들을 프랑스 국민으로 다시 승인하는 결정을 내렸다. 그러나 1791년에서야 개신교인들은 공정인 종교행사의 권리를 가졌다. 그때부터 공적인 예배가 드려질 수 있었고 교회 역시 건축될 수 있었다. 사실 이미 1789년 6월 7일 파리에서 첫 개신교 예배가 드려졌으나, 공적인 종교 행사는 생-루이-뒤-루브르(Saint-Louis-du-Louvre) 교회의 개신교로의 양도와 함께 제도로 정착되었다. 그런데 이 교회에서는 십계명뿐만 아니라 인권선언을 말하였다. 매우 강력해진 반성직적, 반교회적, 그리고 반그리스도교적 혁명의 전개는 가톨릭과 마찬가지로 그 후 곧 개신교 성직자들도 같은 도전 앞에 직면하게 하였다. 1790년 7월 '성직자 시민법'(Zivilkonstitution des Klerus)으로 가톨릭교회를 혁명 국가로 통합하는 데에 개신교는 동의하였고 또한 부분적으로는 확실히 국민의 감독 선거에 참여하였다. 그렇지만 그 다음 그들 역시 급진적인 교회정책의 톱니바퀴에 빠져들었다. 두 교단의 목사들은 순응과 - 부득이하든지 혹은 계몽된 확신에서든지 - 저항 중에 선택해야 했다. 몇몇의 개신교 목사들은 단두대에서 처형당했다. 215명의 개혁파 목사들 가운데 98명은 그들의 직무를 내려놓았으며, 이것은 많은 가톨릭 신부들과 주교들 역시 마찬가지였다. 많은 사람들이 혁명에 더욱 잘 봉사할 수 있으리라는 신념에서 이 단계를 실행하였다. 몇 사람들은 가톨릭 "열광주의"(Fanatismus)[2)]에 대한 투쟁에 만족감을 표하였다. 98명 가운데 반그리스도교적인 공포시대가 지난 뒤 65명이 다시 그들의 직무에 봉직하였다. 개신교의 교회 생활은 잠시 동안 정지되었다. 물론 목사와 교인들은 몸을 숨긴 채 아직 살아 있었다. 가톨릭교회와 다르게 개신교 교회는 '성전'(Temple)으로 불리는데, 혁명을 위해 거룩한 장소로 제공할 시설도, 열광주의자들로부터 파괴당할 어떤 시설도 없었다. 국가의 교회에 대한 원칙적인 거리에 대해서 - 예컨대 맨 먼저 가톨릭 - 개신교인들은 동의하였다.

국가에 맞지 않는 성직자들에 대한 혁명시기 박해가 끝나고 - 가톨릭 측에서와 마찬가

---

2) 목사 루이-빅토-가브리악(Louis-Victor Gabriac)은 1793년 12월 그렇게 설명하였다. Carbonnier-Burkard/Cabanel: Une Histoire, 119.

지로 - 망명을 떠났거나 저항하였던 자들이 어떻게 남아있던 자들과 함께 다시 하나의 교회를 세워야 하는지 물음이 제기되었다. 이 물음은 1799년 나폴레옹의 통치 시작과 더불어 프랑스의 정치적 재조직과 함께 교회 재조직을 실행하려는 정책이 되었다. 교회의 국가에 통합에 대한 나폴레옹의 관심은 - 가톨릭 시각에서 1801년 종교협정(Konkordat)과 1802년 '조직조항'(Organische Artikel)에 기록되었다 - 대략 50만 명의 프랑스 개신교인들에게도 향해졌다. 뒤이어 개신교 역시 정책적으로 '조직조항'을 통해서 규제되었다. 개신교는 가톨릭에 대해서와달리 통제가 교회 교리와 조직에까지 미쳤다. 그러나 국가에 일치하는 개신교를 만든다는 목표 방향은 같았다. '개신교 교회' 내지 '다양한 개신교 공동체'가 언급되었다. 개혁파와 루터교(아우크스부르크신조, CA)는 분명하게 차이가 있었다. 개혁파의 가장 중요한 조직 단위(Organisationseinheit)는 6천 명으로 구성된 인위적인 교회(kuenstliche Gemeinde)였다. 이 교회들은 - 당회(Konsistorium)[3]로 알려진 - 6명에서 12명의 장로들과 그 지역목사(Ortspastor)로 구성된 지도부에 의해서 인도되었다. 그러한 당회들은 - 81개가 있었다 - 각각 5개가 하나의 지역노회(regionale Synode)를 구성해야 했다. 그러나 그것에 필요한 국가의 승인이 항상 거절되었다. 그래서 노회를 통한 아래로부터의 교회 재조직, 특히 국민노회(Nationlasynode)를 통한 조직은 방해받았고 지금까지의 교회 장로회는 파괴되었다. 그 때문에 국가에 대하여 개신교를 대변할 수 있는 교회 상부 기구는 존재하지 않았다. 당회제도는 인위적이었으며 근본적으로 자율적인 교회와 고유한 전통을 결합시켰다. 당회 구성원인 장로들은 부유하거나 혹은 공적인 지위로 인한 개신교 시민 출신의 높은 저명인사들이었다. 목사들은 이제 국가 공무원이었으며, 그리고 선출된 이후에는 나폴레옹의 재가를 받아야만 했다.

개신교는 나폴레옹을 통해서 19세기 동안 지속적으로 '종교협정'(Konkordataer)체제에 편입되었으며 동시에 자유와도 연결되었다. 그래서 1804년 나폴레옹의 황제 즉위는 개신교 측에서 매우 긍정적으로 평가받았다. 그 외에 나폴레옹은 교회 건축을 촉진시켰고 요구된 가톨릭교회를 더 이상 개신교 교회로 양도하지 않게 하였다. 여기에는 혁명 이후

---

3) 역자 주: .Konsistorium은 독일에서 개신교의 교회재판소 혹은 교회관청이다. 개신교 교회에 대한 영주의 주 정부적이고 감독적인 권리를 실행하기 위하여 생겼다. 1918년 이것이 폐지될 때까지 국가의 관청이었다. 이것은 신학자와 법률가로 동등하게 구성되었다. 자유 교회인 한국교회에 적절한 기구는 없으나 당회로 번역함이 가장 타당할 것 같다.

에 텅 빈 수도원 교회가 특히 적절하였다. 1808년 황제는 파리에 하나의 루터 지교회 설립을 허락하였으며 그들에게 하나의 교회를 양도하였다. 개신교 성직자들은 이제 가톨릭과 마찬가지로 공적인 명성을 향유하였다. 다른 한편 개혁파도 이제 국교의 길에 들어갔는데, 이것 때문에 그들에게 활동가능성이 제한되었다. 그들에게는 예배당 건물 밖의 활동조차 계속해서 금지되었다. 개신교의 법적 승인과 더불어 마침내 성직자들이 프랑스 땅에서 양성될 수 있었다. 1729년 스위스 로잔에 신학교(Predigerseminar)가 세워졌으며, 여기서 프랑스 목사직의 커다란 부분들이 교육되었다. 그들은 로잔과 제네바 교육을 통해서 계몽주의와 강하게 접촉하였다. 그 다음 나폴레옹의 명령으로 1808년 몽토방(Montauban)에 프랑스 땅의 경쟁자로서 하나의 신학대학이 건립되었다. 개신교 아성인 님으로 이주하는 것은 나폴레옹이 허용하지 않았다. 몽토방의 신학대학은 곧 계몽의 아성이 되었다는 평판을 받았으며, 이것은 교회 내부의 비판과 1813년 교수들의 선언을 야기하였다. 교수들은 개혁파의 신앙 전통에 서있고자 하였다. 그러나 1816년 이미 신학대학은 각성운동의 영향하에 빠져들었다. 신학교육은 계속해서 스트라스부르에 존속하였으며, 이것은 무엇보다 성장하고 있는 루터교 목사를 위한 것으로 생각되었다.

프랑스 혁명 기간과 나폴레옹 아래서 루터교 교인들은 일반적으로 국가의 교회정책에 예속되었다. 개신교를 위한 것으로 여겨진 조직조항에는 개혁파교인들에게 적용되는 규정들이 부분적으로는 그들을 위해서 변형되었다. 그래서 각각 5개의 당회를 위한 지역 노회가 여기선 시찰회(Inspektion)라고 불렸다. 루터교에 대해서는 3개의, 즉 스트라스부르, 마인츠, 쾰른에 자리하는 총당회(Generalkonsistorien)가 설립되었다.

3. 1872년 개신교의 내부 분열에 이르기까지

1905년 교회와 국가가 분리되기까지 행사된 조직조항으로 개신교 교회는 제도상으로 이득을 얻었다. 국가로부터의 부양은 목사들의 급격한 증가를 초래하였다. 1806년에는 170명이였으나 1814년은 214명, 1830년은 324명이 되었다. 목사직의 자발적인 모집 잠재력은 매우 높았으며, 곧 목사 명문 가문이 등장하였다. 당연히 지원자의 수는 계속해서 일

자리 수를 능가하였다. 새로운 교회 건축 역시 소박한 개혁파적인 스타일을 유지하면서 계속하여 국가로부터 재정적 지원을 받았다. 나폴레옹 시대 이후에도 역시 교회에 대해 '자유, 평등, 박애'(Liberté, Égalité, Fraternité)라는 비문은 이상한 일이 아니었다. 프랑스에는 계속해서 50만 명의 개혁파 교인과 대략 22만 명의 루터교 교인이 있었다.

나폴레옹 지배의 최후는 개신교의 법적 지위에 대해 다시 한 번 의문을 제기하였다. 1814년의 '헌법조항'(Charte constitutionalle)으로 가톨릭은 다시 국교가 되었으나, 신앙과 양심의 자유 그리고 나폴레옹의 조직조항은 유지되었다. 그래서 개신교는 국교를 약화시키는 일련의 법들로 인해 곤란한 상황에 빠져들었는데, 이는 무엇보다 국가 통제의 단점에서 벗어나있었다. 남프랑스에서는 나폴레옹 통치 붕괴와 더불어 광신자들은 왕당파의 선전 속에서 혁명에 대해 책임이 있는 개신교인에 대항하여 진격할 때가 도래했다고 보았다. 사람들은 개신교 신자 중에서 작지만 매우 적극적인 혁명가들을 주모자로 여겼다. 1815년까지도 님이 시민전쟁과 비슷한 '백색테러'(Weissen Terror)로 인해 동요되었다. 공적 질서를 다시 세우고 위협당한 개신교를 보호하는 일들은 매우 힘들게 이루어졌다. 그다음 해부터 개신교는 그러한 집단 박해에서 벗어났지만, 가톨릭에게는 루이 18세(1755-1824)와 칼 10세(Karl X.: 1757-1836)를 통해서 뚜렷하게 특권이 부여되었다. 이미 예수회의 복귀는 모욕이었다. 하급 관청들은 제한적인 집회권의 인증을 내세워 승인이 필요한 교회의 집회를 거절할 수 있었다. 교파의 공존은 사실 많은 장소에서 마찰 없이 이어졌다. 가끔 분쟁이 일어났지만 그것은 특히 개신교인이 가톨릭의 축제에 경의 없이 마주칠 때였다. 가톨릭 지식인들은 개신교를 아직도 무지한 오류와 개인주의적인 이성적 사고의 표현으로 여겼다. 여하튼 개신교의 대가들이 있었다. 예를 들어 벤자멩 콘스탕(Benjamin Constant: 1767-1830)은 뛰어난 자유주의자였다. 제르멘 두 스타엘(Germaine de Staél: 1766-1817)은 벤자멩 콘스탕과 긴밀한 인간적인 관계를 유지하였는데, 그는 루이 16세 치하에서 재직했고 스위스 출신 재무장관인 자크 넥커(Jacques Necker: 1732-1804)의 딸이었다. 그녀는 굽힐 줄 모르는 공화주의자였으며 나폴레옹을 피한 망명을 독일과 다른 유럽 국가들의 여행으로 활용하며 견디었다. 그녀는 저술가로서 낭만주의의 확장에 공헌하였다.

조직조항을 통해서 개신교 교회는 새로운 조직과 함께 주어진 공간을 얻었는데, 이곳에서 그들은 자신들의 내적인 삶을 설계해야 했다. 예배는 새로운 규정에 의해 열렸으며, 물론 설교가 중심이었다. 성만찬 제의는 최고 제의로 유지되었다. 그밖에 가정에서 성경 공부를 토대로 한 경건은 큰 역할을 하였다.

개신교의 내적 발전은 두 가지 시대적 요소에서 특징지어진다. '각성운동'은 '부흥'(Réveil)의 프랑스적인 형식 속에서 많은 목사들과 교인들에게 영향을 주었다. 이들의 생각에 의하면, 자신들은 개신교 신앙에 대한 계몽주의적인 왜곡을 방어해야 했다. 여기에 '세상'(Welt)으로부터 은둔과 내면성에 대한 숙고가 덧붙여졌다. 이것은 경건주의의 유산이지만 낭만주의 경향과도 상응하며, 그리고 새로운 유산계급의 자기연출(Selbstinszenierung)의 제한에 근본적인 중심이 있다. 한편에서 각성운동가와 다른 편에서 계몽주의 정신으로 무장된 자유주의자들 사이의 분쟁은 결국 근대에 이르는 방법에 대한 갈등이었다. 각성운동가들이 합리주의와 함께 그것을 받아들이고자 한 반면, 자신을 자유주의로 이해하는 자에게는, 비교리적인 그리스도교를 선호하고 그리고 개신교의 경계를 넘는 자들을 위해서, 그리스도교 신앙을 계몽하는 하는 것이 필연적으로 보였다. 각성운동은 스위스와 프랑스 시각에서만 국가를 넘나드는 유럽 운동이 아니다. 이미 경건주의처럼 각성운동의 대표자들은 어디서나 호의적으로 받아들여지지 않았고, 그리고 교회 안에서, 목사직 안에서 분쟁은 일상이 되었다. 각성운동은 통일된 현상이 아니다. 그리고 또한 그들이 전통적이거나 정통주의적인 개혁파(orthodox Reformiertentum)로 다가가는 것도 단지 하나의 경향일 뿐이다. 문자영감설에 대한 신앙, 내면적 회개에 대한 의식, 혹은 전통 신조로의 요구 같은 요소들은 각각 그들의 대변자들에 따라 강조점의 차이가 있었다. 각성운동 설교들은 많은 사람들에 의해서 들어졌고, 상응하는 출판물들은 많은 사람들에 의해서 읽혀졌다. 새로운 교회 찬송가가 각성운동을 전달하는 본질적인 매체였다. 개신교 잡지들은 독자층에 의지하였는데, 그 중에 각성운동에서 가장 중요한 기관지인 「그리스도교 자료실」(Archives du Christanisme)은 1818-1868년에 출간되었고, 「씨뿌리는 자」(Le Semeur)는 1831-1850년에 출간되었다. 그러나 개신교 신문의 발간은 독자층의 부족으로 이루어지지 않았다. 잡지보다 더 넓게 퍼진 것은 학생들이나 청년들 그리고 가정을 대상으로 하는 개신교 소책자들이며, 1815년 설립된 소책자협회(Société des traités religieux)에 의해서 판매되었다.

무엇보다 제네바로부터 유랑하는 설교자들과 프랑스 신학생들에 의해서 각성운동이 영향을 주었다. 제네바와 프랑스 사이에 정치적 경계가 놓여있긴 했지만(비록 제네바가 나폴레옹 지배하에 프랑스에 속하긴 했지만), 어떠한 정신적 그리고 무엇보다 언어적인 경계는 없었다. 제네바는 진첸도르프(Zinzendorf)가 1741년 방문한 이래 이제는 프랑스로 옮겨진 형제회의 전통이 자리를 잡았다. 다른 경건 운동을 위해서도 역시 제네바는 프랑스로 향하는 길에 좋은 관문이 되었다. 1818년 그 시대에 완전히 독특하게 파리에 성서협회가 설립되었다. 제네바 교회지도부(Compagnie des Pasteurs)는 다른 한편 교리문제에 있어서 프랑스 개혁파 교회에 중요한 결정을 내렸다. 1817년 교회지도부는 목사들이 원죄, 은총과 예정 같은 논쟁적인 주제를 설교하는 것을 금지했다. 그렇게 계몽주의자와 각성운동가들 사이의 분쟁은 피해져야 했다. 그러나 곧 분쟁들은 그 때문에 폭발하였고 그리고 각성주의자들의 자제력에 도전하였다. 하나의 반동은 제네바에 '에글리즈 드 부르 드 푸르'(옹기마을 교회: Église de Bourg de Four)의 자유교단 설립이었다. 더 나아가 세자르 말랑(César Malan: 1787-1864)은 제네바 교회지도부와의 심화된 분쟁에 직면하여 1823년 '증언교회'(Église du Témoignage)를 설립하였으나, 개혁파 교회에 남아있고자 하였다. 그는 여러 번 프랑스로 설교하고자 여행하였다. 말랑은 또한 각성운동의 찬송가 작사자로 알려졌다. 1836년 '시온의 노래'(Chants de Sion) 모음집이 출판되었다. 1830년 제네바에 '개신교협회'(Société évangélique)가 세워져서 계속 각성운동의 특별한 교회로 발전하였고 1840년 Église de Bourg de Four와 통합하였다. 1832년 이 단체는 자신들의 신학교육 기관인 '신학교육'(École de Théologie)을 제네바에 세웠다. 여기에서는 프랑스에서 온 신진 개혁파 신학자들도 공부하였다.

제네바와 프랑스 각성운동과 병행하여 영국에서 퍼져나간 감리교가 주목을 끌었다. 1814년 웨슬리안 특징의 첫 번째 감리주의자들이 프랑스 노르망디에 왔다. 영국으로부터 또한 감리교 목사 찰스 쿡(Charles Cook: 1787-1858)이 와서 설교하면서 그 나라를 돌아다녔다. 물론 감리주의에는 아주 소수의 확실한 지지자만이 있었다. '감리주의'라는 말은 각성운동의 적으로부터 자주 나온 욕설이었다. 프랑스 개혁파 교회에의 이런저런 경건주의 운동의 영향이 훨씬 중요한데, 개혁파 교회는 이 운동을 통해서 큰 단체로 각인되었다. 그리고 그것은 바로 분리주의적인 분열에서만이 아니었다. 또한 1814년 처음으로 프랑스 땅에서 인식되는 주일학교운동(Sonntagsschulbewegung)은 영국으로부터 들어왔다. 1852년 이를 위해서 특별한 협회가 세워졌다.

제네바에서 각성운동은 1818년 앙리 드뤼몽(Henry Drummond: 1786-1860)와 로베르 알단(Robert Haldane: 1764-1842)에 의해서 세워진 '런던대륙협회'(London Continental Society)로부터 추가적인 지원을 받았다. 이 단체는 복음전도자(Volksmissionare)를 보내야했다. 이 단체의 위임을 받아 국민선교자 아미 보스트(Ami Bost: 1790-1874)가 프랑스를 여행하였다. 보스트와 말랑 같은 다른 설교자들은 관청으로부터 의심의 눈초리로 감시당했다. 1819년 보스트는 개혁파 교회와 단절하고 1825년 Église de Bourg de Four에 가입하였다. 1840년 그는 다시 국교로 되돌아갔다. 1824년 알단은 파리에 순회설교자 파송을 위한 기관을 설립하였다. 다음 1833년 세워진 '프랑스 개신교 협회'(Société évangélique de France)가 런던 대륙협회의 프랑스 지회가 되었으며, 여하튼 이는 복음전도에 몰두하였다. 이러한 연합단체들이 1847년에 세워진 '복음주의 개신교 중앙협회'(Société centrale protestante d'Évangélisation)의 지붕 아래 들어갔다. 이 연합은 자주 개혁파 교회와의 다리가 되었고 이를 통해서 교회 공동체가 세워졌으며, 나중에는 이러한 연합이 개혁파 교회로 통합되었다.

나폴레옹 시기에 프랑스에는 개혁파나 루터교에 속하지 않는 대략 2천 명의 개신교인이 있었다. 이들 중에서는 재세례파, 급진적인 개혁파 혹은 다른 소수 분파들이 중요하다. 이들의 숫자는 19세기, 하지만 무엇보다 20세기에 외부로부터의 증가를 통해서, 그리고 이미 설립된 개혁파 교회로부터 벗어나서 새로운 개신교 교회를 세움으로써 뚜렷하게 증가되었다. 이미, 즉 Église de Bourg de Four의 전례에 따라 교인들이 개혁파 국교로부터 떨어져 나갔다. 그와 함께 협약체계에서 벗어나서 개신교 독립교단(Freikirche)이 형성되었으며, 이는 내방선교와 외방선교에 전형적인 각성운동의 열정을 전개시켰다. 그래서 1818년 설립된 성서협회 외에 1822년 외방선교를 위한 협회가 세워졌다. 이 협회에는 각성운동이 이들 교회에 깊이 뿌리 내렸고, 설립된 교회의 루터교 교인들과 개혁파 교인들이 참여하였다. '그리스도교 도덕 협회'(Société de la morale chrétienne)는 가톨릭 교인에게도 역시 열려있었다. 그러나 이 협회는 오래가지 않았다. 운동을 이끌어 가는 토대가 귀족과 시민들의 네트워크라는 것은 이상한 일이 아니었다. 지식인들을 끌어당기는 살롱은 이전의 스위스 외교관이었던 필립-알베르 스탑퍼(Philippe-Albert Stapfer: 1766-1840)의 살롱이었다. 이 모임의 정신적 중심은 - 이들의 관심에 가톨릭 교인의 선교화가 역시 속하는데 - 1830년 이래 테부 거리(Rue Taitbout: Kapelle Taitbout)에 있는 예배당이었다. 이 예배당은 너무 작아서, 사람들은 다른 교회로 옮겨야했다. 이곳의 첫 목사는 나중에 큰 역할을 한 에드몽 프레쌍제 (Edmond Pressensé: 1824-1891)였다. 다른 예배당에는 보다 덜 부유한 사회계층에 속한 자들이 모였다. 또한 이 예배당에 하나의 학교가 부속되었다.

요한-프리드리히 오베를랑(Johann-Friedrich Oberlin: 1740-1826)은 각성운동의 한 지도적 대변자였다. 그는 엘사스의 슈타인탈(Steintal: Ban-de-la-Roche) 목사로 활동하였으며 전 유럽에 알려진 인물이었다. 그는 자기 교회를 헌법우호적인 클럽에 헌납하며 이러한 구실로 자신의 활동을 계속하면서 혁명을 견디어나갔다. 오베를랑은 공장주 다니엘 르그랑 (Daniel Le Grand: 1783-1859)의 지원을 받았다. 그는 그리스도교적인 책임에서 아동노동을 제한하는 일에 전력을 다하였다.

이웃 사랑을 실천하기 위해서 - 각성운동 영향만이 아니라 - 디아코니아 기구가 설립되었으며, 그래서 독일의 내방선교(Innere Mission)와 비슷한 활동들이 전개되었다. 영혼구원의 관심은 삶의 환경의 향상과 위험, 질병과 연약함에 대한 관심과 분리될 수 있는 것이 아니다. 또한 거기에는 일상적인 도덕의 자극이 없지는 않지만, 이것은 관찰되어진 하류층의 무관심을 조준하고 있었다. 독일처럼 프랑스에서도 근본적으로 가톨릭의 상태를 닮아갔다. 가톨릭에 병자간호 수녀(Barmherzige Schwester)들이 있다면, 개신교에는 사회봉사의 언님(Diakonisse)[4]들이 있다. 1842년 목사 앙뚜안 베르메이(Antoine Vermeil: 1799-1864)는 파리에 첫 기관을 세웠으며, 수녀 원장 카롤린 말브생(Caroline Malvesin: 1806-1889)이 이끌었다. 또한 그 사이에 고아원과 여성 감옥수감자들을 돌볼 위원회가 세워졌다. 그러나 가톨릭 모형은 많은 사람들에게 눈엣가시 같았고, 때때로 디아코니아 존재가

4) 역자 주: 가톨릭의 병자간호 수녀에 대응하는 개신교의 Diakonisse를 언님으로 번역한다. 1980년 5월 한국 최초의 개신교(초교파) 독신 여성 수도공동체인 한국 디아코니아 자매회가 청설되었다. 이들은 자신들을 언님으로 지칭한다.

가톨릭으로 향한 관문으로 그리고 양심의 자유를 제한하는 것으로 여겨졌다. 여기에 하나의 자유주의적인 흐름, 즉 아타나즈 꼬끄렐(Athanase Coquerel: 1795-1868)과, 그리고 하나의 보수적인 흐름, 즉 백자부인 발레리 아즈노 드 가스파렝(Valerie Agenor de Gasparin: 1813-1894)이 언급될 수 있다. -그 외에 그녀는 뛰어난 개신교 정치가와 결혼하였다 - 그녀는 1854년 출판한 책에서 디아코니아 협회를 "개신교 품속에 있는 수도원적인 단체"라고 헐뜯었다.

경건주의적이며 또한 계몽주의적인 교육열은 경건주의를 통해서 개혁파 교회에 새로운 방법으로 영향을 주었다. 여기서 교육은 무엇보다 올바른 그리스도교 신앙과 생활에 교육의 의미를 두었다. 교인들에 의해서 학교가 세워졌고, 1818년 지롱드 지방(Gironde)의 생 푸아(Saint-Foy)에 여자사범학교가 세워졌다. 동시에 개신교는 학제와 관련해서 가톨릭을 뒤따라갔다. 1829년 '프랑스 개신교 초등교육 장려협회'(Société pour l'encouragement de l'instruction primaire parmi les protestants de France)가 왕의 승인을 얻었다. 이 단체는 곧 수많은 남녀 사범학교를 세웠다. 1835년 563곳의 개신교 학교가 세워졌고, 1840년에는 677곳의 학교가 설립되었다.

프랑스 개신교는 가톨릭처럼 내적 발전 속에서 다시금 사회와 상호작용에 있는 정치적 여건에 의존되어 있었다. 1830년 7월 혁명은 자유주의 세력, 또한 가톨릭-자유주의 세력들로부터 실행되었으며 가톨릭교회의 주도권을 뒤흔들어 놓았다. 1814년의 헌장은 효력을 잃게 되었다. 그래서 가톨릭은 국교로써 자신들의 지위를 잃었다. 결정적인 사실은 개신교인들은 거기에 참여하지 않았다는 것이다. 당연히 이러한 발전은 개신교 측면에서만 환영받을 수 있었다. 더 정확히 말하면 조직조항이 유지되는데, 이제 개혁파 교회는 국가의 허락 없이 새로운 교회를 세울 권리를 지니고 있었다. 포로 시절에 개신교 국가에서 성장한 '시민왕', 루이 필립(Louis Philippe: 1773-1850)은 교파의 동등권을 위해서 노력하였다. 한 개신교인이 프랑수아 귀조(François Guizot: 1787-1874)와 함께 여러 장관직에 정치적 영향력을 행사하였는데, 그는 자기와 유사한 교파의 이익을 촉진시키고자 이 영향력을 이용하였다. 또 다른 개신교인은 이제 정치적 핵심 지위로 상승하였다. 예컨대 개신교 정치가들과 학자들은 그들의 전문직을 대표할 뿐만 아니라, 그들의 교파도 대표하였다. 이것은 귀조에게도 해당하는데, 그 밖에 그는 정치가일 뿐만 아니라 역사가이며 그리고 프랑스 역사의 위대한 사료 수집 창시자였다.

루터교 교인들은 엘사스에 중심을 이룬다. 왕 루이 필립의 며느리인 헬레네 폰 메클렌부르크-슈베린(Helene von Mecklenburg-Schwerin: 1814-1858)로부터 그들의 교파와 관련하여 이익을 얻었다. 이 사람들의 결혼식은 1837년 처음에는 가톨릭교회에서 그리고 다음에는 개신교 '성전'에서 열렸다. 1843년 파리에 헬레네가 임석한 자리에서 두 번째 루터교인 구원의 교회(Église de la Redemption)가 봉헌되었다. 그 다음 뒤이은 수십여 년은 파리, 리용(1863년) 그리고 니짜(Nizza: 1866년)에 계속하여 루터교 교회가 세워졌다. 이들 역시 부분적으로 각성운동에 붙잡혀있었다. 각성운동이 본래 엘사스 루터교 안에서 일찍이 경건주의에 의해서 널리 퍼져있었지만, 이것이 여기서 개혁파와 마찬가지로 그렇게 명백한 차이에 이르지는 않는다. 아미 보스트와 다른 사람들의 영향 아래, 개혁파의 그리고 각성운동으로 각인된 단체에 병행하여, 1843년 루터교의 '개신교 내방선교 협회'(Société évangélique pour la Mission intérieure)가 설립되었다. 루터교의 디아코니아 설립은 무엇보다 엘사스와 몽벨리아르(Montbéliard)에 놓이는 것이 자연스러웠다. 각성운동의 중요한 대변자는 스트라스부르 목사 프란츠 해르터(Franz Haerter: 1797-1874)였다.

개혁파 독립교단(여기서는 본래의 자유로운 예배당이 언급될 수 있다) 운동 역시 7월 혁명 이후 국가의 교회통치의 느슨함으로부터 이익을 얻었다. 하지만 이 때문에 국민선교는 경감되었다. 이 시대 자유교단운동의 중요한 추진자는 아돌프 모노(Adolphe Monod: 1802-1856)인데, 그는 1827년 이래 리용의 개혁파 교회의 목사였다. 1832년 성만찬이 승인될 때 그의 엄격한 실천 때문에 당회(Konsistorium)에 의해서 면직되었다. 그로인해서 모노는 자유교단의 교회(Église évangélique libre)를 넘겨받았다. 모노는 1836년 몽토방 신학교의 부름과 함께 그리고 마지막으로는 1847년 파리 개혁파 모교회 오라투아르 뒤 루브르(Oratoire du Louvre) 목회지로의 교체와 더불어, 그러나 개혁파 국민교회의 품으로 다시 들어갔다. 그의 동생 아돌프와는 다르게 프레드릭 모노(Frédéric Monod: 1794-1863)는 개혁파 교회를 떠나서 프랑스 자유교단 운동의 창시자가 되었다.

이 시기에 프랑스 개신교는 신학적-자유주의의 흐름이 강화되면서 내적 긴장이 심화되었다. 중재적인 위치에는 알렉상드르 비네(Alexandre Vinet: 1797-1847)가 있었다. 그는 1837년 이후 로잔의 실천신학 교수였다. 그러나 1846년 지방관청의 교회정책에 항의하여 프랑스 문학 교수직이 되었다. 비네는 종교의 내면성을 강조하였으며, 또한 국가의 후견으로부터 양심을 지키기 위해서 국가로부터 교회의 자유를 옹호하였다. 자유주의 측면과 마찬가지로 각성운동으로부터도 그는 동지로 받아들여질 수 있었다. 아무리 비네가 슐라이에르마허와 기꺼이 비교된다 할지라도, 님에서 활동하는 사무엘 뱅상(Samuel Vincent)이 오히려 슐라이어마허의 제자로 일컬어질 수 있다. 빈센트는 처음에 각성운동에 속하였으나 점점 그로부터 벗어나서 - 거기에 대한 반대 없이 - 후기 계몽주의 입장에서 그리스도교 삶의 실천을 강조하는 자유주의적인 관점으로 다가갔다. 완전히 계몽주의 관점에서 보면 예수는 그에게 하나의 모형, 예컨대 인간이 모범으로 삼을 수 있는 완전한 인간이었다. 그래서 전통적인 구원론은 무력화되었다. 1831년 자유주의자들의 가장 중요한 기관 출판 잡지인「자유주의 개신교」(Le Protestant libéral)가 창간되었다.

1848년 2월 혁명은 현존하는 반성직자적인 경향을 심화시켰다. 교회와 국가 분리에 대한 요구는 개신교 측에서도, 조직조항의 체계를 통한 국가적인 감독에서 벗어날 매력적인 것으로 보였다. 그러나 노회(Synode)에서 그것을 위한 다수의 찬성을 얻지 못했다. 이미 1848년 5월 대부분의 개혁파 당회(Konsistorien)의 대표들은 국민노회(Nationalsynode)를 준비하기 위해서 그 후 9월에 파리에 모였다. 이미 노회에서의 적극적인 선거권이 특별한 신앙 전제에 달려있어야 하는 지의 의문이 각성운동가들과 자유주의자들의 논쟁을 도발시켰다. 각성운동가들 측에서는 확고한 신앙고백의 토대가 필요함이 강조되었고, 자유주의적인 반대자들 측에서는 양심을 구속하는 것을 거절하였다. 거기에 대하여 교인들에게 질의할 위원회의 설치는 귀중한 시간을 소비하였고 그리고 자유교단적인 측은 프레드릭 모노 지휘 아래 노회로부터 분리되어 떠나게 하였다. 모노와 그의 동지들은 확고한 신앙고백의 바탕 위에 교회를 세우는 하나의 노회를 소집하였다. 이것은 1849년 8월에 이루어졌다. 자유교단적인 교회들에게 폭넓은 자율권을 부여하고, 당연히 국가로부터 벗어나 단지 신앙고백에만 서 있는 느슨한 '프랑스 개신교 교회연합'(Union des Églises évangéliques de France)을 세우고자 결의하였다. 하나의 공동의 조직적인 근본원칙(Grundlage)은 '자유

교회'(Églises libres)에서는 발견되어질 수 없다. 왜냐하면 성서의 권위에도 불구하고 신앙 고백의 문제는, 아무리 사람들이 1571년 라 로셸(La Roschelle)의 신앙고백에 바탕을 둔다 하더라도, 내면성 안에 있기 때문이다. 그래서 비록 이 교회의 많은 사람들이 다음 수십 년 동안 다시금 개혁파 교회에 가입하고 그리고 각성운동 역시 설립된 교회 내부에 다수가 뿌리를 내리고 있다할지라도 자유교단 측의 분열은 확고해졌다. 자유 교회 구성원 숫자는 단지 2~3천 명뿐이다. 자유교단적인 교회는 소수의 침례교와 후일의 감리교를 국가교회에 반대하는 자기 측에 세웠으며 그리고 마찬가지로 이들은 가톨릭 측에도 관심의 대상이었다.

특히 종교적인 각성운동의 출발은 어디서나 마찬가지로 새로 일어난 개신교 에큐메니칼 운동이 젊은 층 사이에서 활발하였으며, 그들은 하나의 단체를 결성하였다. '그리스도교 청년회'(Christlicher Verein Junger Maenner: YMCA), 특히 앙리 뒤낭(Henri Dunant: 1828-1910)이 1852년에 설립한 프랑스 지부는 여러 개신교들의 분파들을 당연히 넘어서 있었다. 이것은 역시 같은 시대에 설립된 '그리스도교 여성청년회'(Christlicher Verein Junger Maedchen: YWCA)에게도 해당된다. 1855년 파리의 세계박람회 주변부에서 세계적인 그리스도교 청년회가 탄생한 것이다. 여하튼 1898년 국가를 넘어서는 개신교 교회의 표지로서 매우 중요한 의미를 갖는 그리스도교 학생운동의 프랑스 지부가 세워졌다.

국가적인 측면에서 조직조항은 계속 발효되었다. 1851년 루이 나폴레옹 보나파르트(Louis-Napoleon Bonaparte: 1808-1873)는 나폴레옹 3세로서 권력을 장악하였으며, 새로운 황제의 복고적인 세계관 속에서 개신교는 통제와 후원이 필요한 국가를 이끌어가는 동인이었다. 거기에는 분명히 가톨릭 측이 우대되었다. 노회나 혹은 교회적인 자율적 기구의 다른 요소들은 개혁파 교회들에게 규정되지 않았다 동시에 하나의 국민총회가 준비단계에 있었다. 단지 목사들의 국가나 지역 회의만 허락되었다. 마찬가지로 이제 교인들에게 다시 장로회를 통해 스스로 관리하도록 허락되었으며, 이것은 4~7명의 구성원으로 의장인 지역목사의 지위 아래 두어야 했다. 장로들은 이제 직접 선출되어야 하며 더 이상 선거인단에 의해서 선출되어서는 안 되었다. 장로회는 목사의 당면한 새로운 선거에서 당회에 세 번째 안(Dreiervorschlag)을 발의할 수 있었다. 당회 구성원에게는 이제 거대한 재산 없는 남자들도 선출될 수 있었다. 전체 개혁파 교회에 대한 감독은 국가에 의해서 임명된 위원회 '꽁세 줴네랄'(Conseil général)이 행사하였다.

개신교들은 이미 정치적 이유 때문에 대부분 새로 수립된 황제권력의 지지자가 되지 않았다. 이것은 나폴레옹 3세가 1851년 권력을 안전하게 하고자 국민투표를 실시할 때 분명히 드러났는데, 개신교의 최고 중심지에서는 그에게 비우호적인 것으로 나타났다. 사람들은 개신교 측의 인사들은 불신하였으며, 그것은 도시개혁으로 유명하게 된 루터 교인인 조르주-외제 오스만(Georges-Eugège Haussmann:1809-1891)을 센 지방(Départements Seine)의 지도장관(Praefekt)으로 임명하는 것으로도 감소시킬 수 없었다. 그래서 개신교 시민층은 점점 공화주의 이념의 피난처가 되어갔으며 그리고 체제안정적인 가톨릭을 의심하는 관찰자가 되었다.

독립교단의 지교회들에 대한 법적 지위는 나폴레옹 3세의 권력 장악 이후 비판적이었다. 교회는 집회금지를 통해서 그들의 생활을 힘들게 할 수 있는 지역관청의 감시를 받았다. 그러한 방해는 적대적인 외국인이나 혹은 선동자로 고소된 순회설교자들에게도 해당되었다. 특히 침례교는 제한조치를 당했다. 침례교는 1819년 처음으로 노르망디에 등록되었으나, 오히려 그 이전에 토착적인 형태로 있었다. 제네바에서 온 설교가 앙리 뿌이(Henri Pyt: 1796-1835) 아래에 노멘(Nomain)의 한 작은 교회로 사람들이 모여들었다. 이 교회는 성인세례를 주장하며 1821년에 최초의 교회를 세웠다. 이미 1823년 첫 침례교 유포자가 체포되었다. 예컨대 국가는 협정체계의 배타성에 대해 경계하였다. 대략 1832년 이후 프랑스에서 앵글로색슨계의 침례교, 즉 영국의 '침례교 대륙 협회'(Baptist Continental Society)의 영향이 증가하였다. 그러나 이 협회는 재정문제 때문에 그들의 일을 다시 중단해야 했으며, 반대로 미국 침례교는 자신들의 참여를 강화시켰다. 침례교와 다른 교회들의 결점은 1834년 7월, 군주제(Julimonarche) 아래 법으로 안전하게 되었다. 그것은 20명의 구성원이 넘는 한에서 협정체제에 속하지 않는 개신교단체를 금지하는 법이다. 개신교 교회는 다시금 공적 제도를 방해하는 것으로 쉽게 여겨질 수 있었다. 물론 교회 공동체들은 매우 천천히 성장하였다. 1840년 142명의 교인을 갖는 7개의 침례교 교회가 1850년에는 211명의 교인수로 성장하였다. 그 이후 숫자는 지속적으로 증가하였다. 여기서 수많은 동조자들도 역시 국가에 의해서 승인된 개혁파 교회에서 발견될 수 있었다. 엘사스 침례교의 영향은 독일에서 흘러왔다. 1856년 하나의 침례교가 물루즈(Mulhouse)에서 요한 게르하르드 온켄(Johann Gerhard Oncken: 1800-1884)의 임석 하에 열렸다. 1861년, 영국으로부터 열광적인 설교가 찰스 하든 스펄전(Charles Haddon Spurgeon:1834-1892)이 프랑스에 왔다. 좀 더 큰 자유교단에 구세군과 퀘이커(Quaeker)가 덧붙여진다. 구세군은 프랑스에서 널리 군사적으로 연상시키는 것을 포기하였다. 왜냐하면 군사적인 것은 외면적으로 좋게 보이지 않기 때문이다. 그러나 물론 '스프, 비누, 구원'(Soup, Soap and Salvation)의 결합은 지속되었다.

황제는 1854/55년 크림전쟁에서 처음 영국과의 동맹을 통해 식견을 넓혔다. 1855년 개신교 동맹(Evangelische Allianz) 2차 세계회의가 파리에서 열렸다. 여기서 가장 중요한 주제는 종교의 자유였다. 그러나 1857년 외국에서 영향 받은 '각성된 자들'을 주의 깊게 살피기 위해서 아직도 지방장관(Praefekt)들이 지정되어 있었다. 1859년 자유교단 교회와 또한 침례교, 감리교 그리고 당시까지 '국가로부터 공인되지 않은 다른 제의들'(Kulte)도 결국에는 법령을 통하여 합법으로 인정되었다. 그래서 그들은 개신교화에 대한 그들의 노력을 강화할 수 있었다. 그 사이에 이미 1852년 프랑스 감리교 교회가 설립되었다.

스웨덴보리를 따르는 자들 같은 영적 집단은 주변 현상으로 남아있었다. 비슷한 일들이 코랄리에 흰쉬(Coralie Hinsch: 1801-1889)의 지지자들에도 역시 해당되는데, 이들은 실질적으로 영향력을 넓혀나가는 것에 상응하여 늘어나는 관청의 많은 감시를 걱정하였다. 힌쉬에 토대를 둔 '개신교 교회'(Église évangélique)가 1847년 프랑스에 세워졌다. 이들은 세례와 성만찬을 거절하였으며, 이미 이것 때문에 그들의 그리스도교성(Christlichkeit)에 대한 의심을 환기시켰다. 휜쉬의 죽음 이후 그 많은 지지자들이 더 이상 남아있지 않았다. 그러나 존 넬슨 다비(John Nelson Darby: 1800-1882)의 지지자들 역시 간과되어서는 안 된다. 19세기 중반 그의 메시지는 프랑스, 스위스 그리고 독일에 널리 퍼졌으며 많은 유럽 국가들에서 그의 지지자들이 발견될 수 있었다.[5] 다비는 영국 국교회에서 분리되어 성서주의적인 역사신학과 형제적이고, 반계층적인 교회를 설교하였다. 이 교회에는 모든 교

5) 비교. Voigt (KGE III/6), Kap. 2B4.

파들의 참된 신자들이 모여들었고 그들은 개인적인 회심과 하나님 나라 기대 위에서 있었다. 그의 가르침은 부분적으로 완화된 형식을 수용하여 제도적 개신교를 비판적으로 적절하게 묘사하였다. 19세기 말부터 20세기 초에 프랑스에서도 전 유럽에서와 마찬가지로 미국으로부터 건너온 재림론자들, 몰몬교, 크리스챤 싸이언스 그리고 여호와의 증인들이 출몰하였다.

설립된 국교주의로부터 자립한 개신교에 대한 뚜렷한 제한에도 불구하고 교회정치적인 관계는 변하였다. 나폴레옹 3세는 자유주의자들과 연합을 모색하였다. 여기서 가톨릭의 특혜가 뒤로 밀리고, 근대세력으로서의 개신교는 자신들의 관심을 공적으로 나타내는 데 보다 더 많은 자유를 유지하였다. 학제에 대한 개신교의 인정은 개신교가 사회적 위치를 확고하게 하도록 거들었다. 왜냐하면 1850년 '르와 팔루'(Loi Falloux)는 비가톨릭 성직자가 학교 감독에 참여하는 것을 가능하게 했기 때문이다. 그 밖에 이제 개신교 초등학교는 개혁파와 루터교의 특징을 가질 수 있었다. 이것은 국가로부터 인정될 뿐만 아니라 국가의 보조를 받을 수 있었다. 1877년에는 1,535개의 개신교 학교가 있었으며, 그들의 교사직은 특별한 교육기관에서 양육되었다. 그러나 곧이어 무엇보다 1880년대 자유주의 정부 편에서 학제의 탈교파화를 옹호하는 개신교 정치가와 공무원들이 있었다. 그들은 자신들의 핵심 지위로부터 학제와 교사직의 교육을 종교적 중립의 의미로 개편하였다. 거기에 상응하여 개신교 학교는 점점 더 초교파적인 초등학교로 변경되었다. 많은 개신교들은 학교로부터 종교를 완전히 축출하는 것보다 학제에 대한 가톨릭의 영향을 더 두렵게 여기는 것 같았다. 물론 '수업의 자유'를 위해서 곧 처리될 국가와 교회 분리의 전야에, 즉 교회의 사립학교를 옹호하는 수많은 개신교들이 있다. 1882년 이미 프랑스 혁명과 나폴레옹 1세 아래에서와 같이 종교수업은 윤리과목과 국민과목 수업으로 대체되었다. 1886년 이후에는 단지 초등학교 교사로는 평신도만이 허락되었다.

신학은 19세기 후반기에도 역시 각성운동과 자유주의자들의 대립에 의해 영향을 받았다. 그러나 거기에 자유주의는 각성운동과 마찬가지로(이미 계몽주의와 경건주의처럼) 인간의 개인적 신앙 확신을 중점으로 삼았다. 물론 다른 방법으로, 즉 각성운동의 무비판적인 성서주의에 대립해서[6]였다. 신학적 자유주의의 다른 반대파는 전통주의적인 개혁파 사상들인데, 이들은 무엇보다 몽토방 대학에 자리를 잡고 성서와 신조를 중시하는 자들이었다. 에밀 두메르그(Émile Doumergue: 1844-1937)는 1899년 칼빈과 그 시대에 대한 거대한 작품의 출판과 함께 그의 몽토방 교회사 교수를 시작하였다. 신학적 자유주의는 이 시대 성서비평과 교리비평에 붙잡혀있었다. 프랑스에서는 이것에 대해서 무엇보다 에르네스트 르낭(Ernest Renans:1823-1897)의 『예수 생애』(Leben Jesu)가 대변했으며, 이 작품은 개신교 신학에 강력한 인상을 주었다. 자유주의의 가장 중요한 기관지는 1850년 이후 티모테 꼴라니(Timotheé Colani: 1824-1888)의 지도 아래 출판된 「신학과 그리스도교 철학지」(Revue de Théologie et de Philosophie chrétienne)이다. 이 기관지는 발간 장소에 따라 대부분 「스트라스부르 잡지」(Revue de Strasbourg)로 알려졌으며, 도그마를 탈피하고 성서비평에 결합된 그리스도교를 내세웠다. 꼴라니의 우군으로는 각성운동으로부터 자유주의로 방향을 바꾸었던 에드몽 세러(Edmond Scherer: 1815-1889)가 속했다. 이 잡지에 대항하여 각성운동의 설교가 에드몽 프레쌍제(Edmond Pressensé)로부터 영감을 받은 「그리스도교 잡지」(Revue chrétienne)가 출현하였다. 예를 들어 신학자로부터 유신론자가 된 펠릭스 프꼬(Félix Pécaut: 1828-1898)가 보여주는 경우와 같이, 자유주의자로부터 벗어나서 때때로 교회 전통에 대한 급진적인 비판가가 되었다. 그러나 꼴라니, 세러 그리고 다른 동료들 또한 나중에 신학에서 벗어났고 그리고 다른 직업으로 향했다. 자유주의적인 견해 때문에 아타나즈 꼬끄렐(Athanase Coquerel)을 징계하도록 하는 시도는 주목을 끌었다. 1864년 그는 자신의 파리 목회지에서 제거되었으며, 이것은 개혁파 교회 내부에 논쟁을 유발하였다. 같은 해에 전국 목회자대회(nationale Pfarrkonferenz)는 꼬끄렐의 면직을 다수로 찬성하였다. 기본교리의 존재에 대한 의무가 교회에 필수적이라고 설명한 귀조(Guizot)의 의견이 여기에 결정적인 역할을 하였다. 이와 함께 보수적인 흐름은 분명하게 배치되었다. 교회 지체들 가운데에는 자유주의 대표자가 말할 것도 없이, 장로 선거에 나타난 것처럼, 단지 소수밖에 되지 않았다. 물론 님 같은 예외도 있었다.

또한 19세기에 신학 내부에서 역사연구 집중이 전형적이었다. 그래서 앙리 메흘르 도

6) 비교. 여기에 자유주의 목사 Ferdinand Buisson의 설명: Carbonnier-Burkard/Cabanel: Une Histoire, 149f.

비네(Henri Merle d'Aubigné: 1794-1872)는 폭넓게 종교개혁사를 저술하였다. 귀조 역시 개신교 역사 연구에 참여하여 몇 가지 특별한 공헌을 하였다. 다른 저자들은 관용승인 이전의 '광야 교회' 시대를 다루었거나 개요를 저술했고, 19세기 중반에는 프랑스 개신교 역사에 대한 기초적인 작업이 출판되었다. 나폴레옹 3세 시대에 비가톨릭 종교공동체의 위임을 받은 샤를 리(Charles Read: 1819-1898)의 주도로 1852년 프랑스 개신교 역사를 다룰 그리고 잡지를 출판할 학술위원회기 출현하였다. 이 '프랑스 개신교 역사 협회'(Societe d'Histoire du Protestantisme Francais)의 명예의장은 귀조였다. 개신교 역사서술은 이제 프랑스 국가 역사서술의 일부분이 되었다. 가장 중요한 인상적인 핸드북은 『프랑스 개신교』(La France protestante)인데, 이것은 예컨대 외젠(Eugéne: 1808-1868)과 에밀 헤이그(Émile Haag: 1810-1865) 두 형제가 편집한 개신교 인명사전이다. 개신교의 자의식은 반성직자적이고 자유주의적인 운동의 역사로부터 공급되었다. 1911년 님 근처의 미레(Mialet) 마을에, 오늘날에 이르기까지 억압당했던 개신교의 역사를 저술한 '광야박물관'(Musée du Désert)이 세워졌다.

4. 제3공화국의 개신교 상황

1870/71년 독일 - 프랑스 전쟁과 함께 나폴레옹 3세 통치는 끝났다. 이는 자유 교회와 독립교단이 이득을 볼 수 있는 예배의 자유로 확장되었다. 그래서 침례교의 숫자는, 비록 단출한 규모이지만, 1871년 574명에서 1878년에는 706명으로 증가하였다. 새로운 3공화국의 정치적 세력들은 국가 안에 교회를 배치하려고 - 무엇보다 당연히 가톨릭이지만 - 노력하였다. 대부분 공화주의적인 정서를 갖는 개신교 측으로부터는 이 새로운 정치제도가 폭넓게 지지를 얻었다. 개신교 정치가와 전문가들은 새로운 체제에 헌신하고자 하였으며, 반대로 정치적 지도층은 개신교에 대하여 분명하게 공감을 증언하였다.

교회 측에서는 다시금 개혁파 국민노회를 계획하였고, 이것은 1872년 파리에서 개최되었다. 이는 공식적으로는 1659년 이후 처음인데, 1848년 실패한 총회는 무시된다. 또다시 내부의 헐뜯기가 드러나기 시작하였다. 그것에 대한 원인은 신앙고백이 의무적이야 하는지에 대한 논란이었다. 그러나 그러한 구속력은 개신교-자유주의 정신에 위배되는 것이었다. 개신교가 프랑스 사회에서 자기 지위에 대한 개념 정의(definition)를 획득했다는 것이 이제 완전히 근본적으로 이해될 수 있었다. 목사층만이 아니라, 교회구성원들에게도 신앙고백 의무에 대한 물음이 제기되었다. 노회의 다수는 그러한 의무에 대하여 61대 45로 가결하였으며, 이것은 '푸와 선언'(Déclaration de Foi)으로 확정되었다. 거기에는 무엇보다 교리의 토대 위에 성서와 그리고 초자연적 계시에 대한 신앙이 중요하였으며, 마찬가지로 교회론이나 성례론과 같은 보다 더 중요한 정의도 문제가 되었다. 이 경우의 결과는 자유주의자들의 분열이었다. 이들은 1873년에 개최된 노회의 두 번째 회의 자리에 다시 나타나지 않았다. 잔류했던 노회원들은 거기에 대해서 프랑스 개혁파 교회의 유일한 대표로 선언하였다. 자유주의자 진영은 조심스럽게 행동하였고, 어떤 단독적인 노회도 소집하지 않았으며, 오히려 3년에 한 번씩 소집된 총회(Generalversammlung)와 상근위원회를 통한 대표자들에게 맡겼다. 첫 번째 총회가 1876년 개최되었다. 자유주의자 진영은 국가로부터 부정당했으며 그리고 노회만이 대표자로 인정되었다. 마찬가지로 국가는 1872년 노회 다수의 선언을 교회의 기본교리로 받아들였다. 1879년 개혁파들은 그들의 가장 최근의 노회를 파리에서 열었다 계속 3년에 한 번씩 국민노회와 해마다 지역노회를 열기로 하였다. 그 분열은 또다시 자신들의 견해 안에 있는 자유 교회의 대표자들에게 보다나은 길을 가도록 재가하였다.

자유주의자 진영은 자신의 위치를 강화시킬 수 있었고 확장할 수 있었다. 왜냐하면 1877년 정부에 의해서 파리에 새로운 대학 기구가 설립되었기 때문이다. 이 대학은 엘사스와 함께 독일제국으로 넘어간 슈트라스부르크 신학대학을 대체해야 했으며, 거기에는 무엇보다. 그러나 배타적인 아닌, 자유주의자들이 임명되었다. 1879년 파리 신학대학의 장엄한 개교식 자리에서, 개신교 여성과 결혼한 교육청 장관이며 후에 수상이 된 쥘 페리(Jules Ferry: 1832-1893)가 연설하였다. 페리는 거기서 개신교를 자유종교로서, 그리고 공화주의의 버팀목으로서 칭찬하였다. 그는 공화주의자와 개신교가 같은 정치적 복음을 가지고 있다고 보았기 때문이다. 그래서 파리에 있는 이 기구는 몽토방에 대항하게 되었다. 슈트라스부르크에 대체하는 것이 중요했기 때문에 설립은 루터교식으로 우선 실행되었다. 이것은 개혁파 측으로부터 항의를 가져왔다. 프랑스 개신교의 분열은 대학 개교를 힘들게 하였다. 단순히 슈트라스부르크 대학을 다시 열 것만이 아니라, 국가에 독립적인 개신교 교회의 대표를 강화하여 포교수단으로 받아들이거나 혹은 몽토방에서 파리로 대학을 옮기고 그리고 루터교 교수직을 풍부하게 해야 한다 등의 요구들이 시끄러워졌다. 그 다음 파리에 세워진 대학에서 그 외에 개혁파 신학자 오귀스테 사바티에(Auguste Sabatier: 1839-1910)가 강의를 하게 되었다. 그는 1872년 슈트라스부르크로부터 추방되었다. 그는 자신에게 잘 알려진 루터교 동료 외젠 메네고(Eugéne Ménégoz: 1838-1921)와 마찬가지로 에드몽 프레쌍제(Edmond Pressensé)에 가까이 서 있었다. 프레쌍제는 또다시 자유 교단에 정향된 신학 교육기관인 '종교학 자유학교'(École libre des Sciences religieuses)를 세웠는데, 여기에서 1875년 '개신교 신학 자유학교'(Faculté libre de Théologie protestante)가 성장하였다. 사바티에와 메네고는 '파리학파'(Schule von Paris)의 다른 소속원들처럼 자유주의적인, 개인의 신앙 책임을 목적으로 하는 신학, 즉 '상징-신앙주의'(Symbolo-Fideismus)를 대변하였다. 예컨대 더 이상 합리주의적인 의미에서 이성은 중요한 규범이 되어서는 안 되며, 오히려 개인의 신앙체험과 구원에 대한 확실성(Heilsgewissheit)이 규범이 되어야 했다. 한편에서는 상징-신앙주의가, 내면적 신앙에 대해 시대 제약적이고 동시에 상대화 될 수 있는 상징적 형식으로 여겨졌던 교리에 대해 역사적 비판을 시작하였고, 다른 한편에서는 상징-신앙주의는 개인적인 경건에 대해 각성주의적인 관심을 연결시켰다. 교리 내용의 타당성에 대한 논쟁은 이러한 방법으로 완화되고, 보수주의자들과 자유주의자들 사이에 중재되어야 했다. 사바티에는 본래 스스로가 보수주의자였는데, 몽토방 대학으로부터는 오히려 비판을 받았다. 세계 1차 대전과 함께 이러한 신학적 흐름은 이미 종결되었다.

독일-프랑스 전쟁의 결과로 엘사스-로트링겐이 독일로 병합됨으로써 많은 개신교인들은 모국 프랑스로 이주하였으며, 이것은 엘사스-로트링겐의 루터교를 강화시켰다. 이것들이 프랑스 개신교는, 전체적으로 무엇보다 루터교는 엘사스 주민의 상실로 입은 가장 큰 손실을 보충할 수 없었다. 프랑스에서는 278명의 목사를 포함하는 44곳의 루터교 당회(Konsistorien)에서 64명의 목사를 포함하는 6곳의 당회가 되었다. 1872년 7월 23일 루터교 국민노회가 파리에서 개최되었다. 여기서는 성서를 주된 교리에 결합하는 것이 선언되었으며, 이들 가운데 분열된 흐름들이 재발견될 수 있었다. 이것이 프랑스 개신교-루터교 교회(Evangelisch-Lutherischen Kirche)의 탄생이었다. 그때까지 존속했던 파리와 몽벨리아르의 '감독들'(Inspektionen)은 그들의 당회, 노회 그리고 지교회(Gemeinde)들과 함께 결합되었으나 조직 단위로서는 남아있었다. 하나의 연합을 위한 개신교 내부의 접촉은 좌절되었다. 그래서 개혁파의 두 진영, 예컨대 보수와 자유주의자들, 그리고 루터교 교인들은 국가의 감독 아래 단지 공동의 관리를 통해서만 연결되었다. 또한 연합을 위한 노력은 엘사스에도 있었다.

이제 프랑스에는 약 55만 명의 개혁파 교인들과 - 대체로 엘사스와 몽벨리아르에 - 약 30만 명의 루터교 교인들이 살고 있었다. 여기에 그때마다 수천의 감리교인, 침례교인, 다비주의자(Darbyisten) 그리고 구세군 소속들이 첨가된다. 특히 19세기 말에 분명히 보여 준 바와 같이 가톨릭과는 긴장관계였다. 무엇보다 가톨릭 성직자는 어디서든지 타 교파 교인과 결혼 시에 그들의 자녀들에게 의무적으로 가톨릭 교육을 시키고자 하였다. 가톨릭 교회에 대해 실망한 가톨릭 교인들에게 다른 한편으로 개신교는 매력적이었다.

독일-프랑스 전쟁의 충격적인 몰락은 복음전도의 충동을 강화시켰다. 곧 파리는 거기에 유용한 목적지인 것으로 보였다. 스코틀랜드 회중교회 목사 로저 휘터거 매콜(Roger Whitaker MacAll: 1821-1893)은 1870년 전쟁 시기와 꼬뮨(Commune) 통치시기에 여기 체류하였으며 그리고 - 프랑스어를 배운 후 - 1872년에 동시에 특별한 강당에서 설교를 - 처음에는 파리 노동자 지역에서 - 시작하였다. 1879년 이래 '개신교 대중선교'(Mission populaire évangélique)로 알려진 집단과 그들의 창설자들이 어디서나 대중화되었다. 그리고 실제로 노동자들을 얻는데 성공하였다. 영국으로부터의 재정적인 지원은 계속해서 이 작업을 확장해 나가도록 하였다. 매콜이 사망하였을 당시 57개 도시에 136곳의 회중강당이 있었다. 대중선교(혹은 '매콜선교') 속에 다양한 개신교의 흐름들, 예컨대 침례교인, 감리교인 그리고 민족 교회나 자유 교회의 개혁파 출신들이 함께 일하였다. 그러나 몇 년 동안 뤼방 쎌랑(Ruben Saillens: 1855-1942)은 프랑스 자유 교단 운동의 주동적인 인물 중 한 사람인데, 매콜과 함께 대중선교 참여와 침례교 교회 사이를 연결시킬 수 없었다. 1887년 그는 다시금 완전히 침례교로 넘어갔고 1890년 마침내 매콜과 단절하였다. 단절 원인의 하나는 대중

선교가 침례교의 통로라는 인상이 생겨서는 안 된다는 것이었다.

이 시대에 설교자 토미 팔로(Tommy Fallot: 1844-1904)의 사회참여가 또한 널리 알려졌다. 그는 엘사스의 스타인탈(Steintal)에서 자신의 첫 인상을 부각시켰다. 이것은 아직 오베를랑(Oberlin)의 영향력 아래서 전적으로 이루어진 것이다. 자기 아버지 공장을 넘겨받는 대신 그는 신학을 공부하였으며, 루터교에서 나와서 1876년 파리 자유 교단의 '샤펠 뒤 노르'(Chapelle du Nord)의 목사가 되었다. 노동자층과의 만남이 팔로를 성서적 동기에 근거한 종교사회주의의 설교가가 되게 하였다. 그래서 그는 이 땅에 하나님 나라를 기대하는 정치적 종말론의 대변자가 되었으며 그런 점에서 아들 블룸하르트(Blumhardt der Juenger)와 다르지 않았다. 팔로는 1888년 님에 '사회문제연구 개신교 협회'(Association protestante pour l'étude des questions societes)를 설립하였으며, 이는 후에 '사회적 그리스도교'(Christianisme social)라는 이름을 사용하였다.

영국으로부터 협동조합 안에 노동자 자치조직의 사상이 프랑스에 널리 퍼졌다. 국민경제학자 샤를 지드(Charles Gide: 1847-1932)는 - 그는 앙드레 지드(André Gidé)의 삼촌이었다 - 개신교 귀족인 에두아르 드 부아브(Édouard de Boyve: 1840-1923)와 다른 동료들과 함께 님에 '대중 경제 협회'(Société d'Économie populaire)를 설립하였으며, 이 단체는 세 가지 협동조합을 창립하였다. 그래서 님은 프랑스 사회적 개신교의 중심이 되었으며, 다른 곳과 마찬가지로 여기서도 역시 사회주의 노동운동의 방차제가 되었으며, 자본주의와 사회주의 사이의 제3의 길을 제시하고자 하였다. 또한 지방에서는 목사들이 생활 상태를 향상시키고자 하였다. 예컨대 이 시대 프랑스에서 개신교 경건의 본질적인 특징은 역시 사회문제에 대한 참여였으며, 이것은 새로운 산업중심지에서 직접적인 활동만이 아니라, 더 나아가 문제의 근원에 대하여 성찰하는 것이었다.

사회발전은 교회구성원의 사회구조에 대하여 직접적으로 영향을 끼친다. 산업화에 이르기까지 개신교는 무엇보다 지방에 안주했다. 이제 많은 개신교인들이 그들의 교회와의 연결을 느슨하게 하는 도시로 이주하였다. 분명 교육받은 개신교인들은 자유주의만이 아니라, 더욱이 자유사상적인 견해에 의존되어 있었다. 이것 역시 특별히 프랑스적인 현상만이 아니었다. 그럼에도 불구하고 그것은 스브낭(Cevennen)과 도피네(Dauphiné) 같은 옛 중심지에 남아있는데, 여기는 개신교 분위기가 깊이 뿌리내리고 있었다. 개신교는 예컨대 사회 속의 변화와 계속성의 한 부분이었다. 개신교는 도시시민층과 노동자층, 영농가와 같은 마을 유지, 무엇보다 소시민층, 마지막에는 푸죠(Peugeot)가문 같은 산업화를 창시한 인물들을 대변하였다.

외방선교를 통해서 개신교는 어디서나 식민지 정책에 개입되었다. 물론 몇몇 선교사들은 거기에 거리를 둘 것을 표명하였다. 1822년 세워진 선교회는 식민지 밖의 가장 중요한 중심이었다. 즉 바수톨란드(Basutoland; Lesotho)였다. 여기서 가장 잘 알려진 선교사는 프랑수아 꾸알라르(Francois Coillard: 1834-1904)였다. 그는 모험적인 환경 아래서 자기 일을 했으며 그 다음 자신의 활동을 프랑수아 꾸알라르로 옮겼다. 거기서 그는 프랑스 식민지 지역에서 선교하지 않았다는 비난을 방어해야 했다. 꾸알라르는 유럽에서 돈을 모금하였다. 왜냐하면 자기 스스로 자기 일에 밑천을 대야 했기 때문이다. 프랑스 식민지역에서 선교회는 정복자들을 뒤따라 왔다. 예를 들면 세네갈, 아이티, 뉴칼레도니아(Neukaledonien), 가봉 그리고 마다가스카르였다. 프랑스 정부는 개신교와 가톨릭 선교사들의 선교 관심을 화해시키려고 노력하였다. 그래서 개신교는 선교에서 안전한 위치를 유지하였다. 그 외에 제1차 세계대전 이후 프랑스 선교사들은 이전의 아프리카 독일 식민지에서 일하였다.

19세기 후반기에 특히 교황청주의(Ultramontan)가 된 가톨릭에 대항하여 개신교는 진보적인 사회 흐름으로써 자유주의적인 진영 안에서만 출현한 것이 아니었다. 개신교 안에서 정치적 자유주의는 국교에서만이 아니라, 자유 교회와 점점 안착되어간 독립교단에서 자리를 잡았다. 많은 개신교인들은 정치적인 활동을 하였으며 그들은 무엇보다 다시금 자유주의자와 좌파주의자였다. 그래서 엘리트들은 발전했고, 자신들의 주민 지분의 몫보다 더 넓게 민족의 발전에 영향력을 가졌다. 개신교 국회의원, 장관, 그리고 지방장관은 이 시대의 정치적, 사회적인 변화에 참여하였다. 이것은 - 그리고 특히 학제의 탈교회가 거기에 포함되는데 - 1879년 이후 수상 쥘 그레비(Jules Grévy: 1807-1891) 정부 당시에 개방적인 자유(liberale Freiheit)의 의미에서 분명하게 강행되었다. 동시에 개인의 자유는 교회에 대하여 - 무엇보다 가톨릭교회 - 강조되었다. 확실히 개신교의 정치적 영향력은 개신교가 분열될 때, 그리고 곧 다원주의를 대변할 때 정점에 달하였다. 여기서 공화주의적 세력들에겐 무엇보다 자유주의 진영이 매력적이었다. 이 진영에는 프리메이슨적(Freimaurerisch)이고 이상적인 개신교 범주에까지 이르렀다. 프리메이슨과 개신교의 인접성은 이탈리아에서와 비슷하게 프랑스에서도 관찰될 수 있다. 프랑수아 귀조(Francois Guizot)는 몇 년 동안 프리메이슨 지부(Loge)의 구성원이었으며, 몇몇 목사들과 마찬가지로 각성운동으로부터 왔다. 개신교와 정부 정책의 밀접한 관계의 징후는 일단 에드몽 프레쌍제(Edmond Pressense)가 1871년 국민의회의 대표자로 선출되고 1883년 상원의원에 지명된 사실이 보여준다. 시장은 자유 교단의 회의를 교회 공간에서 자주 열었다. 자유 교회들과 독립교단들은 이미 국회와 국가 분리의 정교분리적인 이상을 나타내었다.

19세기 말에 프랑스 가톨릭은 진보에 적대적인 것으로 여겨졌다. 비록 가톨릭 안에도 온건한 세력이 있고 교황 레오 13세(Leo XIII.)는 프랑스 가톨릭교회를 국가대립으로부터 구하고자 시도하였음에도 불구하고 이것은 전혀 근거가 없는 말은 아니다. 프랑스 문화투쟁이라는 면에서 가장 중요한 정치적 흔적은 1880년의 예수회 금지와 1901년 다른 수도회의 금지였다. 한 유대인 장교에 대한 지저분한 음모인 드레퓌스 사건은 프랑스의 여론을 양극화시켰다. 반동적인 가톨릭계의 목소리들은 파괴적이고 비프랑스적인 세력으로서 개신교를 유대교와 마찬가지로 조소의 대상을 삼는 기회로 이용하였다. 거기에 상응하여 개신교는 가톨릭 측으로부터 그리스도교적인 세력이 아니고, 무엇보다 정치적인 것으로 여겨졌다. 개신교인들과 유대교인(이들은 약 15만 명이 된다)은 소수자로서 함께 공격당했다. 그리하여 그들은 이미 1789년 혁명에서와 같이 서로 연대하였다. 더 나아가 많은 개신교인들은 반셈족주의와 반개신교주의 사이의 유사성을 보았다.[7] 그래서 대부분의 개신교인들은 알프레드 드레퓌스(Alfred Dreyfus: 1859-1935)의 무죄를 옹호하였으며, 1899년 사실상 사면되었다. 반개신교 측의 주도적인 논쟁가는 작품『개신교 위기』(Le Peril protestant: 1899년)와『개신교 정복』(La Conquete protestante: 1900년)을 저술한 에르네스트 르노(Ernest Renauld)였다.

드레퓌스 사건은 개혁파 교회의 재통합에 대한 토론을 강화시키는 동기가 되었다. 하

7) Carbonnier-Burkard/Cabanel: Une Histoire, 164f.

지만 전반적으로 모든 재접근 시도가 잠정적으로 효과가 없었다는 것을 보여준 바와 같이, 이것은 성과 없이 끝났다. 오히려 드레퓌스에 대한 논쟁을 통해서 또한 매우 실제적인 문제가 된 교회와 국가 분리에 대해 사람들은 서로 적대적 입장이 되었다. 자유주의자들이 국가의 교회 감독을 옹호한 반면, 보수주의적인 반대자들은 노회의 토대 위에 교회를 자치적인 기구로 만들기 위해 국가로부터의 자유를 희망하였다. 이미 근본적으로 1872년 국민 노회(Nationalsynode)는 국가에게 만일의 분리에 대하여 재량권을 주었다. 그리고 이것에 대한 구체적인 계획은 20세기 전환기에 개신교 측으로부터 인정되었다. 1905년 국민회의에서 분리는 결정되었다. 개혁파 교회와는 반대로 루터교 교회는 거의 일반적으로 분리 법안에 반대하였다. 교회와 국가의 분리를 통해서 국가를 위한 교회는 더 이상 없으며, 오히려 국가에 의해서 등록되어야만 하는 문화단체(Associations cultuelles)만이 있었다. 이것이 루터교이든지 혹은 개혁파이든지, 국가에 친화적이든지 혹은 독립교단적이든지, 감리교적이든지 혹은 침례교적이든지, 이제는 더 이상 큰 역할을 하지 못했다. 교회와 교파들은 국가구조에서 더 이상 가치가 없었으며, 그 결과로서 개신교는 정치영역에서의 평가에서 큰 손실을 입었다. 전체적으로 개신교는 가톨릭의 성직주의에서 벗어난 것으로 느꼈다. 그러나 그 외에 개신교 내부의 소수자들, 예컨대 자유교회와 침례교, 감리교 같은 독립교단들은 조직조항을 통해서 국가와 결합된 개혁파와 루터교 교회의 후원이 폐지된 것을 존중하였다. 이들 자체에 대해서는 많은 것이 변하지 않았다. 왜냐하면 이미 이들은 늘 자치조직 위에 세워졌고 이제 어려움 없는 문화단체들을 형성할 수 있기 때문이었다.

국가와 교회 분리 당시 침례교는 큰 희망에 사로잡혔었다. 1904년 웨일즈(Wales) 성령의 각성운동(Charismatische Erweckung)이 일어날 때, 이것은 프랑스에 거대한 관심을 일으켰고 거대한 기대감을 일깨웠다. 그러나 곧 실망으로 끝났다. 이 각성운동으로부터 곧 '사도교회'(Apostolische Kirche)가 출현하였다. 그러나 이제 프랑스에서는 북쪽에서만 어떤 결과가 표시될 수 있었다. 이전에 침례교는 심각한 위기를 겪었었다. 1891/92년 이 운동은 북쪽과 남쪽 교회연맹으로 갈라졌다. 1900년에 재접근이 이루어졌으나, 북쪽 교회와 남쪽 교회 사이의 갈등이 현존하였다. 그 시기까지 프랑스 침례교인은 약 2,300명이었으나 그 다음 해에는 숫자가 줄어들었다. 거기에 사회적 개신교가 어떻게 행동할 것인지에 대한 새로운 물음에 불을 붙이는데 지속된 내적 갈등이 공헌하였다. 사회적 그리스도교는 20세기 초 이래 미국으로부터 출현한 - 침례교 신학자 라우센부시(Walter Rauschenbusch: 1861-1918)로부터 추동된 - '사회복음'(Social Gospel) 운동의 영향을 강하게 받았다. 프랑스 침례교에 대한 이 운동은 하나의 도전이었다. 왜냐하면 경건주의와 비교하여 사회적인 것이 얼마나 중요하게 받아들여져야 하는 지의 이 물음은 그들에게 정확하게 제기되었기 때문이다. 이제 라우센부쉬에 의해 받아들여진 역사-비평학적 방법에 대항하는, 그리고 이것 때문에 자신들의 관심이 전체적으로 의문시되는 근본주의 진영이 강화되었다. 제1차 세계대전 이후에 침례교는 국제적인 지원과 동시에 개혁 프로그램에 대한 외국 후원자들의 제안을 받았다. 그것은 1920년 파리의 침례교회의에서 토론되었다. 하나의 본질적인 숙원은 그 땅의 남·북 두 침례교의 통합이었다. 그러나 이것의 실행은 성서주석에 대한 논쟁에 덮여져버렸다. 통합 노력의 결과는 더군다나 세 곳의 침례교 교회연맹으로 분열되었으며, 여기에 전체적으로 1,600명의 구성원이 속했다. 그래서 침례교 신학 교육기관 설립에 대해서도 역시 어떤 일치를 가져오지 못했다. 분명하게 이제 사회문제를 다루는 것을 거절하는 '복음주의적'(evangelikaler) 진영이 조직되었다. 프랑스 북쪽에 거주하는 연맹은 다르게 행동하였다. 즉 그들은 사회문제에 열린 자세를 취하였던 것이다.

국가와 교회 분리 시기에 개신교 내부의 의사소통 문제가 점점 더 밀려왔다. 1904년 교회연맹인 '프랑스 개신교 연맹'(Fédération Protestante de france: FPF)은 1909년 님에서 여러 개신교 교회대표들의 총회(Generalversammlung)를 통하여 하나의 대표부를 이루었다. 여기에 대한 결정적인 동기는 자유교회와 독립교단으로부터 왔는데, 이들은 연합을 개혁파와 루터교보다 더 긴급한 것으로 보았다. 여기에는 곳곳에서 저항이 있었다. 다양한 개신교 흐름들의 관계들이 다양한 교회 작업장의 협업을 통해서 프로그램 상으로 완전히 분명해졌다. 예를 들어 복음전도와 청년업무 등에서 그러했다. 특히 사회적 개신교는 교회연합의 중요한 동인이었다. 교회연맹의 추진자는 빌프레드 모노(Wilfred Monod: 1867-1943)이었다. 그는 파리 자유 개신교 대학(Freie Protestantische Fakultaet)에서 실천신학을 가르치며 에큐메니칼 영역에서 활동하였다. 모노는 유명한 개신교 가문의 출신으로서 루앙(Rouen)과 파리의 목사로 있었으며, 그리스도교와 사회주의를 결합하고자 하는 토미 팔로(Tommy Fallot)의 이상에 연계되어 있었다. 교회연맹의 대표자회의는 불규칙적 간격으로 열렸다. 여기에는 역시 자유주의 개혁파와 루터교도 속하였으며, 후에 감리교와 북프랑스 침례교의 자유주의적인 단체가 가입하였다. 물론 침례교 대표자는 자주 교회연맹회의에 불참하였다.

5. 국가와 교회 분리부터 1945년까지

교회공동체는 1905년부터 재정적으로 자립하였다. 개혁파 교회의 분열은 교회연맹 창설에도 불구하고 견고해졌다. 왜냐하면 교회들이 노선지향적인 단체를 결성했기 때문이다. 이러한 분리된 파편들에 대해 '개신교 연맹'(Fédération Protestante)은 어떠한 결합(Klammer)도 이루지 못하였다. 1906년 국민노회(Nationalsynode)의 붕괴가 다시 한 번 분명하게 나타났다. 이제 세 개의 교회 단체가 존재하였다. 보수적인 방향을 갖는 '개혁파 복음주의 교회'(Église Réformée Évangélque: ERE)의 연합과 자유주의인 특성을 갖는 '개혁파 연합 교회'(Église réformée Unies)의 연합, 그리고 '개혁파 교회 국민연합'(Union nationale des Églises Réformées)이다. 마지막 단체는 1906년 세워져 중도를 표방하였으나, 1912년 자유주의자들과 결합하여 '프랑스 개혁파 교회'(Église Réformée de France: ERF)의 연합을 형성하였다. 그 후 시간이 지나면서 두 개의 큰 흐름이 남게 되었고, 이들은 1938년 처음으로 통일되었다. 여하튼 복음전도의 일을 협력하기 위해 다양한 교회 흐름대표자들의 회의가 형성되었다. 이 '복음화 사역 연맹'(Fédération des Œuvres d'Évangélisation)이 1913년 파리에서 대회를 개최했다. 여기서 도시화에 의한 개신교의 전원적인 환경 해체가 화제에 올랐다. 그러나 복음전도의 캠페인은 제1차 세계대전과 함께 갑작스럽게 끝났다. 이 시기 프랑스에 개혁파 교인이나 루터교 교인이 아니고, 자유 교회 개신교 구성원들이 약 2만 5천 명 있었다. 그들 가운데서 '복음주의 개신교'(Protestantisme évangélique)가 설립되었다. 이들은 각성된 혹은 복음주의적 그리스도교이며, 이들의 관점은 자신들의 고유한 척도에 따라 이해된 성서와 전승된 신조였다.

1914년 ERF에 442명의 목회자와 함께 445곳의 교회가 소속하였다. 이것은 장로회

(Presbyterien), 지역노회(Regionalsynode) 그리고 국민노회(Nationalsynode)의 바탕 위에 세워졌다. 신학의 후세대들은 이제 국가로부터 독립된 몽토방 대학에서 교육되었으며, 이 학교 교수진은 국민노회에서 임명되었다. 이 대학은 1919년 몽펠리에(Montpellier)로 이전하였다. ERF는 1872년 보수적인 노회의 다수가 선언한 신조를 토대로 프로그램을 준비하였다. 물론 그 사이에 보수적인 신학자 몇 명이 움직여서 몽토방은 단순한 교회 정통주의의 보루만이 아니었다. 오히려 사람들은 철저히 파리에서 대변되는 신앙주의와 사회적 개신교와의 대화에 준비가 되어 있었다. 1913년 ERF에 198명의 목사와 함께 189곳의 교회가 가입하였고, 여기의 상층부에는 마찬가지로 지도위원회와 함께 국민노회가 놓여 있었다. 이 교회의 신진들은 대부분 파리에 있는 대학에서 교육받았다.

제1차 세계대전은 전쟁에 참여한 다른 모든 나라들의 개신교 교회와 마찬가지로 프랑스 개신교에게 특별한 종류의 도전이었다. 프랑스에서는 개신교인들은 믿을 수 없는 사람들이라는 비난의 목소리가 다시 커졌는데, 특히 독일이 프로이센-개신교를 지배하는 세력이기 때문이었다. 여기에서 개신교인은 깊게 영향을 받아 정치적인 면에서의 국가적인 논쟁 중지('신성한 단결' : Union sacrée)의 호소를 받아들였으며, 나아가 더 나은 프랑스인을 표명하였다. 개신교인들은 애국심에서 방위를 소집할 수 있었으며, 특히 전쟁은 또한 목사직 아래서 높은 피의 대가를 요구하였다(1889년 이래 성직자들은 군복무에서 더 이상 제외 되지 않았다). 가장 중요한 논점은 공격적이고, 그리스도교적으로 은폐된 독일 측의 민족주의에 대한 저항이었다. 이러한 저항은 전쟁 시작부터 요란했었다. 당연히 사람들은 벨기에의 중립 훼손과 랭스(Reims) 주교좌성당에 발포에 대한 항의에 공감했다.[8] 설교 속에서 독일은 야만인으로 묘사되었다. 독일 교회 대표에 대한 편지와 성명서를 통해서 프랑스 개신교는 전쟁 발발과 반전론자에 관련하여 자신의 위치를 규정하였다.[9] 독립교단으로부터도 똑같은 표현들을 들을 수 있었다. 침례교 뤼방 쎌랑(Ruben Saillens: 1855-1942)은 지나가듯이. 독일인들은 성서에 대해 역사적으로 잘못을 저질렀고 지금 국제법을 범하고 있다고 비판하였다. 개신교 독일과 신실한 가톨릭 프랑스 사이의 투쟁을 단순

8) Gambarotto: Foi et Patrie, 446(Document 3).

9) Besier: Die protestantischen Kirchen, Nr.7,8,9,16,18.

화하는 것에 대항하여 개신교 측에서는 다음과 같이 항변할 수 있었다. 즉 오스트리아와 더불어 두 번째의 가톨릭 국가가 다른 편에 적국으로 있다는 것이었다.

전쟁 마지막 단계에서 프랑스 개신교는 다른 모든 전쟁에 참여한 나라들의 개신교 교회와 마찬가지로 중립국가 교회의 평화 호소에 유보적이었다. 여기서 웁살라의 대주교 나단 죄더브룸(Nathan Soederblom: 1866-1931)이 책임이 있었다. 1918년 2월 교회 연맹의 성명서는 전쟁 행위가 끝난 뒤 전쟁 책임 문제에 대한 해명을 요구하였다.[10] 결과적으로 전쟁은 프랑스 사회에서 개신교 소수자들의 수용을 강화시켰다. 다른 편에서는 또한 가톨릭교회와 프랑스 사회 국가의 화해가 이루어졌으며, 개신교는 결국 대안으로서의 중요성이 상실되었다.

국가와 교회의 분리와 함께 인정되고 세계 1차 대전으로 인한 손실로 더욱 심해진 목사 수의 결핍이 점점 눈에 띄게 되었다. 1920년 교회 생활의 위기 현상이 왔다고 기록되어 있는데, 이는 특히 개신교 출신지역 안의 이농으로 인한 영향 때문이었다. 이것은 교회의 출혈로 이어졌으며, 반면에 도시로 이주한 자들은 거기서 새로운 교회의 고향을 찾는 것이 매우 힘들었다. 본질적인 과제는 파괴된 교회 건물의 복구였다. 무엇보다도 전투지역인 북부프랑스 지역이었다. 동시에 외국의 원조가 큰 역할을 했다. 그중에서 미국의 역할이 컸으며 그들 가운데서도 특히 자유 교단으로부터 많은 도움을 받았다.

프랑스의 외적 환경은 개신교 교회연합의 두 단체를 서로 접근하도록 만들었다. 처음에는 단지 군목 차원에서 뿐이었다. 이것은 국가와 교회의 분리에도 불구하고 허락되었다. 이들 가운데 26명이 1916년 통일된 프랑스 안에 개신교 교회의 통일을 호소하였다.[11] 개신교 흐름들의 결합 목적은 제1차 세계대전 이후 계속 추구되었다. 1919년 리용(Lyon)에서 1909년 이후 처음으로 교회연맹총회(Generalversammlung)가 열렸으며, 여기서 엘사스-로트링겐의 대표자 역시 성대하게 환영받았다. 개신교의 통일은 프랑스 재건에 대한 공헌으로 여겨졌다. 프랑스에게 전쟁은 양심의 자유를 얻기 위해 수행하는 것이었으며 그

10) Gambarotto: Foi et Patrie, 448(Document 5).

11) Gambarotto: Foi et Patrie, 450(Document 6).

와 함께 개혁에 대한 관심에 접근하는 것이었다.[12)]

전쟁 후 엘사스-로트링겐이 다시 프랑스로 돌아왔기 때문에, 개신교 주민의 숫자는 상당히 많아졌다. 개혁파와 루터교는 조직상으로 남아있었다. 교회는 스위스신조와 아우크스부르크신조를 채택하였는데, 이것은 독특한 현상이었다. 왜냐하면 엘사스-로트링겐은 국가와 교회 분리 당시에 프랑스 국가에 속하지 않았기 때문이다. 그래서 분리 법령이 여기서는 유효하지 않았다. 그리고 국립 슈트라스부르크 대학교의 신학대학 또한 유지되었다. 국가와 교회분리에 대한 도입은 적절하지 않은 것 같았다. 왜냐하면 그것은 엘사스의 재통합을 매우 어렵게 하는 것처럼 보였기 때문이다. 여기서는 예컨대 1802년의 조직조항이 계속 유효하였다.

에큐메니칼 운동에서 프랑스 개신교 대표가 활동하는 것과 이로부터 교회 통일에 대한 관심을 프랑스에 전달되는 것은 프랑스 내에서 개신교의 통합 노력에 기여하였다. 1910년 에딘버러(Edinburgh) 세계선교대회(Weltmissionskonferenz)에 파리선교회가 다양한 개신교 흐름들의 몇몇 대표와 함께 참석하였다. 제1차 세계대전 이후 독일과 프랑스 사이에 어떤 다리도 연결되지 않았던 반면에, 프랑스와 다른 국가들의 개신교 교회는 서로 접근하였다. 1919년 헤이그(Den Haag)의 우드 바세나(Oud Wassenaar)에서 열린 에큐메니칼 평화회의는 이미 교회 외교적으로 가장 대담한 시도였다. 전쟁 책임 문제와 베르사유 조약은 프랑스와 독일 대표 사이에 이 대회만이 아니라, 삶과 일(Life and Work) 운동의 제1차 세계대회에서도 주요 안건이었다. 이는 1925년 스톡홀럼에서 개최되었으며 사회적 개신교가 매우 특징적이었다. 빌프리드 모노(Wilfred Monod)는 여기서 나단 죄더블룸 외에 주도적 인물이었으며, 사회적 개신교의 대변자였던 엘리 구넬(Elie Gounelle: 1865-1950) 역시 마찬가지였다. 구넬은 1922년 프랑스에 '사회적 개신교 프랑스 연맹'(Fédération français du Christianisme social)을 조직하였다. 1927년 로잔에서 신앙과 직제(Faith and Order) 운동의 첫 세계대회가 열렸을 때, 그는 프랑스 개신교의 대표로 참석하였다.

같은 시기에 세계 경제위기가 프랑스 개신교를, 무엇보다 외국의 기부금에 의존한 자유 교단을 심하게 덮쳤다. 그래서 미국 침례교는 프랑스 지회 운동 후원을 1933년 중단하

---

12) Gambarotto: Foi et Patrie, 451-454(Document 7).

였다. 1929년 이후 프랑스 개신교회는 어디서나 마찬가지로 경제적 이유 때문에 그들의 활동을 제한해야 했다.

국제적으로 뿐만 아니라, 프랑스 개신교의 에큐메니칼 운동에서 가장 중요한 인물 중 하나는 마르 보그너(Marc Boegner: 1881-1970) 목사였다. 그는 1948년 WCC 창설에 중요한 역할을 담당하였으며, 나중에 의장단에 속하였다. 보그너는 프랑스 개신교연맹을 1929년에서 1961년까지 의장으로서 이끌었으며, 이 시기에 많은 교회들이 개신교 연맹(Fédération Protestante)의 지붕 아래 모여들었다. 무엇보다 그는 분열된 개혁파 교회 진영의 일치에 결정적으로 참여하였다. 이것과 결합된 과정은 1930년대를 지나갔다. 이 시기에 자유주의자들은 교리에 대한 확정을 시작할 수 있다고 신호를 보냈다. 1938년 리용에서 새로 구성된 '프랑스 개혁파 교회'(Église réformée de France: ERF)의 국민노회가 열렸다. 여기서 마르 보그너가 국민위원회(nationaler Rat) 의장으로 선출되었다.

비록 이 단체에 많은 자유 교회와 감리교 교회가 가입되어 있었지만, 모든 개혁파 교회가 거기에 기여하지는 않았다. 무엇보다 스브낭(Cevenen)의 개신교 심장부에 놓여있는 그러한 교회는 1938년 연합하였으며, 이들은 이미 19세기에 형성된 자유 개신교 연맹(Bund freier Gemeinde) 전통 속에서 만나게 된다. 그들은 '개신교 독립 개혁파 교회'(Église réformée Évangélique Independantes: EREI)의 연맹을 설립하였다. 물론 사람들은 중앙 지도부에 의해서 독점되기를 원하지 않았고, 오히려 각 교회의 자율성을 강조하였다. 독립 교회의 성직자 후진양성을 위해서 1939년 엑상-프로방스(Aix-en-Provence)에 하나의 교육기관이 세워졌다. 이 학교는 자유 개신교 신학대학(Faculté Libre de Théologie Protestante)이며, 이 대학은 몽토방 대학 전통을 보여주었다. 그러나 전쟁이 끝나자 곧 유아세례 문제에 대한 갈등으로 인해 대학의 공동참여가 중단되었고, 곧 대학 문을 닫게 되었다. 1974년 이 대학은 다시 열렸다. 후에 엘사스-로트링겐에 있는 개혁파와 루터교는 ERF에 가입하였다. 이것은 엘사스의 개혁파 교회가 이미 1938년 노회에 업저버로 참석한 이후의 일이었다. 공동작업의 첫 열매는 이미 1939년 프랑스 개신교 교회의 공동찬송가였다.

프랑스 개신교의 조직적인 공동성장은 1920년대 이후 고유한 뿌리에 근거한 새로운 신학적 의식에 상응한다. 그리고 이것은 개혁파 측의 칼빈의 의식에 있다. 이 방향의 대변자는 파리 신학교수이며 개혁파의 교의학 안내를 저술한 오귀스트 르세르(Auguste Lecerf: 1872-1943)였다. 계시에 대한 강조와 종교적 주관주의를 배격하는 이 신-칼빈주의(Neo-Calvinismus)에 1930년대 도입된 칼 바르트(Karl Barth: 1886-1968) 신학의 수용이 덧붙여질 수 있었다.「믿음과 생명」(Foe et Vie) 같은 잡지는 바르트 신학에 집중하였다. 그래서 그 신학은 대체로 모든 개혁파 흐름들의 관심에서 중심을 차지하였다. 동시에 개신교 역사에 대한 관심이 증가하였고, 그리고 이것은 특별한 계열에서만이 아니라 역사학 내에서 새로운 질문 방향의 출현에 의해서이다. 이 역사학은 역사주의적인 종교사회학과 그리고 교파적인 정신사와 문화에 관련되었다.

프랑스 개신교의 공동성장에 있어서는 복음전도에 묶여진 세력들 및 그 곳에 참여한 다양한 단체들의 결합이 공헌하였다. 사회적 개신교는 자신의 최상의 시대를 체험하였다. 어떤 사람에게는 사회적 개신교에 주도적인 인물들이 결핍되었기 때문에, 다른 어떤 사람에게는 바르트 신학이 다른 특권을 차지하였기 때문이다. 여하튼 이 흐름의 대변자들이 아직도 존재했으며, 이들은 이제 오히려 평화주의로 정립된 종교사회주의에 세워져있었다. 독립교단으로 향했던 신진들은 노장(Nogent)에 있는 성서연구소(Bibligqua)에서 교육받았다. 이 연구소는 1921년 뤼방 쎌랑(Ruben Saillens)과 그의 아내 잔느(Jeanne)에 의해서 설립되었다. 여기서 감리교, 침례교, 자유 교회 소속원들과 '신조에 헌신적인'(bekenntnistreu), 곧 '복음적'(evangelikal) 개혁파들이 활동하였다.

대부분의 개신교인들은 정치적으로 좌파였다. 그래서 1936년에 사회주의자들, 공산주의자들 그리고 자유주의 장관들로 세워진 인민전선정부(Volksfrontregierung)는 개신교 신조를 옹호하였다. 공산주의와 개신교의 이데올로기적인 결합은 단지 몇 가지에서만 그럴듯하고 곧 부차적인 형상이 된 반면, 정치적 우익 진영에도 개신교 지지자들이 있다는 사실이 점차 인식될 수 있었다. 그들은 간헐적으로 이미 드레퓌스 사건에 대하여 발언하였으나 20세기 20년대에 처음으로 조직되었다. 애국주의, 반공산주의 그리고 반셈족주의는 여기서 추진하는 동인이었다. 프랑스 사회의 전 영역에 걸친 개신교 통합이 이곳에서 자신들의 표현을 찾았다. 인민전선정부와 같은 해에 시작된 스페인 시민전쟁은 개신교 내에서 정치적 양극화를 촉진시켰다.

제2차 세계대전에서 독일군은 프랑스 일부 지역을 점령했고 남아있는 남부 프랑스 '자유 프랑스'(Frei Frankreich)에 비시(Vichy)의 페탱(Philippe Pétain: 1856-1951) 원수 정부를 출범시켰다. 개혁파 교회는 두 지역으로 나뉘었다. 개혁파 자유 교회와 독립교단은 이제 다시 국가로 관심의 초점을 돌렸다. 그리하여 승인된 종교, 그리고 승인되지 않은 종교 단체가 존재하였다. 침례교나 혹은 감리교 세례는 더 이상 인정되지 않았으며, 세례 받은 유대인은 종교 단체에서 그리스도인으로 여겨지지 않았다.

전쟁 초기에 곧 개신교 청년운동으로부터, 무엇보다 소년단원(Pfadfinder)과 그리스도교 세계학생연맹의 구성원들로부터 CIMADE(피난민 상호-운동위원회: Comité Inter-Mouvements Auprès des Évacués)가 탄생하였다. 이들은 먼저 프랑스 핵심 땅(Kernland)으로 돌아온 엘사스의 탈출자들을 돌보았다. 전투가 끝난 후 사람들은 새로운 과제와 새로운 목표 집단에 열중하였다. 그래서 1940/41년 이후 단체들이 박해자들, 포로수용소의 수용자들 그리고 추방으로 위협당한 자들, 그 가운데 유대 그리스도교인과 유대인들을 돌보았다. 남프랑스에서는 독일 행정이 지배한 북부와는 다르게, 원조기구들이 안식처의 통로가 되었다. 또한 전쟁 중에 목사들과 교회 지도자들은 박해자들을 숨겨주면서 실질적인 도움을 주었다. 이 일의 추진세력은 제네바에 있는 그리스도교 학생세계연맹에서 일하는 수잔느 드 디트리히(Suzanne de Dietrich: 1891-1981)였는데, 그녀는 국제적인 연결을 가지고 있었다. 그리고 또 한 사람은 전문 문서실 직원이며, 마찬가지로 그리스도교 대학과 고등학생 분야에서 활동적인 마들렌느 바로(Madeleine Barot: 1909-1995)였다. 예컨대 전체적인 작업은 본질적으로 여성들에 의해서 수행되었다.

많은 개신교인들은 이제 다시 민족의 연대감, 비시정권에 동질성을 느꼈고 거기에 협력을 호소하였으며, 다른 한편에서는 이미 일찍이 목사들이 개별적으로 거기에 대항하여 항의하였다. 개신교 장관인 르네 질루잉(René Gillouin:1881-1971)은 1940년 결정적으로 새로운 정부와 그들의 '민족혁명'(nationale Revolution)의 프로그램에 함께 작업하였다. 개신교는 새로운 체제 아래 - 마르 보그너(Marc Boegner)가 지도적인 대표자로서 새로운 국민위원회(Nationalrat)의 구성원인데 - 통합되어 가야했다. 보그너는 님에 교회연맹을 두고자 하였으나 교회연맹 부의장은 파리에 머물렀다. 보그너는 자신의 지위를 이용하여 박해자들을 중재하였으며, 이것은 자주 리옹(Lyon)의 대주교인 삐에르 제를리에(Pierre Gerlier: 1880-1965) 추기경과의 협력 속에서 이루어졌다. CIMADE를 통해서 보그너는 잘 알려졌고, 그래서 그는 점점 더 남프랑스를 향해 탈출한 외국의 유대인에 전력하였으며 페탱에게 추방 중지를 요청하였다. 물론 그의 노력은 실제로 아무런 영향을 가져오지 못하였다. 프랑스의 상급 랍비인 이새 슈바르츠(Isaïe Schwarz: 1876-1952)에 대해서 보그너는 1941년 3월 박해에 대한 자신의 아픔과 구약성서의 공동 토대에 대해서 공감을 표현하였다.[13] 이 편지는 비밀리에 널리 퍼졌다. 동시에 보그너는 비시정부 제2인자인, 자신의 학교 동료 프랑수아 달랑(François Darlan: 1881-1942)에게 도움을 청하였으며 반셈족주의 법 개정을 변경하도록 요구하였다.

보그너는 종족주의에 대항하여 프랑스 개신교의 보다 훌륭한 부분을 대변하였다. 그러나 그 외에 반셈족주의 소리도 증가하였다. 보그너는 1941년 알레스(Alés)에서 열린 국민노회에서 분명하게 지지받았다. 1942년 9월 22일 개혁파 교회의 성명서가 강단에서 낭독되었으며, 이는 고통스러운 사건에 직면한 그리스도교 양심의 절규였다. 펑므롤(Pomeyrol: Arles 근교) 테제가 이미 이와 비슷한 취지를 나타냈었다. 이 테제는 16명의 신학자와 교회 조직의 남녀 대표단체가 1941년 작성한 것이다. 물론 그들 가운데 12명만이 서명하였다. 각 테제는 하나 혹은 여러 성서구절 밑에 작성되었는데, 인권 침해에 대하여, 이른바 반셈족주의에 저항했고 나치협력(Kollaboration)에 저항하였다.[14] 주도자들은 CIMADE의 총무인 마들렌느 바로, 그리고 에큐메니칼 운동의 지도적 인물인 비셔후프트(Wilhelm Adolf Visser't Hooft: 1900-1985)였다. 이 테제는 제네바에서 공표되었고 그 다음 남프랑스에 퍼졌다. 이것은 다시금 1976년에 처음으로 세상에 알려졌다. 아무리 이것이 정치적으로 구체적이고 시민 권리와 반셈족주의 대항을 표방한다고 해도, 그것은 바르멘 신학선언(Barmer Theologische Erklaerung)과 비슷하게 신학적, 성서적으로 근거가 제시되었다. 본질적인 동인은 정신적 전체주의에 대한 저항이었다. 여기에 1941년 8월에 작성된 하나의 텍스트가 첨가되었다. 추측컨대 조르주 까잘리스(Georges Casalis: 1917-1989)

13) Text bei Carbonnier-Burkard/Cabanel: Une Histoire, 184.

14) Text bei Carbonnier-Burkard/Cabanel: Une Histoire, 186; 독일어 번역, Gerdes: Oekumenische Solidaritaet, 310f.; Krum: Frankfurt am Kreuz, 74-83.

에 의해서 작성된 '첨가된 주석'(Note jointe)[15]이다. 까잘리스는 펑므롤의 테제 작업에 함께하였으며 후에 신학자로서 알려졌다. 이 "첨가된 주석"은 비시정부의 청년 사무국에 개신교 청년위원회를 인정해 줄 것을 청원한 것이다. 그러나 국가의 전체주의적인 요구를 비판한 장문의 표현이 포함되었다. 많은 개신교인들, 그들 중에서도 목사들이 구체적인 저항운동에 참여하였다.

6. 제2차 세계대전 이후

1945년 이후 개신교는 프랑스 사회로의 편입을 끝냈으며, 이로 인해 이제 궁극적으로 개신교는 더 이상 배타적인 집단으로 표현되지 않았다. 이주에 의한 전원 구조의 해체는 성장 환경을 파괴시켰고, 마찬가지로 교파가 뒤섞인 결혼 증가 현상이 여기에 공헌하였다. '광야 교회'(Kirche der Wueste)에 대한 역사적인 배후관계는 하나의 고상한 추억이며, 그리고 개신교 내부의 에큐메니칼 운동은 개혁파 전통을 프랑스 개신교 안에 다른 것들과 나란히 하나의 분파가 되게 하였다.

1950년 엘사스의 루터교와 프랑스 루터교는 프랑스 루터교 국민연합을 결성하였다. 1962년 프랑스 교회 연맹에 새로운 기본질서가 시작된다. 여기에는 교회만이 아니라, 교회의 작업, 기구와 운동들이 언급되었고, 그래서 폭넓은 개신교의 상급 단체가 탄생하였다. 여기에 반대하여 독립교단의 교회들은 교회연맹을 떠났다. 교회연맹은 군목과 형목 혹은 정보작업과 교육 작업과 같은 교회의 공동 과제를 협조하기 위한 권한이 있어야 했다. 개신교 교회들의 경계는 점점 유동적이었다. 1973년 로이엔베르크 협정(Leuenberger Konkordie) 이후에는 성만찬 연대(Abendmahlsgemeinschaft)에 대하여 루터교 측은 더 이상 어떠한 비난도 하지 않았다.

1938년 프랑스에 개혁파 교회가 새로 세워질 때 사람들은 중앙집권적인 경향의 출현을 두려워하였다. 그것은 일어나지 않았다. 오히려 개혁파 교회는 여전히 장로-당회의 지도모델 안에서 지교회(Gemeinde)에 의해서 조직되었다. 장로들은 목사와 함께 지

15) 독일어 번역, Gerdes: Oekumenische Solidaritaet, 311-313.

교회를 이끌어 가야 했다. 그 위에 지역노회(Regionalsynode)가 있으며, 이 위에 국민노회(Nationalsynode)가 자리하였다. 그러나 이 국민노회는 지역 차원에서 결정해야 할 문제들에 대해서는 다루지 않았다. 지역노회는 '지역고문위원'(Conseil regional)을 선출할 과제를 가지며, 이들은 또다시 의장을 결정해야 했다. 의장은 목사가 담당했으며 다른 목사들에 대한 목회적 책임이라는 면에서 감독의 기능을 가졌다. 국민노회는 지도부에 비견될 될 수 있었다. 1961년 이후 프랑스 개혁파 교회와 엘사스의 개혁파 교회는 결합하려는 목적을 가지고 그들의 관계를 강화시켰다. 1975년 엘사스 개혁파 교회 대표가 국민노회에서 정리되었다. 거꾸로 ERF 대표는 엘사스의 개혁파 교회의 노회에 심의권을 가지고 참석해야 했다. 그래서 사람들은 연합에 다가가지 못하였으며, 오히려 그러한 연합의 반대편에서 있던 엘사스의 루터교를 고려하는 것이 더 기대되었다.

또한 엘사스의 루터교와 개혁파는 지도부 기구로서 노회를 채택하였는데, 여기의 최고 위치에는 지도위원회가 자리하였다. 그러나 그 외에 아직 당회(Konsistorium)의 구조가 남아있었으며, 이 기구는 노회 결정사항의 실행을 감독해야 했다. 엘사스의 이 두 교회는 이미 1980년대 초부터 긴밀하게 협력활동을 해왔으며, 2004년 연합에 들어갔다. 비슷한 접근들이 프랑스의 중심지에 있는 개혁파와 루터교 사이에서 관찰되어졌다. 엘사스의 루터교 안에서 지난 10년 동안 장로회는 좋은 평가를 받았으며 그리고 목사와 함께 지교회들을 지도하는 권한을 가졌다. 그래서 개혁파의 모형에 따라 '평신도'(Laien)의 평가가 지교회 차원(Gemeindeebene)에서 행해진 반면에 장로회는 이미 이전의 보다 높은 지도부, 무엇보다 당회와 지구교회(Kirchenkreise) 차원에서 중요한 역할을 하였다. 루터교는 상급당회(Oberkonsistorium)에 의해서 지도되며, 이곳의 최고위층에 감독국(Direktorium)이 있었다.

제2차 세계대전 이후 바르트 신학은 확실하게 정신적으로 지배적이었으며, 특히 파리대학에서 그러했다. 1953년 이후 그의 '교회교의학'은 제네바에서 프랑스어로 번역, 출판되었다. 엄밀하게 말하자면, 독일에서와 같이 바르트주의자들은 그들의 비정치적 관점을 가지고서 1945년 이전의 정치적 관계에서 직접적으로 보다 더 나은 부분을 선택해야 했다고 항의하였다. 개혁파 교회와 마찬가지로 교회연맹 지도부의 지도적 인물들은 바르트주의자들이었다. 거기에는 보그너의 후계자인 샤를 베스트팔(Charles Westphal: 1896-1972)

이 속했다. 바르트 신학의 영향은 1960년대 어디서나, 특히 1968년 5월 프랑스에서 정점에 달한 정치화를 통해서 감소하였으며, 이것은 교회 역시 엄습하였다. 이미 인도차이나 전쟁과 알제리 전쟁에 대해 개신교는 공적인 입장을 표명했고 이는 도전이었다. 교회지도부는 수차례 프랑스 정치를 비판하였고 고문사용을 비난하였다. 사회적 개신교는 - 이것의 창시자에 토미 팔로가 속하는데 - 1945년 이후 재조직되었으며 사회주의적이고 공산주의적인 운동을 결합하였다.

가톨릭과의 접촉은 점점 증가하였다. 가톨릭 측에서는 저자들이 개신교의 객관적인 저술을 얻으려고 노력하였다. 제2차 바티칸 공의회 이후 가톨릭교회와의 공동 프로젝트가 가능하였다. 여기에 1970년대에 출판한 공동 성서번역이 속하며, 이것을 통해서 개신교인 가운데 성서 연구가 촉진되었다. 그러나 프랑스 에큐메니칼 운동의 상징은 클루니(Clunny)에 있는 떼제(Taize) 공동체다. 제2차 세계대전 당시 로저 슈츠(Roger Schutz: 1915-2005)에 의해서 세워진 이 공동체는 처음부터 에큐메니칼 정신으로 세워졌으며 오늘날까지 유럽의 청년들 사이에 넓은 영향력을 지니고 있다.

신진 신학자들의 교육은 1972년부터 프랑스 중심지에서 파리와 몽펠리에 신학대학으로 나뉘어 각기 이론과 실천에 대한 차별적인 강조점을 지니고 있다. 엘리자베트 슈미트(Elisabeth Schmidt: 1908-1986)는 1949년에 이미 첫 여성 목사로서 안수되었다. 그러나 일반적으로 첫 개신교 여성 목사는 1929년 이후 침례교인 마들렌느 블로쎄 쎌랑 Madeleine Blocher-Saillens: 1881-1971)이다. 슈트라스부르크 대학교 신학대학은 학문적으로 가장 명성 높은 교육기관이다. 여기서 학술적인 잡지로 「종교 철학과 역사지」(Revue d'Histoire et Philosophie religieuses)가 출판된다. 중등학교에서의 종교수업은 단지 엘사스에서만 가능한데, 여기서는 종교교육의 기본모델이 견신례에 이르는 교회 교리문답(Katechese)이다. 19세기의 80년대 교회가 공적인 학제로부터 축출된 이후 가톨릭 측에서는 광대한 교회적인 학제를 확정하였다. 20세기 가톨릭 사립학교에 저항하였던, 교파적인 학제에 대한 개신교의 유보는 기숙사를 갖춘 몇몇 개신교 고등학교가 새로 세워지는 것을 방해하지는 않았다.

1968년에 개신교가 진보의 최고 위치에 서있는지, 그리고 아마도 전위대로서 현대에 용해되고자 하는 지에 대해, 개신교에게 또 다시 물음이 제기되었다. 그러한 물음에 대해 프랑스에서는 하비 콕스(Harvey Cox), 그의 프랑스어로 번역된 책『세속 도시』(Stadt ohne Gott)와 함께 파울 틸리히(Paul Tillich) 같은 이름들이 나타났다. 여기에 부유한 북부 교회에 대하여 에큐메니칼 운동으로부터 질의가 덧붙여졌다. 대부분 지역에서 공적인 프랑스 개신교는 식민지 문제나 핵무장 문제에 있어 정치적으로 비판적인 기구로 여겨졌다. 그 외에 전형적인 것은 낙태법 개정에 대한 논쟁적인 토론이었다. 그래서 20세기 70년대와 80년대에 묵은 갈등이 다시 한 번 나타났다. 즉 복음적 '체제유지론자'(Integristen)와 현대에 매우 호의적인 '진보주의자'(Progressisten) 사이에 갈등의 형식으로 나타났으며, 이것은 개혁파 교회에 큰 시련을 주었다. 전자는 배후관계를 성서와 신조에서 가져왔고, 후자는 좌파의 정치적 시대정신에 대하여 교회와 신학이 급진적으로 개방할 것을 요구하였다.

프랑스 개신교의 독립교단 진영은 제2차 세계대전이 끝난 후 미국으로부터 후원을 받았다. 그래서 이제 현대적 의미에서 '복음적'이라 언급될 수 있는 영향력이 이 나라에서 강화되었다. 무엇보다 침례교와 오순절 교파 안에서 그러했다. 오순절 교회는 그 후 10년 동안 거대하게 성장하였다. 1946년 오순절 성서학교가 개설되고, 1952년 집시들 사이에 은사적인 각성운동이 일어났으며, 여기서 조직적인 선교 작업이 성장하였다. 또다시 여기에서 특유한, 몇 만의 성도를 포함하는 교회가 생겼다. 이 '집시 선교'(Mission Tzigane)는 1975년 프랑스 교회연맹에 가입하였다. 독립교단 지교회의 자의식은 국제적 연결을 통해서 상당히 고양되었다. 빌리 그래함(Billy Graham)이 유럽 여행 중에 무엇보다 프랑스에 출현하여 복음을 전하였으며, 특히 그는 청년들을 향해 메시지를 전달하였다. 1946/47년 해가 바뀌는 기간에 빌리 그래함이 프랑스에 처음 방문한 것에 대한 반향은 아직 보잘 것 없었다. 세례 받은 침례교인의 수는 이 기간에 50년 전과 비슷했다. 그러나 그래함으로 인해 그들의 고유한 활동가를 강화시키는 충격이 독립교단 무대로 가해졌다. 그래서 다음 해의 침례교 수는 상당히 증가하였다. 1953년 프랑스에 복음주의 연맹(Evangelische Allianz)의 고유한 지부가 형성되었으며, 이는 독립교단과 자유 교회가 공동대표를 형성하였다. 다음 해에 다른 기구들과 단체들이 설립되었으며, 이들은 독립교단들의 다양한 이해관계를 조정하는데 공헌하였다. 1955년과 1963년 빌리 그래함이 다시 왔을 때, 그의 등장은 어디서나 거대한 사건이었으며 언론에게도 큰 사건이었다. 이것은 1986년 그의 여행에서도 마찬가지였다. 그러나 그의 '십자군'(Kreuzuege)은 프랑스에 지속적인 영향력을 갖는 것은 아니었다. 어쨌든 성과의 소식은 단지 그의 주창자들의 유세 덕이었다. 본질적으로 효과적인 것은 지역 교회에서 시작된 복음화였다. 독립교단 지지자들 숫자가 증가하는 것에 상응하여 이제 신진 성직자들의 교육이 새로운 토대 위에 세워졌다. 그래서 1965년 파리 근교 보-쉬르-센(Vaux-sur-Seine)에 하나의 독립교단 교육시설이 세워졌다. 이 학교는 이미 노장-쉬-마른(Nogent-sur-Marne)에 있는 성서 학교를 대체한 것이 아니라, 오히려 '자유 개신교 신학대학'(Faculté Libre de Théologie évangélique)으로서 학문을 강조하는 교육방향을 가능하게 하였다. 그래서 이 교육시설은 엑스(Aix)에 있는 교육시설의 요구를 넘어섰다.

대략 1960년 이후 각성운동에서 나왔으며 그리고 이제는 현대 복음주의 영향 아래에서 성장한 '개신교'(Évangélique)는 자신들의 지위를 계속 확대해 나갔다. 여기서 전형적인 방법으로 새로운 미디어를 지닌, 하지만 또한 새로운 노래재료를 지닌 공세는 중요한 역할을 하였다. 제2차 바티칸 공의회 결과로 이루어진 가톨릭교회의 개방은 복음주의자들(Evangelikalen)과 일부 가톨릭 분파 사이에 대화와 연결을 가능하게 하였다. 그래서 개신교에서는 그들의 고립이 더욱 강하게 나타났다. 거기에 역시 강화된 국제적 연결망이 공헌하였다. 그들은 다른 나라에서 강력해진 것을 프랑스로 온 이민자들을 통해서 경험하였다. 또다시 여러 곳에서처럼, 프랑스에서도 역시 '보수적인' 혹은 복음주의적이라고 불릴 수 있는 개신교인들은 세상과 정치에 대한 넓은 개방을 반대하였다. 1969년에 세워진 '프랑스 개신교 연맹'(Féderation Évangélique de France)은 '프랑스 프로테스탄트 연맹'(Féderation Protestante de France)에 대항하였다. 말하자면 교회 연맹과 이들이 진단한 정치화에 대항한 것이다. 추진자들은 독립교단과 자유 교회의 출신들이었지만 이 영역 밖에서는 지지만 있는 것이 아니었다. '개신교' 내부에서는 교회 연맹 안에서 함께 일하는 것에 대해 의견들이 갈리었다. 훗날 1980년 이후에 그들에게는 사회적 충격이 보다 더 큰 역할을 하였다.

프랑스 개신교 인구 층의 확실한 숫자에 의문이 생길 수 없었다. 왜냐하면 1872년 마지막 인구조사가 교파 소속에 대한 확인과 함께 행해졌기 때문이다. 대부분의 보고서는 많은 개신교인들이 교회생활에 참여하지 않는다는 것 때문에 힘들어 한다는 그러한 평가에 근거하였다. 일반적으로 프랑스 개신교인들의 정체성은 정교분리적이고 '비교회적인' 태도로 각인되었다. 저명한 개신교 정치가는 '실제적인'(praktizierende) 개신교인으로 인식될 수 없었다. 물론 개신교의 사회적 영향력은 과도하게 높았다. 이것은 이미 개신교가 평균 이상으로 교육받고 거기에 상응하는 지위를 갖는다는 사실에 있었다. 이것은 정치적으로 좌파적인 다수의 개신교인들에게 오늘날까지 유지된다. 비록 유권자 잠재력이 프랑스의 평균치보다 점점 더 보수적으로 기운다 할지라도. 다른 한편으로 많은 가톨릭 신자들은 정교분리와 현대사상의 의미를 개신교인보다 더 체감한다. 그 다음은 매우 많은 사람들이 여론조사에서 개신교에게 책임을 지우는 상황가지 이르게 된다. 당시 프랑스 개신교의 숫자는 약 230만 명에 이르렀다. 설문조사에서 상급 전문인들은 평균 이상으로 자주 개신교인으로 표시된다. 실제 영역에서 전체 개신교인은 70만 명에서 백만 명 이상의 신도라는 평가가 차이난다. 그래서 개신교 주민은 약 1.5~1.9%이다. 이 가운데 475곳의 지교회와 함께 대략 40만 명의 개혁파 교회가 포함되었다. 여기에는 엘사스의 약 4만 명의 개혁파 교인들과 약 27만 명의 루터교 교인들(이중 23만 명이 엘사스 거주), 그리고 자유 교회의 몇 천 명의 교인들, 몇 천 명의 오순절 은사주의자들, 감리교인들, 메노나이트 그리고 다른 단체들의 지지자들이 속해있다. 독립교단과 자유교회에 속한 자들은 오늘날 프랑스 개신교의 주목할 만한 수치를 결정한다. 이들에게 약 40만 명의 성도들이 계산될 수 있는데, 이들 가운데 약 절반은 오순절 계통의 교인들이다. 이 운동 구성원들은 완전히 다양한 환경을 가지며, 이들이 속한 교회들은 여러 방법으로 교회연맹과의 관계를 규제한다.

B 이탈리아

1. 발도파 역사부터 1848년 관용허용까지

위그노(Hugenotten)와는 달리 발도파(Waldenser)는 종교개혁 이전 시기에 이르는 역사를 지니고 있다. 이들의 심장부는 14세기 피몽트(Piemont)와 도피네(Dauphiné) 사이 북이탈리아의 알프스 코트(Cottische Alpen) 지역이었다. 1532년 발도파는 깐포란(Chanforan)에서 후에 노회(Synode)로 알려진 모임을 통해 종교개혁 운동의 스위스 흐름에 가입하였다. 한편으로는 그 다음 시기에 관용으로 특징지어지며 다른 한편으로는 가톨릭으로 되돌리려는 시도나 박멸의 시도와 마찬가지로 고립화로 특징지어졌다. 1687년 스위스 개신교 주(Kantone)의 중재로 제네바를 건너 독일로 이주할 수 있었던 발도파는 비극적인 운명을 맞았다. 이주 허가를 얻었던 8,500명 중에서 겨울 산악행군을 견뎌낸 숫자는 단지 1/3뿐이었다. 그래서 발도파 역사가 그들의 고향에서는 거의 끝난 것처럼 보였지만. 일단의 발도파가 되돌아왔고 1689년 북이탈리아에 다시 진입하였을 때 그 상황은 바뀌었다. 이러한 '영광의 귀환'은 기억할 만한 중요한 사실이었다. 이와 연결된 '시바우드 맹세'(Schwur von Sibaud)는 - 이는 영원한 신뢰를 서약하는 데 - 나중에 발도파 축제 문화에 큰 역할을 하였다. 17세기 이후 일곱 개의 별로 된 발도파 문양이 있다. 7개의 별은 요한계시록에 나오는 일곱 교회를 나타내며, "빛이 어두움 속에서 비치고 있다. Lux lucet in Tenebris'(요 1: 5)의 좌우명과 일치한다. 발도파 상황은 사보이(Savoy) 공작이 1690년 프랑스에 대항하여 영국과 결합할 때 실제로 더 나은 것 같이 보였다. 1694년 발도파에게 관용이 허락되었다. 그러나 그것은 1698년에 이미 다시 되돌려졌다. 또다시 탈출운동이 시작되었다. 그 가운데서도 서남독일로, 이전 주민들 가운데 나머지 사람들만이 산골짜기에 잔류하였으며 이들은 외국 개신교로부터 지원을 받았다.

18세기 첫 10년 동안 상황은 불안하였다. 1730년 발도파들은 피몽트-사르디니엔(Piemont-Sardinien) 군주국과 함께 그들의 고향 사보이에서도 거부되었다. 그러나 다른 한편으로는 실제적인 관용이 유지되었다. 골짜기에 잔류한 발도파는 대부분 농부들이었다. 그들은 더 이상 피비린내 나는 박해는 없었으나 조직적으로 손해를 당하거나, 가톨릭으로 다시 돌아가도록 내몰렸고 골짜기에 고립되었다. 지원은 영국, 네덜란드 그리고 제네바로부터 왔다. 이곳에서 사람들은 발도파를 개신교의 전초병으로 여겼다. 영국의 대사가 투린(Turin)에 도착하고, 1730년 이후 개신교의 책들이 수입되었다. 그러나 1753년 투란에 거주하던 발도파에게 영국의 대사관 예배에 참석하는 곳이 금지되었다. 18세기가 끝날 무렵 계몽주의가 외국, 무엇보다 스위스, 즉 로잔, 제네바 그리고 바젤에서 공부한 교육받은 목사들에 의해서 친숙해졌다. 동시에 시민계층이 교육되어졌으며, 이들은 목사와 교사 외에 무엇보다 상인들로 구성되었다. 이 상인들은 자신들의 무역활동을 통해 여러 곳을 돌아 다녔으며 그리고 유럽의 추방된 교회를 거점으로 이용할 수 있었다. 외국으로부터 재정적으로 지원을 받음으로써 이들의 관계는 여전히 강화되었다.

프랑스 혁명과 함께 발도파 가운데 자유, 평등 그리고 박애에 대한 희망이 성장하였다. 예컨대 여기서 프랑스 개신교들과 마찬가지로 비슷한 발전이 관찰될 수 있었다. 그래서 발도파들은 자주 자코뱅 편에서 당시 피몽트를 붙잡고 있던 혁명적 정치에 참여하였다. 여기서 발도파들은 충성투쟁에 빠져 있었다. 왜냐하면 1792년 프랑스와 전쟁이 시작되었기 때문이다. 이 전쟁은 1796년까지 질질 끌다가, 1815년까지 지속되어 피몽트의 점령으로 끝났다. 발도파에 대하여 배반자라는 비난의 목소리가 컸다. 그러나 실제로 그들은 가톨릭 장교의 지휘 아래 함께 싸웠다. 인정받고자하는 희망 혹은 관용에 대한 갈망은 그러나 1796년에 이르기까지 국왕 빅토르 아마데우스 2세(Viktor Amadeus II.: 1726-1796)에 의해서 실망되었다. 이로 인해서 친자코뱅적인 경향이 발도파 내에선 아직 뿌리를 박고 있었으며, 물론 복음주의적인 자코뱅은 무신론적인 자코뱅들과 불화를 겪고 있었다. 개신교에 대한 완화를 위해서, 그러나 역시 외국의 압력 아래에서, 새로운 왕 칼 엠마누엘 4세(Karl Emanuel IV.: 1751-1819)에 의해 1796년 8월에 법률이 반포되었다. 그 이후 발도파 교회는 수리되거나 새로 건축되었으며 더 이상 가톨릭교회에 양도될 필요가 없었다. 오히려 하나의 인정된 가설은, 개신교가 주민의 다수를 차지하는 지역에서는 당시 행정의 중심을 차지하였다는 것이다. 그러나 더 중요한 것은 공증인, 의사 그리고 군인의 직업이 허락된 점이다. 처음 프랑스 감독 아래 발도파는 그 사이에 일단 실제로 숨을 쉴 수 있었다. 1796년 12월 국왕 엠마누엘 4세는 망명을 떠났다. 역시 저명한 개신교인, 예컨대 토레 펠리체(Torre Pellice)의 목사 푀트로 가이메트(Poetro Geymet: 1753-1822)가 속한 공화주의적 정부가 세워졌다. 그는 1799년, 짧은 기간 동안 의장까지 되었다. 1800년 피몽트 공화국은 오스트리아의 짧은 촌극(Intermezzo) 후에 프랑스에 병합되고, 지방행정 단위로 분할되었다. 교파들은 1800년 동등한 상태였으며, 그리고 1801년 처음으로 국가의 억압 없이 발도파 교회의 노회가 열렸다. 1801년 가이메트는 피네롤로(Pinerolo) 지방의 부지사

(Subpraefekt)가 되었으며, 1814년까지 재임하였다. 그는 프랑스 점령군에게는 믿을만한 인물로 여겨졌다. 발도파 골짜기에 가톨릭교회 소유물들은 국가에 의해 회수되고 그리고 목사 봉급을 위해서 그 소득이 사용되었다. 이것은 이미 1793년 이후 영국으로부터 긴급히 필요한 지원을 더 이상 받지 못했던 것이다. 목사들은 봉급을 이제 부분적으로 물품으로 지급받았다.

새로운 혁명적인 이념에 대한 설교가로 목사가 다비드 몬돈(Davide Mondon: 1751-1832)이 속한다. 그는 제네바에서 공부하고 1788년 프라로스티노(Prarostino) 교회와 로까피아따(Roccapiatta) 교회를 인수 받았으며, 1824년 산 지오반니(San Giovanni)로 옮겼다. 1791년 그는 자코뱅으로서 체포되었으나, 다시 석방되었다. 교회의 직무자 중에서 다른 계몽주의자는 로돌포 페이란(Rodolfo Peyran: 1751-1823)이며, 그 또한 제네바와 그 다음 바젤에서 공부하였다. 볼테르와의 접촉 때문에 사람들은 후에 페이란이 그의 비서였을 것이라고 기꺼이 판단한다. 1791년에서 죽을 때까지 그는 포마레또(Pomaretto)에서 자기 직무를 수행하였다. 그는 교육을 받았고 여러 가지로 흥미로운 인물이었으며, 그리고 투린 학문연구소(Turiner Akademie der Wissenschaften)에 수용되었다. 페이란은 1801년 자치회 의장(Moderator)이 되었으며, 후에 발도파 교회의 부의장(Vizemoderator)이 되었고, 교회지도부(타볼라)의 대변인이 되었다. 그는 이 타볼라라는 이름으로 1804년 나폴레옹 황제 즉위 환영식에서 축하 연설을 하였다. 황제는 1805년 투린에 왔을 때 페이란을 회견장에서 환영하였다. 나폴레옹은 발도파 교회를, 프랑스 개신교 모형에 따라 국교로 만들어 줄 것을 제안하였고, 여기에 상응하여 목사들에게 봉급을 주는 것을 제안하였다. 목사들의 회의는 거기에 동의하였고, 1805년 7월 황제 훈령으로 상응하는 규정들이 확정되었다. 이것은 프랑스 당회제도(Konsistorialsysyem)로서 이제 프랑스에 편입된 '하부알프스공화국'(Subalpinische Republik)의 발도파에 끼어 넣은 것이었다. 그러나 동시에 노회, 타볼라 그리고 의장직이 무력해졌다. 이제 세 곳의 당회, 즉 토레 펠리체, 프라로스티노(Prarostino), 그리고 빌라세까(Villasecca)가 있었으며 목사들은 국가공무원이 되었다. 그 외에 교회 생활은 자유롭게 전개될 수 있었다. 몇몇 장소에 새로운 교회 건축이 계획되었으며, 이 교회들은 나폴레옹의 허가를 얻은 다음 세워졌다. 외국으로부터의 기부금으로

산 지오반니(San Giovanni)에도 하나의 교회가 세워졌고 1808년 봉헌되었다. 그러나 같은 해에 지진 때문에 심하게 훼손되었다.

이러한 놀라운 발전은 간막극(Zwischenspiel)으로 끝났다. 왜냐하면 1814년 국왕의 귀환과 함께 옛 시대가 다시 시작되었기 때문이다. 발도파는 이제 다시금 제한된 정책에 내맡겨졌는데, 이는 가톨릭으로 되돌아가는 것과 발도파 교회의 주변화를 말하는 것이었다. 당회제도는 폐지되었고 발도파 교회는 다시 국가로부터, 즉 국가의 재정지원으로부터 분리되었다. 동시에 목사직은 새로 영국의 지원금에 의지하였다. 페이란은 다시 한번 의장으로 일했고 대표단(Deputation) 수장 자리에 앉았다. 몬돈 역시 이 대표단에 속하였으며 귀환한 왕에게 발도파의 상황을 완화해주도록 요청했다. 그러나 대표부는 왕에게서 어떤 소식도 듣지 못하였다. 그래서 1815년 발도파에 대한 차별이 다시 명백해졌다. 정치적인 것이 교파 정치적인 복고주의를 야기하였다. 이것은 개신교의 공적인 종교행사를 어렵게 하고 성서의 소유를 규제하면서, 사적인 것으로 제한했다. 여하튼 1815년 토레 펠리체에 성서회(Bibelgesellschaft)가 세워졌다. 또한 수천 권의 성서가 알프스 산길(Alpenpaesse)을 넘어 몰래 보내졌다. 필요가 채워지자 성서회는 1820년 다시 해산되었다. 가톨릭 예배에 방해를 받지 않기 위해서 산 지오반니에 있는 교회는 1미터 높이의 판자 울타리로 둘러싸여 있어야 했다. 가톨릭 주교들은 그 다음 해에도 여전히, 국가 관청이 발도파를 통제하도록 노력하였으며, 그래서 계속해서 소규모의 교파 전쟁이 계속되었다. 그곳에서는 발도파가 교회-가톨릭 및 공적 질서의 방해자가 되어 있었다.

이미 17세기 말과 18세기에 이탈리아 개신교는 발도파 거주지 밖의 여러 도시들에서 자리를 잡을 수 있었다. 이는 종종 이주를 통해서, 그리고 외교관 교회에 기대어서 가능했다. 이 교회들은 이민들을 통해서 더욱 확대되었다. 여기에 대한 예는 베네치아(Venedig), 트리스트(Triest), 리보르노(Livorno), 나폴리(Neapel) 그리고 로마에서까지이다. 이 시기 로마는 아직 바티칸시국(Kirchenstaat)의 수도였다. 외국인 교회는 주로 스위스와 독일에서 교육받았는데, 이들은 메시나(Messina), 베르가모(Bergamo) 그리고 니짜(Nizza)에도 역시 있었다. 오스트리아 지역의 트리스트에는 1781년 요제프 2세(Josephs II)의 관용칙령(Toleranzpatent) 이후 루터교와 개혁파가 설립되었다. 그전에 이미 이곳에 루터교 교인들이 있었으며, 이들은 1778년 이래로 개인 집에서 모임이 허락되었다. 다음 1785년 그들에게 교회의 구입이 허락되었으며, 이 건물은 1874년에 새로운 건축으로 대체되었던 것이다. 베네치아에서는 '폰다꼬 데이 떼데스끼'(Fondaco dei Tedeschi)가 독일 상인 거주자들에게 은신처를 제공하였다. 1797년 베네치아 개신교인들은 프랑스 지배 아래에서 종교의 자유를 유지하고 있었다. 이 자유는 1814년 오스트리아의 베네치아 점령으로 요제프주의의 관용조건으로 제한되었다. 1816년 베네치아 교회는 아우크스부르크신조의 오스트리아 개신교의에 편입되었다. 예배 언어는 독일어였다.

1796년 나폴레옹의 호의로 북부 이탈리아의 피몽트 동부지역에 건설된 찌스파다니(Cispadanisch) 공화국에는 가톨릭교회가 국교로서 여전히 그의 역할을 할 수 있었다. 1797년 찌스파다니가 찌스알프스(Cisalpinisch) 공화국이 되었을 때, 새로 형성된 이 국가의 헌법은 모든 시민들에게 공개적으로 종교행사를 할 수 있는 권리를 허용하였다. 북이탈리아에서 러시아-오스트리아의 간만극(Intermezzo)이 끝난 후, 1802년 찌스파다니 공화국을 계승하여 나폴레옹에 의해 세워진 이탈리아 공화국의 헌법에서, 종교자유는 가톨릭을 달래기 위해서 다시 제한되었다. 개신교는 이제부터 단지 사적 영역에서만 종교 수행의 권리를 지니게 되었다.

로마에서는 프로이센 대사 발톨드 게오르그 니버(Barthold Georg Niebuhr: 1776-1831)가 1819년 세워진 개신교 교회에게 외교적인 은신처를 제공하였다. 로마의 독일인들의 개종 소식은 - 즉 '나짜렌너'(Nazarener)에 속한 예술가들에 의해서 - 프로이센 국왕 빌헬름 3세(Friedrich Wilhelm III)에게, 대사관 목사를 로마로 파송하게 하였다. 1817년 세워진 비텐베르크 신학교 첫 졸업생인 슈미더(Heinrich Schmieder: 1794-1893)가 보내졌다. 그는 자기 일을 위장해야 했다. 왜냐하면 사람들의 주목을 두려워했기 때문이다. 그래서 예배 역시 단지 니부어의 집에서만 드릴 수밖에 없었고, 1823년 이후에는 그의 후계자인 칼 오시아스 폰 분센(Karl Josias von Bunsen: 1791-1860) 집에서 드렸다. 그래서 분센의 집에는 예배처(Kapelle)가 세워졌다. 그 다음 해에 훗날 유명해진 리카르트 로데(Richard Rothe: 1799-1867)나 프리드리히 아우구스트 톨루크(Friedrich August Tholuck: 1799-1877)같은 신학자들이 로마의 독일 목사직을 차지하였다. 1871년 바티칸시국(Kirchenstaat)의 끝남과 함께 처음으로 독일 교회는 대사관에서 벗어날 수 있었으며 그리고 1922년 자신의 교회를 봉헌하였다. 1835년 모든 국가들의 개신교인을 수용하는 개신교 병원이 설립되었다. 18세기 이후부터 존속한 쩨스티우스-피라미드(Cestius-Pyramide)의 공원묘지 역시 모든 방향의 개신교인들에게 묘소를 제공하였다. 반대로 로마에서 성공회 교인들은 개인저택에서 예배할 권리를 지니고 있었다. 왜냐하면 잉글랜드인은 빈협정(Wiener Kongress)의 법위 안에서 국교의 재설립을 후원하였기 때문이다. 물론 외국의 개신교인과 국내의 발도파 교인들 사이에는 거의 관계가 없었다.

피몽트-사르디니엔 왕국 수도인 투린에서도 역시 오래 동안 개신교가 외국 외교관의 보호 아래 친숙하게 지냈다. 이곳의 보호자(Protektor)는 프로이센 대사인 루이 프리드리히 트룩세스 폰 발드부르크(Ludwig Friedrich Truchsess von Qaldburg: 1776-1844) 백작이었다. 그 역시 제네바와 플로렌스 교회 설립을 돌보았는데, 이곳에는 특히 스위스 개신교인들이 거주하였다. 1826년 그의 주재 아래 당회가 채택되었다. 그러나 프로이센 국왕 빌헬름 3세는 대사관 성직자를 보내면서, 프로이센 통합임무(Unionsagende)를 관철시킬 것을 기대하였다. 이것은 또다시 정착한 개혁파 스위스인들이 견딜 수 없는 것이었다. 이 개혁파 스위스인들은 이제 자신들의 고유한 교회를 설립하였다. 1829년 이후 투린에 정착한 개신교인들을 위한 예배가 - 여하튼 약 300명 - 프로이센 대사관의 예배처에서 드려졌으며, 그리고 한 발도파 설교자가 거기에 고용되었다. 트룩세스-발드부르크(Truchsess-Waldburg)는 동시에 궁중에 대한 발도파 타볼라의 청원서를 지원하였다. 네덜란드 대사와 바이에른 대사(여전히 교파의 동등한 권리가 바이에른 내정에 중요한 테마였다) 역시 발도파에 분명하게 공감하였으며 그리고 1818년 이들이 살고 있는 골짜기를 방문하였다. 특히 러시아 황제 알렉산더 1세(Alexander I.)또한 발도파를 재정적으로 아낌없이 지원하였다. 외교적인 지원은 이미 1816년 왕의 첫 번째 허락을 이끌어 내었다. 그는 나폴레옹 시기에 취득하였던 발도파의 소유들을 보증하였고 그들에게 의사나 약사 같은 직업의 접근을 허락하였다. 같은 해에 트룩세스-발드부르크 백작의 중재로 국가로부터 교회에 대한 확실한 재정 지원이 확약되었고, 그것은 1828년부터 법률에 의해 보증되었다.

발도파들은 이 시기에 개신교 여행자들의 주목을 받았다. 여행자들은 발도파에게서 완전히 낭만적으로 근원적이며 순수한, 모든 박해에 저항하는 그리스도교를 찾았다. 이 방문객들은 자주 가난한 교회를 지원하였으며, 이들의 보고는 고국의 관심을 일깨웠다. 그래서 빌리암 스테판 길리(William Stephen Gilly: 1789-1855)는 1824년 런던에서 발도파에 관한 보고를 출판하였다. 왕 조지 4세(George IV.: 1762-1830)는 1825년 길리가 세운 위원회 뒤에서 발도파를 지원하였으며 거기에 대한 재산에 공헌하였다. 1831년 토레 펠리체에 영국의 재정 도움으로 개교한 인문계 기숙학교(Collegio)의 창립은 역시 길리의 덕분이었다. 또한 1829년 런던에 피몽트의 가톨릭 백작인 페르디난도 달 포쪼(Ferdinando dal Pozzo: 1768-1843)의 홍보책자가 개신교의 완전한 해방을 위해 출판되었다. 이는 언젠가 프랑스 지배 아래 개신교에게 허락되었던 권리 위에 기초한 것이었다. 이것은 단지 개별적인 목소리였지만, 국내에서 스스로 변화하는 분위기의 한 표지였다. 발도파 문서 그 자체는 1848년 이전에 단지 외국에서만 인쇄될 수 있었다. 이것은 또한 이탈리아 성서 번역과 예배 서식도 해당되었다. 첫 번째 발도파 전례집(Agende)은 1837년 에딘버러에서 출간되었다. 그것은 스위스와 프랑스의 전통이 결합된 것이었다.

발도파 교회의 미래에 있어 중요한 것은 이전의 영국 장군 찰스 벡위트(Charles Beckwith: 1789-1863)와 같은 다른 여행객들의 활동들이다. 그는 1827년 길리 보고서에 자극을 받고 처음으로 이탈리아에 왔으며 1834년 이곳에 정착하였다. 그는 마을에 학교가 창립되도록 돌봄으로써 발도파 골짜기를 교육으로 열어 놓았다. 1848년까지 발도파 어린이들은 이탈리아 학교를 다닐 수 없었다. 그리고 그는 목사들에게 이탈리아 언어를 배우도록 자극하였다. 벡위트의 생각은 발도파를 고립으로부터 벗어나게 하고 그리고 그들을 선교적인 힘으로 만들고자 하는 것이었다. 가장 중요한 학교는 토레 펠리체의 고등학교(Collegio)와 1830년에 세워진 포마레또의 라틴 학교였다. 그 학제는 그 다음 10년 동안 발전하였고 발도파 교회의 중요한 토대가 되었다. 교직은 여기서 핵심적인 역할을 하였다. 왜냐하면 교직은 학교수업의 권한만이 아니라, 오히려 부분적으로 역시 예배와 교회의 문화적 생활에 속하기 때문이다. 교회 구성원은 대부분 순박한 농부들인데, 자주 그 지역 학교의 야간과정에서 종교 지식이나 일반 지식도 익혔다. 그래서 1848년 발도파 골짜기에는 169개의 학교에 4,779명의 학생들이 있었다. 여기서는 문자를 사용할 수 있는 비율이 이탈리아의 다른 주민보다도 근본적으로 높았다. 1859년 발도파 골짜기의 학교들이 교회에서 꼬뮨(Commune)으로 넘어갔다. 이것은 전체적으로 개신교인이 이주해 오지 않는 장소에 문제가 되었다. 왜냐하면 곧바로 가톨릭의 우세가 눈에 띄었기 때문이다. 이제 또한 이탈리아 교제가 도입되었다. 하지만 발도파인들이 사용하는 프랑스 사투리(Idiom)는 학교에서 허락되었다. 1911년 이제 학교 감독이 꼬뮨에서 지방으로 내려갔다. 이제 외부로부터 교사가 발도파 마을로 보강되어 보내졌고, 그러나 역시 그들은 산악골짜기로부터 다시 떠나버렸다.

관용운동은 역시 전 이탈리아에 영향을 주었다. 그리고 무엇보다 1843년 이후 작가, 정치가, 지식인 그리고 개별적인 가톨릭 성직자들조차 발도파에 대한 보다 많은 자유를 지원하였다. 마침내 발도파 인정에 대한 장벽은 국가가 아니라 오히려 대다수 가톨릭 성직자였음이 드러났다. 1848년 혁명의 해에 그러나 그들에게는 피몽트에서도 역시 관용이 더 이상 억제될 수 없었다. 그리고 이 해에 유대인과 마찬가지로 그들은 타볼라의 청원에 근거하여 시민동등권, 즉 자유로운 직업 선택과 토지 취득권을 가지게 되었다. 추진 세력인 칼 알버트 국왕(Karl Albert: 1798-1849)은 오랫동안 트룩세스-발드부르크와 친분을 맺고 있었다. 1848년 2월 17일의 '레떼레 빠떼띠칙서'(칙서: Lettere Patenti)는 발도파에게 대환영을 받았으며, 왕에 대한 충성을 표명하게 하였다. 시민동등권은 헌법에 근거하고 있었다. 물론 이것은 가능한 법률의 유보 아래 제한되었다. 헌법 1조에 '알버트 규약'(Statuto Albertino)이 남겨져 있었는데, 거기에는 국교로서의 가톨릭의 위치가 남아있었다. 그리고 알버트 규약은 후에 이탈리아 전체의 헌법이 되었기 때문에 교파적으로 가톨릭의 지배가 지속되었다. 헌법에 명시된 바와 같이 '종교의 다른 양식'은 단지 법률에 의해서만 관용되었다. 예컨대 그것들은 '꿀띠 똘레라띠'(관용 제의: Culti tollerati)[16]였다. 교회 생활은 행정적인 방해에 대해서는 보호되지 않았다. 정부는 발도파들을 규제하고자 법률을 계획하였는데, 이들은 여기에 완강히 저항하였다. 1849년 터볼라는 하나의 성명서에서 발도파를 하나의 단체(즉 개신교 발도파 교회)로 인정하고 '공동법'(Gemeinrechts: Diritto commune)의 단순한 제한 안에 있는 그들 업무의 행정에서 완전한 자유를 요구하였다. 가톨릭교회

16) Tourn에 의한 번역: Geschichte der Waldenser, 207.

를 위한 것과 같은 특별한 교회법에 있어서, 역시 특별한 단체 상태로 인정받는 것은 배제되어야 했다. 타볼라는 그들의 성명에서 분명히 유대공동체와 경계를 지었다. 마찬가지로 타볼라 선언은 가톨릭 종교수업에 강제로 참여하는 것을 거부하였다.[17] 점차 이탈리아로 들어왔던 여러 복음주의적 신앙의 유형들이 아직 완전히 드러나지는 않았다.

1848년과 함께 발도파의 근대 역사가 시작되었다. 하나의 새로운 교회 제도가 선포되고, 새로운 교리문답서가 의무화 되었으며 시편이 새로운 찬송가로 대치되었다. 피몽트-사르디니엔 왕국에서는 이제 골짜기 밖에서 새로운 교회들이 형성되었다. 노회는 매년 열렸으며 더 이상 5년에 한 번씩은 아니었다. 그러나 경건은 옛 방향에 남아 있었으며, 그리고 거기에는 1년에, 성탄절, 부활절, 오순절 그리고 초가을의 네 번의 성만찬 참여가 포함되었다. 1848년 이래 발도파 자신들의 첫 신문으로 '계곡의 메아리'(Echo des Vallées)가 인쇄되었다. 그것은 아직 프랑스어로 출판되고 있었다. 1851년 이래 투린에서 이탈리아어의 발도파 신문 '라 부오나 노벨라'(좋은 소식: La Buona Novella)가 발행되었다. 1853년 발도파들은 1689년의 '시바우드의 맹세'(Schwur von Sibaud)에 대한 기념으로 모였다. 1855년 복음전도를 위해서 경건한 소책자와 성서의 보급을 위한 출판사가 세워졌다. 이 책자는 9세기에 살았던 투린의 감독 클라우디우스(Claudius)를 - 이 사람은 성자숭배와 선한 업적을 통해서 의로워진다는 생각을 반대하였다 - 따라서 '클라우디아나'(Claudiana)로 불렀다.

사회적 개신교 역시 이탈리아에 익숙하다. 이미 1821년에 토레 펠리체와 포마레또에 병원들을 세우기 위한 계획이 세워졌으며, 이는 후원금으로 재정을 충당해야 했다. 이 프로젝트는 처음으로 왕에 의해서 허락되었으며 유럽 전역으로부터 지원을 받았다. 그래서 1826년 토레 펠리체에 한 병원이 봉헌되었으며, 이의 지도는 타볼라에게 맡겼다. 그리고 계속해서 1828년에는 포마레또에 세워졌다. 다음의 10년 동안 디아코니아가 계속 세워졌으며, 무엇보다 투린과 토레 펠리체에 세워졌다. 거기에 양로원과 고아원들이 첨가되었다. 1898년 처음으로 발도파 디아코니아 자매회가 봉헌되었다. 점점 산업화가 발도파 골짜기로 투입되었으며, 무엇보다 면화 가공을 통한 발달이었다. 그러나 가난이 너무 밀려와서 1950년대는 남아메리카를 향해서, 특히 우루과이와 아르헨티나로 이민들의 물결이

17) Tourn에 의한 번역: Geschichte der Waldenser, 222.

이루어졌다. 여기에 그들의 목사와 교사들과 함께 전교인들이 정착하였으며, 이들은 여전히 이탈리아 타볼라의 감독 하에 있었고, 이로부터 그들은 자신들의 목사를 배정받았다. 역으로 말하면 이들이 발도파 교회의 노회를 대변하였다.

2. 발도파, 자유지교회들, 독립교단들: 근대 이탈리아의 소수 개신교의 다양성

1825년 제네바 설교가 펠릭스 네프(Felix Neff: 1798-1829)에 의해 발도파 골짜기에 도착한 각성운동은, 한 때 아주 짧은 시기에만 흥분과 분열 위험을 염려하였다. 대략 1830년 이후 형성된 각성운동 모임은 임시적으로만 교회에 편입되었다. 타볼라는 이들을 그렇게 좋게 보지 않았지만 거기에 거주한 이탈리아인들이 교회에 자주 들어옴으로써 생긴, 제네바로부터의 영향력을 차단하지는 않았다. 스위스의 영향 외에 잉글랜드와 스코틀랜드 영향력 역시 중요하다. 그 외에 각성운동의 주위에 영국에 자리한 성서회의 활동가들과 논쟁적인 신학 출판가들이 속했다. 이들은 이탈리아 가톨릭을 공격하였다. 이들은 이 시기 영국을 지배한 강력한 반가톨릭 분위기에 젖어있었다. 이탈리아 망명자들의 거대한 거주지인 런던에서 이들은 자유주의와 이탈리아 민족운동을 신봉했는데, 이제 도발적인 제목을 단 '에꼬 디 사보나롤라'(사보나롤라의 메아리: Eco di Savonarola)의 개신교 첫 신문이 인쇄되어 이탈리아로 전달되었다. 이 신문은 각성운동에 의해서, 또한 '프라뗄리'(형제단: Fratelli)에 의해서, 예컨대 다비주의자들(Darbyisten)에 의해서 각인되었고 그리고 이탈리아의 일치를 위해 노력하였다. 사보나롤라는 민족개혁가로 여겨졌으며, 그의 작업은 이제 완성되어야 했다. 각성운동은 런던의 이탈리아 이민자들 가운데서 복음전도의 충격을 가져왔다. 4명의 설교가들이 거기서부터 1848년 토스카나(Toskana)로 파송되었다. 그러나 그들의 활동은 짧은 혁명기의 종식과 함께 중단되었다. 1850년 초에 토스카나 대공국의 개신교는 억압당했으며, 더 나아가 교인들이 체포되기까지 했다. 특히 각성운동의 지지자들이 억압 아래 놓였으며, 이것은 1850년 프로렌츠 스위스 대사관의 보호 안에서만 전개될 수 있었다.

발도파는 '이탈리아의 이스라엘'(Israel Italiens)로서 정치적 근대화에 대한 요구를 지원하였으며, 동시에 민족 통일에 대한 희망을 결합하였다. 그러나 통일운동의 중심은 수도인 투린과 함께 피몽트였으며, 여기서 발도파들은 '리조르지멘또'(Risorgimento)[18], 이른바 이탈리아의 자유투쟁과 통일투쟁의 홍보에 참여하였다. 투린 지교회는 - 그 밖에도 이탈리아어를 사용하는 - 이주를 통해서 증가되었고, 1853년 그 교회는 자신의 교회를 봉헌할 수 있었다. 이 교회 건축은 발도파 은행원이며 정치가인 요제프 말란(Joseph Malan: 1810-1886)에 의해서 상당히 촉진되었다. 사람들은 이제 프로이센 대사관 교회에서 독립하였다. 봉헌식에서 알버트(Albert) 국왕은 새로운 주(Kyros)로서 찬양되었다. 통일운동의 정치적 지도자인 까밀로 카보우르(Camillo Cavour: 1810-1861) 백작은 자유를 향해 매진하는 개신교에 철저히 공감하였다. 특히 그들에 의해서 대변되는 국가와 교회의 분리는 '자유로운 국가 안에서 자유로운 교회'라는 자신의 반성직자적 개념 안에 있는 자신에게 적합하였다. 더 나아가서 카보우르는 개신교들의 후원을 넘어, 잉글랜드를 통해 자신의 정치적 목적을 위한 지원을 촉진시키기를 원했다. 예컨대 발도파 교회의 지원으로 외부를 향해서 자유주의가 표방될 수 있고, 일치운동을 위한 개신교 세력의 공감을 얻을 수 있었다. 발도파 스스로 그들의 협소한 시민계층 안에서, 자유주의적이고 반성직자적인 이념의 정당원으로, 또 국가와 교회 분리의 지지자로서 자처할 수 있었다. 여하간 그 골짜기는 건립된 발도파 학제의 결과로 의사들, 교사들, 장교들 그리고 다른 기능직 수행자들이 평균 이상 배출되었다.

1860년 발도파 교회의 노회에서 '복음주의 위원회'(Evangelisationskomitee)가 창립되었다. 이 위원회는 타볼라가 아니라 그 교회만 책임을 졌으며 이후 독립되어 복음전도를 위해 노력했다. 이탈리아 통일을 위한 투쟁에서 이들 복음주의자들은 군목(Soldatenseelsorge)을 수행하고 앙리 뒤낭(Henri Dunant)에 의해 조직된 부상자들을 돕는 기구를 후원하였다. 그러나 무엇보다 그들은 이탈리아 도시 안에 있는 개별적인 신자들을 모아 발도파 골짜기 밖에 공동체를 형성하였다. 이로써 복음주의 위원회는 이 지교회의 교회지도부가 되었다. 왜냐하면 이 지교회는 자신들의 목회자를 스스로 선택할 수 없었으며, 오히려 그로부터 배정받기 때문이었다. 1870년 복음주의 위원회에 속한 지교회는

18) 역자 주: 1750-1870년 이탈리아 통일 운동

약 5천 명의 신자가 있었다.

많은 발도파 복음전도자들은 매서인(Kolporteur)으로서 나라를 횡단 여행하였으며, 성서와 전기(Biographie), 달력, 경건서적들을 나눠주고 그것들에 관해서 사람들과 대화를 시도하였다. 사람들은 시대 감각에 맞게 대중적인 달력 위에,『아미꼬 디 까사』(가정의 친구: Amico di Casa)를 조판했는데, 그 첫 권이 1854년에 발행되었다. 달마다 하나의 텍스트와 성명축일(Namenstag, 聖名祝日)의 달력이 있었으며, 부록에는 발도파의 도시들과 마을들의 장날(Markttag)이 소개되었다. 또한 교훈적이고 교화적인 텍스트들이 부록으로 실려 있었으며, 출판물에는 위생과 농업, 기술의 진보에 관한 설명이 부착되어 있었다. 1870년 이래 어린이들을 위한 잡지「아미꼬 데이 판츌리」(어린이 친구: Amico dei Fanciulli)가 교화적이고 교훈적인 이야기, 그림과 동요와 함께, 그리고 나중에는 놀이와 공작기구 안내서와 함께 출판되었다. 이 잡지는 1873년 1만 부가 출판되었다. 수천의 신약성서가 같은 해에 판매되었으며,『가정의 친구』는 1857년 6천 부에서 1862년 8만 부로 증가하였다. 그러나 1870년에는 이미 5만 부로 감소하였으며 나중에는 4만 부 선에서 왔다 갔다 하였다. 한 권의 책에 몇 명의 독자가 있는 것을 전제한다면, 독자들의 숫자는 개신교 인구보다 더 많다.「어린이 친구」의 독자층도 마찬가지로 개신교 가정의 범주를 넘어간다. 개신교 측의 출판 성과에 대한 반동으로 가톨릭은『아미꼬 디 까사』에 대항하여 비방하는 책을 출간하였다. 또한 피몽트의 1857년과 1859년의 반개신교적인 소요사태는, 인식될 수 있는 성장이 기록될 수 있다는 것을 나타내었다. 개신교인의 숫자는 1861년 32,684명에서 1871년 58,551명으로 증가하였다. 1872년 2월 로마에서, 베드로가 로마에 있었는지의 질문에 대한 논쟁은 개신교의 자의식을 말해준다. 가톨릭 신자들이 다른 논쟁에 참여하는 것과 마찬가지로 이 논쟁에 참여하는 것은 바티칸으로부터 공식적으로 금지되었다. 그러나 사제들이 그 논쟁에 참여하는 것을 막지는 못하였다. 개신교의 확장은 피몽트에서 만이 아니라 이탈리아 전 지역에서 보다 큰 희망에 다음과 같은 동기를 주었다. 발덴서 골짜기 밖에 분명히 개신교 교회가 세워졌고, 이탈리아 본토와 외국의 이주자가 중심인 밀라노와 시칠리아의 리지(Riesi)에 교회가 형성되었다. 개신교인들은 낙후된 섬에서 다시금 현대화 세력으로 여겨졌으며, 그들은 짧은 기간에 상당한 지지자들을 발견하였다. 남이탈리아로

이어진 중심지는 이미 오래 전에 외국의 개신교인들이 있었던 나폴리였다.

1855년 토레 펠리체에 있는 발도파 교회는 미국의 재정지원으로 자신들의 신학 교육기관을 세울 수 있었다. 그 학교의 창립 교수들은 각성운동에 각인된 자들이며, 그래서 그들은 복음주의위원회(Evangelisationskomitee)에서 함께 일하였다. 그러나 여전히 발도파 학생들은 토레 펠리체에서 3년의 수업에 추가적으로 1년간 외국에서 공부해야 했다. 이를 위해 그들은 외국의 후원자를 통해서 장학금을 요청할 수 있었다. 외국 체류에서, 무엇보다 제네바, 로잔, 베른, 베를린으로부터 그들은 최신의 신학적 사조들을 들여왔다. 무엇보다 알렉상드르 비네(Alexandre Vinets)의 신학이었다. 특히 제네바를 향한 관계가 더욱 밀접해졌다. 토레 펠리체의 신학대학 설립과 더불어 많은 가톨릭 주민들이 살던 도시가 교회의 중심지가 되어 개신교의 통로가 강화되었다. 이미 1852년 거기에는 교회가 세워졌다. 1860년 토레 펠리체의 신학부는 그 당시 이탈리아의 수도인 플로렌츠(Florenz)로 이주하였다. 그 대학에서는 세 명의 교수가 가르쳤으며, 그들은 더 나아가 복음화를 교회의 과제로서 부담을 느끼고 있었다. 이미 설립 때에 토레 펠리체의 위치는 사람들에게 없어져야 할 것으로 여겨졌다. 반대로 플로렌츠는 바로 그 해에 개신교의 중심지가 되었다 - 이탈리아만이 아니라 외국적인 특징으로 - 그 안에 새로운 발전이 있었다. 발도파의 서점인 '클라우디아나'는 1861년 플로렌츠에 새로운 자리를 잡았고, 「좋은 소식」 잡지의 편집도 마찬가지였다. 이제 사람들은 점점 일치된 이탈리아를 바라게 되었다. 물론 발도파 서점인 '클라우디아나'는 1891년 통일 결성 후에 다시 투린으로 되돌아갔다. 발도파 학부에서는 목사와 복음 전도자(Evangelist)들이 교육되어졌으며, 그들에게 역사학적이고 성서학적인 지식이 전달되어져야 했다. 여기서 1873년 이래 잡지「Rivista(review) Claudiana」가 출판되었다. 이 잡지의 책임자는 에밀리오 콤바(Emilio Comba: 1839-1904)였다. 잡지의 제목은 파리의 에드몽 프레쌍제(Edmond Pressensé)에 의해서 출판된『Revue(review) Chrétinenne』에서 유추하였다. 메흘르 도비네(Merle d'Aubigné)의 제자인 콤바는 1872년 이래 교회사와 설교학을 가르쳤으며 특히 이탈리아 종교개혁사와 발도파의 역사에 전념하였다. 예컨대 그는 19세기 전형적인 사상을 대변하는데, 이는 고유한 정체성을 역사적으로 공고하게 하였다. 이것은 한편으로 이탈리아 통일의 배경에서 그리고 다른 한편으로 교황권 지상주의(Ultramontanismus)의 배경에서, 개신교인들이 이탈리아 역사의 본질적 구성요소로 인식되기 바란다는 것을 의미한다. 이러한 관심을 대중화시키기 위해서 '쏘치에따 디 스뚜디 발데시'(발도파 연구회: Società di Studi Valdesi)를 세웠다. 그 사이 학부에서 신학적 자유주의가 각성주의 영향력을 떼어놓았는데, 이곳은 20세기 초 자유주의 영향에 들어갔다. 그러나 또한 파리의 상징-신앙주의(Symbolo-Fideismus) 영향에 들어갔다. 이 상징-신앙주의는 제네바에서 가르치고 있던 가스톤 프로멜(Gaston Frommel: 1862-1906)에 의해서 지속적으로 전달되었다. 발도파 학부의 자유주의 신학은 독일 학부보다 보다 덜 역사-비평학적이었으나, 예를 들어 지오반니 루찌(Giovanni Luzzi: 1856-1948)에게서 분명한 호응이 나타난다. 교회 측면에서 보면 사람들은 전통에 사로잡혀 있었으며 1655년의 프랑스의 갈리아 신조(Confessio Gallicana)의 변경된 형태에 관련되어 있었다. 1894년 노회는 거기에 대해 설명하는 새로운 해석을 가결하였다. 예식의 개혁은 무엇보다 이탈리아식 사용을 고려하여 관철되었다.

성장하는 개신교 자의식의 길에서 발도파 교회(Waldenserkirche)로부터 자유지교회(Freie Gemeinde: Chiese Libere)들이 분리되었다. 이것들은 1854년 처음으로 스코틀랜드의 독립교단(Free Church)의 모델에 따라 '쏘치에따 에반젤리스께'(개신교 협회: Società evangelische)의 이름으로 그리고 투린과 제노바(Genua)의 제네바 개신교협회(Genfer Société évangélique)의 지원으로 세워졌다. 각성운동의 토대 위에서 분리주의적인 경향은 경건을 강화시키고 국가로부터 자유를 추구하는데서 중요한 역할을 하였다. 다비주의(darbyist)의 영향처럼 발도파 교회는 경직되게 보였는데, 그들의 중앙집권적인 기구 때문에 가톨릭 조직과 유사하게 여겨졌다. 핵심 갈등은 제노바에 있는 1854년의 '하나님의 어머니'(Madre di Dio) 교회의 싸움이었다. 이 가톨릭교회 건물이 발도파에게 매각되었으나, 카보우르 정부는 그 교회를 다시 가톨릭에게 상환하라고 요구하였다. 타볼라는 교회를 다시 팔고 새로운 교회를 지을 수 있는 부동산을 매입하기로 결정하였다. 자유교단적인 생각을 가진 자들은 가톨릭교회를 되돌려 주는 것을 가톨릭의 '우상숭배'를 촉진시키는 것이라고 생각하였다. 귀국한 이주민들이 자유지교회(Chiese Libere)의 핵심을 형성하였으며, 이들은 대부분 발도파들이었다. 그들은 외국에서 각성운동이나 혹은 다른 사조들에 의해 영향을 받았다. 그들은 자주 정치적으로 자파 이념을 대변했던 반면에 국내 발도파는 오히려 자유주의적이었으며 카보우르의 정치를 옹호하였다. 곧바로 자유주의자들과 발도파 공동체 사이에 분쟁이 발생하였으며, 이것들은 대부분 교회 신문에 나타났다. 1855년 투린의 '클라우디아나'의 설립은 자유지교회 분열의 결과였다. 왜냐하면 지금까지의 투린의 개신교 서점은 이제 자유지교회에 속하게 되었기 때문이다. 자유지교회들이 설립된 발도파보다 더욱 더 피몽트 정부와 관청의 의심을 받았다.

교회의 자율성은 발도파 자신들에게는 진귀한 일이 아니었다. 왜냐하면 교회를 이끌어가는 타볼라에도 불구하고 교회는 오래 동안 자주적으로 살아왔기 때문이다. 그래서 사람들은 여전히 발도파 지교회(Chiese Valdese) 대신에 복수형 발도파들 지교회(Chiese Valdesi)를 사용한다(비록 1939년 교회법에 Chiese Valdese개념이 채택되었음에도 불구하고). 그리고 비슷하게 자유지교회(Chiesa Libera) 대신에 복수형 자유지교회들(Chiese Libere)을 사용한다. 이탈리아 통일운동(Risorgimento) 시대의 자유지교회들의 대변자는 회심자(Konvertit)인 알레산드로 가바찌(Alessandro Gavazzi: 1809-1889)였으며, 군목으로서 가리발디(Garibaldi)에 헌신하였다. 가바찌는 플로렌츠에서 스코틀랜드 독립교단 목사인 존 리차드슨 맥두걸(John Richardson Mcdougall: 1831-1900)을 알게 되었고, 이 사람에게서 결정적인 자극을 받았다. 형제단(Fratelli)이 자유지교회에 밀접하게 의지하여 오랜 기간 피에로 구이치아르디니(Piero Guicciardini: 1808-1886)와 테오도리코 로세티(Teodorico Rossetti: 1825-1883)의 지도 아래 있었으며 이들은 가장 강력한 성서주의를 대변하였다. 구이치아르디니는 1846년 플로렌즈에 첫 번째 형제단 교회를 세웠다. 1851년에는 토스카나 대제후국으로부터 추방되어 런던에 정착지를 만들었다. 여기서 그는 다비의 교리를 정확하게 연구하고 그 결과 아주 급진적인 것들은 거부하였다 무엇보다도 보이는 교회를 배척하였다. 그는 이탈리아로 되돌아 와도 좋다는 허락을 받은 후, 1859년 이후 플로렌츠에 자유지교회를 세웠다. 1886년 이후 이 형제단과 밀접하게 연결되어 있는 지교회들이 '그리스도교회'(Chiese Cristiane)로 알려졌다. 비록 구이치아르디니와 가바찌가 근본적인 관심에서는 유사하지만 - 거기에는 신앙의 세례도 포함되는데 - 1865년에는 단절이 생기고, 가바찌는 자유지교회에서 자신들의 지지자를 '끼에사 끄리스띠아나 리베라 인 이딸리아나'(이탈리아 자유 그리스도 교회: Chiesa Christiana Libera in Italia)로 소집하였다. 이것은 밀라노의 1870년 모임에서 마침내 구성되었다. 밀라노에서는 구이치아르디니와 로세티의 지도 아래 있는 급진적인 세력들이 마침내 배제되었다.

이 시기까지 전체적으로 대략 50개의 자유지교회가 있었다. 이들은 외국으로부터, 무엇보다 미국으로부터 이탈리아 개신교를 위한 지원에 참여하였다. 가바찌의 목적은 이탈리아 개신교 국민교회(protestantische italienische Nationalkirche)를 세우는 것이었다. 오히려 이 프로젝트에 비정치적이었던 구이치아르디니는 아무것도 얻을 수 없었다. 발도파처럼 이제 자유지교회는 전 이탈리아를 넘어 확장되었다. 또다시 발도파들에게는 이 프로젝트가 당혹스러웠다. 왜냐하면 그것은 그들의 고유한 자기이해에 경쟁되기 때문이다. 발도파 교회처럼 자유지교회 역시 복음주의위원회(evangelisationskomitee)를 세웠는데, 이것이 자유지교회를 발도파와 혼동하게 만들었다. 그리고 가바찌는 이 위원회의 의장이 되었다. 발도파와 자유지교회의 통일 프로젝트인 '끼에사 에반젤리까 디 이딸리아'(이탈리아 개신교 교회: Chiesa Evagelica d'Italia)는 1885년 상호간 합의를 통해서 이미 접근이 진행됐지만 1886년 발도파 노회에서 거절되었다. 그러한 성찰의 결정지점(kristallisationspunkt)은 1884년 플로렌츠에서 열린, 여러 세력들이 참석한 하나의 회합(Assemblea Promotrice)이었다. 침례교와 감리교 역시 연합 프로젝트에 참여하였다. 거기서 목사들은 공동으로 발도파 학부를 통해서 교육하고 발도파 교회의 노회를 공동으로 대표하는 것을 계획했다. 그러나 그 문제에 대해 발도파 지교회들이 질문을 던졌지만 사람들은 자유지교회와 협동하는 것을 반대하는 것으로 나타났다. 재연합 프로젝트 추진자는 파올로 제이모나트(Paolo Geymonat: 1827-1907)였다. 그는 제노아에서 복음주의자로 일하면서, 1854년 자유지교회 분열을 함께 체험하였다. 그때까지 그는 중재 시도를 하였으며, 플로렌츠로 옮긴 발도파 학부의 교수가 되었을 때에도 계속 중재하려고 노력하였다. 여전히 그는 복음주의자(Evangelist)로서 일하였으며 그것은 이제 플로렌츠에서 그가 인도하는 교회였다. 이 교회는 1869년 발도파 교회로부터, 정확히 말해서 타볼라의 권위에서 떨어져 나갔다. 교파 분열 속에서도 교수로 남아있었던 제이모나트는 1873년 발도파 교회에 다시 합류하였다.

1889년 가바찌가 사망했을 때 자유지교회에는 더 이상 뛰어난 대표적 인물이 없었다.

그 외에 그들의 재정적인 상황은 더욱 어려워졌다. 1870년 외국으로부터의 지원이 심하게 감소했기 때문이다. 가바찌의 후계자는 사베리오 페라(Saverio Fera: 1850-1915)였는데, 그는 프리메이슨(Freimaurer)이며 예전의 감리교 목사였다. 그는 1888년 팔레르모(Palermo)의 자신의 교회를 자유지교회에 합류시켰다. 페라는 1890년 '이탈리아 자유 그리스도 교회'(Chiesa Christiana Libera Italiana)의 이름을 '이탈리아 개신교 교회'(Chiesa Evangelica Italiana)로 바꾸었다. 그래서 어째든 외관상 그 이름은 이탈리아의 개신교 국민교회가 중요하다는 것을 보여 주었다. 페라는 이 교회가 국가에서 단체(도덕기구, 엔떼 모랄레/Ente Morale)로 인정받는데 성공하였다. 페라의 확장 과정은 부수적인 목사들과 전도자(Evangelist)를 정리하였으나, 교회 재정은 말이 아니었다. 그래서 1903년에 오히려 자유지교회 결합이 분열되었고 많은 구성원 목사들이 감리교에 결합하였다.

그러는 동안 이탈리아의 복음화(Evangelisation)에 대한 희망 속에서 침례교와 감리교 같은 독립교단이 이탈리아를 '선교'(missionieren)하기 위해 강력하게 들어왔다. 사람들은 발도파만이 아니라 자유지교회에도 - 교황권력의 쇠퇴와 실패와 함께 - 거대한 선교의 장이 면전에 있다는 그들의 희망을 널리 전했으며, 이러한 바탕 위에서 하나의 개신교 대중운동이 형성되었다. 여하튼 바티칸시국이 이탈리아 통일의 길을 방해하는 주된 요소로서 여겨졌으며, 그러한 경향은 당시 중부 이탈리아 대부분의 지역에서 그러했다. 바티칸시국은 1848년 로마의 혁명을 통해서 충격을 받았으나 유럽의 가톨릭 세력들의 협력으로 곧바로 회복되었다. 이탈리아 군대에 의해서 이탈리아의 통일이 점점 확대되고 바티칸시국 대부분이 정복되는 것과 함께 발도파는 그들의 활동을 점점 전체 이탈리아로 확장할 수 있었으며, 자유지교회와 독립교단들도 커다란 이점들을 희망하였다. 1870년의 로마 점령이 여기에 종지부를 찍었는데, 이것은 교황무오설 교리(Unfehlbarkeitsdogma) 선포 후 바로 양심자유의 출현으로 축하되었다. 바로 여기서 1883년 민족의 길(Via Nationale)에 봉헌된 하나의 교회가 건축될 수 있었다. 전체 이탈리아로의 새로운 가능성을 통해서 지금까지 지역에 제한되었된 발도파 교회의 조직적 영역이 확장되었다. 개신교인의 법적 상황은 전체적으로 변화지 않았다. 즉 칼 알버츠의 관용입법(Toleranzgesetzgebung)은 전체 이탈리아로 확대되었으나, 내용적으로 확장되지는 않았다. 가톨릭주의는 국교로 남았다. 개신교도들은 과연 시민적인 동등권을 가졌으나 그들의 종교적 행사는 단지 묵인될 뿐이었다. 새로운 이탈리아에서도 역시 가톨릭교회는 간과할 수 없는 정치적이고 사회적인 세력이었다. 그러나 전체적으로 사회적 분위기의 법적 상황은 적은 숫자만을 개신교인으로 만들었는데, 무엇보다 새로 도착한 교회를 만드는 것은 소수에 불과하였다. 그래서 다음 수십 년 동안 여러 차원에서 불이익을 받았다.

모든 역경에도 불구하고 개신교 교회는 희망을 가꾸어 나갔다. 1859년 이래 이탈리아에 감리교 복음주의는 계획적으로 추진되었다. 이미 1830년대에 영국의 감리교도들이 이탈리아 개신교도들의 일반적인 관심 속에서 이탈리아를 방문하였다. 잉글랜드에서 사람들은 가톨릭적인, 엄밀히 말해서 '이단적인' 이탈리아인에게 참된 신앙을 전해야 한다고 생각하였다. '웨슬리 감리교 선교회'(Wesleyan Methodist Missionary Society)는 1859년 첫 전도자를 이탈리아에 특별 여행으로 파송하였으며, 1861년에는 다른 '선교사'들이 뒤따랐다. 이탈리아 통일운동과 함께 감리교도들은 개신교 대중운동의 선도에 대한 폭넓은 희망이 널리 퍼져 있었다. 이 운동은 분명하게 정치적-자유주의적인 목적과 결합되어 있었다. 감리교도는 발도파와 발도파에서 분리된 자유지교회와의 협력을 추구하였으나 거절당했다. 이미 목사들은 그들의 출신에 따라 매우 다양하게 각인되었다. 발도파 출신 목사들은 대부분 발도파 골짜기에서 왔으며 감리교 출신 목사들은 남이탈리아에서 왔다. 그렇게 하나의 독립적인 감리교회가 조직되었으며, 이 교회는 1868년 '끼에사 에반젤리까 메또디스따'(개신교 감리교회: Chiesa evangelica Metodista)로서 그들의 이탈리아의 첫 국민대회(Nationalkonferenz)를 열었으며 그리고 1870년 이후에 로마에 적응하려고 노력하였다. 영국 설교가들은 미국 설교가들을 끌어 들였으며, 1874년 감독직의 감리교회를 가져왔다. 그래서 볼로냐에 본부를 둔 '끼에사 메또디스따 에삐스꼬빨레'(감리교 감독교회: Chiesa Metodista Episcopale)가 설립되었다. 이 교회의 설립자는 레로이 몬로 베르논(Leroy Monroe Vernon: 1838-1896)이다. 그러나 다른 모든 교회들과 마찬가지로 새로 도착한 개신교 교회는 감리교에게 거대한 성장 추진력을 허용 받지 않았다. 비록 이들이 철저하게 가톨릭과 개신교 시민 층의 개별적 대표들에게 매력적이었지만 특이하게 감리교회는 비교적 많게 보이는 가톨릭 성직자의 관심을 끌었다. 1880년에 19명의 감리교 목사가 가톨릭 사제였다. 감리교의 두 가지 지류에는 - 감리교 감독교회와 웨슬리파 교회 - 1900년 당시 이탈리아에 약 천 명의 신자가 있었다. 물론 이러한 보잘 것 없는 성공은 외국의 재정적 지원을 만족시키지 못했으며, 그래서 영국 감리교는 이미 1890년대에 이탈리아의 재정을 중단하였다. 1906년 감리교 감독교회는 45개 교회에 2,700명의 신자를 확보하고 있었는데, 이 교회는 대부분 대도시에 놓여있었다. 북아메리카 입장에서 본다면 이탈리아의 활동가들은 더 나아가 미국 안에서 교황권의 영향을 줄이는데 공헌을 해야 했다. 사람들은 이탈리아 감리교의 느린 성장을 한층 더 회의적으로 보았다.

동시에 감리교와 함께 침례교가 통일운동의 흐름 속에 이탈리아에서 돌파를 이루고자 노력하였다. 침례교 설교가 제임스 월(James Wall: 1837-1901)은 볼로냐에 뿌리를 내리려 노력했고 이곳은 더 이상 국교에 속하지 않았었다. 여기서 월은 자유지교회 지지자들을 마주쳤지만, 여기서는 가바찌와 구이치아르디니의 분열이 드러났다. 구이치아르디니에 대항하여 그 다음 해에 잡지「일 세미나토레」(Il seminatore)가 간행되었다. 예컨대 이탈리아의 새로운 개신교 집단들은 서로 맨 처음에 자신들의 프로필(Profil)을 확실히 강렬하게 해야 했다. 월과 같은 시기에 침례교 설교가 에드워드 클라크(Edward Clarke: 1820-1912)가 이탈리아로 왔으며 라스페찌아(Laspezia)에 정착하였다. 그래서 1870년에 볼로냐와 라스페찌아의 지교회와 함께 두 개의 침례교 중심이 생겼다. 1871년 바티칸시국이 끝난 후 로마에 침례교가 세워졌으며 1882년 토레 펠리체에 침례교가 열렸다. 침례 받은 침례교 숫자는 북아메리카의 도움에도 불구하고 미미했다. 그러나 이 도움은 다시 줄어들었다. 1884년 침례교들은 '사도 침례파 그리스도교 연합'(Unione Christiana Apostolica Battista)을 결성하였으며, 이것은 여전히 그리고 발도파들의 거부에도 불구하고 개신교 교회연합의 활발한 구상에 공헌하였다. 비공식적인 연결이 형제단(Fratelli)과 다른 집단들 간에 이루어졌다. 침례교의 숫자는 이제 1886년 870명에서 1900년 1,566명으로 점점 증가하였다. 이러한 성장운 특히 미국 침례교인의 고향으로의 이민이 공헌하였다. 그러나 그들은 한편으로 남이탈리아에서 이주로 인하여 그들 인원의 감소를 겪어야 했다.

이미 이전에 런던에서 이탈리아 이주민들을 위해 노력했던 제임스 빈크스 빈트(James Binks Vint)는 1887년 구세군의 첫 설교자로 영국에서 로마로 왔다. 그가 오자 경찰만이 아니라 그가 개최한 집회를 소란스럽게 하는 주민들에 의해서도 방해를 받았다. 그가 1890년대 구세군의 대변자로서 발도파 골짜기에 왔을 때 거기에서도 더 나은 것은 없었다. 참으로 많은 도시들에서 회의 장소들이 옮겨질 수 있었으나 거기에 대한 저항은 심했다. 본래 재림파(Adventist)들이 보다 일찍 이 나라에 들어왔다. 이탈리아는 대체로 그들이 있었던 첫 번째 유럽 국가이다. 1864년 토레 펠리체에서 재림파들의 집회장이 열렸으며, 그들은 발도파 가운데서 지지자들을 찾고자하는 것이 분명해졌다. 물론 여기서 사람들은 형제단보다 호응을 덜 받았다. 재림주의(Adventismus)의 설립자인 엘렌 고울드 화이트(Ellen Gould White: 1827-1914)가 1885년 유럽을 통해서 토레 펠리체로 선교여행을 왔을 때, 거기서 그녀는 발도파들의 매우 심한 저항을 받았다. 그 다음 해 두 번째 여행은 지지자 층의 모임에서 미미한 성과만을 얻었다. 재림파들은 세기변화기까지 겨우 백 명뿐이었다. 세기가 지난 다음 그 숫자는 무너졌지만 1920년대 초까지 지속적으로 약 2백 명으로 증가하였다. 1927년은 387명으로 늘어났다. 이미 1907년 시카고에서 이탈리아 이주민들로 작은 오순절 지교회가 형성되었으며, 1908년 첫 번째 오순절 파가 귀국 이민의 동반 아래 이탈리아로 되돌아 왔다.

개신교 내의 다원주의와 여러 개신교 교회의 매우 생산적인 경쟁을 통해서 개신교 내 연합(Oekumene)에 대한 물음이 제기되었다. 그러나 이것은 단지 개신교 주간지인「개신교 이탈리아」(L'Italia Evangelica)의 발간 차원에서만 실현되었다. 이 잡지는 1881년에서 1907년까지 발행되었다. 선교운동은 이 경우에 전혀 에큐메니칼 운동의 선구자가 아니었다. 1901년에 설립된 이탈리아 선교협의회는 전혀 지속적으로 존재하지 않았다. 1855년과 1860년의 개신교 연맹의 세계대회에 참여한 여러 개신교 세력들도 마찬가지로 지속적인 활동이 미약하였으며, 1891년 플로렌츠의 세계대회에서조차 그러하였다. 아무튼 개신교 연맹이 교제를 촉진시키기에는 아직 시기상조였다.

자의식이 강하고 자유주의적이면서 반성직주의적인 세력들과 프리메이슨은 물론 부분적으로 동맹하고자 하는 경향이 매우 강하였다. 그래서 1890년 초부터 프리메이슨에 매우 공감하는 자유지교회가 생겨났다. 프리메이슨 자체는 일치하지 않는 현상들이다. 그들은 정교분리주의적인, 분명히 반그리스도교적인 변형들(Variante) 속에서 출현하며 그리고 다른 한편으로 개신교인에 의해서 추진되는데, 이들은 교회와 매우 친밀한 관계에 있었다. 피에르토 게이메트(Pietro Geymet) 혹은 나중에 테오필로 가이(Teofilo Gay: 1850-1914) 같은 뛰어난 발도파들은 프리메이슨이었으며 '개신교 프리메이슨'(Massone Evanglismo)은 공개적으로 문제시 되지 않았다. 프리메이슨, 자유사상, 시민정신, 자유주의 - 역시 신학적으로도 - 계몽주의, 박애주의 그리고 개신교는 동일한 것으로 여겨졌다. 그래서 개신교와 프리메이슨의 결합은 발도파 골짜기보다는 도시 교회에서 더 잘 이루어졌다. 1887년 투린에 처음으로 화장이 허용되었을 때, 그것은 무엇 보다 이 범주에서 요구되었다. 이탈리아의 프리메이슨은 통일운동을 통해서 거대한 부흥을 체험하였다. 이 시기에 많은 새로운 지부들이 세워졌다.

전체적으로 무엇보다 강력하게 이탈리아의 복음주의(Evangelisation)을 희망하는 집단들에게서 성장은 기대에 훨씬 못 미쳤다. 1883년 자유지교회 지지자들은 약 2천 명이었으며, 감리교인은 약 700명, 침례교인은 약 600명이었다. 개신교는 이미 곧 보인 것처럼 대중운동이 되지 못했다. 그 외에도 어려운 경제위기가 개신교에 대한 희망을 포기하게 했다. 이것은 1874년 이후부터 독일에서는 '근본공황'(Gruenderkrach)으로서 느낄 수 있었다. 또한 이탈리아에서 구가톨릭 운동은 거의 호응을 얻지 못했는데, 이는 대부분 사람들이 교회적인 대안을 찾는 것이 아니라는 것을 보여준다. 개신교인들은 구가톨릭을 거절하였다. 왜냐하면 개신교인들은 가톨릭교회가 대체로 개혁될 수 있다고 여겼기 때문이다. 1875년에 세워진 '끼에사 까똘리까 나치오날레 이딸리아나'(이탈리아 민족 가톨릭교회: Chiesa Cattolica Nationale Italiana)는 곧바로 자취를 감추었다. 다음 1882년 엔리코 디 캄펠로(Enrico di Campello: 1831-1903)에 의해 '이탈리아 가톨릭교회'(Chiesa Cattolica Italiana)가 로마에 세워졌으며, 1889년 이후 '끼에사 까똘리까 리포르마따 디 이딸리아'(이탈리아 개혁 가톨릭교회: Chiesa Cattolica Riformata d'Italia)로 불리어졌다. 이들은 가톨릭을 현대적인 이탈리아와 화해시켜야 했다. 예컨대 이들은 교항교서(Syllabus) - 교황에 의해 판결된 80개의 오류 목록 - 에 반대했고 교황무오설(Unfehlbarkeitsdogma)에도 반대하였다. 캄펠로는 겨우 천 명의 지지자를 얻었으며, 죽기 바로 전에 로마 가톨릭교회로 되돌아갔다. 가톨릭 배교자에게는 물론 그들의 개신교가 우선적으로 반가톨릭이라는 결과와 함께, 자주 자유지교회가 수용 저수지(Auffangbecken)였다. 개신교와 개혁 가톨릭의 경계선에 있는 사람은 우고 자니(Ugo Janni: 1865-1938)였다. 그는 가톨릭 가문 출신으로 청년 시절에는 감리교 예배를 방문하였으며 그 후 이탈리아 가톨릭교회에 가입하였다. 그는 베른의 구가톨릭 신학을 이수한 후 산 레모(San Remo) 교회의 사제가 되었으나, 1901년 구가톨릭과 단절하였다. 왜냐하면 구가톨릭교회가 그에게는 에큐메니칼운동에 충분하지 않았기 때문이다. 그리고 그는 발도파에 가입하였다. 이탈리아의 구가톨릭과 개혁 가톨릭교회가 심하게 몰락한 후 많은 사람들이 이 운동에서 발도파로 넘어왔다. 자니는 철저하게 에큐메니칼 정서를 지닌 사람이었고, 산레모에서 이 집단들 사이에서의 이해증진을 위해 봉사했다.

3. 20세기 과도기에서의 개신교

자유주의 이탈리아 국가는 본질적으로 개신교를 간섭하지 않았다. 무엇보다 개신교는 가톨릭에 대항하였다. 법 앞에서의 평등은 1848년 처음 피몽트에서 보장되었고 이제 전 이탈리아에서 유효하였다. 그러나 자유로운 종교행사가 곳곳에서 제한되었으며, 이런 경우 가톨릭 성직자들이 자주 힘을 발휘하였다. 이탈리아 통일과 함께 발도파 교회는 이탈리아 전체적인 기구를 이루게 되었다. 기구의 중심지는 1885년 토레 펠리체에 봉헌된 카사 발데세(Casa Valdese)였다. 타볼라는 이곳에 그들의 거처를 잡고 노회를 열었다. 물론 전통적인 발도파 교회는 북이탈리아 골짜기에 남았으며 복음주의로부터 출현한 새로운 지교회는 골짜기 외곽의 이탈리아 도시들과 마을들에게서 두 개의 축이 되었는데, 이들은 무엇보다 골짜기 출신의 국민선교사를 통해서 서로 결합되어 있었다. 새로운 국가 질서와 이탈리아 사회 안에서 발도파 교회 입지에 대한 물음은 아직도 대답되어지지 않았다. 골짜기에 남아있는 발도파는 대부분 현대 세계를 외면한 그들의 전통적 삶의 방식에 붙잡혀있음에도 불구하고 정착한 소상공업으로의 이주와 위기는 삶의 형태가 천천히 변하고 있음을 보여준다. 그러나 이러한 표지는 사람들이 종종 전통주의에 대조적으로 타락한 것으로 읽혀진다. 발도파는 여전히 선택된 소수자로 여겨졌다. 다른 한편 그들은 외부로부터는 현대적 힘으로 보여 질 수 있었다. 그래서 발도파의 노회는 민주적인 그리스도교의 상징물로 여겨진다. 도시 시민계층으로 거주하는 발도파는 오히려 훨씬 현대와 결합되어 있었다.

발도파는 현대적이고, 반성직자적인 세력과 동일화됨으로써 뚜렷하게 번창하였으며, 무엇보다 20세기 초에 가톨릭은 반현대주의 세력으로 매우 뚜렷하게 드러났다. 그러나 또한 다른 개신교 교회들은 현대의 정신을 습득해갔다. 여기에는 보통 침례교 같은 자유지교회들이 속한다. 1912년부터 「빌리크니스」(Bilychnis)가 출판되었다. 예컨대 「이중전등」(Doppellampe)이라는 하나의 잡지인데, 이것의 상징은 두 개의 심지를 갖는 석유전등이었다. 이러한 상징은 신앙과 지식을 위해서 불이 타고 있는 것을 뜻하는 것이다. 이 잡지의 목적은 현대적 문화와 대화였다. 저자는 침례교 교인들이었다. 그러나 다른 개신교 영역에서 온 자유주의적 정서를 가진 사람들도 있었다. 여기에는 에밀로 콤바의 아들 에른스토(Ernsto: 1880-1959)와 지오반니 루찌(Giovanni Luzzi)가 속했으며, 이 두 사람은 발도파 학부에서 가르쳤다. 많은 개신교도들은 여전히 프리메이슨과 친밀한 관계를 유지했다. 더욱이 그 가운데는 몇 명의 목사들도 있었다. 1908년 프리메이슨은 프랑스 진영의 정교분리형(laizistisch)과 미국 모델의 자유-그리스도교 진영으로 분열되었다. 거기에서 발도파는 오히려 다른 개신교 진영의 구성원보다 적었으며, 후자들은 프리메이슨 운동을 박애주의적이고 사상자유에 의무적인 운동으로 동조하였다. 그들 가운데 에르네스토 지암피꼴리(Ernesto Giampiccoli: 1869-1921)가 있었으며, 그는 1913년 이후 복음주의위원회(Evangelisationskomitee) 회장이었고 곧 발도파 교회의 대변자(Moderator)가 되었다.

여기서 전 이탈리아와 관련해서 신뢰할만한 숫자를 말하기는 어렵지만 공식적인 보고는 그대로 이해될 수 있는 경향을 묘사한다. 1901년 65,595명, 1911년 123,253명 그리고 1913년(예컨대 이미 파시스트의 억압에 있다) 82,600명에 이른다. 이 마지막 숫자는 전 주민의 0.19%이다. 세계 대전들 사이에 - 무엇보다 약 12만 명의 전체 동조자를 지닌 독립교단의 비공식 숫자(Dunkelziffer)가 고려되어야 하는데 - 그들 가운데 1/3이 발도파였다.

1908년 처음으로 개신교 주간지 「라 루체」(빛: La Luce)가 출간되었으며, 이 잡지는 1993년 이후 「리포르마」(개혁/Riforma)로 불렸다. 이 타이틀은 발도파의 모토 '빛이 어두움 속에서 비치고 있다'(Lux lucet in Tenebris)를 넌지시 암시한다. 이 잡지는 무엇보다 발도파 골짜기 밖의 개신교 교인을 향해 있다. 먼저 다루어진 창간호(Eine vorgeschaltete Nullnummer)는 1907년 12월에 프로그램을 선언했는데, 이것은 개신교 이념을 확산시키는 그 잡지의 처음이자 마지막 목표였다. 이들은 정치적으로 중립을 원했으며, 모든 개신교들에게 개방적이었으며 통속적인 반성직자주의가 아니었다. 그러나 진리의 빛이 바티칸의 오류에 대해서 빛을 비춰야 한다는 것이 마찬가지로 강조되었다. 우고 자니는 한 논설에서 반성직자주의가 무엇인지를 설명하였다. 그에 의하면, 정치적 사회적 삶에서 성직자들의 지배에 대한 투쟁, 그리고 그 투쟁 속에서 모두 현대적이고 자유로운 이탈리아인들과, 확실히 모든 애국자들과 하나가 되는 것이라고 한다. 사회주의적인 반성직자주의에 대하여 자니는 이것이 분명히 반종교적이고 통속적이라는 이유로 거리를 두었다. 그래서「라 루체」발행인들은 한편으로 교황주의자들과 다른 한편으로 자유사상가들 사이를 두리번거렸다. 프리메이슨에 대한 입장은 논쟁적이었는데, 이것은 어떤 사람에게는 반종교적으로, 다른 사람에게는 반대로 사상의 자유와 우애처럼 개신교 원리의 수호자로 여겨졌다(1908, Nr.40; 1909, Nr.46). 제1차 세계대전 이전에 이 잡지는 자신들의 프로그램을 완성하였으며 개신교를 민주적이고 현대적으로, 그러나 종교 적대적이 아닌 세력으로 표현하였다(1908, Nr.6, Nr.24). 이것에 비해 가톨릭은 시대에 뒤떨어진 것이 분명해 보였다. 사실 사람들은 여성운동 그 자체는 단호하게 반대했으나, 이혼에 있어서는 부가적으로 찬성하였다. 그 밖에 과도한 민족주의에는 대적하였으며, 사람들은 이것을 군사주의와 성직자주의의 산물로 생각했다. 이탈리아 통일 선포 50주년 기념에서 인사말을 한 로마 발도파 교회의 에르네스토 캄바는 국민적인 축제분위기 속에서 예수를 애국자로 표현하였다(1911, Nr.13). 사람들은 구가톨릭 교인과 가톨릭의 현대화주의자, 그리고 '로마 탈출 운동'(Los-von-Rom-Bewegung) 속에서 여전히 동맹이 존재하는 것을 보았다. 사람들은 현대주의자에 대한 입장에서 로마의 이단논쟁을 따랐는데, 이것은 알프레드 로이시(Alfed Loisy)를 따라서 선한 '영적'(spirituell) 현대주의를 지성주의와 합리주의에서 구별하고자 할 경우였다(1908, Nr, 35). 선전의 확실한 효과는 예전의 예수회 신문인 '치빌따 까똘리까'(가톨릭 문화: Civiltà Cattolica) 편집자였던 지오르기오 바르톨리(Giorgio Bartoli)가 1909년 예수회에서 발도파로 개종한 것이었다.

1913년「라 루체」는 처음으로 전쟁의 두려움을 표현하였다. 그러나 사람들은 위험이 제거될 수 있다고 확신하였다(Nr.17). 그 얼마 전인 1911~12년의 리비아전쟁(libyenkrieg)은 이미 개신교에게 입장표명을 요구하였으며, 개신교인들은 일종의 망설임과 개별적으로 평화를 표현한 후에 마침내 찬성을 표명하였다. 같은 시기에 사람들은 콘스탄티누스 황제의 회심 1600년을 기념하면서 교회와 국가의 분리를 강하게 요구하였다. 이것은 무엇보다 국가의 가톨릭으로부터 분리를 의미하였다(1913, Nr.17, Nr23). 로마에서 1914년 피아짜 카보우르(Piazza Cavour)에 두 번째 개신교 교회가 봉헌되었다. 비아 '나치오날레(Via Nationale)에 있는 교회가 너무 작았기 때문이다. 이제 사람들은 수도인 바티칸 근처에 대표적인 장소를 주장하였다. 이탈리아가 제1차 세계대전에 개입하기까지 개신교의 입장은 - 이탈리아의 정치와 상응하여 - 관망하는 것이었다.「라 루체」의 사설은 평화를 호소하고 민족들의 우애를 강조하며 발도파를 믿을 수 없는 자로 보는 독일 개신교 대표들의 마음을 얻고자 시도했다. 로마에서조차 독일 개신교 목사 에른스트 슈베르트(Ernst Schubert)는 발도파 교회의 중립적인 견해를 비판하였다.「라 루체」에 공표된 한 편지에서 그는 독일 입장, 즉 독일의 방어 전쟁을 강조하였다. 잡지 편집실은 논평을 유보하였으며 그들의 중립적인 견해에 머물렀다(1914, Nr.49). 이것은 1915년 5월 이탈리아가 전쟁에 개입함으로써 바뀌어졌다. 다른 모든 전쟁 당사자들의 개신교 교회와 다르지 않게 발도파 교회도 민족 사건을 자기 문제화하였다(1915, Nr.21).「라 루체」는 전쟁을 보도하는 일에 참가하였으며 개신교 군인들의 행위를 대서특필하고 조국을 위한 기도를 호소하였다. 독일은 전쟁의 주범으로 묘사되었다(1915, Nr.22). 그러나 만세-외침(Hurra-Geschrei)은 널리 퍼지지 않았다. 이손조-전선(Isonzo-Front)에 대해 공격적으로 표현한 에르네스토 콤바의 기사는 하나의 예외였다(1916, Nr.33). 그 외에 전쟁 그 자체를 비판하는 소리도 있었다. 그러나 전쟁은 정말 유물론과 이기주의에 관한 정화된 불꽃으로 여겨졌다. 그리고 이것은 그 시대에 완전히 전형적이었다(1915, Nr.28). 그래서 휴전은 '정의의 날'로 간주되었다.

전쟁이 가져온 긍정적인 결과는 개신교들 상호간 교류의 증가였다. 미국 대통령 윌슨(Woodrow Wilson: 1856-1924)은 많은 사람들에게 희망의 수행자로 여겨졌다. 사람들은 그에게서 개신교인의 밝은 미래를 기대하였다. 1860년 자주적인 복음주의위원회가 세워진 이후 이 위원회는 1915년에 다시 발도파 교회에 통합되었다. 1918년 4월 감리교 감독교회(이 교회는 1923년 웨슬리 파와 연합하였다)는 '꼰그레쏘 에반젤리꼬 이딸리아'(이탈리아 개신교 회의, Congresso Evangelico Italiano)를 추진시켰다. 전쟁이 끝난 후 개신교 통일의 문제가 더욱 강렬하게 제기되었으며 교회 연맹에 대한 구상들이 증대되었다. 1919년 발도파 교회의 노회는 이탈리아 개신교 국민교회의 창설에 찬성하였다. 19세기 발도파 교회는 하나의 개신교 회의(Evangelischer Kongrss) 혹은 하나의 교회동맹(Kirchenfoderation)에 아직은 공개적으로 반대하고 있었다.

1920년 3월 침례교, 감리교 그리고 발도파 대표들이 그들의 활동을 협력하기 위해 모였다. 이때 로마에서 9월 20일에 공동 회의를 개최한다는 하나의 아이디어가 생겼다. 그것은 교황의 세속권력 종식 50주년 기념이었다. 사람들은 회의에 관련하여 이탈리아의 내적 건설에 공헌하기 위해 필요하다고 여겨지는 힘들을 모을 것을 기대하였다. 왜냐하면 종전 이후의 가장 중요한 문제들 중에 하나는 정신과 양심의 혼란이었으며, 이 상황 속에서 사회적 문제를 보았다(La Luce 1922, Nr.18, Nr.44). 이러한 문제를 사회주의자에게 넘기기를 원하지 않는다는 것이 분명했다. 사람들은 에큐메니칼 활동에 주목하였으며, 1920년 8월 제네바에서 신앙과 직제 운동의 준비모임을 개최하였다. 더욱이 그 회의는 실제로 1920년 11월 로마에서 개최되었고, 발도파, 감리교, 침례교, 이탈리아 복음 교회(Chiesa Evangelica Italiana)가 거기에 참석하였다. 오순절파와 형제단은 대신 개인 자격으로만 참여하였다. 긴급한 목적은 국가와 교회의 분리에 있었다. 그 회의의 한 가지 결과는 공동 찬송가의 발행이었다. 그것은 1922년에 출판되었으며, 이어서 1922년에서 1927년까지 발행된 잡지「콘쉬엔티아」(Conscientia)가 창간되었다. 이 잡지의 창간자인 침례교 목사 휘팅힐(Dexter G. Whittinghill: 1890-1939)은 이미「빌리크니스」(Bilychnis)를 창간했었다.「콘쉬엔티아」는 현대 문화와의 교류에 공헌하려고 했다. 그러나 무엇보다 그 잡지는 - 처음의 양립적인 입장 이후 - 확실히 반성직자적이고 반파시스트적으로 이행되어 지성적인 야당을 위한 가장 중요한 기관으로 표현되었다. 1924년 이후 지우세페 강갈레(Giuseppe Gangale: 1898-1978)는「콘쉬엔티아」 지도자에 속하였다. 그는 원래 가톨릭 신자였으나, 처음에 침례를 받았으며 그 다음엔 칼 바르트의 신학에 강력히 영향을 받았다. 1934년 그는 독일로

갔으며 나중에 언어학 연구자로 알려졌다. 강갈레는 그의 적들에게 프리메이슨의 도구인 「콘쉬엔티아」처럼 보였다.

발도파 신학대학은 1922년 플로렌츠에서 로마로 옮겼으며 모든 개신교 학생들에게 개방되었다. 또한 그 사이에 모든 개신교 세력들이 그들의 후예들을 위해서 로마에 교육기관을 세웠다. 다른 한편 발도파 학제는 자신의 설립근거를 잃어버렸다. 왜냐하면 20세기 초에 이탈리아 국가가 교육기관을 끌어들여서, 발도파 교회가 1912년 모든 학생들을 국가로 넘겨주어야 했기 때문이다. 발도파 골짜기의 학교에서는 이제 더 이상 토착 교사가 자주 수업을 하지 못하였다. 그 결과의 하나는 프랑스 언어로 인하여 발도파의 정체성의 일부가 포기된 것이다. 이탈리아어의 관심은 당연히 이탈리아 통일운동에 대한 하나의 공물(Tribut)이었다.

종전 후 개신교는 무솔리니(Benito Mussolini)의 파시즘으로 끝난 정치적 발전에 유린당했다. '이탈리아 대중 정당'(Partito Popolare Italiano: PPI)의 창설과 함께 1919년 가톨릭의 정치적 권력으로서 한 정당이 생겨났다. 사람들은 이들의 활동을 의심의 눈으로 바라보았으며, 그리고 그 정당에 대해서 많은 사람들에게 파시즘이 작은 악으로 혹은 종교자유의 보증 세력으로 여겨질 수 있었다. 세기 전환기 이후 상대적인 안정기에 무엇보다 이탈리아로 온 새로운 개신교 교회와 집단들이 급격히 성장하였는데, 이제는 지나갔다. 사람들은 개신교 세력들의 집합을 보다 더 중요하게 간주하였다. 1919년 11월 선거전에서 개신교는 적색과 검정의, 예컨대 사회주의자들과 PPI의 중간 위치를 시도했다. 「라 루체」의 사설은 하나님 나라를 찾을 것을 호소하였다. 그러나 선거결과는 땅위의 관계들을 잊어서는 안 되었다(1919, Nr.44). 근본적으로 발도파의 비정치적이거나 혹은 단지 애매한 견해가 이러한 입장의 전형이었다. 사람들은 정치적 상황으로 다루기보다 교회적인 내부의 관계로 다루었다.

발도파의 언론은 정치 내적 사건을 조심스럽게 관찰하였다. 그 외에 더욱이 발도파 안에서는 어떠한 열광주의도 감지되지 않았다. 골짜기 안에서 발도파는 파스시트적인 문화정책을 인지하게 되는데, 이것은 한편으로 가톨릭교회에게 학제에 대한 영향을 더 부여하고, 다른 한편으로 발도파 안에서 아직 사용되는 프랑스어를 비이탈리아적인 것으로 배제하는 것이다. 그렇지만 사람들은 파시즘을 개신교적인 국가충성 안에 주어진 것으로 받아들였다. 그러나 1921년 「라 루체」(Nr.27)는 교황에 대한 무솔리니의 긍정적인 견해를 비판하였으며, 파시즘의 '평화로운 혁명'은 강력한 손을 갈망하는 이탈리아 국민의 연약함에 대한 증거로 보여주었다(1922, Nr.48). 1923년 이 신문은 무솔리니의 권력 신격화를 비판하였다. 여기서 우고 자니(Ugo Janni)는 편집인으로서 분명하게 표현하였다(Nr.26). 파시스트의 권력 장악은 무엇보다 가톨릭교회의 관점에서 새로운 권력자의 정책에 의문을 품게 만들었다. '자유로운 국가에서 자유로운 교회'에 대한 카보우르의 상투어는 「라 루체」에서 번번이 인용되었다. 그러나 사람들은 국교로 가톨릭을 확정하는 헌법 제1조의 수정 가능성을 매우 회의적으로 보았다. 1923년 종교수업의 학교 안으로 재도입하는 것은 - 그것은 1908년 이래 자유 재량이었다 - 가톨릭교회가 학제로 진입하는 것으로 보았다(Nr.39). 학교에 십자가를 달아야 한다는 장관의 지시는 갈등을 일으켰다. 발도파는 이것을 중단해 달라고 요구하였다. 왜냐하면 그것을 가톨릭의 상징으로 보았기 때문이다. 그래서 결국 그들은 대신 예수의 어린이 축복 그림을 사용하게 되었다. 같은 해에 공립학교에서 프랑스어 사용이 금지되었다. 새로운 언론규제법은 1925년 발효되었고 교황과 '종교'(국왕과 조국과 나란히)의 모욕을 금지하였는데, 사람들은 이것을 개신교에게 의도적으로 손해를 끼치고, 1848년의 관용 승인 이전으로 돌아간다고 보았다(1924, Nr.44; 1925, Nr.19). 이미 같은 해에 「라 루체」의 발행이 압수되었고, 그 신문 집필자들은 국가와 국가종교에 반하는 어떤 논설도 집필할 수 없다는 지시를 받아야만 했다. 그 다음에도 역시 개개의 부수가 압수되었다.

이미 1924년에 사람들은 YMCA와 감리교에 있는 파시스트 정당에 대한 공격을 기록하였는데,(Nr.20) 이들은 외국 앞잡이라고 비방 받았다. YMCA는 1917년 미국 군인과 함께 이탈리아로 왔는데, 로마와 투린에 두 곳의 중심지를 가지고 있었다. 그것은 외국의 영향을 받은 것으로 여겨졌다. 그 반면에 이미 19세기에 설립되었으며, 본래 민족적인 분파였던 '청년 그리스도교 협회'(Associazione Christiana dei Giovani: ACDG)는 이탈리아적인 것으로 여겨졌다. 로마에 있는 미국 대사가 이 YMCA에 가입한 것이, 곧 외국의 조정에 대한 증거로 여겨졌다. 그러나 그것은 무솔리니가 외교정책에 대한 고려 때문에 YMCA를 조용하게 하려고 지시한 전형적인 것이다. 영국으로부터 온 구세군에 대한 비슷한 개입은 아무런 성과가 없었다. 왜냐하면 그들이 명백하게 너무 소심했기 때문이다.

예컨대 민족주의와 가톨릭의 결합은 개신교에게는 거대한 위험을 내포하고 있었다. 기념주화의 다른 면은 고대 이교의 로마에 대한 파시스트의 새로운 해석이었다(La Luce 1928, Nr.1). 교회가 외국과 접촉하는 것에 대한 파시스트의 비판은 '새로운' 개신교 교회만이 아니라, 발도파에게도 가해졌다. 발도파는 그러나 계속해서 외국과의 접촉을 장려하였으며 1925년 스톡홀름의 에큐메니칼 회의에, 또한 1927년 로잔 회의에 관심을 갖고서 대표단을 파견하였다. 더군다나「라 루체」는 용감하게 남아있었으며 그리고 1924년 '마테오티 사건'(Affaere Matteotti) – 그 밖에도 '콘쉬엔티아'처럼 – 을 보도하였다. 예컨대 이것은 사회주의자 야당정치가인 지아코모 마테오티(Giacomo Matteotti: 1885-1924)의 납치와 살해사건이다. 1928년 발행인 교체 이후「라 루체」는 이탈리아와 전 세계에 있는 개신교인의 생활을 보도하는 프로그램을 계속하였다(Nr.42). 그러나 그 사이에 파시스트 경철청장 아르투토 보치니(Artuto Bocchini: 1880-1940)가 강력하게 발도파와 개신교의 독립교단을 감시하였다.「라 루체」와 다른 개신교 기관들의 비판적인 보고는 이제 철저히 언론검열의 희생물이 되었다. 발도파 교회는 침묵으로 돌아갔으며 현상 유지를 하려고 노력하였다.

외형상 1929년 이탈리아 정부와 교황청 사이에 맺어진 협정은 가톨릭을 다시금 이탈리아의 유일한 종교로 만들었다. 그 협정은 가톨릭의 지위를 확고하게 햇던 라테란조약의 일부분이었다. 이것은 가톨릭식의 결혼을 국가에 의해서 법적으로 인정하는 것이며, 유대인과 개신교도들의 결혼에 대한 인정을 걱정하게 하였다. 협정 체결의 해에 하나의 법률이 발효되었는데, 그것은 '꿀띠 암메씨'(허락된 제의: Culti ammessi)를 가지고 국가의 사용방법을 규제하는 것이었다.[19] '허락된 제의' 개념은 애매했다. 1889년 형법 법전은 그것을 약간 가톨릭에 응용하였다. 적어도 그 법률은 개신교의 법적 지위를 낮은 수준에서 보장할 수 있었다. 그래서「라 루체」의 조항은 그 법률적으로 하나의 진척이루었다. 왜냐하면 헌법 제1조의 '관용의 제의'(Culti tollerati)로부터 이제 '허락된 제의'가 되었기 때문이다(La Luce 1929, Nr.46). 더욱이 국가와 일치된 발도파는 그 법률을 종교자유를 안전하

19) Viallet: La Chiesa Valdes, 129-131에서 발췌.

게 하는 공헌으로 해석하였다. 발도파 교회의 대변인 알베르토 코스타벨(Alberto Costabel)은 제기된 불만을 완화하려고 시도하였으며 노회는 무솔리니와 내무장관 알프레도 로꼬(Alfredo Rocco: 1875-1935)의 전보를 통해서 그 법률을 받아들였다. 여하튼 그 법률은 한 사람의 중앙공무원에 의해서 결정적으로 준비되었는데, 그는 자신이 발도파였다. 즉 이 법률의 주해를 썼던 마리오 피아첸티니(Mario Piacentini)에 의해서였다. 이것은 이탈리아의 종교자유의 마그나 카르타라고 알려졌다.[20] 이제 더 이상 1848년 이후처럼 보통권(Gemeinrecht)이 종교단체의 실존토대를 형성하지 못하고, 오히려 국가를 통해서 그것들의 분명한 수용이 드러났다. 그리고 이들의 분명한 수용은 개인적으로 지명된 공동체 지도자의 인정을 통해서, 그리고 그것의 결과로서 그들에 의해서 실행되어진 결혼의 시민적인 효력을 인정하는 것을 통해서 달려 있었다. 단지 이러한 전제 아래에서만 공적인 종교행사의 자유가 보장되었다. 부모들이 자녀들의 종교수업에 대한 참여를 결정하도록 하였으며, 그리고 비가톨릭 성직자는 결혼을 시민적인 효력으로 결정하였다. 비가톨릭 교인에게 형목, 원목, 군목의 가능성이 보장되었으나 이러한 규정은 엄격한 국가 감시와 연결되었다.

실제로 발도파에게 당분간은 거의 변화가 없었으며, 그래서 그들의 청년업무와 신학대학 교육은 방해받지 않았다. 무솔리니에게 그 법률은 하나의 가능성이었는데, 가톨릭을 계속 제한하고 그리고 최소한 설립된 발도파를 복종하게 하는 것이었다. 이제부터 법률을 어떻게 해석해야 하는지 그리고 1930년 통과된 행사규정을 어떻게 응용하는 지가 중요한 일이었다. 이것은 법률에 의해서 허락된 자유공간을 심하게 구속했다. 교회에 대한 국가의 감독은 이러한 행사규정을 통해서 심해졌다. 그 법률은 1926년과 1931년 공공안정에 대한 법률들로 둘러싸였으며, 이것으로 인해서 종교행사가 제한될 수 있었다. 긍정적으로 볼 수 있는 것은, 개신교 신학교의 학생이 군복무에서 면죄되고 그리고 개신교가 군목에 대한 권리를 가질 수 있는 것이었다. 사람들이 확신할 수 있는 문제는 무엇보다 또다시 역사적으로 이탈리아에 뿌리가 없는 독립교단을 갖는다는 것이었다. 이것은 국가의 승인범위에 달려있다. 무엇보다 처음으로 이러한 단체들은 이제 빈번히 조직되어야 했

20) I Culti ammessi nello Stato Italiano, Mailand 1934.

고 그리고 국가적으로 인정된 지도자를 세워야 했다(제의 장관, 미니스뜨리 디 꿀또: Ministri di culto). 발도파 의미에서 목사들은 다른 교회를 단초적으로만 인식하였다. 왜냐하면 이들의 교회지도부는 자주 카리스마적인 권위 안에 놓였기 때문이다. 이것은 무엇보다 오순절파에게 해당되었다. 발도파 외에 가장 일찍 침례교와 감리교가 조직과 대표에 대한 국가의 요구를 충족하였다.

1929년 세계 경제위기는 교회에 부가적으로 압박을 가져왔다. 발도파 교회에 엄격한 전략조치가 취해져야 했다. 거기에는 그 외에도 부동산의 판매도 속한다. 그 가운데는 니짜에 있는 교회도 해당되는데, 무엇보다 인원이 감축되어야 했다. 감리교 감독교회는 이 시기에 미국으로부터의 재정적인 지원을 잃었다. 그리고 이제 외국의 도움 없이 소규모로 지내야 했다. 나중에는 감리교 감독교회가 미국 파트너로부터 공식적으로 갈라서고 민족적인 것을 강조하였다.

개신교는 1929년 이후 눈에 띄게 강력한 국가지배에 굴복하였으며 그리고 의심스럽게 관찰되었다. 왜냐하면 개신교는 정치적으로 믿을 수 없는 것으로 여겨졌기 때문이다. '허락된 제의'의 법률로 억압조치가 정당화되었다. 이 제의는 '사회질서' 안에서 움직여야 했기 때문이다. 새로운 교회의 건축은 금지되었으며, 소위 좋은 풍습과 공공질서를 저촉했다고 비난받았다. 여기에는 발도파 사이에 여전히 프랑스어의 일상적인 사용도 금지되었다. 이제 개신교인은 더 이상 어떠한 공적인 직무도 얻을 수 없었다. 물론 감시와 스파이활동의 보고가 국가적대적인 활동을 결코 암시하는 것은 아니었다. 각 교회의 목사들의 행위는 차이가 있다. 파시즘에 순응하는 목사가 있는가 하면 저항하는 목사도 있으며 더 나아가 경찰스파이로서 활동하는 목사들도 있다. 외국과 밀접한 관계를 갖는 개신교 교회 목사들은 더욱 감시대상이 되었는데, 특히 그들에게 사회주의적인 과거가 있었을 경우 감시를 당했다. 국가에게 통제는 힘든 일이 아니었다. 왜냐하면 목사들의 숫자는 쉽게 파악될 수 있었으며 각 집단마다 20-30명으로 놓여 있기 때문이다. 다른 한편으로 사람들은 영국과 미국과의 외교적 분쟁을 피하고자 하였다. 구세군은 당분간 국가로부터 감시를 받았으나 실제로는 압박을 받은 것이었다. 이탈리아에 있는 구세군 지도자 알렉스 엡스(Alex Ebbs)는 그들의 거주지를 해산했다. 이 조치는 또다시 그들 구성원들의 저항에 부딪

혔으며, 엡스는 1929년 미국으로 파송되었다. 같은 해에 이탈리아 대사는 영국에서 온 구세군 소속원들이 사회주의자에 근접해 있으며 반파시스트적이라고 보고하였다. 구세군의 계속적인 생존 여부는 이제 국가의 호의에 의해, 또한 현장에 있는 지방 장관에 달려 있었다. 1934년 공식적인 국가인정에 대한 요청은 체포 물결과 함께 회합 장소 폐쇄로 응답되었다. 정부와의 협의 후 1935년에 로마의 회합 장소만이 다시 열렸다. 처음으로 영국 대사관의 개입이 1937년 폐쇄된 다른 회합 장소의 문을 다시 열게 하였다. 1940년 이탈리아의 전쟁 개입으로 그 상항은 더욱 악화되었다. 구세군 장교들이 체포되었으며 활동은 중단되어야 했다. 많은 구세군들이 발도파 교회에 가입하였으며, 다른 사람들은 숨어서 활동하였다.

다른 단체들 역시 비슷한 고초를 겼었다. 그 숫자가 약 2만 명에 이르는 형제단은 비록 그들의 성격에 전혀 맞지 않음에도 불구하고 교회를 중앙집권적으로 조직해야했다. 왜냐하면 지역 교회들은 자치적이었으며 사람들은 국가관계의 개념정의에 전혀 관심이 없기 때문이었다. 물론 1891년 플로렌츠의 형제단 지교회는 단체(Ente Morale)로 인정받았으며 이는 1930년 이탈리아 전체로 확장되었다. 이제 지교회 지도자는 지명되어야 했으며, 그는 국가로부터 등록될 수 있어야 했다. 이것은 1931년에 8곳의 교회에서 발생하였다. 1935년 인정된 지도자가 없는 모든 지교회는 폐쇄되었다. 재림파들은 또다시 1926년 신문사 '리비스따 아벤띠스따'(재림교회 잡지: Rivista Avventista)를 겨우 세웠다. '허락된 제의'의 법률에 의해서 그들은 다른 독립교단처럼 지교회 지도자를 지명하여 국가에 의해서 인정받아야 했다. 그래서 재림파들은 국가에 대한 그들의 관계를 해명하라고 강요받았다. 1943년 전쟁 중에 재림주의 지교회들은 뿔뿔이 흩어져버렸으나 전쟁이 끝난 후 다시 모여졌다. 재림파들과 마찬가지로 오순절파들도 그들의 복잡한 조직 때문에 의심을 받았다. 그들은 국가에게, 또는가톨릭교회에도 곧 지하조직으로 여겨졌다. 물론 경찰은 그들을 자주 여호와의 증인으로 혼동하였다. 개별적인 오순절 신자는 정신병자로 여겨졌으며 정신병동에 지정되었다. 더 나아가서 그들은 1935년 '떠는 자'(Tremolanti)들로 금지되었다. 왜냐하면 그들은 종족의 건강에 매우 위험하기 때문이었다. 오순절 지교회의 금지는 이미 지교회 지도자가 국가로부터 인정받지 못했기 때문에 쉽게 관철될 수 있었다.

가톨릭 측면에서는 개신교에 대한 억압을 보통 호의적으로 생각하였다. 무엇보다 지역 차원에서 개신교 목회자, 교회 지체들 그리고 시설을 비난하는 기회로 이용하였으며 '공공질서 방해'를 구사하는데 국가관청을 동원하였다. 그 절정은 1934년 이탈리아의 사도 소식(Apostolische Nuntiatur)에서 외교부에 의한, 이탈리아 개신교 교인들의 '개종시키는 자들'(Proselitismo)에 항의한 것이다. 그런 공격 때문에 교회생활은 개신교 캠페인과 마찬가지로 방해받았다.

가톨릭교회가 발도파로부터 자주 비판받는 동안에, 마침내 파시즘의 교회정책이 정리되었다. 그래서 「라 루체」는 1931년 파시스트 신문의 한 사설을 재인쇄하였는데, 이것은 개신교에 대한 교황의 비판 때문에 그를 제한하게 하는 내용이었다(Nr.9). 1934년에서 1941년까지 재직한 대변자 에네르스토 콤바는 정권에 대하여 외교적인 방향을 취했는데, 예컨대 정권과의 대결을 피한 것이었다. 이것 때문에 침례교와 감리교에 대한 경계가 생겨났으며, 이 경계는 더욱이 이탈리아 개신교 안에 있는 발도파의 특별한 지위에 대한 자의식 때문이었다. 그러나 콤바의 독재적인 지도 스타일은 노회에서 저항을 가져왔다.

국가와 가톨릭교회의 대결장에서 특히 미묘한 문제는 종교문제 토론에 대한 '허락된 제의' 법으로 보장된 권리였다. 이 권리는 개신교 관점에서 보면 가톨릭에 매우 밀접했던 반면, 개신교는 그것을 가톨릭교회에게는 허락되지 않는 개신교로 개종시키는 권리로 이해하였다. 예컨대 개신교 측면에서 보면 고유한 자유공간을 가능한 넓게 유지하는 것이 중요하였다. 사람들은 정치적 신호를 이러한 방향에서 해석해서, 파시스트 정권 장악 10주년 기념우표가 '끄레데레'(믿음: Credere)라는 말과 함께 하나의 복음서를 다음과 같이 알렸다. 이것은 하나의 새로운 정신을, 이 나라에 하나의 종교적인 출발을 증언한다(1932, Nr.44). 1933년 독일의 상황이 주의 깊게 관찰되었다. 그래서 「라 루체」는1933년 4월 1일 유대 상점에 대한 보이콧에 항의를 표명하였다(Nr.44).

1935년 이후 에티오피아(Abessinien)전쟁은 이탈리아 여론의 주목을 필요로 하였다. 「라 루체」는 전쟁 사건을 드물게 보도하였으며 무엇보다 개신교 병사들과 장교들의 활동들을 부각시켰다. 1936년 비무장 에티오피아에 대한 침략의 목적을 이루자 「라 루체」는 그 승리를 이탈리아에게 새로운 가능성이 열린 위대한 시간으로 축하하였다. 그러나 동시에 농업과 도로를 발전시킴으로써 에티오피아 백성의 상황을 더욱 향상시키고 나라를 재건할 것을 상기시켰다(Nr.20). 이런 여건 아래서 오순절파와 영국에 정향된 웨슬리주의 감리교에게는 특별한 억압이 가해졌다. 이들은 그들의 모국과의 연결이 차단되었다. 왜냐하면 영국이 상당한 조치를 호소했기 때문이다. 그러나 감리교 감독교회의 수장 칼로 페레리(Carlo M. Ferreri)는 외국에 대하여 에티오피아 전쟁의 옹호자로서 두각을 나타내었다. 전체적으로 개신교는 그들의 조국을 위해서, 그리고 영국에는 대항하는 태도를 취했다. 경제적인 면에서 발도파와 다른 개신교는 이 사건의 결과로 외국 기부금이 감소하여 상당히 힘들어졌으며, 더 나아가 토레 펠리체의 대학(Collegio)은 위협당하고, 성직 수여가 중지되었으며 감봉당했다. 물론 다른 교회들도 외부 공급의 단절로 더욱 위협 받았으며, 그들 지교회 지도자들은 - 그들이 이탈리아인이 아닌 경우 - 더 이상 국가로부터 인정받지 못하였다. 이것은 다른 한편으로 그 다음 해에 분명히 개신교 내부의, 무엇보다 감리교, 침례교, 발도파 사이에 연대를 촉진시켰다

이탈리아가 제2차 세계대전에 개입하기까지 이탈리아 개신교는 다시금 교회 내부의, 그리고 에큐메니칼 문제에 몰두할 수 있었다. 거기에는 이탈리아 교회연합에 대한 프로젝트와 발도파 대변인 에르네스토 콤바의 1937년 옥스퍼드 '신앙과 직제' 위원회의 에큐메니칼 회의 참석이 해당된다. 독일에서의 교회투쟁에 발도파 교회는 거의 관심을 갖지 않았다. 교회 정치적으로 그 상황이 매우 긴장되었다. 상부 차원에서는 일종의 교회와 국가 사이에 당쟁 중지가 이루어진 반면, 하부 관청 차원에서는 보복조치들이 여전히 일상적이었다. 1937년 타볼라는 '클라우디아나' 출판사를 국가 압류로부터 강하게 보호하기 위해서 자기 소유로 하였다(이것은 1961년 다시 자립되었다). 1938년 국가는 신문 '계곡의 메아리'(Echo des Vallées)를 금지하였다. 후계지로서 이제 '레꼬 델레 발리 발데시'(발데스 계곡의 메아리: L'Eco delle Valli Valdesi)가 출간되었다. 콤바가 파시스트 정권을 받아들이고 철저하게 존중한 반면에, 비판적인 목소리는 소수였다. 그래서 1938년 선포된 인종차별법령에 대한 교회지도부의 공식적인 항의는 전혀 없었다. 그러나 여하튼 비판과 실제적인 도움으로 유대인들은 발도파 골짜기에 은닉할 수 있었다.

1940년 6월 11일 이탈리아의 제2차 세계대전 참전에는 어떠한 만세-애국심도 없었다.

1940년 3월에도「라 루체」의 한 사설이 전쟁 때문에 에큐메니칼 관계가 방해받는 데에 유감을 발표하였다(Nr.10). 전쟁 개입 이후의 날에 발간된 신문은 이탈리아에 하나님의 축복을 간청하였으며 독자들이 그들의 의무를 이행할 것을 희망하였다(Nr.24).「라 루체」는 1942년 교황의 성탄절 메시지를 코멘트하지 않을 수 없었다. 그 신문은 사실 개신교인과 가톨릭 교인이 그 시대의 반그리스도교적인 운동에 공동전선에 있다고 여겼다. 그러나 이 운동에 대해서 개신교는 엄밀하게 말해서 '끼에사 꼰페싼떼'(신앙고백의 교회: Chiesa confessante)였다. 왜냐하면 여기서 신앙은 개별적인 인격의 문제이기 때문이다(1943, Nr.4). 이 신문조차 1943년 9월 8일이 마지막이었으며, 1945년 1월에야 다시 발행될 수 있었다. 대중적인 달력 '가정의 친구'는 1942년 마지막으로 발행되었다. 전쟁 이후에는 다시 발행되지 않았다.

1945년 이전에 개신교가 파시스트 이탈리아에서 어떻게 자기의 입장을 주장하거나 혹은 더욱이 확장할 수 있었는지에 대한 여러 다양한 구상들이 있다. '발데스 연합동맹'(Federazioni Unioni Valdes)의 청년운동을 대변하는 한 진영은 '개신교 정신의 재생'(Wiederbelebung des evangelischen Geistes)을 설정하였고, 다른 진영은 지오반니 미그(Giovanni Miegge: 1900-1961)의 지도 아래 칼 바르트의 의미에서 신학적 반성에 자리매김하였다. 다시금 교회지도부는 자기정체성의 포기 없이 정권과의 협력정책을 선호하였다. 거기에 상응하여 발도파 교회는 통일적인 견해를 이루지 못하였다. 1941년에서 1943까지 잡지「아펠로」(L'Appello)는 지오반니 미그에 의해서 발행된 잡지「그리스도교 청년」(Gioventù Cristiana)의 후계 잡지로 출판되었다. 1942년 이후에는 또한 미그가「라 루체」를 이끌었다.「아펠로」는 마지막 호에서 1943년 9월 2~3일 열렸던 치아바스(Ciabas)의 토레 펠리체에서 열렸던 회합(무솔리니 실각 후) 참여자들의 성명을 덧붙였다. 그리고 여기서는 교회와 국가의 관계가 중요한 문제였다. 참가자들은 바르트 신학에 큰 영향을 받았으며 교회의 국가로부터 분리 그리고 신앙과 양심의 자유를 고수하였다. 예컨대 분명하게 조직된 교회특권의 부여를 포기하였다.[21] 이것은 지금까지 전통에 일치하는 것이었으며,

21) Resoconti delle giornate teologische dedicate al tema concordato e separazione nei rapporti fra chiesa e stato(Torre Pellice, 2/3. September 1943).

신앙의 자유에 대한 일반적으로 통용되는 법과 원칙들, 활동공간으로서의 국가로부터의 자립적인 조직과 그리고 자유를 옹호하였다. 이 잡지는 올리베티(Olivetti) 기업 가문의 후원을 받았다. 왜냐하면 이 잡지의 유일한 광고가 이 공장의 타자기를 위한 것이기 때문이다. 무솔리니 정권의 종말과 함께 많은 발도파들이, 무엇보다 젊은 발도파 세대들이 독일 점령에 저항하고 발도파 골짜기에서 불법적인 단체(게릴라)로서 투쟁하였다. 거기에 대한 발도파 목사들의 견해는 찬성에서 반대에 이르기까지 서로 많이 달랐다. 노회는 입장을 유보하였다. 투린의 폭격 때문에 피난민들이 골짜기로 왔으며, 그 가운데는 도시 출신의 반파시스트도 있었다. 1943년 7월 무솔리니의 실각은 개신교 안에도 역시 반파시즘을 강화시켰으나 그 희망은 9월 독일의 진입으로 물거품이 되었다. 치아바스의 성명을 고유하게 하고 국가와 교회의 분리를 그리스도교의 요구로 언급한 노회는, 겨우 1943년 9월 죄책고백에 대한 가능성을 심의하고 있었으나 논쟁들 때문에 일치를 이루지 못했다. 게다가 정치적이고 군사적인 사건들이 그것들을 무시하게 하였다.

4. 1945년 이후 개신교

제2차 세계대전이 이후 발도파 교회는 즉각적으로 에큐메니칼 운동과 접촉을 시도하였다. 이미 1945년에 대변인 비르질리오 솜마니(Virgilio Sommani: 1881-1968)와 비셔트 후프트(Willem Visser't Hooft) 사이에 편지가 교환되었다. 그래서 노회로부터 지원을 받은 타볼라는 전쟁 이전의 에큐메니칼 노력과 연계시켰다. 외국의 재정지원은 제2차 세계대전 이후의 교회 생활을 재조직하는데 중요한 역할을 하였다. 발도파는 이미 1948년 창설된 이후에 WCC에 가입하였다. 에큐메니칼 운동은 전쟁 후 이탈리아 개신교들을, 무엇보다 발도파, 감리교, 침례교를 더 밀접하게 결합시켰다. 감리교와 침례교는 1946년 발도파와 하나의 연방협의회(Bundesrat: Consiglio federale delle chiese evangeliche)를 체결하였다. 이 협의회는 공동 프로젝트를 통해 협력하였으며 나중에는 루터교, 구세군, 재림파들, 오순절주의자 그리고 형제단도 여기에 가입하였다. 디아코니아는 개신교들이 내부적으로 접근해 나가는 하나의 장소였다. 마찬가지로 1946년에는 영국의 지도 아래 감리교의 두 파를 '끼에사 메또디스따 디탈리아'(이탈리아 감리교 교회: Chiesa Methodista d'Italis)로 통합하였다. 교회 연합의 목적은 종교자유와 국가와 교회의 분리를 위한 공동의 투쟁이었다. 이미 거기에 대한 목적으로 1946년의 공동호소가 있었다. 침례교회는 1956년 '우니오네 끄리스띠아나에반젤리까 바띠스따'(개신교 침례회 그리스도교 연합: Unione cristiana evangelica battista: UCEBI)으로 결성되었다. 제2차 세계대전 이후 외국으로부터 이주가 개신교 교회에게 중요한 역할을 하였다. 이탈리아 루터교 교인은 주로 독일과 스칸디나비아 출신들이며 대부분 로마에 살고 있었다. 그들은 1948년 약 7천 명의 구성원들로 '이탈리아 개신교 루터교'(Chiesa evangelica Luterana in Italia: CELI, 독일어 약어: ELKI)를 세웠다. 외국 이주의 중요성에 대한 예는 1960년 개신교인들에 의해서 세워진 개신교-에큐메니칼 운동의 지교회인데, 이는 바레세(varese)에서 '유럽 원자력공동체'(Europäische Atomgemeinschaft: EURATOM)의 중앙연구소 'ISPRA'를 운영한다.

제2차 바티칸 공의회는 이탈리아에서도 역시 에큐메니칼 활동공간을 열었다. 이곳에서는 발도파와 가톨릭교회가 접근하였으며, 이것은 오히려 가톨릭 측으로부터 출발하였다. 발도파 대학교수들과 가톨릭 대학교수들의 개인적인 만남이 전제가 되었다. 개신교 측에서는 어떤 의심과 프로필 상실에 대한 두려움이 지배하였기 때문에 오수절파, 재림파, 형제단은 가톨릭교회의 접근 시도를 거절하였다. 1962년의 발도파 노회의 한 보고서는 종교개혁의 유산을 신실하게 유지하라고 지교회에 경고하였다. 그래서 발도파 교회는 오히려 차이점을 강조하였다. 그러나 에큐메니칼 영향은 개신교 청년운동으로부터 적극적으로 받아들여졌으며, 그리고 이것은 공동의 정치적 참여라는 의미에서이다. 여하튼 가능한 공동작업의 열매의 하나는 1976년 공동책임 아래 현대어로 번역된 신약성서 발행이었다. 그러나 그 밖에 교회 차원의 공동작업을 넘어 더 나아가는 것은 가능하지 않았다. 발도파 교회는 논쟁지역에서 가톨릭교회에 대립적인 입장을 취했는데, 그것이 종교 수업의 관점에서든지, 이혼완화의 관점이든지 혹은 낙태법의 완화의 관점이든지 대립하였다.

이러한 모든 것은 정치적 배경을 가지고 있었다. 이런 것들은 전쟁이 끝난 후 처음 가톨릭이 정치적, 사회적으로 우세할 때에 그리스도교 민주당(Democrazia Christiana)이 과반수인 시기에 남겨져 있었다. 그 정당은 라테란계약(Lateranvertraege)의 표지 아래 '종교 평화'를 선전하였다. 그러나 발도파 골짜기에는 이탈리아 안에서 자치권을 위한 노력이 있었다. 그러나 그것은 두 개의 언어, 예컨대 프랑스어 사용 보증에 대한 노력처럼 성과 없이 끝났다. 1948년 이탈리아 헌법은 1929년 종교협정(Konkordat)과 그것과 연결된 입법을 분명하게 승인하였다. 그러나 수정의 가능성은 열어 놓았다. 헌법 제8조는 법 앞에서 모든 '교파'(Confessioni, 이 개념은 새로운 것이다)가 동등하며 그들에게 국가로부터 독립하여 자기조직을 허락하였다. 또한 자유로운 종교행사도 보장되었다. 헌법은 교회를 특별한 국가적인 부담으로부터 벗어나게 하였다. 이것들은 근본적으로 가톨릭을 위해서 영향을 주었지만 이러한 차별금지는 개신교에게도 유익하였다. 개신교는 자신들에게 허락된 자유공간과 그들의 동등한 권리를 위해서 우선 첫 번째로 싸워야 했다. 그것은 법률적 수단으로는 당분간 어려웠다. 왜냐하면 비록 헌법재판소가 헌법에는 규정되어 있었지만 1956년까지는 없었기 때문이었다. 전통에 자리 잡은 발도파는 여전히 다른 개신교 교회보다는 보다 쉽게 그것을 취했다. 오순절파에 의해서 1947년 약간의 지교회들이 이탈리아의 '아쎔블레아 디 디오'(하나님의 집회, Assemblea di Dio)를 결성하였는데, 이들은 여전히 어느 정도 의심스럽게 관찰되었으며, 그들의 회합장소는 닫혀져 있었다. 내무부의 회람문서는 1949년 오순절파들에게 단지 사적인 모임만을 허락하였다. 1953년에서야 처음으로 상급법원이 집회 자유의 제한을 위헌으로 선포하였다. 이것은 1955년 내무부에 의해 승인되었다. 그때까지 1935년에 표명된 금지조항은 유효하였으며, 이것은 지방의 지방장관에게 조치에 대한 동기를 제공하였다. 1959년 하나님의 집회는 법인으로 인정되었다.

개인적 신앙자유의 관련은 논외로 하고 개신교 교회는 계속하여 헌법 제8조 항목의 규정을 이용할 수 있었다. 이 법에 의하면 가톨릭이 아닌 종교단체는 스스로 조직할 뿐만 아니라, 국가가 그들과 계약을 채결해야 했다. 그러나 그때까지는 아직 하나의 넓은 길이 있었다. 왜냐하면 정부가 '허락된 제의'(꿀띠 암메씨)의 법을 계속해서 사용할 수 있다는 견해를 유지하고 있었기 때문이다. 그래서 발도파와 다른 교회들은 일시적으로 차라리 모두에게 유효한 법인 '콤뮨의 권리'(Diritto commune)로 돌아가는 익숙한 길을 시도하였다. 1958년 이탈리아 헌법재판소는 1929년의 '허락된 제의'(꿀띠 암메씨) 법을 부분적으로 무효화하였으며, 책임을 지는 교회지도자의 지명에 대한 의무적인 승인을 폐지하였다. 국가는 이제 실질적으로 비가톨릭교회와의 관계계약의 규정을 돌봐야했다. 이것은 이탈리아 정부가 1967년 이후 종교협정(Konkordat)을 개정할 때 처음으로 가능해졌다. 그때 처음으로 개신교 교회는 국가와의 '인텐제'(계약 규정: Intesa)에 관여하고자 고무되었다. 그러나 개신교 교회는 어떤 공동의 길을 찾지 못하였고 결국 차례로 개별적으로 계약하였다. 또한 종교협정 개정과 국가와 개신교 사이의 계약들은 1976년 이후에야 처음으로 협정되었다. 발도파의 타볼라와의 계약규정은 - 이것은 1979년 이후 감리교를 역시 대표했는데 - 이제 1984년 결국 체결된 종교협정 수정과 헌법 개정의 길이 승인되었다.[22] 그래서 형목, 원목, 군목 규정들을 포함하고 그리고 가톨릭 종교수업의 취소법령을 보장하는 협정들이 체결되었다. 교파적인 개신교 종교수업은 포기되었고 '종교적인 감정'에 대한 형법상의 보호도 포기되었다. 교회 일에 대한 국가의 자금조달의 포기도 확정되었으며, 그것은 노회가 몇 년 뒤에 다시 한 번 다루어야했다.

1980년대 발도파 교회의 국가결합 주제는 1984년에 체결된 계약규정에 근거해서 토론되었다. 교회에 대한 국가업무들은 많은 사람들에게 생각할 수 없는 일이었다. 마치 학교에서의 종교수업처럼 발도파의 이상은 국가와 교회의 분리였다. 다른 개신교 교회에서도 계약규정들이 강렬하게 토의되었으며 일반적으로 받아들여지지 않았다. 구세군은 대략 국가와의 계약을 거절하였다. 왜냐하면 그들은 국가의 예속으로 들어가는 것을 두려워하였기 때문이다. 오순절의 하나님 집회는 1986년에, 침례교와 루터교는 1993년에 계약 규정들을 결정지었으며, 거기에는 발도파 타볼라와의 계약이 모델이 될 수 있었다. 재림파들과의 계약규정은 몇 가지 특별한 규정을 포함하는데, 무엇보다 그것은 재림주의의 거룩한 안식일이었다. 특히 이탈리아 국가의 제안, 즉 1985년에 도입된 교회세금 내지 공공세금(Sozialsteuer)으로 이익을 얻을 수 있다는 제안이었다. 이것은 수입의 8/1,000(Otto per Mille)에 해당했다. 이 제안은 발도파의 교회와 노회 차원에서 매우 심각하게 논쟁되었고, 더욱이 교회 분열의 위험에 이르게 하였다. 1988년 발도파 교회의 노회는 이러한 기부금을 거절하였으며 1991년에는 약간의 다수로 다시 받아들여졌다. 반대자들은 국가의 밀접한 연결을 두려워할 뿐만 아니라, 자기 집단에서 기부하는 마음의 손실을 우려하였다.

22) Nuovi Accordi, 546-552.

이 기부금은 국내외의 디아코니아와 문화적 사업에 결부되었다. 그 후 본질적으로 이 납세의무가 발도파 구성원들이 가지고 있는 것보다 더 많은 기부금을 그들 교회에 송금하게 하였다. 근본적으로 발도파 교회는 그들의 디아코니아 기관 안에서도 모두에게 개방되어 있고자 하였다. 그러나 많은 프로젝트가 외국의 도움 없이는 전혀 수행될 수 없었다. 사회적 개신교는 파시즘과 전쟁 시기를 통해서 매우 손상되었으며, 그래서 1945년 이후에는 19세기의 전통과 연결할 수 없었다. 침례교와 감리교는 마찬가지로 이 문제에 일치하였다. 오순절파는 세금을 그들의 디아코니아 활동을 확장하기 위해서 받아들였다. 마찬가지로 '8/1,000'(Otto per Mille)은 루터교와 다른 교회들에게도 받아들여졌으나, 공교롭게도 침례교에서는 승인되지 않았다.

주민의 이주로 전통적인 개신교의 환경이 점점 약화되었다. 마을들은 인구가 감소하거나 혹은 통근자들의 베드타운이 되었으며 도시에는 어떤 새로운 교회도 생기지 않았다. 거기에 대해서 교회는 디아코니아 프로젝트나 추가적인 평신도 동역자의 보충으로 대응하고자 하였다. 제2차 세계대전 이후 발도파 목사 툴리오 비나이(Tullio Vinay: 1909-1996)는 벽지의 알프스 지역에 청년들을 위한 국제적인 에큐메니칼 만남의 센터 설립을 추진하였다. 그는 그것을 '아가페'로 명명하였으며 1947년부터 자원봉사자들의 거대한 참여 아래 세워졌다. 여기서 예전의 군인들은 빨치산들과 나란히 일하였다. 1951년에 '아가페'가 봉헌되었다. 이것은 비나이에 의해서 1960년까지 인도되었으며 이탈리아의 작은 센터의 모형이 되었다. 여기에 정착한 공동체는 소수의 예언자로 이해되었다. 1961년 비나이는 가난하고 마피아에 의해 고난당하는 시칠리아로 갔다. 여기서 그는 리쉬(Riesi)에 - 여기에 이미 발도파 교회가 있었는데 - 학교와 주민들을 위한 직업학교인 '쎄르비찌오 끄리스띠아나'(그리스도교 봉사: Servizio Cristiana)를 설립하였는데, 마찬가지로 농업협동도 함께 하였다. 물론 발도파 교회의 그러한 프로젝트는 논의의 여지가 없는 것은 아니었다. 왜냐하면 노회에서 그것들의 선교적인 가치에 대해 질문되었기 때문이다. 더 나아가 비나이는 공산당에 공감하였으며 결국에는 공산당을 통해서 의회 의석을 얻었다. 이탈리아 개신교의 정치적 경향이 오히려 좌파에 있기 때문에 이것은 전혀 이상한 일이 못된다. 그래서 이혼법과 낙태법의 자유화의 지원을 개신교에서도 기대할 수 있었다. 물론 거기에 대해서 보수적이고 복음적인 측으로부터의 항의가 있었다. 1969년 이후 오히려 좌파적 성향의 개신교 청년들은 잡지 「죠벤뚜 에반젤리까」(개신교 청년: Gioventù Evangelica)에서 대변인을 발견하였다. 잡지의 편집부가 '페데라찌오네 죠바닐레 에반젤리까 이딸리아'(이탈리아 개신교 청년연맹: Federazione Giovanile Evangelica Italiana: FGEI)을 소유하였으며, 여기에 발도파, 침례교 그리고 감리교가 속하였다. 이곳에서 개신교 내부의 에큐메니칼 운동이 실현되었다. 사람들은 그 투쟁을 외형적으로 그리스도교 사회주의와 사회적 진보를 위한 것으로 여겼다. 일반적으로 이탈리아 개신교는 그 시대의 습관적인 정치화에 참여하였으며, 그 다음 이곳으로부터 좌, 우의 양극이 뒤따랐다. 구체적인 투쟁은 토레 펠리체의 대학(Collegio)에서였다. 그 대학은 좌파에게는 엘리트로 보였으며 외국의 도움으로만 유지될 수 있었다.

1974년 발도파 800주년 기념 축제와 더불어 발도파는 좌파에게 가난에 대한 투쟁의 한 모델이었으며, 보수주의자에게는 복음화의 모델이었다. 후자의 가장 중요한 현장은 이탈리아 내부의 디아스포라였다. 발도파를 좌파의 압승으로 진단한 보수주의적인 방어세력으로부터 1976년 '떼스띠멘또 에반젤리까 발데제'(발도파 개신교 증언: Testimonianza evangelica valdese)가 출현하였다. 같은 해 그들의 지지자들은 노회에 교회 이데올로기화에 반대하는 청원을 하였다.

이 시기에 지오반니 미그(Giovanni Miegge)와 발도 비나이(Valdo Vinay: 1906-1990)처럼 개혁을 이해한 운동의 선구자들은 로마 발도파 대학교수들이었다. 1920년 첫 대회 이후 1965년에 - 무엇보다 개신교 청년들의 촉구로 - 제2회 '개신교대회'(Congresso Evangelico)가 로마에서 열렸다. 여기서는 이탈리아 개신교 일치가 목표였다. 그 대회는 하나의 성명서에서 공동의 원칙, 즉 성경의 강조, 교회의 선교본질, 만인사제론, 재능과 사명의 다양성, 개교회의 중요성을 강조하였다. 교회연합 창설을 제안하는 하나의 위원회가 구성되었다. 대회에서 이탈리아 개신교의 전체적인 스펙트럼이 대변되었다. 여기에서는 루터교가 제외되었는데, 그들은 재림파들의 초대 허락 때문에 참석을 거절하였다. 대회 결과는 1967년 이탈리아 개신교 교회연합의 설립이었다. 여기엔 처음부터 발도파, 침례교 그리고 감리교가 속했다. 이들은 1962년 자신들의 영국 모교회에서 독립하였다. 루터교도 마찬가지였다. '사도교회'(Apostolische Kirche: 1904/5 웨일즈에서 일어난 각성운동에 토대를 둠)와 구세군은 단지 제휴하는 회원교회였다. 오순절파, 재림주의 그리고 형제단은 참석하지 않았다. 1965년 교회연합의 공동원칙에 대해서 대회성명서가 채택되었다. 1979년 발도파와 감리교가 하나의 연합체로서 '발도파 개신교 교회'(Chiesa Evangelica Valdense)를 결성하였다. 이 단체는 국가와 계약 규정(Intesa)의 계약 파트너가 되었다. 1990년부터 이 교회와 침례교 사이에 밀접한 관계가 있었다. 발도파와 감리교의 공동 신조원리는 1655년의 발도파 신앙고백이다. 개신교 발도파 교회의 설립과 함께 교회조직 역시 갱신되었다. 그들의 영역은 현재 지역교회(Ortsgemeinde)인데, 이것은 16곳의 교회범주(Kirchenkreis)로 통괄되며, 이것은 다시 4영역(Distrike)을 형성한다.

발도파는 오늘날 이탈리아에 약 3만 명의 구성원을 가지고 있으며, 그 중에 약 1/2이 골짜기에 살고 있다. 그 숫자들은 분명하지는 않다. 그 중 약 5천 명의 구성원이 라틴 아메리카에서 왔다. 분명한 통계적인 근거는 없으며, 목사에 의해서 제기되고 부분적으로 평가된 데이터가 중요하다. 그래서 1991년엔 22,217명의 구성원이 있다고 계산되었다. 거기서 이미 견진례 받은 멤브리 꼬무니깐띠(교회 구성원: Membri communicanti)와, 부차적으로 교회위원회 선거를 위한 멤브리 엘레또리(유권자의 등록: Membri elettori)와 차이가 난다. 이 그룹은 발도파의 핵심 지교회를 형성한다. 더 나아가서 신앙을 갖지 않는 자들은, 출생이나 자의식을 통해서 거기에 속한 것으로 간주되어 자신을 발도파라고 느낀다. 그래서 아직 몇 천 명이 발도파로 덧붙여 계산될 수 있다. 그러한 감정에 전형적인 것은 민주적이고 자주적인 견해에 대한 강조이다. 약 140여개 한 지역교회(Ortsgemeinde)는 자립적이며 상급자위원회(Aeltestenrat)를 통해서 인도된다. 일 년에 한 번 노회가 열리며, 그때 최소한 각 지교회는 한명의 남자 혹은 여자 대표를 파송한다. 노회는 타볼라를, 예컨대 교회지도부를 선출한다. 그것은 3명의 목사와 3명의 평신도 그리고 그들의 대변인, 즉 사회자로 구성된다. 후자는 1994년부터 비신학자도 될 수 있다. 교회 구조는 지속적으로 직무를 변환시키는 구조이다. 전체적인 직무는 시간적인 제한이 있으며, 반복하는 것(Haeufung)은 금지되었다 그리고 목사들은 규칙적으로 자리를 바꿔야 했다. 그 외에 노회와 같은 모든 기관은 선출되었다. 독립교단의 성장으로 발도파는 이미 오래 전에 더 이상 홀로 이탈리아 개신교를 대변하지 않는다. 이탈리아의 대략 40만~45만 명의 개신교 중에서 약 1/2이 오순절파와 다른 복음주의 지지자 그리고 은사운동 집단이다. 이 숫자에는 또한 약 17만 명의 외국 개신교도가 포함되어 있다. '역사적인' 교회에, 예컨대 감리교와 침례교와 마찬가지로 발도파에게 전체적으로 약 5만 명이 속한다. 그러나 이 숫자는 확실하지 않다. 여전히 교회연명(Federazione delle Chiese Evangelice in Italia)에 모든 교회가 속하지는 않는다.

C 스페인

스페인은 16~17세기에 가톨릭의 보루였다.[23] 프랑스와는 달리 여기선 어떠한 개신교 소수자들도 자리 잡을 수 없었다. 개신교 동조자들은 발각되었으며 그리고 가장 최선의 경우가 추방이었다.[24] 스페인 종교재판은 1820년 근처까지 가톨릭 신앙의 파수꾼으로서 중요한 역할을 하였다. 18세기의 60년대에 북부 안달루지엔(Andalusien)의 드문드문 개척된 시에라 모레라(Siera Morena)을 위해 이주자들을 모집하였을 때, 그들과 함께 몇 명의 독일 개신교인이 왔는데, 이들에게 지원자인 바이에른의 사기꾼이 종교자유를 약속하였다. 비록 스페인 국왕이 분명하게 가톨릭 이주자만을 원하였음에도 불구하고. 개신교들에게는 자유로운 종교행위가 허용되지 않았다.

스페인의 개신교 복음화 시도의 교두보는 영국영의 지브랄타(Gibraltar)였다. 나중에 제네바와 프랑스의 영향이 덧붙여졌으며, 그리고 독일의 이주민이 특별한 역할을 하였다. 1835/36 조지 헨리 바로우(George Henry Barrow: 1803-1881)가 영국 성서공회의 위임으로 포르투갈과 스페인을 여행하였다. 그는 이른바 성서의 전파를 시도하였으나, 곧 금지 당했다. 1855년 에딘버러에 '스페인 개신교 협회'(Spanisch Evangelization Society)가 세워졌으며, 이들은 바로 스페인의 자유주의 정부를 맞이해서 정치적으로 좋은 분위기를 희망하였다. 이미 1년 후에 이 희망은 혁명을 통해서 끝났다. 19세기 그리고 아직 20세기에도 스페인의 정치는 복고주의와 자유주의 사이에서 동요했으며, 그것은 그때마다 교회와 국

23) 비교. Koch (KGE II/8), Kap.1A.

24) 비교. Koch(KGE II/8), 54f.

가 안에서 가톨릭교회의 위치에 긍정적으로나 부정적인 영향을 주었으며, 개신교는 국가와 사회에서 여기에 좌우되었다. 1851년 종교협정(Konkordat)은 다른 모든 교파를 배제하였으며, 다음에는 자유화가 뒤따랐고, 그 다음에는 다시 반작용이 왔다. 1860-1863년에는 개신교인들이 체포되어 유죄판결을 받았으며, 그 가운데 가장 유명한 자는 복음주의자 마누엘 마타모로스(Manuel Matamoros: 1834-1866)였다. 예컨대 개신교 활동가들은 매우 심하게 제한받았다. 국가의 억압에도 불구하고 1865년 말라가(Malaga)에 개신교위원회가 설립되었다.

1868년 자유주의적인 격변의 길에서 1869년 개신교는 자유로운 종교행사 권리를 얻었다. 그 결과는 사실 많은 사람들이 바라는 것처럼 복음화가 아니었다. 그러나 개신교에 대한 외국 선교사들의 직무가 강화되고 개신교인이 증가되어, 이들의 수는 1875년 대략 1만 명에 이르렀다. 그 중심은 세빌라(Sevilla)였는데, 이곳에서 1869년 처음 교회가 점유될 수 있었다. 그리고 마드리드에서는 구스타브-아돌프-연맹(Gustav-Adolf-Verein)이 부흥작업을 지원하였다. 세빌라의 지도적 인물은 이전의 수사였던 주안 바티스타 카브레라(Juan Bautista Cabrera: 1837-1916)였다. 스페인 개신교협회의 지원으로 카브레라는 1869년 전국에 걸쳐서 관련 노회를 소집하였다. 그 노회는 역시 하나의 당회를 갖추어야 했다. 그러나 전국의 개신교 교회의 프로젝트로는 아무 것도 없었다. 왜냐하면 1871년 세빌라와 마드리드의 교회가 아무리 일치가 되었다 할지라도 차이가 너무 크기 때문이었다. 그러나 새로운 정치적 파국과 1873년 시민전쟁의 발발로 그 프로젝트는 끝났다. 비록 다른 교파의 구성원에게 개인적인 종교행위를 허락했을지라도, 1876년 헌법은 가톨릭을 다시 국가종교로 만들었다. 또한 이제 성서와 잡지 배포와 그리고 학교 설립이 허락되었다. 그래서 1873년의 파국에도 불구하고 마드리드에 교회건축이 계속 진행될 수 있었다. 1870년 테오도르 플리드너(Theodor Fliedner)의 아들인 프리츠 프리드너(Fritz Fliedner: 1845-1901)가 '스페인 개신교 전도연맹'(Verein fuer die Ausbreitung des Evageliums in Spain)의 위임으로 마드리드에 와서 디아코니아에 공헌하였다. 이때 고유한 독일교회가 드러났으며 1903년에 설립되었다. 1885년 이미 바르셀로나에 독일 교회가 세워졌고 1892년 계속해서 말라가에도 세워졌다. 플리드너는 1886년 '스페인 개신교 교회'(Spanische Evangelische Kirche) 설립에 참여하였다. 이 교회에 침례교와 감리교는 속하지 않았으며, 여기에 속한 이들은 스페인 국민이었다. 독일과 스페인 개신교인은 원래 대부분 서로 나란히 살았다. 1926년에는 마드리드의 '독일-개신교 교회'(Deutsch-Evangelische Gemeinde)가 독일 개신교 교회연합(Deutscher Evangelischer Kirchenbund: DEK)에 가입하였다.

스페인 개신교는 대부분 공화주의적 성향을 갖는데, 1936년 시민전쟁에서 확대된 '두 개의 스페인'의 갈등대상이었다. 1931년에 이르러 국가와 교회는 겨우 분리되었고 자유로운 종교 행사가 보증되었다. 1936년에는 독일 지교회들은 해체되었고 프란시스코 프랑코(Francisco Franco: 1892-1975) 총독의 승리와 함께 가톨릭은 정치 체제의 버팀목이 되었다. 그 다음에 디아코니아 기관들과 개신교 학교들이 문을 닫았다. 그래서 개신교 어린이들은 가톨릭 성직자가 감독하는 국립초등학교(Staatsschule)를 다녀야 했다. 개신교 혼례식은 국가가 인정하지 않았다. 개신교인은 단지 법률상의 혼인에 머물 뿐이다. 그러나 가톨릭 파트너와의 혼합결혼은 불가능했다. 매장은 단지 가톨릭 공원에만 가능하였다. 1945년 스페인 헌법은 단지 가톨릭 신자에게만 공식적인 종교행사를 허용하였다. 다른 교파는 여전히 개인적인 행위로 허락될 뿐이었다. 가톨릭 성직자는 개신교를 실질적으로 금지하기 위해서 모든 것을 걸었다. 개신교들은 프리메이슨과 외국의 첩자로서 단죄되었다. 사람들은 자유로운 분위기에 직면하여 19세기로 되돌아갔다. 헌법과 입법처럼 1953년 체결된 종교협정(Konkordat)도 가톨릭을 국가종교로 끌어올렸다. 개신교 출판물의 인쇄는 금지되었으며, 그것들의 수입은 자주 저지되었다. 여하튼 1950년 프랑코에 대한 개신교의 청원서가 실행되어서, 다시금 개신교 예배가 허용되었고 성경, 찬송가, 신앙적인 문서들의 인쇄가 승낙되었다. 물론 교회건물은 밖에서 식별되어서는 안 되며 국가로부터 허락을 받아야 했다. 이제 개신교 장례식이 가능해졌으며, 개신교 병사는 군대예배에 참여하는 의무에서 벗어났다. 또한 개신교인들은 자녀들을 가톨릭 종교수업에서 벗어나게 할 수 있었다. 그러나 개신교 학교 설립은 금지되었다. 1952년 스페인 전체 인구 2천만 중에서 약 2만 명의 개신교 교인이 있었다. 이들은 스페인 개신교 교회, 스페인 감독교회(Episkopalkirche), 침례교 혹은 '형제회'(Bruedern), 예컨대 다비주의자(Darbyisten)가 속한다. 그러나 보잘것없는 양보조차 가톨릭 성직자들의 저항을 가져왔다.

1960년대 후반 이후 종교자유가 스페인 정치의 심각한 주제가 되었다. 1967년에 개신교는 국가로부터 다시 인정을 받았다. 그러나 여전히 가톨릭만이 공적인 종교행사의 권리를 가졌다. 1976년 스페인과 교황청 사이에 새로 체결된 계약은 제2차 바티칸 공의회 결정을 토대로 강력한 종교자유를 포함하며 동시에 1953년의 종교협정을 상대화하였다. 몇 개의 다른 합의들이 이 계약을 뒤이었으며, 이것들은 1978년 스페인의 민주화 길에서 발효된 새로운 헌법에 따라서 종교협정을 해석하였다. 이 헌법은 가톨릭을 더 이상 공적인 종교행사의 유일한 권리를 지닌 국교로 특권을 부여하지 않았으며, 스페인 국가가 가톨릭교회 그리고 '다른 교파'와의 규정된 관계를 유지하는 것을 고려하였다. 모든 종교단체는 국가의 영향으로부터 자유로워야 한다. 1980년 한 법률에 다시 한 번 강조된 목적은 - 예컨대 이탈리아에서의 국가와 종교단체 사이의 협약과 같은 것이었는데 - 종교단체들이 국가에 대하여 동등한 입장에 선다는 것이었다. 여기에서 스페인 모델은 계약법적인 규칙의 성격을 미루어 나왔다. 가톨릭교회와 종교협정은 구속력에 있어서 특이하다. 1980년 종교단체 법령은 교회, 교파, 종교단체 사이의 구별을 포함하며, 이것들은 여전히 해석할 것을 요구한다. 그러나 최고의 헌법원칙은 국가의 종교와 교파의 중립이다. 국가의 승인에는 물론 최소한의 범위가 요구된다.

2001년의 설문조사에서는 유대인, 무슬림, 개신교인 같은 종교적 소수자가 전체 인구의 2%에 못 미쳤다. 개신교 안에는 개혁파, 성공회, 침례교, 오순절파 그리고 재림파들이 있었다. 1986년 개신교는 하나의 교회 연합, '스페인 개신교 종교조직 연맹'(Federación de Entidades Religiosas Evangélicas de España)을 결성하였다.

D 포르투갈

종교개혁은 포르투갈에서도 역시 자리 잡을 수 없었다. 종교재판은 가톨릭이 아닌 모든 종교들을 억압하였다. 그러나 거꾸로 경직된 국교주의(Staatskirchentum)가 이미 18세기에 포르투갈에서 가톨릭교회의 영향을 제한하고 개신교를 자유로운 공간으로 이끌었다. 개신교 교인은 개인적으로 - 이것은 대략 1750년 이후로 증명될 수 있는데 - 리스본에서 스웨덴과 네덜란드 대사관교회에 가입할 수 있었다. 네덜란드 대사관교회는 점차 독립적으로 되어갔고 차츰 루터교 신조를 받아들였다. 1780년 이후 이들은 덴마크 보호 아래 있었으며 1814년 이후에는 독일어를 사용하였다. 1828년 이후 프로이센 성직자들이 리스본으로 불려왔다. 1846년 지교회의 목사가 프로이센의 파송설교자로 받아들여졌고 이제 베를린으로부터 그에게 봉급이 지급되었다. 프로이센과 후일의 독일 제국은 예컨대 스페인에서와 같이 독일 지교회의 보호를 떠맡았다. 그리고 1865년 포르토(Porto)에 자매교회가 가능하였고, 이것은 1900년에 독립되었다. 이 두 교회는 1916년 포르투갈이 제1차 세계대전에 참여함으로써 소멸되었다.

1820년에도 모든 포르투갈인에게 가톨릭교회로부터의 탈퇴가 금지되었다. 외국인만이 비가톨릭 교인이 될 수 있었다. 이들은 자신들의 언어로 자신들의 예배를 해야 했으며, 이것은 교회가 아닌 일반 가정에서 해야 했다. 19세기에 자유주의가 반성직자주의와 함께 하였으며, 이 반성직자주의는 가톨릭교회의 힘을 제한시키고 다른 교파들에게는 우호적인 영향을 미쳤다. 그래서 1839년 리사본에서 개신교 예배당(Kapelle)이 세워졌으며 스코틀랜드 목사인 로버트 슈트워드(Robert Steward)에 의해서 장로교 교회가 세워졌다. 이것은 본래 법에 저촉되는 것이었다.

마데이라(Madeira) 섬에서는 스코틀랜드 출신의 장로교 부부 마가레트(Margret)와 로버트 캘리(Robert Kalley)가 사회적인 도움을 베풀었다. 로버트 캘리(1809-1888)는 의사이자 장로교 성직자로서 마데이라에 장로교 교회를 세웠다. 1846년 장로교에 대한 일종의 박해가 일어났으며, 그들 가운데 많은 사람들이 브라질과 미국으로 이민을 갔다. 캘리 부부는 먼저 스코틀랜드로 돌아간 다음 다시 브라질로 갔다. 1870년 '리스본 장로교회'(Presbyterianische Kirche von Lissabon)가 설립되었으며 1947년 회중교회와 함께 '포르투갈 장로교회'(Presbyterianische Kirche von Portugal)로 통합하였다. 19세기 각성운동은 포르투갈에 미미하게 기틀을 잡았다. 그 외에 이것으로부터 1871년에 세워진 '포르투갈 감리교회'(Portugiesisch-Methodistische Kirche)가 성장하였다. 같은 시기에 '루시타니아 개신교 사도 보편교회'(Igreja Lusitana Católica Apostólica Evangélica)가 생겨났으며, 이들의 구성원들은 제1차 바티칸 공의회에 실망한 가톨릭 교인들이었다. 그리고 이들은 예컨대 옛 가톨릭교회와 비교될 수 있었다. 그래서 루시타니아 교회는 포르투갈에서 외국의 지원으로 세워지지 않은 유일한 개신교 교회였다. 1980년 루시타니아 교회는 성공회 교회와 결합하였다. 1910년 리스본에서 '포르투갈 개신교 연합'(Assoziation der Protestanten Portugals)이 주도한 개신교 대회가 열렸다. 1923년 개신교 연맹의 포르투갈 지부가 설립되었다.

1911년 교회와 국가가 분리되었고, 국가와 가톨릭교회 사이의 특권관계가 끝났다. 물론 1940년 종교협정을 통해서 새로운 원칙이 세워졌다. 1933년의 헌법은 가톨릭에게 정신적인 특권만을 부여하였다. 개신교는 사실 방해받지 않았다. 하지만 관청에서는 예배의 허락을 종종 주저했다. 1934년 리스본에 새로운 개신교 교회가 봉헌되었다. 시간이 지남에 따라 침례교, 감리교, 그리고 다른 집단들이 이 땅에 왔다. 1946년 목회자 신진 양성을 위해 리스본에 개신교 신학교가 세워졌다. 여기서는 또한 예전의 식민지였던 앙골라와 모잠비크의 신진 신학도들도 공부하였다. 많은 개신교인들이 안톤니오 드 살라잘(António de Salazar: 1889-1970)에 의해 대변되는 가장 긴 시간의 독재시대(1926-1974)에 애매모호한 역할을 하였다. 왜냐하면 그들이 근본주의적이며 외형적으로 비정치적인 흐름에 향해있기 때문이다. 살라잘은 프랑코와는 달리 가톨릭교회를 지원하지 않았다.

1995년 포르투갈에는 거의 천만 명의 가톨릭 교인과 약 4만 명의 개신교 교인이 있었다. 물론 확실한 숫자는 아니었다. 포르투갈의 옛 식민지에서 많은 이주민들이 왔으며, 그들 가운데 개신교인들도 있었다. 루시타니아의 장로교와 감리교 교회는 1971년부터 교회협의회 안에서 함께 일하며 디아코니아 프로젝트에 밀접하게 협력했다. 개신교 교회는 곧 에큐메니칼 운동에 강력한 힘을 발휘하였다. 이 교회는 1972년 '화해의 에큐메니칼 센터(Oekumenisches Zentrum der Versoehnung)를 피구에이라 다 포쯔(Figueira da Foz)의 부아르코스(Buarcos)에 세웠다. 브라질을 향해서는 전통에 제한된 관계를 밀접하게 유지하였다.

E 안도라(Andorra)

약 7만 명의 주민 가운데 90%가 가톨릭 신자이다. 개신교 교인들은 복음주의 교회에 조직되어 있다.

F 벨기에

벨기에는 1831년 처음으로 독립국가가 되었다. 1648년에 공식적으로 독립된 북부 네덜란드와의 대립 때문에 네덜란드 남부 지역은 스페인의 통치에서 해방될 수 없었다.[25] 스페인의 통치기간에는, 그리고 1715년 이후에는 오스트리아의 오랜 통치기간에는 16세기에 최초의 종교개혁의 보급 이후 가톨릭이 거의 절대적으로 우세하였다. 대부분 개신교인들은 복부 네덜란드 혹은 독일로 이주하였으며, 단지 몇몇 안 되는 작은 교회만이 유지되었다. 스페인 왕위계승전쟁은 18세기 초 개신교에 짧은 기간 동안 관용을 가져왔다. 왜냐하면 그 땅에 영국 주둔군이 있었으며, 그래서 두 개의 교회가 외펜(Eupen: 1708년)과 호디몬트(Hodimont: 1711년)에 세워질 수 있었기 때문이다. 남부 네덜란드가 오스트리아에 넘어간 후, 몇 곳의 수비대(Garnison)가 개신교 병사들에게 자유로운 종교행사를 허락하였다. 하지만 다른 경우에는 가톨릭이 지배적이었다.

1781년 요제프 2세(Joseph II.)의 관용칙령은 나중에 벨기에 영역의 개신교들에게 자유로운 종교행사를 가능하게 하였다. 1795년 남부 네덜란드는 프랑스에 의해 정복당하고 통합되었다. 이제 여기서는 프랑스에서와 비슷한 교파정치적인 기본조건(Rahmenbedingung)이 효과적이었다. 예컨대 공공으로부터, 그리고 국가와 교회의 분리로부터 종교를 동시에 배제하는 종교의 자유가 그것이다. 그러나 나폴레옹의 통치와 함께 1802년의 조직조항은 유효해지기도 했다. 이제 개신교는 교회 건축과 예배 개최의 권리를 획득하였다. 프랑스식의 당회조직의 도입은 소수의 숫자 때문에 문제가 있는 것으로 드러났다. 처음 1805년 브뤼셀에 주재하는 당회는 국가로부터 인정을 받았다. 이미 그전에 개신교에는 당회를 따르지 않으려는 작은 교회들의 '오라토리회'(Oratorium)가 결성되었다. 또한 조직조항의 발효와 함께 개신교 학교의 설립이 가능해졌다.

반나폴레옹 연합의 성공 후 우선 첫 번째로 프로이센 주둔군이 남부 네덜란드에 진입하였다. 그 기본조건은 변경되었다. 즉 그것은 빈 회의를 통해서 빌헬름 1세(Wilhelm I: 1772-1843)의 주도 아래 남쪽이 다시 한 번 북부의 네덜란드와 통일되었을 때였다. 브뤼셀

25) 비교. Koch (KGE II/8), Kap.2C1 und 2C2

의 당회는 남았다. 1816년 한 위원회가 설치되었고 여기서 남부 지역의 개신교인들의 상황을 조사해야 했다. 전체적으로 남부 지역에는 8,753명의 개신교 교인이 있었다. 그들 가운데 4,155명은 수도를 마스트리트(Maastricht)로 하는, 네덜란드적인 특징을 갖는 림부르그(Limburg) 주에 살고 있었다. 1816년 26명의 목사가 국가의 승인을 얻었다. 마찬가지로 6명의 개신교 군목도 승인받았다. 1817년 개신교는 종교개혁을 기념하였다. 또한 이 시기에 이미 각성운동의 시작을 외국으로부터 온 설교가들의 출현을 통해서 느낄 수 있었다. 마찬가지로 개신교 문헌이 증가되었고, 무엇보다 이 나라에서 인쇄될 수 있었던 신앙적인 작품들이 증가되었다. 이것은 종종 영국의 지원으로 이루어졌다.

개신교 왕의 통치와 프랑스 혁명 이후 눈뜬 민족의식은 벨기에의 독립 노력을 촉진시켰다. 이것은 가톨릭교회에 의해서 옮겨왔다. 여기에 또한 네덜란드 정부의 가톨릭 학칙의 폐지가 이바지하였다. 1830년 혁명과 북부 주둔군의 철수가 이루어졌다. 가톨릭 세력들이 시민자유의 요구를 자기의 것으로 만들고 정치적-자유주의적 세력과 연합하였기 때문에, 1831년 벨기에 헌법은 자유주의 이념으로 각인되었다. 교회와 국가의 관계는 협력관계에 놓여있었다. 가톨릭교회는 국교를 전혀 원하지 않았으며, 자유주의자는 교회의 정치적 영향을 제한하고자 하였다. 헌법은 종교자유와 동시에 성직자들이 국가에서 받는 봉급을 내정하고 교파 학교, 예컨대 개신교에 의한 학교 설립도 쉽게 하였다. 새로운 벨기에 왕 레오폴드 1세(Leopold I: 1790-1865)는 불안정한 유럽 세력들에 의해서 임명되었는데, 그는 작센-코부르크-고타(Sachsen-Coburg-Gotha) 가문 출신이었다. 그는 루터교인이었으며 그래서 이미 개신교에 우호적이었다. 그는 규칙적으로 궁정 교회에서 루터교 예배에 참석하였다. 그의 부인 마리 루이 폰 오를래앙(Marie Louise von Orléans: 1812-1850)이 가톨릭 신자였기에, 그는 자녀들에게 가톨릭 세례를 허락하였다. 그래서 1865년 그의 후계자는 주민의 다수인 교단을 떼어냈다. 결정권을 쥔 내무부는 개신교 교회에 관한 헌법이 통과된 후 그들의 조직 형태 정보와 직무방법을 요청하였다. 그래서 헌법에 금지된, 교회직무에의 국가 개입은 피해야 했으나, 동시에 교회를 인정한 국가의 지원은 현실로 보장되었다.

그 나라에 정착한 영국 성공회는 하나의 특별한 위치를 갖는데, 이들의 선조는 영국 이

주민이거나 군인들이었다. 이들은 브뤼셀에도 정착했지만 항구도시 오스텐데(Ostende)에도 정착하였다. 하나의 거대한, 그러나 계절에 의존하는 영국 식민지가 휴양지 스파(Spa)에 있었다. 영국 성공회 교회는 공식적으로 영국 모교회의 감독 아래에 있었는데, 요제프 2세의 관용칙령 이후 국가로부터 고려되었다. 나폴레옹 치하에서 성공회는 영국와의 전쟁 때문에 그들의 종교자유가 제한되었으나, 1815년 이후에는 다시 신앙고백의 관용을 얻었다. 1835년 교회는 점차 공적으로 레오폴드 2세로부터 인정되었으며 국가의 지원을 유지하였다.

개신교는 벨기에와 네덜란드의 분리 이전 시기에 북부지역의 개혁파 교회에 의해서 지원을 얻었는데, 이들은 새로운 국가 벨기에 내부에서 그리고 그 국가 건너편에서 조직해야 했다. 1832년 독립적인 조직에 대한 계획이 구체화되었다. 브뤼셀의 목사 방(Chrétien-Henry Vent: 그는 1835~1853년까지 교회를 이끌었다)은 노회 소집을 제안하였다. 그러나 그의 제안은 과반수의 동의를 얻지 못하였다. 왜냐하면 사람들은 브뤼셀 교회의 우세를 두려워하였기 때문이다. 또한 리그(Liége)의 목사이며 엘사스 출신인 오귀스트 리샤르(Auguste Richard)의 공동 교회지도부 형성기획도 저항에 부딪쳤다. 림부르크 주의 교회는 그 사이 '감독'(Direction) 하에 독립적으로 조직되었으며 네덜란드-개혁파 교회와 결합을 유지하고자 시도하였다. 그러나 이 교회는 공식적인 접촉을 거절하였으며 단지 외국교회로서 인정한다고 표명하였다. 1839년 네덜란드와 벨기에 사이의 림부르크 주는 분리되었으며, 벨기에 개신교 부분은 상당히 감소되었다. 1841년 벨기에의 림부르크 안에 있는 교회는 네덜란드-개혁파 교회에 합류하였다.

본질적으로 개신교를 전국에 걸쳐 조직하고자 하는 발의는 정부에서 출발하는데, 이것은 교회와 국가에 대한 분명한 관계를 짓고자 하는 것이었다. 1839년 '벨기에 왕국 복음주의 개신교 교회 연합'(Union des Églises Protestantes Évangéliques du Royaume de la Belgique)이 설립되어 곧 국가에 의해 승인되었다. 또한 상부기관으로서 그들의 노회가 설립되었다. 노회가 개최되는 동안 선출된 연합(Union)의 회장이 교회지도부를 대표하였다. 1843년까지 노회는 교회연합(Kirchenunion)의 교회조직을 계속 확대하였다. 새로운 교회들이 설립되고 목사들이 임명되었다.

개신교 교회연합(Union)은 일반적으로 차이가 존재한다. 왜냐하면 여기에는 계몽운동과 슐라이어마허 신학의 지지자처럼 각성운동의 지지자들이 연합되어 있기 때문이다. 유일하게 공동의 신학적 토대로서 성서가 모든 사람에 의해서 인정되었다.

1844년 연합(Union) 노회로부터 소생한 '개신교 노회 위원회'(Comité Synodal d'Évangelisation)만이 자신들의 동료들에게 확정된 교리에 찬성할 것을 요구하였다. 그 가운데는 다시금 성서영감설이 주목되었다. 위원회의 복음선교는 교회와 별개로 실행되었으나 국가에 의해서 역시 승인되었다.

각성운동의 길에서 1837년 벨기에에도 '개신교 협회'(Société évangélique)가 스위스와 프랑스의 모형에 따라 설립되었다. 이 단체는 복음전도자를 파송하였으며 개신교 문헌들을 전파하였다. 이 문헌들은 많은 교파-논쟁적인 성격을 지녔다. 동료들에 대한 훈령에서, 이미 설립된 교회와 어떤 경쟁도 해서는 안 되고, 오히려 그들 교회와 목회자를 도와야 한다고 강조되었다. 이 개신교 협회는 1839년 이후 새로운 교회를 세우는데 크게 공헌하였다. 그러나 1841년 그들의 지도부는 교회연합의 영향을 매우 강한 것으로 느끼고 자신들의 독립성을 강조하였다. 이제 개신교 협회에게 1844년 이후 노회에 의해서 설립된 복음주의위원회(evangelisationskomitee)가 경쟁하게 되었다. 개신교 협회로부터 1849년에 '벨기에 그리스도교 선교교회'(Église Chrétienne Missionare Belge)가 출현하였다. 이 단체는 이제 분명히 교회연합과 경쟁을 표명하였다. 이 경쟁은 또한 1850년에 두 가지의 신문 설립에서 보여 질 수 있다. '벨기에 그리스도교'(Le Chrétien Belge)가 '선교 교회'(Église Missionaire)의 목소리를 나타내는데 반해, '연합'(L'Union)은 그 타이틀이 그들의 탄생을 보여준다. 그러나 첫 번째 벨기에 개신교 신문은 이미 1835년에 출현하였다. 선교 교회는 브뤼셀에 있는 세 개의 독립 지교회 가운데서 두 개의 지교회가 결합하였다. 이들은 1839년 연합(Union)에 가입하지 않았다. 선교 교회는 신학적으로 널리 긴장된 연합(Union) 보다 각성된 정신의 엄격한 경건성을 요구하였다.

노회의 복음주의위원회(evangelisationskomitee)는 특히 개신교 초등학교의 지원과, 성경보급(1860년 다시 중단되었다) 그리고 당연히 복음전도에 권한을 가지고 있었으며, 이것으로 사람들은 가톨릭 주민 속으로 들어가고자 하였다. 학교설립은 가장 중요한 염원이었다. 왜냐하면 다음과 같은 의미에서 학제가 자유화되었기 때문이다. 즉 코뮌(Kommune)이 더 이상 학제의 권한이 없고 실행의 자유가 결핍됨을 느꼈기 때문이다. 비슷한 청원이 개신교 협회에게 의무감을 느끼게 하였다. 1842년 처음으로 학제조직이 국가에 의해서 규정되었다. 사립 또한 (교회적인)학교가 국가에 의해서 대체학교로서 인정되었다. 종교수업은 다수인 교파의 성직자 감독 아래 이루어졌고, 소수교파의 학생은 거기에서 벗어났다. 이렇게 가톨릭교회는 학제에 큰 영향력을 가졌다. 개신교 학교의 증축은 보다 더 중요해졌다. 1865년 교회연합의 지교회는 15개의 학교를, 벨기에 그리스도교 선교교회는 9개의 학교를 그들의 감독 아래 두었다.

헌법에 의해서 보증된 교회와 종교의 자유를 통해서 각성운동은 국교주의로 강하게 각인된 국가들보다 더 많은 가능성을 지녔다. 그래서 외국 각성운동의 설교가들은 다른 곳에서보다 괴롭힘을 덜 당했다. 여기서는 '형제회'(Assemblées des Frères)로 알려진 다비주의자(Darbyist)가 이 나라에 왔을 때, 선교 교회의 지지자들이 그들에게 친근감을 느꼈다. 선교 교회는 국가로부터 그들의 자유를 강조하였는데, 그들은 국가의 인정과 재정지원을 간청하지 않는다고 하였다. 대략 1850년 이후 그리스도교 청년과 학생운동의 출현은 긍정적인 영향을 가져왔다. 이것은 YMCA로 그 모습을 드러냈다. 이 단체는 1885년 파리에서 국제기구를 결성하였으며, 그 해에 선교 교회의 노회에 접촉하였으며 그리고 이 단체에 지원을 청원하였다. 벨기에는 'YMCA'(Unions Chrétiennes des Jeunes Gens)가 1858년에 국내 연합을 체결하였다. 1865년에는 첫 여성 연합(YWCA: Unions Chrétiennes des Jeunes Filles)이 명백하다. 제1차 세계대전이 끝난 후 오순절운동 같은 강렬한 세력들이 들어왔다. 그러나 자유진영에는 1888년 '브뤼셀 자유교회'(Église liberale de Bruxelles)가 탄생하였다.

19세기 동안 벨기에 개신교의 중심점은 산업화 때문에 도시들로 옮겨졌다. 여기서는 또한 개신교 시민계층이 형성되었다. 레오폴드 1세 아래서 개신교인들은 귀족화되거나 혹은 정부의 장관으로 임명되었다. 다른 사람들은 높은 공직에, 또 다른 사람은 은행원, 산업가 혹은 교수가 되었다.

프랑스와 마찬가지로 벨기에에서도 역시 개신교 내부에서 통합 노력이 증대되었다.

1923년 '벨기에 개신교회연합'(Féderation des Églises Protestantes)이 세워졌다. 1958년에는 '벨기에 복음주의 개신교 교회'(Église Protestante Évangélique de Belgique)가 탄생하였는데, 이는 완전히 의식적으로 자신들을 '교회'(Kirche)라고 불렀으며 확고한 구조를 형성하였다. 여기에는 또한 국가로부터 인정받지 못한 공동체들도 결합되었다. 그러한 공동체들은 새로운 교회의 화합에서 동등하게 여겨졌으나, 비록 교회와 국가의 관계 문제였을지라도 투표가 허락되지 않았다. 그래서 공적인 벨기에 개신교는 국가에 대한 그들의 관계를 통해서 덜 강한 것으로 정해졌다.

개신교 교회(Église Protestante)의 46개 지교회는 1969년 16개의 감리교와 '벨기에 개신교 교회'(Église Protestante de Belgique)를 결성하였다. 감리교는 제1차 세계대전이 끝난 후 영국과 미국으로부터 벨기에에 정착하였다. 이미 1950년에 공동의 프로젝트로서 개신교-신학대학이 설립되었으며, 1963년 국가에 의해서 승인되었다. 지금까지는 신학 신진들은 외국에서 공부해야 했다. 1978년에도 두 개의 개혁파 교회가 거기에 덧붙여졌는데, 선교 교회에서 생긴 '벨기에 개혁파 교회'(Église Reformeé de Belgique)와 '벨기에 개혁파 교회'(Gereformeerde Kerken en Belgie)이다. 후자는 1894년 벨기에 교회연합에서 네덜란드어 사용권의 분리로 설립되었으며 그리고 1950년 네덜란드-개혁파 교회에 가입하였다. 그러나 1974년 이후에는 이 기구에서 보다 많은 자율권을 유지하였다. 전체 교회의 이름은 1979년 이후에는 '벨기에 연합 개신교 교회'(Église Protestante Unie de Belgique: Verenigde Protestantse Kerk in België)였다. 이 단체의 중앙 기구는 노회이며, 그래서 1923년에 세워진 교회연합은 불필요해졌다. 이 교회 외에 점차 자유교단이 증가하는데, 그 가운데는 침례교, 메노나이트, 오순절파, 다비주의, 루터교, 형제회 그리고 구세군이 있다. 세 개 교회의 연합이 국가에 의해서 승인되었다. 이들 노회협의회 회장은 벨기에 개신교의 공식적인 대표이다. 교회연합은 국가의 지원을 받는다. 목사들은 국가로부터 봉급을 받는다. 그러나 이것은 모든 교회에 의해서 요구된 것이 아니다. 왜냐하면 많은 사람들이 국가로부터 멀리 떨어져 있기를 원하기 때문이다. 그것은 다시금 많은 사람들이 오순절운동, 침례교 혹은 다른 자유교단의 흐름에 호감을 갖는 주요 원인이다.

1976년에 약 10만 명의 개신교인이 계산되었다. (성인과 어린이) 개신교의 주민 비율은 그러니까 약 1%이다. 그러나 정확한 숫자는 어렵다. 왜냐하면 교단소속에 대한 보고가 교회에 의해서 수행된 통계에 근거하고 있기 때문이다. 학교에는 교파의 종교수업이 국가에 의해서 봉급 받는 교사에 의해서 수행된다. 여기에는 1980년 약 9천 명의 어린이와 청소년들이 참여하였다. 자유 개신교 학교는 1976년에 약 1,500명의 학생들이 수업을 받았다.

G 룩셈부르크

룩셈부르크 대공국은 기구한 역사를 지니고 있다. 룩셈부르크는 1555년 스페인, 1714년 오스트리아, 1795년 프랑스에 의해서 가톨릭 영향에 각인되어 왔다. 개신교 교인들은 19세기 초까지 요제프의 관용칙령에도 불구하고 단지 특별한 경우에만 룩셈부르크에서 자리 잡았다. 1806년 국가정책 때문에 법령(Dekret)에 의해서 개신교 목사들에게 재정이 지원되었다. 1815년 룩셈부르크는 독일 연방에 편입되었고 연방성곽(Bundesfestung)이 만들어졌으며, 이 성의 수비대에 프로이센군이 주둔하였다. 같은 해에 프로이센 영향 하에서 개신교 지교회가 세워졌으며, 이것은 1817년 수도원교회(삼위일체교회: Dreifaltigkeitskirche)에게 양도되었다. 프로이센 군인들이 개신교 교회의 핵심이었다. 여기에 상인들과 그리고 독일과 네덜란드에서 온 공무원들이 결합하였다. 1842년 시민공동체(Zivilgemeinde)가 형성되었다. 독일 연맹이 소멸된 1년 후 1867년 프로이센 군대가 철수하였고, 룩셈부르크는 중립국가가 되었다. 이제 교회는 프로이센-개신교의 지원이 없었으나, 네덜란드 왕국으로부터 보호되고 1868년부터는 작센-바이마르주교회(Landeskirche von Sachsen-Weimar)에 속하게 되었다. 이 시기 그 교회에는 464명이 있었다.

룩셈부르크는 1890년까지 군합국(Personalunion)으로서 네덜란드 왕실에 의해 통치되었다. 이 해에 오라니-나사우(Oranien-Nassau)의 부계(maennliche Linie)가 사라졌으며, 룩셈부르크에는 네덜란드와 반대로 여성상속이 인정받지 못했기 때문에, 1783년 체결한 상속계약에 따라서 대공국 지위는 나사우-바일부르크(Nassau-Weilburg)로 넘어갔다. 대공은 아돌프 1세 폰 나사우(Adolf I von Nassau: 1817-1905)였으며, 그는 자신의 제후국을 1866년 프로이센에게 빼앗겼다. 룩셈부르크는 이제 개신교 제후의 관저가 되었으며 그래서 개신교는 국가에 의해서 촉진되었다. 1894년 개신교 교회는 국가에 의해서 승인되었다. 그들의 정관들은 나폴레옹 시대의 조직조항 전통에 있으며, 아우크스부르크(Augsburgisch)와 스위스(Helvetisch)신조의 연합임을 입증하였다. 여기에 1900년 약 2천 명이 속했다. 아돌프 1세의 후계자인 빌헬름 4세(Wilhelm IV.: 1852-1912)는 포르투갈의 공주인 마리아 안나 폰 브라간자(Maria Anna von Braganza: 1861-1942)와 결혼하였다. 결혼으로 6명의 딸을 출생하였으며, 그들은 어머니의 교파에 의해서 양육되었다. 빌헬름 4세가 사망하였을 때, 그의 딸 마리-아델하이드(Marie-Adelheid: 1894-1924)가 후계자 규정의 변경에 의해서 대공이 되었다. 그러나 이것 때문에 개신교는 어떤 방해도 받지 않았다. 제1차 세계대전차 대전과 그 이후에 룩셈부르크 개신교는 독일에 매우 정향되었으며, 1930년대에는 나치에 대한 분명한 공감도 시위하였다.

제2차 세계대전이 끝난 후 새로운 시작의 시도가 목사 하우쎄(N. A. Housse)에게서 구현되었다. 1951년 독립교단 출신인 그는 룩셈부르크의 주교회 감독으로 선출되어 공고되었지만, 국가로부터 승인받지 못하고 1961년 목회 직무를 포기하였다. 그의 후계자는 동독에서 탈출한 목사 포이츠(K. J. Paeutz)였다. 이 시기에 루터교와 개혁파 사이에는 신조의 차이가 있었으며 두 개의 교회로 분열되어 있었다. 1982년 목사 브루바허(Gerhard Brubacher)는 알제트(Alzette) 강 경계에 개혁파 지교회를 설립하였다. 그 교회는 국가에 의해서 계약상 법인으로 인정되었으며 국가의 지원이 보증되었다. 1990년 이후에는 상황들이 다시금, 무엇보다 엘사스 출신의 목사 임베르트(R. Imbert)의 영향으로 안정되었으며, 그는 1993년 개신교 교회 동맹을 세웠다. 여기에 또한 덴마크, 네덜란드 그리고 독일의 외국 교회가 가입하였다.

개신교 교회의 국가에 대한 관계는 개혁파 교회와 마찬가지로 계약을 통해서 규정되었다. 1997년에 1894년의 정관이 개정되었다. 목사들은 국가에 의해서 봉급이 지불되었다. 1930년 룩셈부르크에는 아직 4,651명이 개신교인이었는데, 현재는 약 1천 명의 등록된 구성원이 있다. 동조자들의 숫자는 더 많을 것이다. 교회 공동체에서 가장 중요한 교회는 룩셈부르크 도시에 있다. 국어들인 룩셈부르크어, 프랑스어 그리고 독일어가 예배에서 사용된다. 1994년 룩셈부르크 개신교는 로이엔베르그 협화신조(Leuenberger Konkordie)에

서명하였다. 1998년 이것은 유럽 교회 회의에서 채택되었다. 룩셈부르크가 은행, 경영 그리고 국제기구의 중요한 장소이기에, 다른 개신교 교파들과 집단들도 거기에서 대변되며, 이들은 부분적으로 언급된 외국단체 안에 조직된다.

H 모나코

모나코 제후국은 가톨릭교회가 국교이다. 그러나 헌법은 신앙과 양심의 자유를 보장한다.

I 아일랜드

아일랜드는 '서유럽 가톨릭국교 지배하의 개신교'라는 타이틀에 본래 맞지 않는 특별한 경우다. 아일랜드의 개신교는 다수의 가톨릭 주민 아래에서 흩어진 상태로 있었으나, 개신교는 우세한 교파였다. 왜냐하면 예컨대 영국에 의해서, 영국국교에 의해서 보호받고 있었기 때문이다. 그러나 이 상황은 19세기 이후 아일랜드의 독립 노력으로 계속 변하게 되었으며, 아일랜드 공화국이 제1차 세계대전 이후 영국으로부터 독립되었을 때 반대로 변하게 되었다.

1. 1869년 아일랜드 국교 종말까지 개신교와 가톨릭

아일랜드는 1535년 영국에 속했으며, 비록 오랜 투쟁을 겪었지만 교파국가로서 개신교와 그리고 국교로서 성공회가 설립되었다. 개신교에 대항하는 아일랜드 주민 거주지는 매우 광범위했다. 잉글랜드에서 이 섬에 종교개혁을 수출하려는 시도는 좌절되었으며, 그래서 독특한 상황이 형성되었다. 사실 대부분의 아일랜드인은 가톨릭 교인이지만 정치적으로는 영국 국교가 지배하였다. 무엇보다 이것을 영국에서 새로 온 이주자들이 신봉하였다.[26] 1688년 '명예혁명'(Glorious Revolution)으로 개신교가 궁극적으로 관철된 이후 아일랜드 가톨릭 주민들은 형법의 엄격한 체계에 의해서 불리하게 되었다. 가톨릭은 중요한 지위로부터 배제되고 어떤 땅도 소유하지 못하였다. 그래서 정치적이고 경제적인 기회 때문에 가톨릭으로부터의 개종이 이루어졌다. 17세기 이후 잉글랜드 장로교와 스코틀랜드 장로교가 정착한 북아일랜드 주에는 개신교주민이 최고로 구성되었다. 이들은 얼스터 농장(Ulster Plantation)을 형성하였다. 잉글랜드에서조차 장로교는 국가와 성공회에 의해서 압박 받았다. 이들은 처음에 북아일랜드로 이어졌다. 아일랜드로 온 개신교는 적어도 캘빈주의 청교도 전통의 이 분파에 속했으며, 이것은 개신교를 아일랜드의 국내 가톨릭 신자들에게 더욱 매력 없게 만들었다. 다른 한편 정착한 장로교 교인들은 마찬가지로 아일랜드에 설립된 영국의 국교에 거의 친숙할 수 없었으며, 이들이 가지고 있는 대주교와 주교의 계층적인 체제는 그들에게 낯선 것이었다. 그 외에 그들은 영국 국가권력의 도구로 보였는데, 이들은 장로교 교인들을 박해로 굴복시키고 그들 수천 명을 미국으로 추방하였다. 따라서 미국 독립전쟁 시기에 많은 북아일랜드 장로교 교인들이 미국 식민주의 편에 동조하였다. 여기에 덧붙여서 영국 성공회 교인들은 대부분 토지를 소유한 상위계층에 속했으며 정치적으로 보수주의(토리당)를 추종하였던 반면에, 장로교 교인들은 사회적으로 그 아래에 놓여있으며 오히려 자유주의(휘그당)에 기울어져 있었다.

1800년에 아일랜드 의회가 영국과 통합되었으며, 마찬가지로 성공회의 '아일랜드 교회'(Church of Ireland) 지도부는 영국 성공회 모교회와 통합하였다. 1829년 대브리튼[27]의 가톨릭 교인들과 동등한 시민 권리를 승인받았으나, 아일랜드 개신교인은 이미 정치적으로, 경제적으로 우세한 그들의 지위를 일부 상실하였다. 교파들 간의 관계에 있어서는 1845년에서 1849년까지의 대기근이 상당한 결과를 야기했다. 그것은 감자 병 때문에 야기되었으며, 사람들에게서 가장 중요한 기초식량을 빼앗아 버렸다. 다른 기초식량인 곡식은 대토지 소유자들에 의해서 영국으로 수출되었다. 국가의 구조 조치들은 불필요한 개입으로 여겨졌다. 1834년 인구조사는 다음의 결과를 보여 준다. 790만 명 아일랜드인 중

26) 비교. Koch(KGE III8), Kap. 2D10.

27) 역자 주: Ireland를 제외하고 England, Wales, Schottland 포함

에 640만 명이 가톨릭, 85만 2천 명이 아일랜드 교회(Church of Ireland), 65만 명이 장로교 교인이었다. 40년대의 대기근과 그 이후의 이주로 인하여 1861년에는 580만 명의 아일랜드인이 있었다. 이 가운데 440만 명의 가톨릭, 63만 3천 명의 아일랜드 교회, 59만 5천 명의 장로교 교인이 있었다. 가톨릭의 인구비율이 비교적 심하게 1/3 정도 감소하였다. 기근만이 아니라 뒤이은 전염병으로 인한 희생자들 가운데 가톨릭 성직자들도 역시 있었다.

많은 개신교인들은 이 흉작을 교황청의 가톨릭에 대한 하나님의 분노의 표시로 보았다. 그러나 알마그(Armagh)의 성공회 대주교인 브레스폴드(John George Beresford: 1773-1862)는 1846년 10월 30일을 참회와 기도의 날로 호소하였으며, 여기에는 또한 실제적인 도움이 행해져야 했다. 같은 해에 선교회가 설립되었는데, 이것은 아일랜드 가톨릭 신자에게 개신교를 선전하는 것이었다. 여기에 수프 부엌(Suppenkueche)이 결합되었다. 예컨대 구호와 개종 선전자는 여전히 엄격하게 분리되지 않았다. 가톨릭 측면에서는 이것을 모욕으로 느꼈으며, 그래서 교파주의가 더욱 날카로워졌다. 1851년 '가톨릭 방어 협회'(Catholic Defence Association)가 설립된 것이 이것에 대한 표지이다. 거대한 가톨릭 인구를 개종시키려는 시도는 각성주의 설교가들의 노력에도 불구하고 소용없었다. 바라는 '제2의 종교개혁'은 이 나라에서 더 이상 일어나지 않았다. 오히려 그것 때문에 가톨릭의 교파적인 자의식이 더욱 강해졌다. 만일 가톨릭 교인이 개신교로 개종한다면, 그들은 사회적으로 고립되고 이주해야 했다. 전체적으로 교파의 논쟁은 심화되었으며 폭력행위도 수반되었다. 그래서 가톨릭에 대한 '선교화'의 노력은 1860년 이후 순식간에 느슨해졌다. 그들 개신교 내부에서도 비판을 걱정하였는데, 교파분쟁의 국내정치 불안을 걱정했기 때문이었다.

그 사이에 영국의 정책은 불만족한 상황을 해결하고 아일랜드에 성공회 국교를 새로운 기초 위에 세우려고 시도하였다. 1832년 처음으로 자유주의자들(휘그당)이 정부를 세운 후, 그들은 즉시 선거법 개혁을 관철시키고 부풀려진 아일랜드 교회(Church of Ireland) 조직을 축소시키고자 하였다. 하나의 조사 위원회가 세워지고, 그리고 그 결과로 1833년 '교회 세속권리조항'(Church Temporalities Act)이 반포되었으며, 1834년에 더욱 보완되었다. 교회의 재정 관리는 이제 국가관청으로 위임되었다. 아일랜드의 네 개의 영국 대주교는 두 곳으로 그리고 20개의 주교 자리는 10곳으로 줄어들었다. 지금까지 가톨릭과 개신교에서 성공회에 지불했던 십일조는 1838년 이후부터 오직 아일랜드의 성공회에게만 요구되었다. 이렇게 아일랜드 교회(Church of Ireland)의 힘은 확실하게 줄어들었다.

아일랜드의 교파정책은 이 시기에 영국의 국내정책 중 가장 중요한 주제였다. 아일랜드 교회 역할은 자유주의와 보수주의 사이에서 논쟁적이었다. 자유주의자는 분명한 특권을 지닌 국교로서 아일랜드 교회(Church of Ireland)를 포기해서, 독립을 향한 아일랜드의 노력을 진정시키고자 하였다. 1861년 인구조사에서 전체 인구 575만 명 중에 대략 70만 명이 아일랜드 교회(Church of Ireland) 구성원이었는데, 인구에 비하면 지나치게 많았다. 이 교회를 국교의 특권상태로 유지하는 것은, 자유주의자들에게 그리고 무엇보다 그들에 의해서 세워진 수상 윌리엄 글래드스톤(William Gladstone: 1809-1898)에게는 더 이상 적절하지 않는 것으로 보였다. 그래서 1869년 이것은 '폐지'(Disestablishment)되었다. 아일랜드 교회는 영국으로부터 떨어져 나왔으며, 그래서 국교로서 그들의 지위를 상실하였다. 또한 이 때문에 아일랜드의 성공회 성직자들은 그들의 특권적인 지위를 잃었으며, 이것은 많은 사람들에게 반영국주의를 가져왔다. 주교들은 그 다음 시기에 거의 영국에서 오지 않았고, 오히려 토착 아일랜드인이 담당하였다. 장로교 교회 역시 국가의 지원을 상실하였다. 마찬가지로 1795년 메이노트(Maynooth)에 세워진 가톨릭 신학교에 대한 영국 왕실의 재정지원도 중단되었다. 아일랜드의 정치적 독립의 첫 단계는 교회 차원에서의 폐지를 이용하여 개시되었다.

2. 아일랜드 독립의 길에선 아일랜드 개신교의 새 조직

국교 지위가 폐지되었기 때문에 아일랜드의 성공회는 스스로 조직해야 했다. 거기에는 17개월의 시간, 즉 교회와 국가의 분리 법안이 1871년 1월 1일 실질적으로 발효될 때까지 시간이 걸렸다. 교회는 국가보상을 받았으나, 이제 스스로 구성원들에 의해서 재정이 조달되어야 했다. 교회는 그때까지 가장 큰 토지 소유자였으나, 지금 그들의 땅 소유지는 국가 감독에 의해서 관리되고 아일랜드 공화국 건설과 함께 국가 소유가 되었다. 1871년 처음으로 총노회(Generalsynode)가 열렸으며, 여기서 주교들에 대한 평신도들의 심각한 공격이 소리 높이 퍼졌다. 이제 아일랜드 교회 내부에서는 먼 진로와 교회조직의 구성에 대한 갈등이 발발하였다. 비판적인 세력들은 가톨릭교회에 대한 반대로써 단순한 형식을 도입하도록 노회에 영향을 준 반면, 동시에 성공회 고교회(Hochkirche) 내부에서는 옥스포드 운동을 통해서 가톨릭에 접근하였다. 그 결과로 영국의 성공회와 아일랜드 성공회 사이에 이반이 일어났고, 고교회 운동 지지자들과 단순한 형식 지지자들 사이가 소원해졌다. 대부분 더블린의 삼위일체 대학(Trinity College in Dublin)에서 교육받은 성직자들은 거기서 고교회의 특징을 체험하였던 반면, 많은 평신도들은 고교회 형식에서 가톨릭과의 밀접한 접근의 큰 위험을 보았다. 더 나아가 장로교는 아일랜드 교회(Church of Ireland) 설립에 대해 비판적인 질의로써 영향을 주었다.

1870년 영국 성공회 주민들이 여전히 - 무엇보다 그들의 토지 소유를 통해서 - 아일랜드의 상위계층을 형성하였다. 하지만 이제 토지개혁법을 통해서 1870년과 1909년 사이에 개신교 손에 있던 대토지 소유가 당시까지 이미 경작하고 있던 소농부들에게 분할되었다. 아일랜드 교회에게 이것은 상당히 큰 재정 손실을 가져왔다. 왜냐하면 그들 수입의 1/2이 토지로부터 나왔기 때문이다. 그러나 아직도 아일랜드 교회는 그 사회에서 지배적인 지위를 차지하는데, 왜냐하면 교회가 상류계층이기 때문이었다.

1869년의 폐지(Disestablishment) 이후 아일랜드 개신교의 정치적 충격은 글래드스톤의 '자치법'(Home Rule) 입법이었다. '자치법'은 민족주의적인 '아일랜드 의회 정당'(Irisch Parliamentary Party)의 요구였다. 그런데 이 정당의 대표자가 영국 의회에 자리하며 아일랜드 자체의 의회를 지지하는 것이었다. 이와 함께 이들의 지도자인 찰스 팔넬(Charles Parnell: 1846-1891)은 아일랜드 독립의 지속적인 목적을 결합하였다. 영국 자유주의 측으로부터 이 염원은 지지를 받았다. 왜냐하면 이 자치법으로 상황에 대한 안정을 약속하였기 때문이다. 1886년 글래드스톤은 독자적으로 이에 상응하는 제안을 하였으나 거절되었다. 그럼에도 불구하고 이러한 발의는 아일랜드 의회를 심하게 동요시켰다. 사람들은 아일랜드 자치를 두려워하였다. 영국의 상류층은 권력상실의 위험으로 보았으며, 개신교인들은 가톨릭 우세의 위험으로 보았다. 아일랜드 장로교 역시 자치법을 반대하였다. 벨파

스트에서는 격렬한 저항이 있었다. 개신교 진영에서는 자치법을 아일랜드에 대한 로마 영향의 면허장(Freibrief), 즉 '로마의 법'이라고 여겼다. 글래드스톤은 자신의 투표 패배에도 불구하고 자신의 계획을 견지하였으며, 1893년 이에 상응하는, 수정된 제안을 영국 하원에 제안하였다. 하원은 그것을 다수로 받아들였지만 상원은 그것을 거부하였다. 비슷한 일이 1912년 세 번 시도되어, 수상 아스퀴드(Henry Herbert Asquith: 1852-1928)에 의해 관철되었다. 아일랜드의 관심사에 대한 참여는 아일랜드 의회 정당의 중요성에서도 결론이 나오는데, 글래드스톤과 아스퀴드는 하원의 지원에 의지하였다. 또한 1913년 네 번째 시도는 실패하였다. 왜냐하면 상원이 다시금 표결을 거부하였기 때문이다. 1914년 처음으로 의사규칙이 변경되어서 그것을 가능하게 하였으며, 그 다음 시도에서 자치법 입법이 통과되었는데, 그것은 상원의 표결이 더 이상 필요 없었기 때문이었다.

그 사이에 1912년 개신교가 다수인 북아일랜드는 자치법에 반대하여 전투적인 반대당을 결성하였다(얼스터 지원군: Ulster Volunteer Force). 이 단체는 북아일랜드와 영국의 모국이 통합하려는 자치법에 반대하였다. 이 집단은 1914년 4월 독일로부터 수입된 총으로 무장하였지만, 그들이 공격할 수 있기 전에 제1차 세계대전이 시작되었다. 그러나 북아일랜드의 나머지 지역과 분리되는 것, 그리고 영국 모국과 연결되는 것은 이제 보다 분명한 선택이 되었다. 1916년 아일랜드 교회의 노회는 이러한 노력을 비난하였다. 왜냐하면 그들이 이러한 조치 때문에 자신들의 대부분 구성원과 그 외에 결국에는 영국 보호를 상실할 것이기 때문이었다. 이것은 정확히 제1차 세계대전 이후에 일어났다.

제1차 세계대전 시작과 함께 자치법의 행사가 연기되었다. 그러나 이전에 이 법에 대한 의회 결정은 아일랜드 지원병들이 전쟁 중인 영국부대를 떠나게 하였다. 물론 아일랜드 가톨릭 주교들은 영국의 전쟁 노력을 지원하지 않았다. 20세기 초부터 가톨릭은 단호하게 조직되었는데, 무엇보다 지지자들이 여전히 중요한 지위를 장악하고 있는 개신교에 대항하였다. 1902년 가톨릭 연맹(Katholischer Bund)이 설립되어, 개신교 패권을 극복하고 이를 위해 개신교 사업의 불매운동을 호소하였다.

아일랜드 독립의 본래 기폭제는 1916년 더블린의 부활절 봉기였다. 여기 표면에 드러난 폭동 준비는 아일랜드 독립운동에서 지금까지의 전형과는 다른 것이었으며, 또한 지역적으로 제한된 활동만이 문제가 되었으며, 재빨리 영국에 의해 진압되었다. 아일랜드에 살고 있는 개신교인들은 그 봉기를 비난하였으며, 이것은 가톨릭 주교들과 완전히 반대였다. 아일랜드 주민들의 봉기 수용과 참여는 처음에 그렇게 많지 않았으나 영국 군대의 가혹한 개입으로 점점 강해졌다. 이제 '신 페인당'(Sinn Fein)[28]은 아일랜드 민족운동의 정치적 팔이 되었으며, 그들은 일련의 가톨릭 성직자로부터 강력히 지원받았다. 제1차 세계대전이 끝난 후 1919년 독립전쟁이 시작되었으며, '아일랜드 공화국 군대'(Irish Republican Army: IRA)가 아일랜드 진영에서 전쟁하였다. 여기서는 잔인한 게릴라 전쟁이 벌어졌다. 이 전쟁에서 양 진영은 이전에 세계대전 전선에서 함께 싸웠던 양측의 군인들이 서로를 향해 전투를 벌인 것이다. 더구나 영국은 IRA가 특히 개신교를 노리고 있다고 선전, 보도하였으며, 실제로 아일랜드 개신교는 위협 당했다. 1921년 처음으로 휴전이 이루어질 수 있었다. 동시에 북아일랜드는 새로운 아일랜드공화국으로부터 분리되었다.

3. 아일랜드 공화국의 개신교

1922년 아일랜드 독립의 행사와 함께 가톨릭과 민족은 형식상 동일시되었다. 아일랜드 공화국에서는 가톨릭이 국가의 특권적인 교파가 되었다. 18세기 그리고 19세기에는 사실 아일랜드 민족 이념을 지지하는 개신교인들이 있었으나, 20세기에는 많은 사람들이 처음에는 점진적으로 아일랜드 독립국가와 동일시했다. 왜냐하면 그들은 독립을 하면서 영국 모국의 지원과 그들의 특권근거를 잃어 버렸기 때문이다. 아일랜드 교회는 외부로는 아일랜드처럼 행하나, 여전히 오랫동안 영국 모국을 그리워했다. 사람들은 소위 '이성적 아일랜드인'(Vernunftire)이었다. 사람들은 성향으로 보면 계속 영국인으로 느낀 반면에, 가톨릭 문화의 정착에는 대립되는 것으로 보였다. 이들의 분명한 표지들은 켈트어(Gaelisch)의 대중화와 이것과 더불어 중세 아일랜드에 관련되었다. 거기에 반해서 당분간 개신교 교파 문화는 안정되었다. 사람들은 BBC를 듣고, 개신교의 '아일랜드 타임지'(Irish Times)를 읽으며 성직자가 아닌 아일랜드 노동당에 투표한다. 또한 개신교의 후퇴와 함

28) 역자 주: 북아일랜드와 아일랜드공화국의 통합을 원하는 아일랜드 정당

께 더불린의 삼위일체 대학 같은 개신교 보루가 포기되어야 했다. 이 대학은 1591년 설립되어 1793년까지는 단지 개신교 학생들에게만 열려있었으며 단지 점진적으로만 가톨릭에게 개방되었다. 독립 성취 이후 가톨릭 주교들은 삼위일체 대학에서의 학업을 금지하였으며, 그래서 그것은 북아일랜드와 대브리튼에서 온 학생들에게 지시되었다. 이미 1854년 아일랜드 가톨릭 주교들은 더블린에 자기의 대학을 세웠다.

이 시기에 많은 아일랜드 개신교인들이 독립투쟁과 분명해진 아일랜드 가톨릭 민족주의 투쟁의 길에서 이주하였다. 가톨릭으로의 개종은 부가되지 않았다. 교파의 문턱은 공개적으로 지나치게 높았다. 1861년 아일랜드 교회는 372,702명이었으나, 1911년에는 겨우 249,535명, 그 다음 1926년은 164,215명, 그리고 1936년은 단지 145,034명이었다. 성공회 신자들은 대영제국의 모든 구석으로 흩어졌다. 단지 일부만이 북아일랜드로 갔다. 한동안 아일랜드 교회는 가공할 만한 쇠퇴를 아직은 은폐할 수 있었다. 그러나 그 다음 감독교구와 그들의 교회건물 숫자, 마찬가지로 개신교 학교 숫자는 수요를 훨씬 초과하였음이 드러났다. 아일랜드 공화국에 사는 장로교인의 숫자 역시 급격하게 감소하였다. 그들은 1861년 66,172명, 1911년 45,486명, 1926년 32,429명 그리고 1936년 28,007명이었다. 새로 언급할 만한 단위는 역시 20세기 초의 감리교 신자들이다. 1901년 61,255명의 신자를 지니고 있었는데, 이들은 그들의 각성운동의 선교작업 덕분이었다. 여기에 아직 몇 천 명의 침례교 형제단 소속 구세군과 다비주의자들(프리메이슨 형제단)이 있었다. 반대로 가톨릭 교인의 숫자는 이주를 통해서만 단지 가볍게 1911년 2,812,509명에서 1926년 2,751,269명으로 감소하였다. 개신교의 붕괴는 시골에서 가장 분명하게 나타났는데, 이곳은 개신교 주민이 가톨릭 측으로부터 가장 빠른 침입에 직면해 있었다. 또한 영국에서 시작된 토지개혁으로 아일랜드 교회의 후원자였던 대토지 소유자도 사라졌다. 그래서 성직록도 사라지고 교회도 몰락해야 했다. 당분간은 도시의 개신교 상태는 상대적으로 안정되었다. 변호사와 의사들 가운데 개신교인이 1/3 내지 1/5로 과도한 반면에, 그들의 전체 인구비율은 단지 약 5%였다.

아일랜드의 새로운 정치세력들은 가톨릭교회에 투항했는데, 누구보다 먼저 수상인 에이먼 드 발레라(Eamon de Valera: 1882-1975)가 대표적이었다. 그는 1932년에서 1959년까지 두 번의 중단과 함께 거의 관행적으로 통치하였다. 개신교 활동가들은 의심스럽게 감시되었고 방해받았으며, 개신교 교인들은 공적인 생활에 불이익을 받았다. 개신교인들과 가톨릭교인들 사이의 결혼은 드물었다. 어떤 경우에도 어린이들은 가톨릭으로 교육되어야 했다. 가톨릭 성직자들은 신자들이 개신교인을 위해서 일하는 것을 금지하였다. 1932년 더블린에서 개최된 성만찬 세계대회는 아일랜드 가톨릭의 한 시위운동이었다. 같은 해에 성 페트릭의 아일랜드 도착 1,500주년 기념이 열렸다. 두 교파는 축제예식을 열었다. 가톨릭교회의 축제는 의기양양하였으며, 아일랜드 교회는 보잘 것 없었다. 가톨릭과 민족의 결합은 1937년 헌법에 확정되었고, 거기서 가톨릭은 분명히 아일랜드의 다수의 신앙으로 존중되었다(관련된 44조는 처음으로 1972년 국민투표에 의해서 삭제되었다). 그러나 또한 1937년 가톨릭의 지위는 양심자유와 그리고 종교차별에서의 안전보호의 보증과 결합되었으며, 그래서 개신교인과 유대인은 헌법에 의해서 보호되었다.

제2차 세계대전 이후 아일랜드는 낙후된 농업국가에 머물렀다. 가톨릭교회는 공적생활, 문화 그리고 일상 가치관을 지배하였다. 많은 사람들, 특히 젊은이들은 이 상황을 억압으로 느꼈으며 그래서 이주하였다. 1949년 아일랜드 공화국은 영연방을 포기하고 예전의 브리튼제국의 경제권을 떠났다. 이제 아일랜드 교회에게 영국 왕 조지 6세(George VI)를 위한 기도는 금지되었다. 제2차 바티칸 공의회는 교파 대립을 약간 완화시켰다. 물론 많은 아일랜드 가톨릭 주교들은 주변부에 있는 개신교와 접촉하는 것을 필요한 것으로 여기지 않았다. 반면에 아일랜드 교회는 1962년 가톨릭 형제들을 위한 중보기도를 호소하였다. 1966년 가톨릭 주교들은 신자들에게 비가톨릭 교인의 세례, 결혼 그리고 장례에 참여하는 것을 허락하였으나, 정규적인 일요일 예배는 역시 예외이며 허용되지 않았다. 20세기 90년대 처음으로 연합운동(Oekumene)은 무엇보다 가톨릭 평신도의 참여로 인하여 넓은 기반을 얻었다.

1960년대 후반 이후 현대사상이 역시 아일랜드에서도 나타났으며, 무엇보다 텔레비전을 통해서였다. 가톨릭교회의 권위는 이제 급격히 줄어들었다. 정치권으로부터 국가와 사회에서 교회 영향에 대한 방지책이 요구되었다. 여성해방운동, 청년문화와 가톨릭교회의 몇몇 스캔들의 폭로는 이것을 가중시켰다. 낙태와 이혼 완화의 논쟁에서 개신교는 분명히 자유주의 위치에 섰다. 여기에 비해 가톨릭의 위치는 분명히 낙후된 것으로 보였다. 그래서 개신교는 자유주의 세력으로서 일종의 명성을 누렸다. 그럼에도 불구하고 아일랜드 개신교는 주민 속에서 점점 원군을 잃어갔으며, 그래서 더 많은 교회와 다른 부동산들이 매각되어야 했다. 개신교의 교파적인 문화는 동요되었다. 이것을 증가된 가톨릭 배우자들과의 결혼이 더욱 심화시켰다. '아일랜드 타임지'(Irish Times)는 개신교의 고유한 특징을 잃어 버렸다. 오늘날 그것은 자유주의적인 가톨릭 교인을 위한 신문이다. 오늘날 삼위일체 대학에 가톨릭 대학생의 80%가 다닌다. 구성원의 숫자는 급격하게 감소하였다. 아일랜드 교회는 1961년 13만 5천 명의 신자를, 1971년에는 12만 5천 명의 신자를, 1991년에는 단지 9만 명의 신자를 가졌다. 물론 실제적인 보고로는 11만 5천 명 1990년에는 아직 만 4천 명의 장로교 있었다. 1998년 아일랜드 공화국 개신교주민 비율은 약 3%이다. 아일랜드 주민의 2.8%는 아일랜드 성공회에 속하며, 0.4%는 장로교 그리고 0.1%는 감리교에 속한다.

개신교 인구비율이 가장 높은 북아일랜드 6개 구역은 영국 행정관청에 남았으며, 그러나 많은 사람이 희망한 것처럼, 영국 모국과의 통합은 이루어지지 않았다. 그래서 영국과 통일하려는 개신교의 '군주주의'(Royalismus)와 '연방주의'(Unionismus)가 여전히 증대되었다. 그래서 여하튼 주민의 1/3이 되는 가톨릭 소수를 법률에 의해서 그리고 사회적인 교류에서 차별하려는 경향이 나타난다. 1936년 북아일랜드에 428,290명의 가톨릭 신자, 345,474명의 아일랜드 교회의 소속인 그리고 390,930명의 장로교 교인이 있었다. 1861년에는 320,634명의 아일랜드 교회의 소속인과 457,119명의 장로교 교인이 있었다. 예컨대 아일랜드 교회에서 절대적으로 숫자가 증가하였으며, 특히 그들의 구성원은 무엇보다 자녀가 많은 하류층의 구성원이기 때문이다. 장로교인의 숫자는 심하게 감소하였는데, 그들은 상당히 중류층에 속했기 때문이다. 이들의 자녀들은 북아일랜드를 떠나서 좀 더 나은 생활을 추구하였다. 물론 가톨릭 주민계층의 출생비율이 매우 높으며, 이것은 다음 10년 동안 그들의 주민 비율을 점점 높아지게 하였다.

1937년 아일랜드 헌법이 아일랜드 전국에 효력이 발생되고 북아일랜드 가톨릭을 그들의 모국과 결합시키려고 했기 때문에, 차별폐지에도 불구하고 오늘날까지 교파주의와 민족주의의 분리될 수 없는 혼합이 있다. 교파 전선을 통해서 우세한 북아일랜드의 성공회 그리고 장로교 개신교들의 개성이 아직도 날카로워진 반면에, 영국 모국에서는 일반적으로 교회 탈퇴가 눈에 띄었다. 북아일랜드에서 20세기 90년대 초 27만 명이 아일랜드 교회에 속했으며, 34만 명이 장로교에 속하였다. 1998년 북아일랜드에서 개신교 주민이 51%를 차지였다. 예컨대 교파적인 상황은 지난 10년 동안 가톨릭 주민에 유리하게 변화하고 있다.

J 오스트리아

1. 종교개혁에서 요제프의 관용칙령까지

오스트리아에는 개신교 교리가 널리 퍼져 있었다. 1555년 아우크스부르크종교평화 이후 넓은 신분계층들이 종교개혁을 후원하였다. 그래서 개신교 교회 존재가 이루질 수 있었다. 종교개혁을 관철하는데 가장 큰 장애물은 합스부르크 왕가였으나, 당분간 이 가문은 귀족계급에 의해 수행된 개신교를 인내해야 했다. 16세기 말까지 개신교에 대한 압박은 가톨릭 종교개혁(gegenreformation)의 움직임 속에서 강화되었다. 여기에는 황제와 가톨릭 귀족 외에 무엇보다 예수회가 참여하였다.[29] 가톨릭으로의 복귀는 체계적으로 강력하게 추진되었다. 이 과정은 30년 전쟁의 교전을 통해서 더욱 가속화되었다. 베스트팔렌 평화조약(Westfaelisches Frieden)에서 오스트리아에게는(팔츠 상부지역 역시) '정상화해'(Normaljahr)의 보호법이 배제되었으며, 개신교인들을 향해서는 그들이 이미 1624년에 개신교인이었다면 근본적으로 인내해야만 했다. 그러나 이 시기에 가톨릭으로의 복귀는 이미 말할 것도 없이 성공하였다. 1652년 황제 페르디난드 2세(Ferdinand II.: 1578-1637)는 그럼에도 불구하고 두 가지 칙령(Patent)을 내려서, 그 땅의 모든 주민들이 가톨릭이 되어야 했다. 개신교인들은 오스트리아를 떠나야 했다. 이것은 이미 10년 전과 마찬가지로 많은 것을 야기하였다. 그들은 특히 남부 헝가리(오늘날의 Burgenland)와 남부 독일로 떠났다.

결국 개신교의 나머지 주민들은 단지 별 수가 없이 남아서, 비밀을 지닌 채 자신들의

29) 비교. Koch (KGE II/8), Kap. 1D3 und 2F6.

신념대로 살아야 했다. 그들은 일단 종교개혁이 상당히 깊게 뿌리내린 지역에서 숨어 살았는데, 대부분 캐른텐(Kaernten), 스타이어마르크(Steiermark), 그리고 상부 오스트리아에서, 벽지의 땅에서 농부로 살았다. 18세기에도 숨어있는 개신교인(Geheimprotestant)을 가혹하게 대하였다. 그들은 사인 종교행사에 제한되었으며, 단지 비밀스럽게 기도와 예배에만 함께 할 수 있었고, 공개적으로는 가톨릭 교인과 같이 행동해야 했다. 그래서 개인과 가정에서의 성경과 교리문답에 대한 신앙은 큰 역할을 하였다. 그에 상응하여 정책적으로 성경, 교리문답, 기도서가 강력하게 검색되었다. 안수 받은 목사가 없었기 때문에, 개신교의 성찬예배는 단지 이웃나라로의 방문으로만 이루어졌다. 숨은 개신교인들의 일상생활은 공개적인 생활을 말씀과 성경으로 결정하려는 바로크적인 가톨릭주의에 직면하여 있었다.

1731년 잘츠부르크 대주교로부터 추방당한 개신교인들의 운명이 전 유럽으로 널리 알려졌다. 그것을 넘어 개신교인들은 오스트리아에서 소위 '집단이민'(Transmigration)의 형태로 헝가리와 지벤베르크(Siebenbuergn)[30]로 추방되었으며, 이 지역에서 관용을 기대하고 있었다. 그 땅에 체류한 사람들은 발견되면 심한 억압을 받았다. 개신교인들은 어디든 형편이 된다면 빈일지라도, 네덜란드와 덴마크 그리고 스웨덴 대사관 교회와 연결하여 견딜 수밖에 없었다. 그럼에도 불구하고 18세기에 개신교인의 숫자가 감소되지 않았다는 사실이 분명히 나타났다. 마리아 테레지아(Maria Theresia: 1717-1780) 여황제는 1740-1780년 기간 동안 오스트리아 운명을 결정하였는데, 그 시절에 개신교 교인에 대하여 심각한 박해가 계속되었다. 그렇지만 동시에 그들이 얼마나 자신들의 신앙을 끈질기게 유지했는지는 간과할 수 없다. 1777년 매렌(Maehren)에 이전의 예수회 신자가 개종 설교가로서 출현하여 유리한 조건이 생겼을 때 종교적 관용이 유지되었다. 수천 명의 사람들이 예상과 달리 개신교 신앙을 고백하였으나 그들 역시 추방되어야 했다. 하지만 이것은 마리아 테레지아의 죽음으로 저지되었다.

마리아 테레지아의 후계자인 그의 아들 요제프(Joseph: 1741-1790)은 지속적으로 개신교 인구가 열세인 실정을 그대로 둘 수 없다고 생각하였다. 그가 1780년 요제프 2세로서

30) 역자 주: 루마니아 북부지방

어머니를 계승한 후, 1781년에 '관용칙령'(Toleranzpatent)[31)]을 공포하였다. 의례적인 입법이 아니라 제국의 여러 분야에 특별하게 서명된 행정에 대한 반포가 중요하였다. 외부적으로 요제프 2세는 프리드리히 대제(Friedrich der Grosse: 1712-1786) 외에 계몽되고 관용적인 군주의 대표적 본보기로 인식되었다. 그의 '관용칙령' 반포는 완전히 계몽정신 안에서 종교와 국가를 위한 관용의 유익을 강조하였다. 물론 관용은 특히 가톨릭에 대한 차이가 분명히 보이는 것을 참는 것이었다. 가톨릭은 계속 공식적인 종교행사에서 법의 특권을 마음대로 행사할 수 있었다. 교회 직무로 받은 성례사례금(stolgebuehren) 역시 개신교인으로부터 여전히 가톨릭 목사에게 건네져야 했다. 어린이 교육에서도 가톨릭에게 특전이 베풀어졌다. 그도 그럴 것이 아버지가 개신교인 경우에만 아들에게 개신교 교육이 가능하기 때문이다. 루터교와 개혁파는, 예컨대 아우크스부르크신조와 스위스신조의 지지자들은 단호하게 감내하였으며, 그 외에 통합된 정교회(unierte Griechen)가 아닌 그리스-정통주의 교회(griechisch-orthodoxe Christen)도 역시 감내하였다. 이 모두는 구별 없이 부정적 개념인 '비가톨릭 신도'로 요약되었다. 다른 전통들과 함께하는 개신교인들은, 즉 약간의 형제단들은 이 두 신조에 편입되어야 했다. '루터교'와 '개혁파'같은 개념은 피해졌으며, 그래서 'A.B.'[32)]와 'H.B.'[33)]로 통용되었다. 여하튼 이제 개신교인 100 가구 이상이 정착한 곳에서는 예배당과 학교(예컨대 교회에 의해서가 아니라) 설립이 허용되었다. 그러나 예배당은 어떠한 성탑도, 종도, 도로 입구도 있어서도 안 되었다. 그 결정들은, 예컨대 개신교에 대한 공개적인 인식과 관련된 것은 제한적으로 선포되었다. 단지 개신교 장례식만이 공개될 수 있었다. 당연히 황제의 뜻에 반하여 교파가 혼합된 묘지의 설비는 거의 없었다.

1782년 첫 번째 개신교 예배가 열렸으며, 대부분 여전히 야외에서 열렸다. 개신교 교인들은 수천 명씩 개신교 교회로 '들어가기' 위해 신청하였다. 관용칙령에 따라서 교회 설립과 예배당, 학교 그리고 목사관의 새로운 건축이 물결을 이루었다. 그래서 그 다음 해 동안에 48곳의 새로운 지교회가 생겼다. 빈에는 1783년 하나의 루터파 예배당이, 그리고

31) Voelker: Die Entwicklung, Nr.43.

32) 역자 주: 아우크스부르크신조

33) 역자 주: 스위스신조

1784년에는 하나의 개혁파 예배당이 도로테 거리(Dorotheergasse)에 봉헌되었다. 그러나 도시에는 단지 몇 개의 지교회만이 있었으며 대부분은 시골에 있었다. 예배당은 국가 관청에 의해서 허락되어져야 했으며, 그것은 자주 건축을 지연시키는 일이었다. 여기에 교회 재정적인 어려움이 덧붙여졌다. 지교회에 대한 교회조직이 어떤 상태였는지 처음에는 불분명하였다. 황제 내지 관청은 주 영주가 갖는 감독 권리를 요구하였으며, 그것은 가톨릭 교회에 직면하여 '요제프주의'(Josephismus) 안에서 일어나는 것과 같았다. 아우크스부르크신조와 스위스신조의 개신교 교회(개혁파 교회는 오직 빈에만 있었다)는 1785년 이후 각자 고유한 당회로 관리되었으며, 그곳의 최고 공동 지위에는 가톨릭 교단의 감독이 자리하였다. 이 관청은 이미 쉴레지아의 테센(schlesische Teschen) 지역에 현존하는 당회에서부터 성장하였으며, 이곳은 1707년의 알트란 조약(Altranstaedter Konvention) 이후 신앙의 자유가 제한되었었다. 이 관청은 오스트리아의 쉴레지아 지역에서도 역시 효력이 있었는데, 신앙 자유의 제한이 관용칙령 보다 멀리까지 미쳤기 때문이다. 동시에 요제프 2세 치하에서 국가로부터 감독들이 지명되었으며, 이들은 먼저 목사 수여와 교회 순시(Visitation) 같은 성직 직무에 관여하였다. 예컨대 감독의 기능을 실행하였다. 지교회는 관용칙령에 의해서 자신들의 목사를 스스로 선택할 수 있었다. 그러나 이것은 당회에 의해 승인받아야 했다. 목사의 생활비는 지교회에 의해서, 그리고 현물로 이루어졌다. 이제 오스트리아 밖의 지역에서 목사의 청빙이 허락되었으며 독일 대학에서의 학업도 촉진되었다. 이것은 1778년 마리아 테레지아가 비텐베르크, 할레, 예나, 라이프치히 대학 등의 방문을 거기에 유행하고 있는 계몽주의 경향 때문에 금지한 이후이다.

관용승인 이후 첫 해에 개신교의 숫자는 급격히 증가하였다. 그러나 그것은 19세기 전환기에 이미 정체되기 시작하였다. 이미 1781년 이후 관용칙령은 매우 엄격하게 적용되었고, 그것은 많은 사람들을 위협하였다. 개신교 교회로의 '개종' 물결에 직면하여 황제의 관청은 단기적인 조치로서 '허용된 비가톨릭 종교' 가입에 대한 마지막 신청기간으로서 1782년 12월 13일을 확정하였다.[34] 그럼에도 불구하고 계속하여 많은 사람들이 개종 의사를 표명하였기 때문에, 개종하려는 모든 자들에게 가톨릭 종교에 대한 최소한 6주간 교

34) Voelker: Die Entwicklung, Nr.44.

육행사가 지시되었다.[35] 요제프 2세가 가톨릭 측으로부터 바로크 가톨릭의 개혁을 위해서 비판을 받으면 받을수록, 그만큼 더 그는 관용의 문제에서 조심스럽게 행동하였다.

1783년 캐른텐에 13,120명의 개신교인이, 1805년 17,771명의 개신교인이 있었다. 1816년 17,242명이 등록되었으나, 1847년에는 단지 16,707명이었다. 키스라이타니엔(Cisleithanien), 예컨대 오스트리아와 보헤미아는 1782년 정확히 73,722명의 개신교인으로 파악된다. 1785년에는 여하튼 107,454명이었다. 이들은 여전히 사회적으로 불이익을 받고 있었으며, 교파적인 기후는 대립적인 분위기였다. 지방에서 그들은 멀리 흩어져서 살았으며, 그리고 그들이 이사한 도시에서는 빈번하게 어떤 개신교 교회도 없었다. 오랫동안 확인된 신앙 전통은 가톨릭 환경으로 각인되었는데, 이것은 목사들의 계몽된 사고와 소박한 형식 추구에 어울리지 않았다. 많은 사람들이 사랑하는 옛 기도서와 찬송가를 새로운 계몽정신에 의해 각인된 것으로 포기하려 하지 않았다. 이미 수 시간 걸리는 예배당의 거리가 예배 참석을 자주 감소시켰다.

개신교 학교 설립 역시 정체되었다. 개신교 학교는 국가 감독 아래 예속되었다. 관용칙령으로 그러한 학교를 설립하고 교사를 임명하는 확장된 권리는 이미 1782년에 상대화되었다. 개신교 학교는 오직 주민의 다수가 개신교이고 어떠한 가톨릭 학교도 없는 곳에만 있어야 했다. 그러나 승인은 관청의 판단에 놓여 있었다. 하지만 개신교 학교가 설립되었다. 교사들은 빈번이 목사들 아래서 고통을 당했는데, 이들은 교사들에 대한 감독권을 가졌고, 교사들에게 부족한 봉급을 주었던 것이다. 목사들은 종교수업 역시 스스로 인수하였다. 19세기가 지나는 동안 재정적인 어려움은 개신교 학교를 다시 감소하게 하였다.

관용허가는 또한 새로운 잠재된 분쟁을 드러나게 하였는데, 이것은 '빈 찬송가 논쟁'(Wiener Gesangbuchstreit)에서 드러났다. 여기서는 결국 계몽된 신앙과 전통적인 신앙의 충돌이 문제였다. 아우크스부르크신조의 첫 번째 빈 교회 목사는 폭(Johann Georg Fock: 1757-1835)이었다. 그는 쉴레지아-홀스타인 출신이며, 크라머(Johann Andreas Cramer: 1723-1788)의 쉴레지아-홀스타인 찬송을 소개하고자 하였다. 그러나 크라머의 찬송가는 계몽적인 양식으로 각인되었다. 그래서 1783년 빈에서 부처러(Georg Philipp Wucherer:

35) Voelker: Die Entwicklung, Nr.45.

1734-1805)가 찬송가를 인쇄하였는데, 그것은 크라머의 찬송가를 바탕으로 한 것이었다. 이 찬송가의 확대는 당분간 주로 빈에 제한되었으나, 그 후에는 시골 교회를 고려해서 다시 하나의 판(Version)이 인쇄되었다. 여기서 도입에 대한 거부반응이 나타났으며, 특히 이 시기에 경건주의 영향이 스위스에서 이 나라로 들어왔다. 그러나 특별히 그 책의 가격과 관련되어서 거절되었다.

2. 복고주의부터 완전한 동등권까지

요제프 2세의 죽음 이후 그의 형 레오폴드 2세(Leopold II.: 1747-1792)가 왕위를 계승하였다. 뒤이어 1792년 요제프의 아들 프란츠 2세(Franz II.: 1768-1835)가 이었는데, 그는 독일민족 신성로마제국의 마지막 황제다. 이것은 혁명적인 프랑스에 대한 전쟁에서 붕괴되었다. 이 시기에 관용은 넓게 제한되었다. 혼합결혼일 때 자녀들의 교육은 다시금 가톨릭으로 돌아가도록 억압받았고, 1811년에는 혼인법이 확정되어서 아버지가 가톨릭인 경우 모든 자녀들은 가톨릭이 되어야 했다. 아버지가 개신교인 경우에만 아들들이 개신교 세례를 받을 수 있었다. 개신교 목사들은 단지 그들 교회에서만 활동해야 했고 다른 마을에 흩어져 사는 농부들을 더 이상 방문해서는 안 되었다. 비록 유효한 500명의 개신교인이 있었지만 교회 설립의 허락은 번번이 거절되었다.

1804년 프란츠 2세는 독립된 오스트리아 제국을 선포하고 스스로 프란츠 1세라 칭했다. 그의 통치기간 중 요제프의 관용정책은 단지 협소한 범위에서만 계속되었다. 이것은 그의 후계자 페르디난드 1세(Ferdinand I.: 1793-1875)에게도 해당되었고, 그는 1848년까지 통치하였다. 이 시기의 복고정책은 수상 메테르니히(Klemens von Merrernich: 1773-1859)의 정부를 결정했다. 이 정책의 움직임에서 국교의 조종가능성이 강조되었다. 완전히 요제프주의 의미에서 가톨릭교회는 한계가 제시되었는데, 개신교와 관련해서는 우대되었다. 이것은 티롤의 찔러 골짜기(Zillertal) 출신 농부들의 운명에서 그 예가 드러났다. 이곳은 교회적으로 잘츠부르크 대교구에 속했다. 1826년 여기서 첫 번째 개신교인이 가톨릭교회에서 탈퇴하였음을 신고하였다. 30년대에 여기서 사는 증가된 개신교인들이 황제의 관청에 지교회로 승인해 줄 것을 신청하였다. 개신교 신앙으로 기울어진 '이주자'(Inklinanten)에 대한 승인 거절은 다음에 근거하였는데, 즉 요제프의 관용칙령은 잘츠부르크 대주교의 영역에서는 어떤 효력도 없다는 것이다. 찔러 골짜기 개신교인들에게는 자신들이 견딜 수 있는 오스트리아 다른 지역으로 이주하도록 권고되었다.[36] 그러나 그들은 1837년 프로이센으로의 이주를 선호하였으며, 쉴레지아의 에르드만스도르프(Erdmannsdorf)로 이주하였다. 1869년 티롤에서 첫 개신교 예배가 열릴 수 있었다. 개신교 중심지인 캐른텐에서 조차도 관용이 매우 제한적으로 행해졌다. 그래서 개신교의 숫자는 1781년과 1849년에 똑같은 정도로 만 6천 명이었다.

성직자 신인 양성 교육에 대한 국가의 감독은 국교주의에 속한다. 1819년 빈의 연구위원회(Studienhofkommision)를 통해서 '개신교-신학학교'(Protestantisch-Theologische Lehranstalt)가 탄생되어, 1821년부터 학사운영을 시작하였다. 개신교-신학대학(Evangelisch- Theologische Fakultaet)으로서는 당장은 빈 대학과의 통합을 생각할 수 없었다. 이것은 1922년에야 이루어졌다. 빈 대학은 본질적으로 19세기에 한편에서는 각성운동의, 그리고 다른 한편에서는 자유주의의 강력한 세력권의 신학적 흐름들로부터 영향을 받았다. 19세기 후반에 에어랑겐(Erlangen)으로부터 루터파 신조의 요구가 시선을 끌었다. 신학교육을 위한 입문으로 개신교 고등학교, 그 가운데 무엇보다 테센에서는 고등학교가 중요했다.

오스트리아 개신교는 근접한 독일을 통해서 이미 높은 수준의 신학과 신앙의 실제적인 발전에 참여하였다. 그래서 19세기 전환기에 계몽주의 대변자가 그리고 나중에는 각성운동의 대변자도 마차가지로 나타난다. 개신교 내부의 차이점들이 빈번이 감추어졌으며, 그리고 또한 교회 안에서 루터교와 개혁파교인들의 공동의 성만찬 수령을 가능케 하는, 실용적인 연합이 이루어졌다. 더욱이 각성운동은 여기에 교파의 한계를 뛰어넘었다. 가톨릭 신부 마틴 부스(Martin Boos: 1762-1825)는 1815년 이후 린츠(Linz)의 자기 교회인 갈노이교회(Gallneukirche)에서 경건운동과 마주쳤다. 이 때문에 그는 1815년 직무를 박탈당했으나, 반면에 그의 교인들 일부가 개신교로 넘어가기를 원하였다. 물론 그것은 1960년대

36) Voelker: Die Entwicklung, Nr.46.

이후 국교법의 자유화에 의하여 그들에게 처음으로 허용되었다.

1848년 혁명으로 페르디난드 1세가 퇴위하고 메테르니히가 해고되었다. 황제는 프란츠 조셉 1세(Franz Joseph I.: 1830-1916)가 되었다. 정치적 변화는 개신교인에게 완전한 동등권에 대한 새로운 희망을 깨우쳤으며, 그래서 헌법을 통해서 권리를 보장받고자하는 혁명운동에 과도하게 참여하였다. 이것은 더 이상 요제프의 관용칙령 같은 것을 사면절차로 인정하지 않았다. 이것은 설교에서 언급되었고 또한 1848년 8월 교회 대표자 회의에서 언급되었다. 노력의 결과는 1849년 1월 30일 내무부의 공표였다.[37] 이제 '비가톨릭교인'이라는 표지가 '아우크스부르크신앙고백의 개신교인'이거나 '스위스 신앙 고백의 개신교인'으로 대치되었다. 가톨릭 사제에게 탈퇴시키기 간단해지고 가톨릭 신앙으로 강요된 수업이 사라지는 한에서, 개신교로의 개종이 수월해졌다. 탈퇴 동의자는 18세가 되어야 했으며, 자신의 의지를 두 사람의 증인 입회하에 표명해야 했고, 이 과정을 4주 후에 다시 반복해야 했다. 개신교 성직자들은 이제 가톨릭 성직자들과 호적사무의 기능에 있어서 동등한 권리를 가졌다. 개신교인들은 이제 성례사례금을 더 이상 가톨릭 사제에게 지급할 필요가 없었다. 마찬가지로 그들의 자녀들이 개신교 학교를 다니는 한에서, 더 이상 수업료를 가톨릭 학교에 의무적으로 지불할 필요가 없었다. 마찬가지로 개신교인들 사이나 혹은 다른 교파 신앙인들 사이의 결혼은 쉬어졌다. 1849년 3월 4일 오스트리아 헌법은 이제 프랑크푸르트 국민의회에서 결정된 기본법 모델에 의해서 개인의 신앙의 자유, 양심의 자유 그리고 마찬가지로 공개적인 종교행사의 권리와 모든 승인된 종교단체의 내적 업무에 대한 자율적인 관리들을 보장하였다. 또한 신앙과 양심의 자유는 1849년 5월 4일 황제의 칙령을 통해서 안전하게 되었다. 대응책으로 개신교 교회는 국가에 대한 그들의 관계를 규제하려는 일에 착수하였다. 이것은 1849년 6월 - 7월 내무부에 의해 소집된 빈의 감독 회합에서 생겼다. 노회가 소집되어야 했으나, 교회는 계속해서 국가의 관리 아래 놓여 있었다.

혁명이 실패함으로써 국가와 교회의 관계에 대한 새로운 규정의 씨앗들은 더 이상 실현될 수 없었다. 헌법은 1849년 12월 31일에 무효화되었다. 동시에 1849년 1월 내무부 공

37) Reingrabner: Protestanten, 211f.; Voelker: Die Entwicklung, Nr.47.

표는 법적 토대가 되었다. 그러나 독일과 비슷하게 교회와 국가는 더 이상 완전히 옛 국교적인 규범으로 돌아가지 못했다. 1851년 12월 31일 황제 칙령은 그래서 무효화된 헌법안에 보증된 교회의 자기관리권과 신앙과 양심의 자유를 보장하였다.[38] 그 사이에 문화부장관 레오 툰-호헨스타인 백작(Graf Leo Thun-Hohenstein: 1811-1888)은 국가와 교회 관계에 대한 개신교적인 견해를 자세히 다루기 시작하였으며, 1852년 12월 4일 황제에게 상응하는 '황제국가 안에서 두 가지 신앙고백의 개신교 교회조직'을 제안하였다.

물론 황제는 당장 거기에 대해 반응하지 않았다. 왜냐하면 무엇보다 언젠가는 가톨릭교회와의 관계가 새로운 기본 토대 위에 세워져야 했기 때문이다. 요제프주의 국교체제의 철회 표시와 교회의 거대한 자유 보증의 표시로서 종교협정(Konkordat)의 체결에 대한 로마와의 협의가 받아들여졌으며, 1855년 종결되었다. 종교협정은 오스트리아 사회에서 가톨릭교회의 우월한 지위를 인정하였으며, 학제와 혼인법에서 가톨릭교회에 강력한 위치를 부여하였다. 물론 오스트리아 국가에게 그 종교협정은 곧바로 정도가 너무 지나쳤으며, 제1차 바티칸 공의회의 교황 무오류성 교리의 가결은 - 종교협정을 일방적으로 파기하는 - 환영할만한 기회였다. 이 종교협정은 이미 이전에 실제 속의 법률들을 통해서 제한되어 있었다.

종교협정에도 불구하고 개신교인은 더 이상 무시될 수 없었다. 또한 국가와 개신교 교회의 관계에 대한 확연한 법적인 규정은 이제 불가피하게 보였다. 그것에 대해서는 종교협정이 체결된 이후에 다루어졌다. 1860년 이 움직임에서 개신교 군목제도가 조직될 수 있었다. 이제 두 종류의 개신교 주둔군 설교가가 있었으며(루터파와 개혁파), 1781년 국유화된 검은 깃발의 교회(Schwarzspanierkirche)가 주둔군 교회가 되었다. 1919년 개신교 군목제도의 첫 단계가 끝났다가 1938년 다시 설립되었다. 제2차 세계대전으로 교회는 파괴되었고, 개신교 군목제도는 다시 종결되었으나 1957년 새로 조직되었다.

국가와 개신교 교회의 접근의 결과는 황제 프란츠 요제프 1세(Franz Joseph I.)의 개신교 칙령(Protestantpatent)이었다. 이 칙령은 1861년 마침내 완전한 동등권을 인정하는 것이

38) Voelker: Die Entwicklung, Nr.48.

었고 더 이상 개신교인과 교회에게만 인내를 야기하지 않았다.[39] 그것은 헝가리와 그리고 동시에 제1차 세계대전 이후 오스트리아에게 넘어간 부르군드에게도 해당되지 않았다. 당사자들이 함께 준비한 개신교 칙령은 개신교 측으로부터 제기된 많은 요구들이 논의되었다. 장로회와 노회에 의한 교회 자치의 관리가능성이 이제 주어졌다. 여기에는 1835년 라인-베스트팔렌 교회조직의 모델이 큰 역할을 하였다. 이제 교회 설립에는 더 이상 500명의 구성원이 필요하지 않았다. 그래서 새로운 교회 설립운동이 시작되었다. 다른 한편에서 국가는 여전히 강력한 감독권을 지녔다. 즉 노회의 결정은 국가에 의해서 승인되어야 했으며, 마찬가지로 국가의 허락 없이는 어떠한 감독도 임명될 수 없었다. 그것을 위해서 당회 대신에 황제에 의해서 임명된 최고관리위원회(Oberkirchenrat)가 결정권을 가지고 있었다. 1861년 4월 8일 선포된 개신교 칙령과 함께 4월 9일 임시적인 개신교 헌법이 발효되었다. 그것은 장로회와 노회의 자치조직을 자세하게 기록해 놓았다. 아우크스부르크신조와 스위스신조의 교회는 비록 오스트리아 전체에 한결같지는 않지만 새로 조직되었다. 국가적인 개신교 최고관리위원회 아래에 교회 최고의 자치영역은 감독(Superintendent), 그 아래 선임자위원회(Seniorat), 예컨대 교회권(Kirchenkreis)이 있으며, 그 아래에 지교회(Gemeinde)들이 편성되었다.[40] 1864년 임시적인 교회헌법을 다루기 위해서 처음으로 루터교와 개혁파의 총노회가 공동으로 모였다. 여기서 마무리된 초안은 1866년 황제에 의해 인가되었다. 정치적인 승인의 배경에는 오스트리아 국내 정치의 전반적인 자유화에 있었으며, 이것은 1859년 이탈리아로부터의 강제 철수와 1866년 프로이센에 대한 패배 후에 이루어졌다.

법적인 보증으로써 1867년의 국가기본법, 헌법이 덧붙여졌다.[41] 여기에 많은 자유주의적인 이념들이 활기를 찾게 되었으며, 이와 함께 가톨릭교회의 영향도 제한되어야 했다. 제14조는 신앙과 양심의 자유, 그리고 신조로부터 시민 권리 독립이 보장하였다. 제15조는 국가 후견으로부터 교회의 자유의 경향과 상응하였다. 이것은 마치 바울교회 의회

---

39) Voelker: Die Entwicklung, Nr.49.

40) 역자 주: Superintendent= Dioezese> Seniorat = Kirchenkreis> Pfarrgemeine= Gemeinde

41) Voelker: Die Entwicklung, Nr.50.

에서 결의된 헌법에 확정된 것과 같았다. 법률로 인정된 각 교회와 종교 단체는 공동의 공식적인 종교행사의 권리를 가지며, 그들의 내적 업무를 자발적으로 정돈하고 관리하며, 제의와 교육, 복지 목적의 기관, 재단 그리고 기금을 소유하고 향유한다. 그러나 다른 각 단체처럼 보편적인 국법에 따른다.

헌법에 근거하여 1868년 5월 일련의 입법이 뒤따른다. 이것은 교회와 국가의 관계를 보다 정확히 규정하고, 종교협정을 통해서 깨우쳐진 가톨릭교회의 요구를 계속하여 격퇴시켜야 했다.[42] 이러한 요구들은 무엇보다 학제와 관련되며, 그래서 이제 국가가 학교감독을 독점해야 했다. 단지 종교수업만 교회감독으로 넘겨졌다. 교파간의 혼합결혼의 자녀 교육은 새로 규정되었다. 부모들 사이의 어떤 합의가 이루어지지 않는 경우에는, 아들은 아버지의 교파로, 딸은 어머니의 교파로 교육되어야 했다. 종교적으로 성년은 이제 14세이며, 더 이상 18세가 아니다. 교회 탈퇴는 더 이상 가톨릭 사제 앞에서가 아니라 국가 관청 앞에서 행해졌다. 묘지는 탈교파화 되었다. 학제의 탈교파화는 개신교 학교에게도 역시 부정적인 영향을 주었는데, 1869년 제국 초등학교 법령에 의해 엄밀하게 규정되었다. 노회는 1871년 개신교 학교 보존을 위해 노력하였으나 그 숫자는 1869년 71개 학교에서 1913년 27개 학교로 줄어들었다. 이것들은 이제 사립학교로만 운영될 수 있었다. 곧 뒤이은 규정은 - 여기서는 다수인 교파의 학교의 교장만이 한 지역에 임명되었는데 - 개신교 선생들에게 불리하게 작용하였다. 제국 초등학교 법령은 물론 제국의 헝가리 영역에는 해당되지 않았으며, 그래서 거기서는 교회적인 학제를 겪지 않았다.

교회에 대한 국가 감독이 남아 있어서, 황제는 계속 개신교인의 교회 수장이었으며, 교회지도부, 최고관리위원회와 의장을 임명하였다. 교회 자치관리의 우두머리로서 감독은 국가에 의해서 승인되어야 했다. 그리고 노회에서 결정된 모든 법령들은 부서되어야 했다. 국교주의의 고전적인 기구들이 사용되었으며, 그것들은 종교협정 취소에도 불구하고 오히려 개신교에 불리하게 작용하였다. 이미 19세기 70년대에 비록 학제가 초교파적임에도 불구하고 정책적으로 가톨릭의 학교기도서가 도입되었다. 정치에서 자유주의자의 영향의 후퇴는 '그리스도교 사회적'(Christlich Sozialen)운동에 자리를 마련해 주었으며, 동시

42) Voelker: Die Entwicklung, Nr.51.

에 가톨릭은 많은 정치적, 사회적 영향력을 다시 획득하였다. 1877년 이후 이러한 진전에 대한 총노회의 규칙적인 항의는 무시되었으며, 마찬가지로 1900년에 설립된 개신교 학교 연맹의 노력도 허사였다. 더 나아가 법률상의 결혼을 도입하려는 자유주의자와 개신교의 시도는 좌절되었다. 자유주의자들의 정교분리에 대한 관심은 이제 점점 사회 민주주의자들에게 넘어갔다.

곧바로 1866년의 교회헌법이 수정되어야 하는 사실이 나타났다. 왜냐하면 개혁파 교인들은 교회기구의 강력한 계층적인 편성에 동의하지 않았으며, 장로회-노회제도 요소를 강화시킬 것을 요구하였기 때문이다. 1889년 이후 총노회는 최고관리위원회에 대한 새로운 헌법구상을 토론하였으며, 이것은 1891년 몇 가지 수정 후에 역시 발효되었다. 헌법은 루터교만이 아니라 개혁파 교회에도 효력이 있었다. 그러나 그 두 파에 특별한 규정을 포함하였다. 루터교 교회 역시 이제 감독과 선임자들(senioren)을 장로회를 통해서 선출해야 했다. 그래서 장로회와 노회는 교회를 지도하는 국가관청으로서의 최고관리위원회에 대하여 독립적이었다.

1848년 이후 법적인 진전은 개신교에게 공적인 자기표현의 가능성을 주었다. 이제 현존하는 예배당은 성탑을 갖출 수 있었으며 교회로 개조하거나 새로운 교회를 설립할 수 있었다. 개신교 칙령이 공포된 이후 새로운 지교회 설립이 증가되었는데, 빈번히 현재의 지교회가 독립하면서 증가되었다. 그러나 티롤에서는 여전히 주 의회가 개신교 승인에 반대하였다. 1875년에 처음 인스브루크와 메란(Meran)에 지교회가 설립되었다. 그러나 교회 설립에도 불구하고 많은 교구(Pfarrbezirk)들이 너무 커서, 목사들이 자신들의 교회 지체들을 돌보기 위해서는 상당한 노력을 해야 했다. 이것은 종종 힘든 지역 여건 아래서 그들 교회에 도달하기 위해 하루 동안의 행군이 아니라면, 수 시간을 자주 감수하였다. 지교회들의 분할은 모교회의 재정 상태를 약화시켰다. 거기에 상응해서 평신도들과 교회 지체들의 정신적인 자기 책임의 동참은 관용 이전 시대처럼 필수불가결하였다. 이것은 특히 장로들에게 해당하였다. 산업화의 움직임에서 빈과 다른 도시에는 시골에서의 유입 때문에 조절되지 않는 교회 성장이 일상적인 문제가 되었다. 그러나 이제 개신교 역시 사회적으로 분명하게 가시적이었다. 독일 출신의 개신교 사업가들이 빈에 정착하였다. 칼 밀뢰커(Carl

Milloecker: 1842-1899)같은 '저명인사'(Prominent)는 개신교인이었다. 그리고 요한 스트라우스 존(Johann Strauss Sohn: 1825-1899)은 당연히 새로 결혼할 수 있다는 목적으로 개신교인이 되었다. 그리고 그것은 오스트리아 밖에서만 가능했다.

개신교 교회의 재정조달은, 국가로부터 감독과 상급자(senior)의 전체급여를 받았지만 매우 어려웠다. 그러나 구성원의 분담을 징수하기 위해서 어떤 규정된 체계도 취해지지 않았으며, 단지 소수만이 자발적인 기부금으로 목사의 재정을 부담하였다. 이것은 작업에 큰 부담을 주었으며 게다가 급료도 겨우 줄 수 있을 정도였다. 여기서 지불은 지교회의 재정 상태에 따라 변화하였다. 물론 시골에서는 대부분 현물로 지불되었다. 이것은 혹시 부족한 현금 액수보다는 오히려 생계를 위해 안전하였다. 이러한 여건에도 불구하고 여전히 많은 오스트리아 목사들이 외국으로부터 왔다. 목사들은 아내와 함께 주로 독일에서 왔다. 교회에서 지급하는 교사들 역시 더욱 좋지 않았다. 그래서 그들은 학제를 국가로 이전시키는 것에 찬성하였다. 시골 주민들의 도시 이주와 함께 이 문제는 더욱 심각해졌다. 1891년 교회헌법은 처음으로 구성원들의 기부를 거두어들이는데 있어서 국가의 도움을 약속하였으며, 1907년 이것은 '국가의 직접세'로 연결되었다.

마찬가지로 교회생활의 지원 단체들이 생겨남으로써 상황은 보다 나아졌으나, 제도 교회에게는 항상 좋게 보이지는 않았다. 오스트리아 밖에는 무엇보다 구스타프-아돌프-협회(Gustav-Adolf-Verein)가 있어서, 교회와 학교, 그리고 목사 월급을 공동으로 부담하였다. 1861년 처음으로, 예컨대 개신교 칙령의 움직임 안에서 이 협회는 공적으로 오스트리아에서 활동하게 되었으며, 거기에 지회를 설립하였다. 이들은 자기들 편으로 금전을 모으고 독일로부터의 원조를 확연하게 보완하였다. 이 협회의 지원은 또한 교회를 뛰어넘어 조직된 디아코니아(Diakonie)에게 도움을 주었다. 1873년 갈노이교회(Gallneukirche), 즉 마틴 부스 목회지(Gemeinde Martin Boos)에 내방선교(Innere Mission)의 첫 오스트리아 협회가 생겼다. 갈노이교회는 그 다음 이어지는 해에 오스트리아 기관 디아코니아(Anstaltsdiakonie)의 중심이 되었다. 1909년 여기서 여성 디아코니아 모원이 설립되었다. 빈과 다른 장소에서도 고아, 장애우, 만성 환자 그리고 노인을 위한 기구가 설립되었다. 1861년 여기서 여성 단체가 곤궁한 어린이들을 위해 지원금을 모금하였으며, 1862년 개신교 고아원이 설립되었다. 여기에 1881년 여성 디아코니아 지원을 위한 단체가 덧붙여졌다. 제1차 세계대전 이전에 내방선교를 수행하는 모든 단체들이 '내방선교 중앙연맹'(Zentralverein fuer Innere Mission)을 결성하였다.

이렇게 개신교는 오스트리아 사회에서 자신의 지위를 안정시킬 수 있었다. 가톨릭의 압도적인 우세에 대하여 개신교는 현대적이고 계몽된 세력으로 인정받을 수 있었으며, 이미 개신교는 주로 빈에 사는 그 나라의 엘리트층에 과도하게 퍼져 있었다. 1879/80년에 설립된 '오스트리아 개신교 역사 위원회'(Gesellschaft fuer die Geschichte des Protestantismus in Oesterreich)가 1880년 이후 연감을 발행하였으며, 이것은 개신교인들의 자의식에 역사적인 근거를 마련해 주었다. 정치적 자유주의는 개신교, 무엇보다 도시 시민계층의 개신교에게 자연스러운 동맹자가 되었다. 빈에서는 약 개신교인의 1/4이 시민계층에 속했으며, 수도에 있는 개신교인이 정치, 학문, 문화에서 과도하게 많았다. 물론 개신교의 사회적 위치가 내적 발전과 일치하지는 않는다. 이 발전은 신학적이고 교회적인 보수주의로부터 방해 받으며, 무엇보다 보수주의는 지방에 있는 예전의 '관용교회'(Toleranzgemeinde)로 인상을 남겼다. 옛 전승들과 새로운 신학적 영향들, 무엇보다 독일에서 유입된 새로운 신학적 영향들이 빈번이 격렬하게 충돌하였으며, 예배 형식에서도 마찬가지였다.

문제는 국가로부터 승인 받지 못한 개신교 교회의 상황이다. 첫 번째 침례교 침례는 1847년 빈에서 이루어졌으나, 교회 설립은 생각할 수 없었다. 1852년 침례교는 금지되었다. 1861년 개신교 칙령 이후 처음으로 일반적인 긴장완화 움직임에서 침례교는 정착할 수 있었으며, 1869년 빈에 교회를 설립하였고, 1899년에 239명의 신자를 갖게 되었다. 물론 1867년 헌법은 번번이 국가로부터 승인되지 않는 종교단체는 공적인 종교행사가 금지되었다. 그것은 1919년에 처음으로 이루어졌다.

대략 1890년 이후 개신교는 '탈-로마-운동'(Los-Rom-Bewegung: 이 구호는 1897년 이후 생겨났다)으로 명성을 얻었으며, 이것은 민족주의적인 범독일(Alldeutsch) 연맹의 영역에서 나왔으나, 개신교 연맹 같은 개신교 세력들로부터 '복음으로'(Hinein ins Evangelium)라는 표어가 보충되었다. 개신교 연맹 측의 범독일 운동에 대한 거리두기 시도는 거의 인식되지 않았으며, 외부에서는 개신교와 독일민족주의의 격렬함과는 거의 구별되지 않았다. 물론 실제로 이 둘은 결과가 같았다. 1881년 관용칙령의 기념이나 마틴 루터 탄생 400주년 기념은 이미 반가톨릭적인 음성과 함께 시작되었다. 반로마적인 목소리는 개종의 물결과 새로운 교회의 설립으로 이어졌다. 이들 교회의 목사는 빈번이 개신교 연맹으로부터 파송되었고 재정 지원받았다. 동시에 전통적인 지방교회와 시민계층으로 각인된 도시교회 이외에 제3의 세력이 출현하였는데, 이들은 철저하게 혼합된 감정을 지닌 성장한 개신교에게서 보여진다. 동시에 개신교 연맹은 강력하게 출판 작업을 추진하였다. 1902년 이후 '독일 개신교 주간지'(Deutsch-ecangelische Wochenschrift)로써 「바르트부르크」(Wartburg)가 출간되었다. 1897년 단지 100.763명의 루터교 교인과 개혁파 교인이 있었는데, 1905년은 이미 130,474명이었고 1913년은 172,138명이었다. 물론 그 성장은 특히 독일로부터의 이주와 출생률 증가 때문이었다. 개종 자체의 숫자는 전체적으로 약 3만 6천 명이며, 이것은 몇 년에 걸쳐 이루어졌다. 교회의 성장은 무엇보다 도시에서 관찰될 수 있었다. 운동의 지원 아래 독일민족주의 선동가 쉔너러(Georg Ritter von Schoenerer: 1842-1921)는 쯔베틀(Zwettl)의 교회건축에 재정 지원을 했다. 그곳에는 다음과 같은 비스마르크의 말이 있었다. "우리 독일인은 하나님을 경외하며, 그리고 그 외에 세상에서 아무것도 두려워하지 않는다." 그리고 또한 작가 페터 로제거(peter Rosegger)는 자신은 사실 가톨릭 교인인데, 개신교인이 된 자신의 자녀들에 대한 공감 때문에 뮈르쭈슐락(Muerzzuschlag)의 개신교 교회를 위해 기부금을 모았다.

예컨대 반가톨릭주의에 민족주의적인 혐오감이 결합되었다. 이것은 친독일, 그리고 즉 대독일로 설정되었다. 물론 그 운동은 역시 체코와 헝가리에서도 호응을 얻었다. 교회 지도부는 민족주의적인 파도를 잔잔하게 하려고 하였는데, 그것은 다민족국가 안에서 원심력을 아직 가속화시키지 않고 동시에 황제에 대하여 불충하게 보이지 않기 위해였다. 민족주의는 19세기 후반기에 개신교의 가장 큰 문제가 되었다. 대독일 세력에 체코와 헝가리 민족주의 세력이 대립해 있었다. 예컨대 총노회에서 발언권을 신청한 교회, 무엇보다 개혁파 교회의 노력이 민족의 독립 노력에 부합하였는데, 총노회에서 체코, 즉 보헤미아와 매랜(Mähren)의 대표자들은 독일의 대표에 비해 다수를 차지하였다.

3. 제1차 세계대전부터 제2차 세계대전까지

제1차 세계대전 동안 오스트리아 개신교는 민족의 열광에 붙잡혀있었다. 신학생들은 전선투입을 자원하였다. 활동적인 목사들은 자주 군목으로 투입되었다. 제1차 세계대전이 끝난 후 다민족국가인 오스트리아-헝가리는 여러 국가로 해체되었으며, 이 안에서 개신교인들은 자신들의 교회 생활을 새로 조직해야 했다. 개신교 다민족 교회로부터 이제 10개의 새로운 교회가 새로운 국가들 안에서 생겨났다. 이전의 개신교 핵심지역은 이제 더 이상 오스트리아에 속하지 않았으며, 일곱 개 지역의 루터교 감독 중에 다섯 곳은 이제 외국에 속했다. 역시 1867년 쉴레지아 비일르츠(Bielirz)에 설립된 교육대학(Lehrerbildnugsanstalt)도 외국, 즉 폴란드에 놓였다. 개혁파 교회로부터 단지 하나의 지교회만이 남아있었다. 확대된 부분으로는 1922년 오스트리아와 결합된 부르겐란드(Burgenland)가 있으며, 이곳에는 활동적인 개신교가 자리를 잡고 있었다. 이제 빈의 최고관리위원회 의장이 교회를 새로운 오스트리아 안에 조직해야 했는데, 1911년부터 볼프강 하제(Volfgang Haase: 1870-1939)가 의장이었다. 그러나 이 과제를 그는 무엇보다 빈 장로교의 헌법에 대하여 충분하게 인식하지 못했다. 하제는 법적 계속성으로부터 1918년을 넘어서며 교회 바닥(Basis)의 자치조직 시도를 부정하였다. 왜냐하면 그는 그 안에서 교회와 국가의 분리의 기색을 보았기 때문이다. 그의 적들은 교회 지도를 감독에게 이양하라고 압박하였다. 그것이 아직 일어나지는 않았으나, 1925년 하제는 퇴임하였다.[43] 그의 최고관리위원회 의장 후임자는 빅토르 카페시우스(Viktor Capesius: 1867-1953)였다.

오스트리아에서는 제1차 세계대전 이후 여러 방면에서 개신교 부활의 징후들이 보였다. 이것들은 복음전도 활동가들로부터 나왔으나, 또한 전쟁 후 곤궁 감소를 돕기 위해서 내방선교로부터도 나왔으며, 그것은 잘 이루어졌다. 또한 여기에 외국으로부터의 지원이 도움이 되었으며, 이것은 구스타프-아돌프-협회(Gustav-Adolf-Werk), 개신교 연맹 그리고 마틴-루터-연맹에 의해서 수행되었다. 교회의 직무는 인플레이션 때문에 더욱 힘들어졌다. 왜냐하면 준비금이 가치가 없어졌기 때문이다. 청년 업무는 가맹한 청년운동의 전 스

43) Reingrabner/Schwarz: Quellentext, Nr.8.

타일에서 집중화가 이루어졌다. 1921년 이후 교회 잡지 「씨뿌리는 자」(Der Saeemann)가 발행되어, 당시 개신교 연맹의 프로그램을 중요하게 대변했다. 이 잡지는 여러 번 압수당했다. 이 잡지 발행인은 독일 출신으로 1917년부터 1944년까지 그라츠(Graz)에서 재직한 목사 프리드리히 울리히(Friedrich Ulrich)였다. 1921년 같은 해 오랜 사전작업 후 통일된 찬송가가 도입되었다. 그와 함께 곳곳에 있는 옛 것들은 폐지되지 않았다. 종교수업이 확대되었으며, 개신교 초등학교와 종교교육의 작업도 마찬가지였다. 이것은 1928년 새로운 교과과정에 표현되었으며, 물론 이것은 많은 사람들에게 근대적인 것으로 충분하지는 않았다. 국가에서 부여한 종교수업은 개신교 종교 교직에 당연히 소중한 것이었다. 교과과정의 최고 교육 목적으로서 '신앙의 확신으로 개신교 인격의 청년 양성'이 표현되었으며, "이것은 도덕적이고 종교적인 삶의 공동체에 의식적이고 기꺼이 편입되는 것이다. 다음과 같은 첨가는 후퇴로써 거부되었다. 즉 목적은 또한 종교적 삶의 각성이며, 이것은 성경에 근거하고, 그리스도교 신앙고백은 종교개혁 이해에 확고하며, 개신교 교회의 의식적인 소속 안에서 활동한다."

아직도 반로마적인 개종운동이 시선을 끌었으며 그리고 이혼한 자의 재혼 금지도 마찬가지다. 이 금지는 제1차 세계대전 이후에도 교회만이 아니라 국가의 법이었다. 사실 오스트리아 남부에서는 상응하는 법이 주 수상 알베르트 제버(Albert Sever)에 의해서 포기되었지만, 동시에 오스트리아 전역에서는 법적인 상황이 불분명하며, 그리고 분명한 관계가 개신교로의 개종과 개신교 결혼을 통해서 가장 먼저 이루어졌다. 또한 거기에 상응하여 그러한 결혼의 자녀도 개신교 세례가 이루어졌다. 개신교는 이제 다시 한 번 거대한 부흥을 맞이하였다. 1918년 177,188명의 오스트리아인이 개신교였으며, 1922년에는 242,252명이었으며, 여기에 부르군드의 4만 명의 개신교가 기여하였다. 102곳의 지교회가 있었으며, 여기에는 2개의 개혁파, 84개의 루터교 그리고 루터교가 다수인 16개의 혼합된 지교회가 있었다. 개신교 내에서는 자유주의자와 보수주의자의 일상적 갈등이 나타났으며, 특히 이러한 갈등은 개신교 종교수업의 목적에 대한 논쟁에서 나타났다.

독일에서와 비슷하게 개신교는 곧 전쟁의 패배와 관련해서 더욱 강력하게 민족적으로, 즉 대독일적으로 지향하였다. 새 공화국에 대한 결핍된 동일화와 왕정에 대한 찬미가 여기에 기여하였다. 1926년 오스트리아 개신교 교회는 독일 개신교 교회연맹(Deutscher Evangelischer Kirchenbund: DEK)에 회원으로 가입하였다. 정치적 차원에서는 개신교가 정치적 가톨릭주의, 즉 '사회적 그리스도교'(Christlichsozial)로부터와 마찬가지로 사회민주주의로부터 압박을 받고 있는 것으로 여겨졌다. 독일과 마찬가지로 정치적 당쟁이 강력하게 실행되었으며, 오스트리아 개신교는 반셈족주의에 대해서 분명한 태도를 취하지 못했다. 반셈족주의는 정치적 우익에서만 성장한 것이 아니었다. 독일 개신교와 비교해서 사람들은 정당에 대한 입장을 찾았으나, 먼저 무엇보다 부르군드에서 교회 학제의 공격으로 드러난 사회민주주의를 두려워하였다.

반공화주의적인 격정은 특히 교회의 국가로부터 탈퇴를 목적하였다. 그러나 공화국은 계속하여 근본적으로 황제에 의해 차지하게 된 감독권을 요구하였다. 예컨대 독일과 같이 교회와 국가의 연결이 임시적으로 해체되지는 않았다. 그러나 이것을 추진시키기 위해서 국가의 최고관리위원회는 교회의 지도기관으로 대체되어야 했으며, 전체적으로 개신교 칙령은 개정되어야 했다. 볼프강 하제 의장 아래 있었던 최고관리위원회는 이러한 진척을 너무 성급하다고 생각하였다. 1925년 처음으로 두 개신교 교파의 총노회가 공동모임을 개최하기 위해 열렸다. 최고관리위원회의 국교적인 견해와의 갈등은 간과될 수 없었다. 최고관리위원회는 결정권 있는 노회 대표와의 협약 속에서 교회헌법의 새로운 초안을 작성할 수 있었으며, 이 교회헌법은 1861년 개신교칙령에 근거하고 있었다. 1931년 헌법을 개정하는 노회가 개최되었다. 이것은 76명의 루터교 교인과 8명의 개혁파 교인으로 구성되었다. 노회는 제출된 초안을 가결하였으며, 이 초안은 교회와 국가 연결의 해체와 교회의 결정에 대한 국가의 거부권 제한을 규정하였다. 교회지도부는 최고관리위원회를 통해서 이루어지고, 이곳의 최고 책임자로 이제 감독이 세워져야 했다. 정부는 필수적인 동의를 거부하였으며, 그래서 개신교칙령과 1913년 마지막으로 개정된 교회헌법이 행사되고 있었다. 1931년 노회의 가장 중요한 결과는 여하튼 그렇게 오랫동안 계획된 새로운 전례집(Agende)의 도입이었으며, 이것은 이제 확대되어 순수한 설교예배 대신에 성찬예배에 대한 의식을 규정하였다. 이것은 프로이센 연합 전례집에 심하게 의존하였다. 그래서 이 연합의 특징이 1931년의 교회헌법초안에 도대체 얼마나 적응하지에 대한 격한 논쟁이 있었다.[44] 교회헌법 개혁의 선구자는 이제 필라흐(Villach)의 감독인 하인첼만(Johannes Heinzelmann: 1873-1946)이었으며, 그는 다른 감독들의 대변자로 여겨졌다. 1934년 그에 의해서 '개신교 교회 중재자'(Vertrauensmann der Evangelischen Kirche)가 선출되었다. 하인첼만은 최고관리위원회에 대해서 정신적인 지도 능력을 구체화시켜야 했다.

1933년 연방수상 엥겔베르트 돌푸스(Engelbert Dollfuss: 1892-1934)가 의회 권력을 박탈하고 '그리스도교 신분제국가'(Christlicher Staendestaat)를 이루었으며, 이것은 가톨릭 국가였다. 개신교인들, 무엇보다 목사와 교사는 이제 빈번이 이방인으로 여겨졌으며 나치(Nationalsozialismus)의 피난처였다. 그리고 빈 추기경 데오도르 이니첼(Theodor Innitzer: 1875-1955)은 새로운 반혁명에 관해서 열심히 연설하였다. 잡지 「씨뿌리는 자」는 수차례 금지되었다. 그럼에도 불구하고 개신교의 숫자는 성직자적인-가톨릭 정치에 대한 저항으로 계속하여 증가하였다. 1934년에만 그 숫자는 24,357명의 루터교 교인 그리고 1,521명의 개혁파 교인으로 증가하였다. 이 가운데 17,551명이 이전에 무교파였다는 것은, 공무원들이 이제 교파에 속해야 하고 가톨릭교회로부터 많은 탈퇴자가 개신교로 오히려 들어갔다는 것을 의미한다. 1933년 체결된 종교협정은 가톨릭교회의 우대에 대한 분명한 신호이며, 이것은 또한 1934년 새로운 헌법에도 특별히 두드러졌다. 개신교 최고관리위원회는 어려운 상황에 있었다. 의장인 빅토르 카페시우스는 국가 공무원으로서 이 체계에 편입되었고 더욱이 추밀원(Staatsrat)에 자리하였다. 물론 개신교에 대해서는 법적으로 아무것도 변하지 않았다.

1934년 돌푸스는 나치의 쿠데타 시도에 의해 총살되었으며, 많은 개신교인의 동정을 얻었다. 그러나 그의 후임자 쿠르트 슈스닉(kurt Schuschnigg)은 그의 정책을 계속 이어갔다. 오스트리아는 잔인한 투쟁으로 흔들거렸다. 개신교 목사가 쿠데타를 지원했다는 혐의는 직무에 대한 조사와 휴직을 가져왔다. 무엇보다 개신교 연맹의 대표는 나치에 긴밀히 서있었다. 개신교 교인들은 그들의 대독일주의에 대한 동조 때문에 나치로 여겨졌으며, 그러나 때때로 사회민주주의자로 여겨졌고, 반체제자로 여겨졌다. 신분제국가에 대한 반대는 무조건 나치에 대한 접근으로 표현되었다. 그렇게 또한 독일적 그리스도인

44) Reingrabner/Schwarz: Quellentext, Nr.16.

(Deutsche Christ)의 지부들이 생겨났다.[45] 그러나 이것은 결코 정당하게 이루어지지 못하였고 1935년에 금지되었다. 물론 다른 한편에서는 고백교회(Bekennende Kirche)가 없어서 아쉬웠으며, 그리고 바르멘 신학선언(Barmer Theologische Erklaerung)은 오스트리아에서 거의 의미를 갖지 못했다. 많은 목사들의 독일과의 밀접한 관계 혹은 그들의 독일에서의 출생은 나치를 통해서 영향력을 북돋우었으며, 독일의 재정지원도 마찬가지였다. 무엇보다 오스트리아 개신교는 구스타프-아돌프-협회와 개신교 연맹으로부터 많은 지원을 받았으며, 1937년 빈과 그라츠(Graz)에 개신교 고등학교가 설립되고 빈에는 개신교 시민대학(Volkshochschule)이 열릴 수 있었다. 단지 소수의 교회인들만이 민족사회주의에 비판적으로 서 있었다. 그리고 이것은 비록 독일의 '교회투쟁'(Kirchenkampf)이 매우 분명하게 보여주고 있음에도 불구하고, 오스트리아에서의 개신교인들을 위협하였다. '그리스도교적'인 가톨릭-보수주의 정책은 이제 개신교 교회 안에 있는 사회주의적인 정서를 갖는 노동자만이 아니라 나치 정서를 갖는 노동자들도 추방하였으며, 개신교 교회는 정당금지에 직면하여 야당의 법정이 되었다. 그래서 오스트리아 정부는 개종을 더욱 힘들게 했고 개종자들을 감시하였다. 가입자들은 개종자들처럼 자주 정신병 치료를 심하게 받았다. 법적인 선고를 받거나 관청이 농간을 부림으로써 박해를 한 것이다.

1934년 이후 개신교칙령의 변화나 개정은 개신교인에게 위협적이었으며, 이로 인해 개신교의 상황이 더욱 악화될 것으로 예견되었다. 최고관리위원회는 그래서 목사들에게 정치적 자제를 훈계하였다.[46] 1936년『새로운 오스트리아에서의 반개혁(Die Gegenreformation in Neu-Oesterreich). 가톨릭 신분제국가규범 기고』라는 제목의 저서가 출간되었다. 저자는 아에비(K. Aebi)로 알려졌는데, 실제로는 로버트 카우어(Robert Kauer: 1901-1953)이며, 그는 독일 제국의 종교장관 한스 켈(Hanns Kerrl: 1887-1941)의 추종자였다. 카우어는 '새로운 반개혁'에 관한 추기경 인니처의 연설을 받아들이고 그리고 그 안에서 위험성을 보았는데, 즉 보장된 신앙과 양심의 자유가 폐지되고 '새로운 오스트리아'의 성직화를 위협할 것이라는 것이다. 이것은 곧 밝혀졌는데, 독일 프로파간다의 산물

45) Reingrabner/Schwarz: Quellentext, Nr.20 (Richtlinien der Deutschen Christen von 1933).

46) Reingrabner/Schwarz: Quellentext, Nr.39.

이 문제였다. 개신교 교인에 대한 분명한 파면은 1936년 '7월 협정'(Juliabkommen)에 나타나는데, 여기에는 오스트리아가 독일의 요구에 응하고 있었다. 그러나 개신교에 대한 공포는 생생하게 남아있는데, 1937년 그라츠에서 개최된 '개신교 교회의 날'(Evangelischer Gemeindetag)의 연방정부에 대한 청원을 화제로 언급하였다. 동시에 여기서는 대독일에 대한 기대가 크게 울렸다.[47] 같은 해에 목사들의 '조국전선'(Vaeterlaendische Front), 예컨대 여당 가입의 물음에 대해서 국가와 개신교 교회가 일치하였다. 이 정당에 이제 면죄부가 주어졌다. 결국 여기에 122명의 개신교 목사가 가입하고, 45명이 거절하였다. 개신교 교회 내에서 가입의 문제는 매우 논쟁적이었다. 최고관리위원회는 이를 추천하였고, 하인체만은 이를 거절하였다. 왜냐하면 조국전선은 정치적이고 가톨릭 조직이기 때문이다.

1938년 3월 오스트리아의 '합병'(Anschluss)은 개신교인들에게 커다란 감격을 가져왔다. 잘못된 교회헌법 때문에 개신교 감독들의 '비상감독'(Notbischof) 직무를 수행하는 대변인으로서, 요하네스 하인첼만은 1938년 자신의 신년메시지에서 독일 나치의 교회정치를 비판적으로 표현하였다.[48] 그의 목회 서신은 많은 강단에서 전혀 낭독되지 않았다. 1938년 1월 하인첼만은 그의 직위에서 물러났다. 자유주의적 개신교에 각인된 그는 제국의 소수 민족 학살의 밤에 대하여 자기 목소리를 낸 몇 안 되는 교회 사람의 하나였다. 동시에 그는 스스로 철저히 프로이센으로 생각하였으며 비스마르크 숭배자였다. 이름으로는 교회가 통합한 것이 아니라, 오히려 '오스트리아'라는 이름의 개신교 교회로 남았다. 예컨대 '오스트마르크(Ostmark)[49] 안에' 있는 교회가 아니었다. 그러나 1933년 독일에서와 마찬가지로 이제 사람들은 자신들의 관심사에 국가의 지원을 기대하였는데, 무엇보다 국가관계의 새로운 규정을 기대하였다. 사실 개신교는 짧은 기간에 비호되어서, 개신교 목사는 이제 공격적으로 나치 편에 서있었다. 그러나 곧 제한된 나치 교회정책의 결과가 두드러졌다. 처음에 1931년의 교회헌법 초안을 인정하는 길이 열린 것처럼 보인 반면, 나치 국가는 그것에 대해서 전혀 관심이 없다는 것이 곧 드러났다. 또한 1861년의 개신교 칙령

47) Text bei Reingrabner: Protestanten, 269f.

48) Reingrabner/Schwarz: Quellentext, Nr.107.

49) 역자 주: 독일의 동부 국경 지방

의 개정도 생각할 수 없었다. 그래서 결국 독일에서 추진되었던 획일화 정책이 오스트리아에서도 적용되었다. 오스트리아 개신교 교회는 독일 개신교 교회(DEK)에 편입되고, 교회 단체들은 해산되고 교회 밖의 교회의 청년업무는 독일에서처럼 불가능하게 되었다. 획일화 정책은 또한 학제에도 적용되었다. 그 결과로 종교수업이 방해받았으며, 110곳의 개신교 학교가 국가화 되었다. 종교수업은 아직 교회의 공간 안에서 교회적인 지도 안에서만 이루어질 수 있었다. 국가의 선전으로 교회탈퇴운동이 결실을 맺었다. 여기에는 무엇보다 탈로마운동의 길에서 개신교인이 되었던 사람들이 뒤따랐다. 나치 정책의 심한 동화에 대한 항의만이 아니라, 반대로 나치에 대한 심한 거리감에 대한 항의로 3명의 목사, 10명의 전도사 그리고 33명의 신학생과 신학후보생이 개신교 교회를 탈퇴하였다. 교회 인구의 대략 1/7이 같은 절차를 겪었다.

최고관리위원회는 폐지되고 1939년 5월 8일 법령에 의해 하나의 순수한 교회적인 관청으로 기능이 변경되었다. 카페시우스는 연방수상 슈스닉에 의해 1938년 3월에 공고된, 독일의 위협적인 합병에 대항하는 국민투표 지원을 호소하였으며 이제 은퇴해야 했다. 케페시우스의 후임자는 로베르트 카우어였다. 그러나 1939년 이미 카우어는 하인리히 리프타크(Heinrich Liptak: 1898-1971)로 대체되었다. 오래 계획된 총노회는 이제 가능하게 보였으나, 어떠한 허락도 전달되지 않았다. 1940년 한스 에더(Hans Eder: 1890-1944)가 지명되었으며, 그 최고관리위원회의 성직자 구성원이었으며, 실질적으로 스스로 감독이 되었다. 에더는 나치 당원이었으나, 곧 바로 그의 동지들로부터 비난 받았다. 교회와 국가의 결합은 예컨대 지도부 차원에서 중단되었고, 마찬가지로 개신교칙령의 모든 규정이 무효화되었다. 이 규정은 그러한 결합을 목적으로 하였다. 여기에 '국가의 전체지원'(staatspauschale)이 속하였다. 교회는 이제 스스로 재정을 조달해야 했다. 동시에 지교회는 스스로 구성원들의 회비 걷는 권리를 상실하였다. 이것은 이제 오스트리아 주 정부교회를 통해서 발생되었다. 물론 이 규정은 구체적으로 거의 효과가 없었다. 새로운 목회자법(Pfarrgesetz)을 통해서 1940년 역시 균등한 기본금이 도입되었다. 많은 목사들이 순응의 길을 택했다. 그래서 나중에 그들은 이 일에 대해 사과했는데, 이는 최악을 피하기 위해서였다.

독일과 마찬가지로, 오스트리아 역시 교회에 '유대인 문제'(Judenfrage)가, 처음엔 '그리스도교 유대인 문제'(Judenchristenfrage)가 있었다. 이미 이전에 교회에서는 세례 받은 유대인에 대한 복수심들로 인해 시끄러웠으며, 이들은 대략 8천 명이 되었다. 뛰어난 개신교의 유대 그리스도교인은 작곡가 아놀드 쉔베르크(Anold Schoenberg: 1874-1951)와 저술가 에곤 프리델(Egon Friedell: 1878-1938)이며, 프리델은 '합병' 이후에 자살하였다. 이 시점부터 유대인의 세례는 없었으며 그리고 어떠한 '혼합'(Mischung)의 결혼도 더 이상 없었다. 위협당한 개신교 유대 그리스도인에 대한 마지막 희망은 '스웨덴의 이스라엘선교'(Schwedische Israelmission)를 제공하는 것인데, 이것은 빈에서 특별한 집을 소유하며, 거기서 1941년 폐쇄할 때까지 도움을 주고, 이민을 조직하도록 시도하였다. 이 단체는 공적인 교회 지원을 받지 않았다. 그러나 개인적인 유대 그리스도인을 위해서 릴탁크와 에더 측의 개입이 있었다.

제2차 세계대전의 시작과 함께 교회 생활은 결정적으로 제한되었다. 이것은 출판과 목사들의 운동의 자유에도 해당되었다. 그들 가운데 약 1/2은 군목으로 징집되었다. 독일에서처럼 사람들은 일련의 신학생들을 막으려고 시도하였으며, 이들은 1928년 이후 빈 학부에서 학업을 하였으며 전쟁 후에는 그들을 다시 교회의 직무로부터 내몰았다. 교회 생활은 물론 국가감독과 단체와 연맹의 금지 때문에 지교회에 집중되었다. 오스트리아 도시들의 폭탄공격으로 개신교 교회도 파괴되었다. 탈출과 퇴거는 지교회 해체의 원인이었다. 그러나 역시 전쟁은 공동 경험의 곤궁 때문에 가톨릭과 개신교를 처음으로 접근하게 하였다.

4. 제2차 세계대전 이후

에더 감독 죽음 이후 오스트리아 개신교 교회의 성직자 지도자로 게르하르드 메이(Gerhard May: 1898-1980)가 선출되었다. 메이는 1944년 사자위령일(Ewigkeitssonntag)에 목회서신을 작성하였다. 이 서신은 약한 신앙과 하나님의 심판에 관하여 언급하였으나, 단지 목사들의 1/3만이 낭독하였다. 1945년은 1918년처럼 교회지도부의 단절이 두드러지지 않았다. 1949년 새로운 교회헌법의 도입을 계기로 처음으로 최고관리위원회 하인리히 릴탁크가 퇴임하였다. 제2차 세계대전 종결과 함께 교회에 부과되었던 제한들이 해제되었다. 이제 '과거극복'(Vergangenheits bewaeltigung)의 문제가 기다리고 있었으며, 독일과 비슷하게 철저한 나치 청산은 일어나지 않았다. 왜냐하면 교회는 저들의 권한으로 스스로 정화할 것을 고집하였기 때문이다. 슈투트가르트 죄책고백에 상응할만한 선언이 고려되지 않았다. 물론 오스트리아에서는 슈투트가르트 죄책고백에 이르게 하는 에큐메니칼 여건이 결핍되어 있었다. 또한 오스트리아 교회는 이제 도덕적인 단체로서 그리고 나치에 대하여 외견상 저항하는 단체로서 그들의 존경으로 살아갔다. 메이는, 사람이 말을 했어야 할 곳에서 침묵하였고, 그 후 교회는 비정치적 위치로 후퇴하였다고 언급하였다. 대략 40년 후 처음으로 과거에 대한 교회사적인 작업이 착수되었다.

전쟁이 끝난 후, 탈퇴자의 재가입에 대한 청원(그리고 그와 함께 나치로의 '개종')을 어떻게 다룰 것인지의 문제가 매우 시급한 것처럼 보였다. 포괄적으로 시급한 문제는 주민들의 곤궁을 어떻게 감소시킬 수 있는가의 문제였다. 여기에 '개신교 구호국'(Evangelische Hilfswerk)이 에큐메니칼 운동의 지원으로 기여하였다. 개신교 주택조합은 피난민들을 위한 주거지를 조성하는데 참여하였다. 그러나 무엇보다 교회의 새로운 구성에는 많은 주의가 요구되었다. 이것은 - 부분적으로 동부의 피난민을 대동한 목사들을 통해서 - 비어있는 목사직을 다시 차지할 것이 포함되었다. 종교수업의 재조직도 마찬가지였다. 옛 개신교 학제에 더 이상 연결될 수 없었으나, 1958년 오버쉬첸(Oberschuetzen) 사범학교의 전통 속에서 하나의 '새로운 개신교 교육대학'(Neue evangelische Lehrerbildungsanstalt)를 설립하였으며, 여기에 계속하여 고등학교가 속했다. 개신교 신앙의 부활이 관찰될 수 있는데, 이것은 옛 단체와 연맹의 구조들이, 아무리 이것들이 이제 독일에서처럼 교회 안에 증가되어 통합되어있을지라도, 다시 회복되어 조성되었다. 복음전도 활동은 증가하였고, 그리고 청년업무는 성인 업무와 마찬가지로 재차 중요한 역할을 하였다. 파괴된 교회 건물은 다시 세워지고, 그리고 개신교 피난민들이 정착한 곳에서는 새로운 교회가 설립되었다. 이것은 구스타프-아돌프 협회와 에큐메니칼 운동의 도움으로 가능하였다. 교회설립 물결은 아직 1960년대까지 지속되었다. 개신교의 역사적 자의식이 박물관의 설립으로 확고해졌다. 이것의 첫 번째가 캐른텐의 프레작흐(Fresach)에서 생겼다. 교회 언론 및 미디어 작업은 증대하였고, 그래서 개신교 역시 공적으로 현존하였다.

1949년 총노회는 2년간 준비단계 후에 새로운 교회헌법을 결정하였는데, 이것은 본질상 아직 1931년 초안에 근거하였다. 이 교회헌법에 책임 있는 부서가 승인하였다. 1931년 초안과는 다르게 이제 다시 교파적인 차이가 강조되었다. 아우크스부르크와 스위스 신조의 교회는 사실 공동의 최고관리위원회, 성찬의 공유 그리고 공동의 법적 토대를 가지고 있으나 1931년의 연합의 경향을 중지하기 위해서, 교회관리는 교파적으로 분리되었다. 개혁파 감독은 '주 감독'(Landessuperintendenten)으로 평가되었다. 이웃 스위스의 지원으로 부분적으로 개혁파가 된 포랄베르크(Vorarlbeg)의 교회들은, 개혁파 교회 지도부의 감독 아래 놓여있다. 그러나 공동 성만찬 참여가 실천되고 그리고 한 교회에서 교대로 다른 신조를 사용하기 위해서, 개혁파 교회 목사와 같이 루터교 교회 목사가 가능했다. 공동 프로젝트에는 19/20의 루터교 비용과 1/20의 개혁파 비용이 조달되어야 했다.

연방정부가 1861년 도입된 선임자위원회의 폐지에 항의했지만, 국가는 그 헌법을 받아들였다. 그래서 선임자위원회는 교회법을 통해서 다시 도입되었지만, 어떤 교회지도적인 권한은 더 이상 갖지 못하였다. 교회와 국가의 관계에 대한 결정은 1949년 교회헌법에는 비워두었다. 오히려 개신교 칙령의 미래에 대한 심의가 다시 시작되었다. 실질적으로 교회는 이미 법적인 기구로서 이제 내부 문제를 자치적으로, 그리고 국가의 후견에서 벗어난 것으로 여겼다. 그러나 아직 여기에는 법적인 토대가 결핍되어 있었으며, 또한 맨 먼저 1933년의 종교협정의 유효성이 확실히 설명되어야 하는 것도 남아 있었다. 1950년대 운동이 토의 되었는데, 이것은 교육부 장관 하인리히 드림멜(Heinrich Drimmel: 1912-1991)이 '자유로운 국가에서 자유로운 교회'의 고전적인 형식을 암시하였을 때였다.

교회와 국가 관계의 새로운 규정의 토대가 개신교 칙령의 기념 해, 1961년에 새로운 개신교 입법의 오랜 심의 끝에 만들어졌다.[50] 이 입법은 아우크스부르크와 스위스 신조의 개신교 교회를 하나의 교회로 간주하는 것이다. 그것은 이제 국가법의 단체로서 인정되는 것이며, 그리고 그들에게 자신들 내부 업무에 대한 자립적 관리 권한이 보장되었다. 단체

50) Fischer: Das Protestantengesetz, 5-40.

지위는 또한 개개 교회를 위해서 분명하게 작성되었다. 그것은 사법상(privatrechtliche) 단체로 이해될 수는 없었다. 국제 에큐메니칼 관계에 가입하는 교회 권리는 분명하게 유지되었다. 교회 직무에 대한 국가영향력은 교육을 위한 연방장관에 의해서 교회지도부의 새로 선출된 회원을 통지하는 것으로 최소한 줄어들었다. 교회는, 학교에서 필수과목이 된 종교수업을 스스로 돌보고, 이것을 감독하고 그리고 그 외에 사립학교를 세우는 권리를 가졌다. 또한 군대, 병원 그리고 감옥에서의 목회에 대한 보장도 본질적으로 독일 헌법 전통에 상응하였다. 빈 신학대학의 존립은 보장되었다. 1861년 개신교 칙령에서 확정된, 국가의 교회에 대한 지원금(국가에서 전체 지원: Staatspauschale)은 새로 확정되었는데, 여기서는 일 년에 총 650만 실링이 해당된다. 국가 지불에는 과거의 압수된 교회재산의 보상이 근거되었다. 그러나 1961년 개신교의 재정결핍은 310만 실링에 달해서, 나머지는 교인들의 회비지원금과 목사의 종교수업에 대한 국가의 보수로 3백만 실링이 조달되어야 했다.

1965년까지 오스트리아 개신교 숫자는 탈퇴에 비하여 가입 숫자가 초과되어 성장하였다. 그래서 오스트리아 개신교 교회는 상당히 성장하는 소수 교회가 되었으며, 이 시점까지 오스트리아 전 주민의 6.3%가 그들의 구성원에 계산된다. 국내 정치에서 개신교인은 이제 보다 잘 통합될 수 있었다. 왜냐하면 그리스도교로 각인된 오스트리아 국민당(Oesterreichische Volkspartei)이 그들에게 열려 있었기 때문이다. 또한 사회민주당에서도 접근 시도가 있었으며, 브루노 피터만(Bruno Pittermann: 1905-1983) 같은 유명한 개신교 정치가가 있다는 것이 주목될 수 있었다. 그러나 감독 메이가 1968년 은퇴할 때 사회 변화들이 오스트리아 개신교 안에서도 드러났다. 이제 과거극복을 정주한 노력이 세대 간의 일상적인 충돌을 야기하였다. 개신교의 젊은 세대들은 빈의 감독 게오르그 트라알(Georg Traar: 1899-1980)과 조직신학자 빌헬름 단티네(Wilhelm Dantine: 1911-1981)의 지도 아래 있었으며, 이들은 지나치게 비판적인 문제를 제기하였다. 단티네의 지지자들은 정치적으로 세상의 책임을 지적하면서 응시하였다. 그와 함께 1945년 이후에 추진된 교회의 탈정치화는 급격하게 역전되었다. 1965년 총노회는 그들이 1955년 이후 거절했던 여성안수에 찬성하였다. 그러나 여성 목사의 업무가능성은 매우 제한되었다. 여성과 남성의 공직자 권리에 대한 동등한 직위는 1980년에 처음으로 이루어졌다.

사회에서 소멸되어가는 것을 받아들이는 의식은 이제 개신교 자의식에 영향을 끼쳤다. 오스트리아 개신교 교회의 구성원 숫자는 1970년대 이후 상당히 감소하였다. 1974년 아직 45만 명의 개신교인이 있었는데, 2004년에는 단지 37만 명이 있었다. 전체 주민대비로 4.7%로 감소하였다. 그래서 이쪽에서의 직무활동과 예배참여가 후퇴하였다. 그 사이에 대부분의 개신교인들은 비개신교 교인들과 결혼하였으며, 그래서 어린이 교육에 대한 교파적인 문제가 제기되었다. 소수의 상황이 일반적인 자유의 움직임 속에서 더 이상 특별한 것이 아니었으나, 오히려 제2차 바티칸 공의회 이후 가톨릭교회가 다시 매력을 얻기 시작하였다. 그러나 오스트리아 개신교는 스스로 공의회에 관하여 이익을 얻었다. 왜냐하면 그것이 에큐메니칼 접촉을 가능하게 하였기 때문이다. 가톨릭 측으로부터 이제 대화의 노력이 있었으며, 그리고 여기에는 1971/32년의 잘츠부르크 개신교인의 추방과 같이 이전의 교파적인 충돌의 관점에서 죄의 책임에 대한 동의가 역시 포함되었다. 1966년 이후 '가톨릭-개신교 공동위원회'(Gemischte katholisch-Evangelische Kommission)가 생겼다. 1969년에는 공적으로 개신교 세례가 인정되었다.

아우크스부르크와 스위스 신조의 개신교는 지난 10년 동안, 구가톨릭교회, 정교회, 감리교 그리고 동방교회들과 같은 다른 교회와의 에큐메니칼 연결 속에서 함께 일하였다. 그러나 개신교 내부에서는 다양한 세력들의 갈등이 역시 존재했으며, 그것은 부분적으로 오순절 집단의 영향이 원인이 되기도 했다. 다른 나라들과 마찬가지로, 오스트리아에서도 19세기 이후 그러한 새로운 출현들이 전통적인 개신교 교회로 다가가야 한다. 1998년 '종교의 교파단체에 대한 법인(Rechtspersoenlichkeit von religioesen Bekenntnisgemeinschaften)의 법이 선포되었으며, 그와 함께 1953년부터 현존하는 침례교 연맹, 재림교, 오순절 그리고 다른 집단들이 국가에 의해서 인정되었다. 감리교는 이것이 이미 1951년에 이루어졌다.

제2장

가톨릭 지배 하의 동유럽의 소수 개신교

이 장에서는 무엇보다 오스트리아-헝가리의 이중군주국(Doppelmonarchie)[1)]이었던 나라들을 다룬다. 여기에 폴란드와 리타우엔(Litauen)이 첨가되는데, 이 국가들은 옛 차르제국(Zarenreich)의 한 부분이었다. 이 장이 제1장의 마지막인 오스트리아를 다룬 부분에 연결되기 때문에, 장의 경계에도 불구하고 관련성이 나타날 것이다. 내용적인 경과는 원활하며 법, 정치, 문화에서 20세기까지 이르는 가톨릭 우세의 형세는 서유럽과 비슷하다. 제1장과 제2장의 경계 근거는 설명할 때 피할 수 없는 회상적인 방식에 놓여 있으며, 이것은 오늘날의 경계로부터 시작하며 그것을 어떤 방법으로 재료 배치를 다시 투사해야 하는 것이다. 1945년 이후 공산 독재국가의 강요로 인해서 동부와 서부 유럽의 분열은 마찬가지로 본 장 서론의 한 부분에 공헌한다.

A 헝가리

1. 종교개혁부터 1848년 혁명까지

1526년 오스만(Osmane)에 대항하여 모하스(Mohács)의 전투와 함께 헝가리의 독립적인 지위는 끝났다. 남쪽으로부터 돌진한 오스만은 중앙 헝가리의 거대한 부분을 자신들의 제국에 편입시켰다. 헝가리 북부와 서부지역은 헝가리의 왕관과 함께 합스부르크가에 들어갔다. 그 사이 지벤뷔르겐(Siebenbuergen) 제후국은 독립국으로 남았다. 귀족은 큰 권력을 가졌고 합스부르크가의 영향에서 벗어날 수 있었다. 그의 보호 아래서 헝가리는 16세기 종교개혁에 입성하였다. 개신교는 무엇보다 개신교 개혁파에 각인되어 주민 층으로 퍼져나갔다. 여기에 반하여 귀족은 대부분 루터교였다. 곧 투입된 가톨릭 종교개혁은 완전하게는 관철될 수 없었다. 왜냐하면 헝가리는 어떤 정치적 통일도 보여주지 못했고 합스부르크가는 단지 그 나라를 제한적으로만 점령했기 때문이다. 물론 예수회는 교육기관의 인수를 통해서 결정적인 지위에 있는 종교개혁을 약화시키는데 성공하였다. 그러나 대귀족가문은 계속해서 개신교를 지원하였다. 그래서 개신교는 합스부르크가를 17세기 초 이후 견디어내야 했다. 그러나 동시에 많은 귀족들을 빈 궁정의 호의를 통해서 가톨릭으

1) 역자 주: 한 군주가 오스트리아 황제국과 헝가리 왕국을 다스림

로 재개종 시키는데 성공하였다. 가톨릭 종교개혁은 그들의 열매를 맺었으며 점점 개신교를 변두리로 위협하였다.

박해의 해가 지난 후 1681년 헝가리 개신교는 외덴부르크(Oedenburg: Sopron) 주 의회에서 자신의 위치를 주장할 수 있었다. 개신교의 인내는 하나의 양보였는데, 이는 개신교 백작 임레 퇴퀼리(imre Thoekoely: 1657-1705)의 합스부르크가에 대한 반란시도의 토대를 박탈하기 위한 것이었다. 그러나 오스만이 1683년 이후 헝가리 전역에서 쫓겨나고 그리고 합스부르크가가 그들의 지배를 전 국가에 걸쳐서 안전하게 할 수 있었을 때, 인내는 은총의 표시로써 선언되고 그리고 공식적인 종교행사는 단지 특별한, 소위 '조항-장소'(Artikular-Orten)[2]에만 허락되었다. 그렇지 않는 경우 단지 '사적인 제의'로만 가정 차원에서 가능하였다. 18세기 개신교는 박해를 받았으나, 오스트리아에서는 가능한 것처럼, 비록 그렇게 단호하지는 않았다. 개신교 교회조직은, 더욱이 노회의 선출은 전혀 불가능하였다. 감독 선거만이 유일하게 1734년 허락되었다. 여하튼 개신교 귀족은 1758년 교회 배후에 다시 한 번 중요하게 서 있었으며 개신교 이익을 유지하기 위해서 '총감독'(Genearalinspektor)을 자기 진영에서 선출하였다.

마리아 테레지아 통치 아래서는 상황이 변했는데, 오스만의 지배 이후 번번이 헝가리의 인구가 감소된 지역을 다시 소생시키기 위해서 이주자를 모집하였다. 처음에는 망설였으나 개신교인들에게도 이주를 허락하기로 결정되었다. 그러나 그러기 위해서는 그들에게 종교의 자유가 보장되어야 했다. 이것은 가톨릭 성직자들의 저항에 직면하여 충분히 가능하지는 않았으며 여황제의 정치적 개념에 본질적으로 맞는 것도 아니었다. 1777년 헝가리에 선포된 학교계획 '이성 교육'(Ratio educationis)은 개신교 학교에게 그들의 수업을 가톨릭 학교에 순응하도록 압박하였다. 종교수업은 물론 예외였다.

헝가리에서 1781년 요제프의 관용칙령은 자기 양식으로 통용되었다. 이제 개신교 목사들은 더 이상 가톨릭 감독의 시찰을 받을 필요가 없었으며, 혼합결혼으로 태어난 자녀들은 더 이상 모조리 가톨릭적인 교육을 받지 않아도 되었다. 공식적인 종교행사가 이제

---

2) 역자 주: 1681년 외덴부르크 주 의회에서 헝가리 상부지역의 도시 성 밖의 특별한 장소에 개신교 설립이 허락되었다. 성탑도 종탑도 허락되지 않으며, 돌, 벽돌, 금속 못이 사용되어서는 안 되었다.(Artikuli, 25조, 26조)

비-조항 장소(nicht-Artikularen Orten)에도 허용되었다. 그래서 빠르게 새로운 공동체가 형성되었으며, 여기에 교회와 학교가 설립되었다. 관용은 헝가리 개신교의 황제에 대한 감사메시지로 답해졌다. 수업 언어로 독일어가 도입된 것은 부정적으로 보였는데, 이것은 독일화의 시도로 생각되어졌다. 여기에 대한 반응은 헝가리 언어를 다시 고려하는 것이었다. 학제에 대한 국가 감독은 계속해서 특히 개신교 학교에 해당되는데, 아무리 개신교 교인들이 이제 학교 관리에서 지위를 유지한다 해도 직면하게 되는 문제였다. 여기저기서 교파 혼합적인 학교가 세워졌으며, 이곳에서는 아직도 종교수업만 분리되어 수행되었다. 그러나 이것들은 학부모의 상당한 저항 때문에 오래 존속하지 못했다.

관용과 함께 교회지도부가 들어섰고 교회 조직이 설립되었으며, 여기서 장로들에게 중요한 권한을 부여하였다. 헝가리 주 의회(Landtag)에서 루터교 교인들과 개혁파 교인들에 대한 관용이 옛 결정의 재수용 아래 1790/91년의 '법률 조항 26조'(26. Gesetzsartikel) 안에서 더욱이 개신교 교회에 대한 국가의 승인으로 확대되었다. 가톨릭 교파가 비록 계속해서 우세하게 보였음에도 불구하고, 이제 개신교인들에게도 공적인 종교행사가 보장되었다. 그러나 혼합결혼에 대한 감독은 가톨릭 성직자에게 남겨져 있었다.[3] 개신교는 교회의 자치권 그리고 교회 건물과 학교를 세울 권리를 얻었으나, 이것들은 1781년의 관용 칙령의 제한과 가톨릭교회의 두드러진 특혜 아래 종속되었다. 새로운 가능성에 상응하여 1791년 개혁파 노회가 부다(Buda: Ofen)에 그리고 루터파 노회가 페스트(Pest)에 소집되었으며, 여기서 비신학자들이 강력한 비중을 차지하였다. 교회지도부 기구에 이제 성직자와 평신도 사이의 동등권(Paritaet)이 특징적이었다. 두 개신교 교파가 서로 이해하려는 시도는 1791년 나란히 열린 노회에서 포괄적으로 좌절되었다. 물론 교회 조직의 기본토대는 일치하였다. 두 교파는 장로회-노회에 기초하며, 교회지도부는 성직자와 평신도로 구성되고 그리고 공동의 상급당회(Oberkonsistorium)가 구성되어야 한다. 아무리 이 결정이 궁정으로부터 인정되지 못했고, 그래서 실행될 수 없었음에도 불구하고 이것들은 발전을 널리 각인시켰다. 양보에도 불구하고 관청과 정부가 동시에 개신교의 발전을 다시 제한하려고 시도하였다. 헝가리의 관련 총독부(Statthalterei)는 가톨릭의 어린이 교육을 유리하게

---

3) Gottas: Die Frage der Protestanten in Ungarn, Anhang Nr.1.

하고 개신교로의 개종을 추가적으로 어렵게 하면서 관용 칙령의 정신에 상반되는 조치들을 공포하였다.

1804년 헝가리 주민의 8%가 루터교 교인이며 그리고 16%가 개혁파 교인이었다. 그래서 약 160만 명이 개혁파교 인들이 - 이들은 전체적으로 거의 헝가리인(Magyaren)이다 - 약 18만 명의 헝가리인 루터교, 20만 명의 독일인 루터교 그리고 45만 명의 슬로바키아인 루터교와 대립해 있었다. 또한 헝가리 개신교인들은 그 나라에서 대부분 가톨릭교인보다 교육을 더 받았다. 왜냐하면 관용의 움직임 속에서 개신교 학제가 빨리 세워졌기 때문이다. 프랑스 혁명과 계몽의 시기에는 개신교 학교의 교리문답 전통에 대한 정향이 큰 역할을 하였다. 여기에는 교파에 따라서 루터의 소교리 문답이나 혹은 스위스 신조의 뒤따름 현상과 함께 하이델베르크 교리문답이 상응하는 교리문답 주석들처럼 기초를 이루고 있다. 여기에 새로 작성된 교리 문답서들이 첨가되었으며, 이것은 교리에 대한 해석만이 아니라, 도덕적 행위에 대한 안내가 포함되어 있었다. 19세기 초 옛 전례집과 찬송가가 수정되었고, 계속해서 가정에서 신앙을 촉진시키는 기도서가 출간되었다. 프랑스 혁명의 결과로 가톨릭이 약한 국면에서는, 개신교 측에서 교파 간의 접근에 대한 평화적인 희망의 싹이 생겼다. 이것은 계몽을 통해서 자극되었으나, 1814년 예수회의 재승인으로 좌절되었다.

1817년 종교개혁 기념행사가 허가되었다. 이것 역시 공적으로 영향을 주었다. 프로이센 연합(Union in Preussen)의 소개가 헝가리의 루터교와 개혁파 결합의 경향을 촉진시켰다. 그러나 이것은 결코 실현되지 않았다. 왜냐하면 공통점보다는 차이가 너무 컸기 때문이다. 연합의 구상은 헝가리의 민족적인 개신교 이상과 결합되었으며, 여기서 루터교 교인들은 헝가리에 속해있는 슬로바키아를 떼어내야 한다고 느꼈다. 여하튼 이제 루터교 교인과 개혁파 교인의 공동 성만찬의 옛 전통이 일상적으로 실천되었다. 무엇보다 헝가리 루터교 총감독인 카롤리 짜이(Karoly Zay: 1797-1871)백작이 헝가리 민족주의의 그러한 징후 아래에서 노력하였다. 그리스도인이냐 혹은 유대인이냐, 가톨릭이냐, 루터교냐 혹은 개혁파냐가 중요한 것이 아니라, 마자르인(magyar)이 중요하다. 또한 슬로바키아인은 마자르화 정책 때문에 대부분 헝가리 독일운동의 지지자가 아니었다.

1825년 처음으로 일련의 '개혁의회'(Reformlandtag)가 열렸으며 1848년까지 지속되었다. 개신교는 이 의회에 고충을 제출하였다. 그러나 이에 부합하는 의회의 구제적인 결정은 가톨릭교회의 강력한 정치적 태도에 직면하여 실현될 수 없었다. 1843/44년 처음으로 의회는 개신교에 유리한 법률을 결정할 수 있었으며 그리고 또한 실현될 수 있었다. 이것은 개신교로의 개종을 쉽게 하였다. 1847/48년 개최된 헝가리 의회는 교파간의 동등권을 확정하였다. 이것은 독립운동 지도자인 라조스 코수트(Lajos Kossuth: 1802-1894)의 주도로 이루어졌다. 그는 자신이 루터교 교인이었으며 그리고 그가 가톨릭 여인과 결혼할 때 가톨릭 신부가 축복을 거절하는 일 때문에 잘 알려진 인물이었다.

중심적인 인물은 고트리프 아우구스트 윔머(Gottlieb August Wimmer: 1791-1863)인데, 그는 계몽주의와 각성운동으로부터 영향 받은 오버쉬첸(Oberschuetzen)의 목사였다. 여기서 그는 1845년에 교사교육을 향상시키기 위해서 '빈민학교 교사-세미나'(Armenschullehrer-Seminar)를 열었다. 그리고 하나의 실업계 고등학교(Realschule)와 인문계 고등학교(Gymnasium)를 설립하였다. 윔머의 이상은 교사들에게 지식과 신앙을 전달하게 하는 것이었다. 예컨대 교양과 각성은 함께 속해야 했다. 윔머는 자기의 동료들로부터 '헝가리의 프랑케'로 알려졌는데, 1848년 헝가리 독립운동을 지원하였다. 독립의 좌절 후에 그는 이민을 가야했으며 브레멘(Bremen)에서 목사가 되었다. 이전에 그는 이미 농부들을 강제노동과 부당한 공출물로부터 해방시키는데 공헌하였다. 오버쉬첸의 교사 세미나는 유지되었으며 구스타프-아놀드-협회에 의해서 지원되었다. 여기서 점점 더 많은 헝가리 교사들이 양성되었다. 이것은 세미나와 독일어사용 교회 공동체 사이에 소외를 가져왔다. 1883년 오스트리아 쉴레지에의 빌리츠(Bielitz)(오늘날 폴란드의 Bielsko-Biala - 역자 주)에 교사세미나(Lehrerseminar)가 설립되었다. 이곳의 학생들과 교사들은 제국의 모든 곳에서 왔다.

2. 헝가리 독립운동과 개신교에 대한 영향

1849년 독립선언을 이끈 운동은 많은 개신교 교인들과 개신교 성직자들에 의해서 지원되었다. 특히 여기서는 랍(Raab: Gyoer)의 감독, 마티아스 하우프너(Matthias Haubner:

1794-1880)가 두각을 나타내었다. 해방투쟁 좌절 후에 하우프너는 체포되고 감금되었다. 여하튼 그는 1860년 감독 직무를 다시 차지하였으며, 그래서 그는 봉기 후 처형당한 몇 명의 목사들보다 더 잘 지냈다. 1850년 장로회와 노회의 교회자치가 법령으로 제한되었다. 체포된 루터교 감독 자리에 행정관(Administrator)이 투입되었고, 체포된 개혁파 감독들 자리에 그들의 대리인(Stellvertreter)이 직무를 담당하였다. 국가책임자(Staatskommissar)의 허락 없이는 어떠한 교회의 결정들도 있을 수 없었다. 개신교 학제는 방해받았다. 관리의 노력 결과는 제국 전체의 개신교를 하나의 교회 안에 획일화시키는데 목적이 있었다. 그리고 이것을 국가의 상급당회(Oberkonsistorium)의 조정 아래 두는 것이었다. 그렇지만 젊은 황제 프란츠 요제프 1세(Franz Joseph I.)에 직접 도움을 청하였던 헝가리 저항운동은 그러한 조치들을 방해할 수 있었다. 다음 해에 교회 자치의 일부를 다시 얻는데 실질적으로 성공하였다. 그러나 노회 도입은 금지되었다. 이 상황에서 많은 사람들에게 루터교와 개혁파의 연합(Union)은 추구할만한 가치가 있는 것처럼 보였다. 그래서 1855년 페스트(Pest)에서 공동의 신학대학이 설립되었다.

1859년 황제는 헝가리 개신교를 칙령을 통해서 규제하려고 시도하였다.[4] 그것은 1861년의 오스트리아 개신교 칙령의 선봉이었다. 또한 헝가리 개신교 칙령에는 1855년 오스트리아 종교협정이 중요한 배경이 된다. 문화부 안에 헝가리의 관할 개신교 부서와 교회법원의 설립이 규정되었다. 개신교 교회는 국가의 감독에도 불구하고 자립으로 세워져야 했으며, 그래서 역시 국가의 대표자 없이 총노회가 열려야 했다. 칙령선포에 이어 문화부의 임시적인 교회헌법이 곧 나타났다.[5] 1859년의 헝가리 개신교 칙령에 대한 교회반응은 통일되지 않았다. 그것이 '칙령파'(Patentist)라는 의미에서 진보로 여겨질 수 있는지 혹은 '자율성'(Autonomist)이라는 의미(특히 동시에 제정된 교회헌법 도입 아래서)에서 국가의 지나친 교회 개입인지, 무엇 보다 학제의 국가감독에 반대하여 항의가 일어났으며 이것은 1790/91년의 법률조항 26조와 관련되어 있었다. 일반적으로 장로회와 노회를 통한 교회의 자기조직유지가 지배적인 요구였다. 그래서 599곳의 루터교 지교회 가운데 333곳의 지

4) Gottas: Die Frage der Protestanten in Ungarn, Anhang Nr.2.

5) Gottas: Die Frage der Protestanten in Ungarn, Anhang Nr.3.

교회가 칙령기획을 거절하였다. 찬성은 대부분 슬로바키아에 있는 루터교 지교회들이었으며, 이들은 헝가리의 문화적 우세에 대항하여 강해지길 희망하였다. 개혁은 그들에 의해서 환영받았다. 왜냐하면 그들은 감독직의 새로운 스타일을 유지하고 그리고 이제 독일 루터교와 마찬가지로 슬로바키아 루터교 교회는 새로 임명된 각 감독(프레스부르크와 노이베어바스: Pressburg u. Neuwerbass)으로 편입되어야 했기 때문이었다. 헝가리 개혁파들 가운데는 거절이 거의 관행적이었다. 이러한 거절은 특히 개신교 귀족들에 의해서 수행되었으며, 이들은 교회에서 자신들의 주도적 지위를 걱정하였다. 독일 출신의 개신교인 가운데 여하튼 거절이 압도적이었다. 좌우간 개신교 칙령의 찬성에는 당대의 개신교 저술가와 교회사가로 잘 알려진 게오르그 바우호퍼(Georg Bauhofer: 1806-1864)와 외덴부르그 루터교 감독인 모리츠 콜벤하이어(Moritz Kolbenheyer: 1810-1884)가 속했다. 콜벤하이어는 칙령 거부의 배경을 교회가 아니라, 단지 민족적인 동기만을 보았다. 정치적 자유화움직임 속에서 오스트리아 정부는 1860년 기획을 철회하였다. 이제 노회를 통한 감독의 새로운 선거가 또한 가능하였다.

1867년에 헝가리의 14.9%가 개혁파였으며 8%는 루터교 교인이었다. 1910년은 14.3%와 7.1%를 차지하였다. 지벤뷔르겐과 동부헝가리에는 개신교가 주민의 다수를 차지하였다. 헝가리 개신교는 아메리카 이주에 매우 당황하였다. 제1차 세계대전까지 대략 200만명의 헝가리인이 보다 나은 삶을 찾아서 이주하였다. 그들 가운데 많은 사람들이 개신교 지역출신이었다.

1867년 오스트리아-헝가리 이중 군주국이 확정되었다. 이로 인해 오스트리아 황제 프란츠 요제프 1세는 헝가리 왕위에 올랐다. 그러나 헝가리를 오스트리아에 편입하는 것은 황제의 근본 뜻이 아니라 전통에 상응하는 것이었다. 헝가리는 이제 자신의 헌법을 통해서 비교적 독립적인 국가가 되었다. 개신교 교회는 자치에 대한 권리를 유지하였다. 또한 1869년 이후 교회는 개신교적이고, 국가적인 보조금을 유지하였다. 1868년에 이미 교회와 국가의 관계를 자세히 규정하는 일련의 법령들이 공포되었다. 이를 통해서 교회적인 학교의 설립이 쉬워졌으나 개신교 학교들은 국가의 교과과정을 따라야했다. 대부분의 초등학교는 원래 교회적이었다. 당연히 교회는 다음 10년 동안 실제로 빈번하게, 학교와 결합된 재정적인 부담을 떼어내기 위해서 이것을 국가로 넘겼다. 교파혼합 가정의 어린이에게는 이제 다른 나라들에게서 알려진 규정이 확정되었는데, 즉 아들은 아버지의 교파를, 딸은 어머니의 교파에서 교육시킨다는 것이다. 여기에 많은 가톨릭 신부들이 저항하였으며, 모든 어린이들에게 가톨릭 세례를 주어야 한다고 양친들을 설득하였다. 그래서 이 논쟁은 1894년 의회가 1년간의 문화투쟁 후에 시민법 결혼과 이혼의 도입을 결정하는 것으로 나타났으며, 그리고 이와 함께 성직자들에게서 시민호적부(Zivilstandregister)를 박탈하였다. 또한 1895년 교회 탈퇴도 다른 교파가입 없이도 허락되었다. 그러나 이제 균형으로써 가톨릭 성직자들에게는 재차 교파 혼합부부의 자녀를 가톨릭으로 교육을 한다는 약속을 요구할 수 있도록 허락하였다.

1890년대의 다른 법령들은 종교와 교파의 국가승인을 규정하였다. 예컨대 루터교와 개혁파는 공적으로 승인되었으며, 침례교는 단지 비공식적으로만 인정되었고, 재림파, 감리교 그리고 '종파'는 부정되었다. 그러한 곳에 가입하고자하는 자는, 자기 본래의 교회에 더욱 5년간의 회비를 지불해야 했다. 공식적으로 '수용된' 교파들은 1885년 이후 헝가리 상원에 대표를 파송하였다. 근본적으로 이제 개인의 종교자유와 교파와 상관없이 법 앞에서 모든 이들의 평등이 유효하였다. 그러나 실질적으로 가톨릭에게 번번이 특혜가 주어졌다. 이러한 발전과 병행하여 개신교 교회가 조직되었다. 1881년 데브레첸(Debrecen)에서 헝가리 개혁파 국민노회(Nationalsynode)가 열렸다. 1891년 부다페스트에서 헝가리 루터교 국민노회가 모였다. 두 노회(Synode)는 그때마다 교회지도부를 구체화할 것을 요구하였다. 1883년 이 두 교회는 공동성만찬(Interkommunion)을 갖기로 협정하였다. 지베뷔르겐에 있는 교회는 계속 하나의 특별한 지위를 가졌으나, 역시 그것을 헝가리 교회에 통합시키려는 노력이 현존하였다.

무엇보다 신학교육은 데브레헨과 부다페스트(개혁파교인을 위하여)의 국내 대학에서 행해졌으며, 마찬가지로 헤르만스타트(Hermannstadt), 에페르에스(Eperjes: Prešov)와 프레스부르크(Pressburg)(루터교인을 위하여)에서 이루어졌다. 그러나 계속하여 젊은 신학도들에게는 역시 외국에서, 특히 스위스와 독일에서 공부하는 것이 일반적이었다. 헝가리 개신교의 신학적 폭은 합리주의적이고 자유주의적인 경향에서 경건주의적-각성운동의 경향에까지 이른다. 각성운동은 헝가리에서도 외국의 복음전도자들에 의해서 함께 수행되었는데, 이들은 영국과 스코틀랜드 출신이었다. 그러나 헝가리 각성운동은 대공비(Erzherzogin) 마리아 도로테아(Maria Dorothea: 1797-1855)에 의해서 특별히 촉진되었다. 그녀는 1848년과 그 이후 궁정에서 억압당한 개신교를 지지하였다. 그녀는 이전 헝가리의 오스트리아 총독(팔라틴의), 즉 대공 요제프(Joseph: 1776-1847)의 과부였다. 마리아 도로테아는 기도시간을 개최하고 성서와 기도서의 인쇄를 지원하였다. 여기에는 또한 경건주의의 고전인, 요한 아른트(Johann Arndt)의『참된 그리스도교에 관한 네 권의 책들』(Vier Buecher vom wahren Christentum)도 속했다. 그녀는 고해신부로 요한 게오르그 바우호프(Johan Georg Bauhof)를 선택하였으며, 그녀는 이 사람이 1844년 부다(Buda)의 목사가 되는데 돌보아 주었다. 여기서 바우호프는 첫 번째 개신교 주간지「개신교 그리스도교」(Der evangelische Christ)의 편집인으로서 일하였으며 헝가리 개신교 교회의 독일어판 교회사를 저작하였다. 1854년 그 잡지가 헝가리 봉기 이후 위기의 시기에 출판되었을 때, 단지 익명으로 그리고 외국에서, 즉 베를린과 보스톤에서 영어판으로만 출판될 수 있었다. 마리아 도로테아는 사랑으로 영향을 미치는 신앙을 전도하면서, 각성운동의 참여를 디아코니아와 결합하였다. 이것은 매우 일반적이다. 그래서 그녀는 1828년에 헝가리 최초의 유치원 설립을, 그리고 1859년에 개신교 고아보호단체 설립을 돌보았다. 다른 디아코니아가 뒤따라 설립되었다. 각성운동의 강화와 급진성은 19세기 80년대에 독립교단들의 분열을 가져왔으며 그리고 그 안에서는 은사적인 성서 강해와 경건적인 신앙서적의 독서가 큰 역할을 하였다. 이 집단들은 침례교, 오순절, 재림파 혹은 다른 세력들의 옥토가 되었으며, 이들은 지교회에 편입되었다. 그래서 복음주의자 알렉산더 니일 좀머빌(Alexander Neil Somerville: 1813-1889)은 유럽 전역을 돌아다녔으며 그리고 당시 스코틀랜드 독립교단의 수장이었는데, 그는 1887/88년 헝가리에도 복음화 캠페인을 개최하였다. 그러나 무엇보다 교회 내부에 강력하게 각성운동의 흐름들이 있었으며, 이것은 19세기 말경에 내방선교에 공헌하였고 그리고 또한 YMCA를 헝가리에 익숙하게 만들었다.

다른 측면에서 1871년 '개신교연맹'(Protestantenverein)을 조직한 자유주의자들이 있었는데, 이것의 모델은 몇 년 전 독일에 세워진 비슷한 이름의 단체였다. 이 연맹의 주도자는 부다페스트 신학자 알베르트 코박스(Abert Kovács: 1838-1904)였으며, 그의 목적은 개신교와 현대와의 화해, 그리고 한편에서는 교회의 정통주의와 다른 한 편에서는 유물론과의 투쟁이었다. '정통주의자'(Orthodox)는 개신교연맹을 비교회적인 것으로 공격하였으며, 이것은 각성운동 때문만이 아니라 교회-교파적인 견해 때문이기도 하였다. 이들의 관점은 성서만이 아니라 하이델베르크 교리 문답서였다.

교회 생활에서 19세기 후반기의 모든 두드러진 것들에도 불구하고 신속한 소멸이 주목되었다. 그것은 세례와 결혼 그리고 교회 장례의 후퇴에서 읽혀질 수 있다. 이 밖에 민족주의는 헝가리 개신교 안에 강력한 긴장을 가져왔으며 여기에, 독일, 헝가리, 슬로바키아 그리고 슬로베니아인이 속해 있었다. 헝가리가 오스트리아에서 벗어나기를 원하는 것처럼, 슬로바키아는 헝가리에서 벗어나고자 하였다. 슬로바키아의 민족감정을 이미 슬로바키아 언어사용으로 소생시킨 개신교 목사들이 있었다. 목사층은 이러한 위기현상에 계속 무기력하게 반응하였다. 1900년에 헝가리 인구의 60%는 가톨릭, 14.5%는 개혁파 그리고 7.5%는 루터교, 나머지는 정교회, 유대교 혹은 연합파(Unitarier) 같은 작은 그리스도교 집단에 속하였다.

3. 1918년 헝가리 독립 이후 개신교

제1차 세계대전이 끝난 후 헝가리는 독일국가가 되었다. 거기에 대한 대가는 새로 생긴 이웃 국가들에게 역사적인 헝가리의 거대한 부분의 상실이었다. 여기서 루마니아에 귀속된 지벤뷔르겐이 높은 개신교 인구비중으로 동시에 특별히 부각된다. 이의 계속된 역사는 '루마니아' 항목에서 다루어진다. 주목할 만한 개신교 인구비중을 갖는 다른 지역들은 체코슬로바키아, 유고슬로비아 그리고 오스트리아가 떠오른다. 헝가리 개신교 학제는 새로운 경계 때문에 잘려졌다. 단지 헝가리 경계선 안에서 아직 신학교육에 중요한 외덴부르크의 뤼조움(Lyzeum von Oedenburg: Sopron)만이 남아있었다. 헤르만스타트와 프레스부르크에의 신학대학 역시 이제 외국에 놓여있게 되었다. 1920년 새로운 헝가리 국민의 21%가 개혁파이며 6%는 루터교였다. 몇 달 동안에 생긴 공산주의자 벨라 쿤(Bela Kun: 1886-

1939)의 소비에트 공화국은 철저한 세속화, 학제의 국가화 그리고 종교수업의 폐지를 초래하였다. 오직 예배에 꼭 필요한 건물과 가구만이 교회에 유지되었다.

1919년 11월 미크로스 홀티(Miklós Horthy: 1868-1957)가 권력을 장악했을 때 근본적으로 상황들이 교회에 대해 우호적으로 변화하였다. 그는 개혁파 신자였다. 그의 취임에 모든 교회 대표들이 참여하였으며, 그들은 당연하게 새로운 국가에서 고양된 지위에 희망을 품었다. 국가의 입장에서 볼 때 거대한 교파들이 체제의 버팀목으로 아부하는 것이었다. 홀티는 '제국 섭정'(Reichsverweser)으로서 1920년까지 합스부르크 군주국에 재가입 한다는 가설을 견지하였다. 소비에트 공화국의 교회적대적인 법률 수정을 통해서 홀티는 교회로부터 매우 호의를 얻었으며, 교회는 또한 1920년 서명된 트리아농(Trianon) 평화조약의 국토 양도에 대한 국민적인 항의에 찬성하였다. 교회는 그래서 독일 개신교와 마찬가지로 베르사이유 조약에 반응하였다. 대헝가리 애국심은 '그리스도교적인 헝가리'의 애매한 표상과 양립하는데, 이것은 이제 교회 프로그램이 되었고 교회지도부는 국가로부터 상원의 자리로 보답 받았다. 물론 여기서 또한 비판적인 목소리가 있었다. 특히 증가된 반셈족주의에 대항하여 비판적인 목소리가 있었다.

교회 내적인 재조직은 국토의 양도와 인플레이션으로 인한 교회 재산의 손실 때문만이 아니라, 한편에서는 '정통주의'와 각성운동 사이의 갈등으로 그리고 다른 한편에서는 자유주의자들 때문에 어려움을 당하고 있었다. 물론 자유주의자들은 헝가리에서도 역시 전쟁 이후에 상당히 영향력을 상실하였으며, 그 후 변증신학이 진입하였다. 여기서는 개혁파 교파주의와 칼빈 르네상스가 공존하였다. 무엇보다 임러 레베츠(Imre Révész: 1889-1967)가 교회 역사가로서, 1938년 이후 감독으로서 칼빈과 관련하였으나, 다른 한편으로 에큐메니칼 운동에도 의무를 느꼈다. 정치와 거리를 가지는 칼 바르트 신학은 점점 더 중요한 역할을 하였다. 개혁파 교회 안에서 1928-1937년 동안 노회를 통해서 새로운 교회 조직이 도입되었다. 이것은 성서와 개혁파 신조를 교회의 토대로 삼았다. 루터교 노회도 거기에 상응하여 협화신조(konkordienbuch)를 기초로 하였다. 이것은 좌우간 예전에 성만찬 참여의 관점에서 실질적으로 일치경향이 있었던 이후의 일이다.

두 전쟁 시기 사이에 무엇보다 젊은 세대들 속에서, 교회가 좀 더 사회적 문제와 관계를 맺어야 한다는 목소리들이 크게 울렸다. 여기에 또한 토지개혁이 속했다. 내방선교는 이제 교회와 밀접하게 결합되어 있었다. 청년업무는 1920년 이후 큰 역할을 하였으며, 디아코니아 기구들의 건축과 증축도 마찬가지였다. 흩어져서 살고 있는 개신교 교인들에게 목회가 강화되었다. 1938년 수정된 성서번역이 발행되었다. 1934년 외덴부르그에서 모인 루터교 목사들은 독일의 국가적인 교회정책에 항의하였다.

헝가리는 1938년 홀티 지도아래 나치 독일과 동맹을 맺고 소련에 대항하는 전쟁에서 독일편에 섰다. 전쟁 개입과 함께 침례교와 재림교는 금지되었다. 개혁파와 루터교 교회는 홀티 정부를 충실히 따랐으며, 그리고 이것은 그들에게 1945년 이후 교회 정치적으로 관심을 갖는 '진보' 진영으로부터 자칫 비난을 야기할 수 있었다. 홀티-정권은 나치의 종족주의와 반셈족주의 입법을 분리하였다. 개인적으로 교회대표들은 반유대 법률에 항의하였다. 그러나 추방을 막을 수 없었으며, 이것은 1944년 3월 독일 주둔군의 헝가리 점령 이후에 실행되었다. 이것들과 함께 교회 영역에서 온 마지막 구호조치들도 끝났다. 루터교 감독 벨라 카피(Béla Kapi: 1879-1957)의 1944년 6월 25일 목회서신은 추방에 대한 저항으로써 개혁파 교회대표와 함께 작성되었으며, 정부의 명령에 따라 낭독되어서는 안 되었다. 헝가리 상원에서는 개신교 교회의 대표가 반유대 법률에 찬성하였다. 여하튼 개인들이 유대인을 감추고 그렇게 그들을 구제하는 것은 성공하였다.

헝가리가 전쟁 무대가 되었을 때 대부분의 교회 건물이 파괴되거나 혹은 손상을 입었다. 전쟁이 끝난 후, 바로 설립된 에큐메니칼 위원회가 이전의 일반적으로 이어온 죄책고백을 과거의 관점에서 작성하였다.[6] 제2차 세계대전의 종말은 소련군의 헝가리 점령을 초래하였다. 교회들은 교회 생활이 방해를 받지 않을 것이라는 홍보에 조용하였다. 그러나 이미 1945년 3월 토지개혁 때에 교회 소유는 박탈당해야 했다. 항의는 소용없었다. 첫 수상은 개혁파 목사인 졸탄 틸디(Zoltán Tildy: 1889-1961)가 지명되었으며, 그는 1946년까지 직무하고, 그 다음 대통령이 되었으며 1948년에 권력을 잃었다. 정치적 변혁의 결과는 짧은 시간에 공산주의 독재가 확정되었으며 '인민공화국'(Volksrepublik)의 외침이었다.

제2차 세계대전이 끝난 후 제1차 세계대전 이후의 소비에트 정부정책이 연결되었다.

6) Auszug bei Fabiny: Bewaehrte Hoffnung, 70f.

교회는 재차 박탈되었고 공식적인 생활에서 추방당했으며, 교회지도자들은 괴롭힘을 당하고 박해 당했다. 종교수업의 재도입을 위한 캠페인은 교회를 더 나쁘게 생각하게 하였다. 정치체제에 대한 교회 친화의 증인으로 칼 바르트와 전화통화가 이루어졌고, 그는 1948년 스스로 헝가리에 왔다. 바르트는 후에 악용되었음을 알았으나, 결코 공식적으로 자신을 독점하는 것에 거리를 두지 않았다. 1947년 국가로부터 인정된 교파와 인정받지 못한 교파 사이의 법률은 차이가 있었다. 개혁파 내지는 개혁파에 의해서 견디어야 했던 이들이 이 시기에 반가톨릭 동맹파트너로서 헌신하기 위해 호의적이었다. 개혁파 부다페스트 감독 라슬로 라바츠(Rásló Ravasz: 1882-1975)는 공산주의의 권력인수 후에 퇴직이 강요되었으며, 루터교 감독들인 라조스 올다스(Rajos Ordass: 1901-1978)와 벨라 카피도 마찬가지였다. 올다스는 교회 학교의 박탈을 비판하였으며, 모의재판 후에 체포되고 1950년까지 감금되었다. 저항에 대한 올다스의 신학적 동기는 루터교의 두 왕국론이었다. 올다스와 같은 비슷한 운명이 루터교 총감독 알버트 라드반츠키(Albert Radvánszky)에게 닥쳤다. 구실은 소위 외환법 위반 때문에 고발되었다. 해고된 감독들 자리에는 '진보적인' 성직자들이 국가에 의해서 임명되었으며, 이들은 그들의 당원들과 함께 교회지도부를 독점하였다. 1948년 12월 루터교 노회가 열려서 교회와 국가의 협약을 통과시켰다. 루터교는 이제 국가 직무를 유지했다. 그 협약을 루터교 감독 쫄탄 투로치(Zoltán Túróczy: 1893-1971)가 서명하였다. 그는 1945년 적에 대한 협력 때문에 체포되어 해직되었으며, 1946년 석방되었고 1948년 사면되었다. 이제 그는 새로운 체제와 함께 협력하였으며 더욱이 감옥에 있는 감독 올다스를 자발적으로 퇴임시키려고 시도하였다. 그러나 1952년 네 곳의 루터교 감독직이 둘로 줄어들었을 때, 그는 감독직을 다시 포기해야 했다. 1948년 이후 재직한 루터교 감독 라조스 베토(Lajos Vetö: 1904-1989)와 1950년 올다스 후계자가 되었던 라쯔로 데체리(Lázló Dezséry: 1914-1977)는 남아있었다. 데체리에게 또한 마지막 감독직의 숫자 감소에 대한 책임이 지워졌다. 어용신학이 발달하여, 여기에 '새로운' 루터-이해도 역시 속하는데, 국가에 대해 타협하거나 혹은 순응하는 정치를 정당화시켰다.

부다페스트의 개혁파 감독은 알베르트 베레츠키(Albert Bereczky: 1893-1966)가 맡게 되었다. 그는 이미 1948년 10월에 개혁파 교회를 위해서 국가와의 협정을 체결하였다. 이 협정은 한편에서는 교회에 국가의 지불과 그리고 교회 생활의 광범위한 영역을 규정하였고, 다른 한편에서는 그러나 교회에 반대급부로 학제 국가화에 대한 동의가 강요되었다. 감독 레베취(Révész)에 의해서 그 협정은 준비돼 있었으며, 그러나 동시에 그는 자기 직무를 마음대로 할 수 있었다. 베레츠키는 1945년 이전에 교회 포기에 직면하여서 '회개의 신학'(Theologie der Reue)에 관하여 말하였다. 두 번째 개혁파 감독 야노스 페터(János Péter, 1910년 출생)가 공식적인 자리를 인수하였다. 이제 '좁은 길의 신학'(Theologie des schmalen Weges)이 선전되었다. 교회는 참회를 해야 한다 그리고 국가와 사회에서 작은 역할에 만족해야 한다. 그래서 교회는 몰수와 체포에 대해서 침묵하였다. 교회조차 그것들에 심하게 닥치게 되었으며, 무엇보다 강제집단화에 의해서였다. 이 강제집단화는 그 나라의 증가된 사회적이고 또한 교회적인 구조를 파괴하였다. 좌우간 대략 1940년대 말경에 복음화 운동을 통해서 다시 한 번 신앙의 출발이 있었으며, 이 안에 각성운동의 영향이 지속되었다. 그러나 이 운동은 공식적인 교회 밖에 있었으며 곧 무시되었다.

국가는 공식적으로 종교자유와 또한 교회에 대한 재정적 지원을 보장하였고, 동시에 교회는 정치적 복종의무를 지게 되었다. 어쨌든 아직까지 국가와 협정을 맺지 않았던 독립교단들은 자기 실존을 걱정해야 했다. 뒤이어 국가는 개신교 교회의 관심사에 깊게 개입하였다. 종교수업은 공식적으로 자유재량에 맡겨졌으나, 빈번이 베풀어준 것은 아니었다. 1949년 헌법은 양심자유의 이름으로 교회와 국가분리를 초래하였으나,[7] 그럼에도 불구하고 국가는 교회와 이들의 신진교육기관을 감독하고 압박하였다. 그럼에도 불구하고 계속 부다페스트에서 루터교 목사들이 그리고 부다페스트와 데브레헨에서는 개혁파 목사들이 교육될 수 있었다. 내방선교 단체들이 1951년 해체되었다. 그리고 교회조직의 지붕 밑으로 도망가야 했다. 또한 1951년 '교회 직무를 위한 국가 관청'(Staatliches Amt fuer kirchliche Angelegenheiten)이 세워졌으며, 이곳을 처음 이끈 사람은 야노스 홀바트(János Horváth)와 1971년 이후 임러 미크로스(Imre Miklós, 1927년 출생)였다. 미크로스는 특임관리(Staatskommissar)로서 많은 교회행사에 참여하였다. 1950년 처음으로 교회는 한 회의에서 사회주의적인 평화선전에 개입되었다. 나중에 그들의 대표 역시 그리스도교 평화대

7) Voss: Die Religionsfreiheit, 245.

회에 등장하였다. 이제 새로운 이데올로기 표지 아래에서, 헝가리 애국심의 재구성은 교회에 매혹적이었다. 그러나 국가에 충실한 교회 대표부가 1952년 하노버에서 제2차 루터교 세계대회(Lutherisches Weltbund)에 출현했을 때, 그들에 대해 분명히 반대가 있었다. 보다 더 잘 협조하기 위해서 1954년 '헝가리 교회 에큐메니칼 협의회'(Oekumenischer Rat der Ungarischen Kirchen)가 세워졌으며, 이는 마침내 국가의 명령에 따라 행동하였다.

스탈린주의에서 탈피하면서 비판적 의견의 가능성이 커졌다. 에큐메니칼 운동으로부터의 비판에 대응하기 위해서 WCC 중앙위원회 회의가 헝가리로 초대되었다. 이 회의는 1956년 8월 갈리아테토(Galyatetö)에서 개최되었다. 중앙위원들은 여기에 루터교 세계연맹 대표가 속하였는데, 올다스와 접촉하였다. 국가의 교회관청과의 협의는 공동성명으로 이어졌으며, 이것은 올다스를 다시 감독으로 임명하고자 하는 에큐메니칼 운동의 희망을 뚜렷이 표현하였다. 그 사이에 젊은 목사, 장로 그리고 교회 구성원들이 이미 1955년 작성된 '1956년 헝가리 고백교회'(Bekennende Kirche in Ungarn 1956)의 타이틀을 가진 성명서를 공포하였으며, 이것은 맑스주의 이데올로기와 순응적인 교회지도부를 바르멘 선언의 정신에서 비판한 것이다.[8] 가을에 WCC 중앙위원회 때문에 연기된 루터교 목사대회가 열렸다. 여기서 비판적인 목소리들이 발언권을 신청하였다. 계속적인 항의는 개혁파 교회의 국내 행동위원회 결성으로 이어졌으며, 이 위원회는 새로운 교회지도부 계획에 대해 토론하였다. 이제 정치적 체제와 그것의 교회결합에 대한 비판이 강렬해졌다. 1948년 물러난 개혁파 감독 라바츠는 다시 임명되어야 했으며, 루터교 감독들인 올다스와 투로치도 마찬가지였다. 1956년 9월 목사대회에서 전과 같이 WCC 중앙위원회는 올다스의 복직을 요구하였다. 10월 6일 올다스는 실질적으로 복직되었다. 올다스는 사실 자기에게 제의된 직무를 거절하였다. 그러나 그는 종교개혁 날에 취임하였다. 왜냐하면 체제에 순응적인 감독들인 베토와 데체리가 물러났기 때문이다. 그 사이에 10월 23일 헝가리 국민 봉기가 시작되었다. 또한 개혁파 교회의 지금까지의 지도자들이 물러났다. 11월 1일 '헝가리 개혁파 교회 주위원회'(Landesausschuss der Reformiereten Kirche Ungarns)가 열렸다. 이 회의에서 교회지도부를 1948년 퇴임한 감독 라바츠와 베레츠키의 대리인 라츠로 팔(László

8) Auszuege bei Balog: Mitarbeiter des Zeitgeistes?, 26-28.

Pap: 1908-1983)에게 넘겼다. 이제 목적은 장로회-노회 토대 위에 교회를 새로 조직하는 것이었다.

소련 군대에 의한 헝가리 봉기가 실패한 후 국가의 체포가 더욱 심해졌다. 왜냐하면 국가는 이제 더욱 분명하게 교회직무를 점령하는데 있어서 공동결정권을 관철하였기 때문이다. 반항적인 목사는 압박을 받았다. 루터교 측에서는 트로치가 자기 직무를 1957년 베토에게 다시 넘겨주어야 했다. 올다스는 1957년 미네아폴리스에서 열린 루터교 세계연맹대회에서 부회장이 되었다(같은 직함이 그에게 1947년에 이미 룬드에서 주어졌다). 그러나 1958년 그는 감독직을 다시 상실하였다. 왜 국가가 그에게 그렇게 오랫동안 인내했는지는 설명될 수 없다. 아마도 거기에 대한 어떤 타협의 준비가 그의 편에서 작용하였을 것이다. 1958년에서 그가 죽을 때까지 그는 추방되었다. 데체리는 이제 다시 올다스의 자리를 오르려고 했는데, 그러나 이것은 거부되었고 오히려 언론인이 되었다. 비슷한 결과를 위해 개혁파 교회가 1956년 12월에 개최된 한 노회에서 노력하였다. 여기서는 다시 임명된 직무 수행자가 병과 정치적 변천으로 탈락하였다. 개혁파 교회의 지도 인물은 이제 감독 티보 바르타(Tibor Barta: 1912-1995)가 되었는데, 그는 총노회 의장과 국회의원이 되었으며 그리고 결정적인 체제 지지자였다. 1957년 임레 카달(Imre Kádár)은 수준 높은 개혁파 교회 조직원인데, 국가 교회 관청의 위임으로 교회 혁신운동과의 단절을 출판하였으며, 이것을 그는 '정신적 원자탄'이라고 표현하였다.[9] 이 책은 1958년 독일어로도 출판되었다. 카달은 무엇보다 감독 라쯔로 라바츠를 공격하였다. 그는 그를 홀티의 반동적인 당원이라고 기술하였다. 그와 반대로 사회주의 아래서 교회의 상황을 카달은 복음전도적인 기회로 보았다. 국가가 보다 강력한 탈교회화 정책과 탈그리스도교화 정책을 추진하는 것을 여기선 당연히 언급하지 않았다.

1956년 이후 교회는 마침내 다음과 같은 체제로 정리되었다. 루터교의 지도적 인물은 1958년 데체리의 탈락 이후 감독 쫄탄 칼디(Zoltán Káldy: 1919-1987)가 되었다. 그는 이미 전에 국가에 충실한 목사로 두각을 나타냈으며, 이제는 '디아코니아의 신학'(Theologie der Diakonie) 혹은 '디아코니아적인 신학'(Diakonische Theologie)을 작성하였다. 이것은 개

9) Imre Kádár: Die Kirche im Sturm der Zeiten, Budapest 1958.

혁파의 '좁은 길의 신학'에서 생긴 '봉사하는 교회의 신학'(Theologie der dienenden Kirche)과 평행을 나타낸 것이다. 교회는 예컨대 예수가 기꺼이 했던 것처럼 봉사해야 하며, 이것은 구체적으로 무엇보다 국가 안에서, 교회가 국가의 각 단계에 조율하면서 봉사해야 한다. 동시에 교회는 자신들의 정치적 과제 안에서 동화되어야 하며 실제로 정말 그들의 디아코니아적인 과제 안에서가 아니다. 그렇지만 곧 교회의 많은 디아코니아 기구들이 국가에 의해서 압수당했으며 인계되었다. 그 프로그램은 소위 교회의 자기고립화를 막아야 했으며, 그리고 그것을 곧 추진하였다. 이 개념의 반대자들은 아무 소리도 못하게 되었는데, 이들은 이미 그것의 주석적이고 해석학적인 협소함에 대해 반감을 지녔다. 그러나 신학의 신진양성 학교에서는 이 새로운 신학이 필수과목이었다.

공식적인 개신교는 1960년대 이후 다음과 같은 체제에로 정돈되었다. 거기에는 헝가리의 '평화협의회'(Friedenrat)처럼 공산주의 '평화작업'(Friedensarbeit) 단체 안에 교회통합이 속하였으며, 단체의 의장에는 역시 칼디가 앉았다. 사회주의는 불가피한 것으로 여겨질 뿐만 아니라 체제로서 긍정되었다. 칼디는 또한 국제적으로 국가친화적인 신학의 선전원이 되었다. 외부 영향력을 안전하게 하기 위해서 교회 자체의 설명이 포함되었으며 독일어로 번역되었다. 서방 민주주의자들에게 교회실존이 결핍된 것으로 그려졌는데, 왜냐하면 사회주의 안에서만 참 자유가 있을 것이기 때문이었다. 1966년 루터교는 새로운 헌법을 가지게 되었는데, 그것 역시 사회주의에 대한 고백을 포함하였다. 조직기구로서 목사들에게 설교 후원이 맡겨졌는데, 이것은 공식적인 정치신학적 교리가 뒤따르는 것이었으며, 같은 정신 안에서 목사 재교육이 개최되었다.

1967년 공포된 교회법은 다시 한 번 교회에 대한 국가감독을 확정하였다. 그 아래서 독립교단 역시 고통을 겪었다. 침례교 그리고 감리교는 약 4만 명의 구성원이 있었다. 독립교단을 보다 잘 감독할 수 있기 위해서 독립교단 협의회가 조직되어야 했다. 감독들은 거기에 더하여 목사들에 대해 거의 무제한적인 권력을 유지하였다. 그래서 감독들은 목사들을 임의로 바꾸어 놓을 수 있었다. 국가와 교회 사이의 조정은 교회 관리들을 국가단체로 통합시키고 그들에게 국가영예로 보상하였다. 교회인쇄물들은 특별한 공간에서 발행될 수 있었으며 교회기념물은 국가 도움으로 수리되었고 1983년 루터기념제에는 헝가리에서도 축제에 대한 국가 지원이 있었다. 그러나 번번이 비판이 타올랐다. 그래서 1978년에는『고백과 의견』(Bekenntnis und Meinung)이라는 한 백서에 나타났다. '디아코니아 신학'에 대한 확고한 신학적 비판으로서 헝가리 출신의, 스트라스부르크 에큐메니칼 기관에서 일하는 필모스 바타(Vilmos Vajta: 1918-1998)가 잘 알려졌다. 1984년 부다페스트에서 루터교 세계연맹이 열렸을 때, 그리고 칼디가 이 기구의 의장에 선출되었을 때, 세계적인 관심에 직면하여 교회 반대 속에서 저항이 재차 일어났다. 그래서 목사 졸탄 도카(Zoltán Dóka: 1929-2000)는 루터교 세계연맹의 지도부에 보내는 공개적인 항의 서한을 작성하였다. 도카는 가장 심한 대가를 고려해야 했다. 그러나 그는 그 문제가 외국에서 일으킨 주목을 고려하여, 단지 짧은 기간만 휴직되었다. 루터교 세계연맹 개최를 앞두고 1982년 칼디는 이미 그의 감독 동료인 에르노 오트뤼크(Ernö Ottlyk: 1918-1995)의 해고를 준비하였다. 오트뤼크는 외부로부터 그의 국가순응주의 때문에 받아들여질 수 없는 것으로 여겨졌다. 오트뤼크의 후임자는 귀율라 나기(Gyula Nagy: 출생, 1918)였다. 그는 에큐메니칼 운동 안에 보다 잘 전달될 수 있었다. 개혁파 측에서는 감독 카롤리 토트(Károly Tóth: 출생, 1930)가 가장 유명한 교회지도자였다.

1960년대 중엽 이후 수상 야노스 카달(Janós Kádár: 1912-1989) 정부는 교회에 대하여 긴장완화를 시작하였다. 헝가리의 '매서운 공산주의'(Gulaschkommunismus)와 1970년 그리고 1980년대의 '부드러운 독재'(sanfte Diktatur) 사이의 관계들은 이제 교회와 국가의 관계를 부드러운 빛 안에서 밝혀지게 하였다. 1970년대에는 가톨릭교회와의 관계가 완화된 반면, 개신교 교회는 여하튼 국가 안에 결합되어 있었다. 그래서 또한 소위 그리스도교와 사회주의와의 유사성이 공산주의 독재를 매력적으로 보이도록 번번이 노력되어질 수 있었다. 물론 교회지도부 정책과 저변의 교회생활 사이에는 깊은 균열이 있었으며, 그래서 루터교는 교회 내부의 반대가 자주 일어났다. 도카와 다른 사람들의 항의들이 이 반대에 모델이 되었다. 1986년 도카와 다른 사람들이 교회지도부를 개혁하도록 호소하는 성명서를 공포하였다. 개혁파 교회에서는 그러한 저항적인 경향이 관찰될 수 없었다.

동시에 헝가리에서는 주목할 만한 변화가 일어났으며 1989년에는 전년의 많은 경향들이 완전히 돌파되었다. 늦어도 1987-1988년에는 교회정치의 긴장완화가 감지될 수 있었다. 국가관청은 교회감독에서 물러났다. 그러나 개신교 교회는 정치적 변화에 거의 적극적으로 참여하지 않았다. 1989년 6월 30일 교회 업무를 위한 관직이 해체되었다. 새로운 헝가리 헌법은 모든 종교단체에게 완전한 자유를 부여하였다. 교회와 국가는 분리되었으나 국가는 종교의 자유를 될 수 있는 한 크게 배려했다. 1990년 1월 아직 정치적 전환 이전의 마지막 정부에 의해서 준비되어 '양심과 종교자유와 교회에 대하여'라는 법률이 통과되었다. 개인의 종교의 자유는 이 법으로 안전해졌고 종교단체들은 차별 없이 교회로 간주되었으며, 그리고 문화적 삶에서, 국민보건제도에서, 교육제도에서 활동할 권리를 가졌다. 1990년 3월 강요된 국가교회계약이 공식적으로 무효화되었다. 종교단체에 대한 국가적인 등록은 심사 없이 이루어졌다. 그래서 1991년 처음으로 37개의 단체가 등록했고 2002년에는 이미 136개의 종교단체가 등록하였다. 90년대에 교회의 교육 소재지가 점점 국가로부터 승인되었고, 그리고 부다페스트에, 즉 이러한 합법적인 공간 안에 하나의 완전한 루터교 대학과 개혁파 대학이 건축되거나 증축되었다. 무엇보다 개혁파 교회는 다시 학교들을 설립하였다. 종교수업은 선택과목이 되었다. 몰수된 소유물들이 반환되는 추세 속에서 교회는 과연 그들의 토지 소유를 포기해야 했다. 그러나 1948년 이전의 교회적, 교육적, 사회적, 문화적인 목적으로 사용된 모든 부동산에 대해서는 소유권을 요구할 수 있었다. 1997년 이후 헝가리인은 소득세의 1%를 교회에 공급하였다. 개신교의 두 교파는 자신들의 최고 자리의 인물 혁신을 실행하였다. 예를 들어 루터교 감독 귀율라 나기는 퇴임해야 했다. 교회구성원 층은 2001년 인구조사에 의하면 이렇게 분배된다. 헝가리 국민의 52%는 가톨릭, 16% 개혁파, 3%는 루터교 교인이다. 1989년에 비해서 개혁파와 루터교 교인은 감소하였다(이 해에 모든 헝가리 국민의 23.3%가 개신교이다).

B 체코와 슬로바키아

1. 제2차 세계대전까지 개신교

1993년 이후 서로 독립 국가였던 체코와 슬로바키아는 제1차 세계대전이 끝난 이후부터 오스트리아-헝가리의 유산으로부터 출현한 체코슬로바키아를 형성하였다. 근본적으로 오스트리아 제국의 한 부분에 속한 오늘날의 체코는 보헤미아 지방과 메렌 지방으로 구성되며, 그 외에 이전의 쉴레지아의 오스트리아 부분이 여기에 속하였다. 슬로바키아는 1918년 이전에 '상부 헝가리'로서 정치적, 문화적으로 헝가리 왕국에 속하였다.

요제프의 관용칙령은 보헤미아와 메렌 그리고 슬로바키아에서 개신교를 자유롭게 하는 효과가 있었다. 보헤미아와 메렌에서는 개신교 지교회가 형성되었다. 물론 개신교는 거기서 후스파와 보헤미아 형제단으로 소급된 전통을 믿을 수 있는 것이 아니라, 루터교 교인으로 혹은 개혁파 교인으로 등록해야 했다. 신앙은 여기서도 역시 각성운동으로부터 강하게 각인되었다. 개신교의 다수를 차지하는 개혁파들은 그들의 목사를 헝가리로부터 받아들였다. 19세기 중엽 이후 체코와 슬로바키아 언어는 - 또한 개신교 목사들과 지식인들로부터 - 오스트리아와 헝가리 우세에 대항하여 성장하는 민족의식의 표현으로 선전되었다. 특히 최고 민족의식의 성장에 역사가 프란티세크 팔라키(František Palacký: 1798-1876)가 공헌하였다. 그는 또한 민족사를 위한 얀 후스(Jan Hus)의 중요성을 강조하였다.

슬로바키아에서 헝가리 민족주의 성장 움직임이 점점 더 관철되는 것은 독일어보다도 헝가리 언어에서 훨씬 강하다. 그 중에 또한 학제에서 뚜렷하게 직면하게 되었다. 반대 방향에서는 슬로바키아 언어의 존중이 증가하였으며, 19세기 60년대 이후 개신교 교회신문이 슬로바키아어로 출간되었다. 슬로바키아어는 어려움 없이 라틴어 미사가 불가능한 개신교 예배에서 사용될 수 있었다. 1867년 오스트리아의 헝가리와 '균일화'(Ausgleich) 이후에 헝가리 땅에서 마자르(Magyar)화 정책은 방해 받지 않고 추진될 수 있었다. 이 정책에 대한 저항은 대부분 정신적 생활과 경제에 있어서 큰 비중을 차지하는 슬로바키아 개신교인들이 수행하였다. 여기에 예를 들어 루터교 목사이며 저술가인 요제프 밀로슬라브 후르반(Jozef Miloslav Hurban: 1817-1888)이 계산되면, 그는 카롤리 짜이(Karóly Zay)의 통일 의도를 날카롭게 거절하였다.

체코 측에서는 민족운동이 교회정치적으로 주목을 받았다. 1871년 보헤미아와 메렌의 대표들이 오스트리아 개혁파 총노회에 자신들의 체코 노회의 동의하에 신청하였으나, 그것은 관할 내각에서 거부되었다. 또한 교회 안에서 증가된 이중 언어 사용에 대한 요구는 단지 제한된 반응만을 얻었다. 사람들은 1901년 교회 내에서 보헤미아를 서부로

- 예컨대 독일로 그리고 동부의 - 체코의 감독으로 나눔으로써 민족 긴장을 완화시키려고 시도하였다. 탈-로마-운동은 보헤미아와 메렌의 지교회를 성장하게 하였으며, 반가톨릭주의와 민족주의의 결합은 물론 어려운 문제였다. 이 시기에 수상 카시미르 폰 바데니(Kasimir von Badeni: 1846-1909)의 1897년 언어규정은 독일 친화적인 측에는 불쾌감을 주었고, 또한 탈-로마-운동에는 자극이 되었다. 이것에 뒤이어 1901년 7월 1일 이후 보헤미아 왕국에서 임명된 모든 공무원들은 독일어와 체코어를 말하고 쓰는 능력을 증명해야 했다. 그래서 독일어는 더 이상 보헤미아에서 독점적인 공용어가 아니었다. 다른 측면에서 개신교와 체고 민족문제가 상호 어떻게 결합되어 있는가 하는 것은, 1903년 프라하의 후스-기념비 제작을 시작하는 즈음에 열린 축제가 보여준다. 후스는 이제 체코 해방자로 여겨졌으며, 하나의 헌법이었다. 이것에 대하여 개신교 연맹이 격분하여 항의하였다.

1918년 10월 오스트리아-헝가리 이중군주국의 붕괴와 함께 체코슬로바키아는 독립국가가 되었다. 여기서 체코 부분은 정치적으로 비중이 컸다. 1918년 이전 시기부터 슬로바키아 자치권에 대한 확약은 체코 측에 의해서 실현되지 않았다. 그것은 1989년 이후에 이루어졌다. 그러나 체코슬로바키아 역사에서 두 나라 자체의 비중이 - 특히 교회 관점에서 - 점점 분명하게 인식될 수 있었다. 슬로바키아는 정치적으로, 교회적으로 1918년에 체코와 헝가리 사이의 불안정환 중간 위치에 놓여있었다. 어떻든 새로 탄생한 거대한 지역을 절단한 헝가리 국가는 슬로바키아를 얻으려고 애썼다. 여기에는 또한 교회 통일의 보호가 중요한 역할을 하였다. 이러한 노력은 슬로바키아로부터 거절되었으며, 또한 거기에 있는 개신교 목사 층으로부터도 거절되었다. 그리고 이것은 슬로바키아 지역에 거주하는 헝가리에 우호적인 두 명의 감독들인 산도르 라파이(Sándor Raffay: 1866-1947)와 하인리히 게둘리(Heinrich Geduly: 1866-1937)의 결정에 반대되는 것이었으며, 그 다음 이들은 그 나라를 떠났다. 헝가리가 보류하고 있는 교회 재산에 대한 논쟁은 헝가리 루터교와 슬로바키아 루터교 관계를 서로 부담스럽게 하였다.

민족주의는 오스트리아만이 아니라 합스부르크 군주국의 지원자로 여겨진 가톨릭교회에 대해서도 저항하였다. 그래서 체코슬로바키아의 첫 번째 대통령인 토마스 마사릭(Tomáš Masaryk: 1850-1937)은 가톨릭으로부터 탈퇴하여 개신교인이 되었다. 전쟁이 끝난 후 반가톨릭 활동들이 일어났다. 가톨릭 종교개혁은 이제 체코 민족의 압박과 동일시되었다. 그 사이 가톨릭 성직자들 가운데에 교회 민족화와 현대화에 대한 숙고가 시작되었다. 이미 1895년 '가톨릭 성직자 연맹'(Verband der katholischen Geistlichkeit)이 설립되어 민족교회적인 노력을 촉진시키고자 하였다. 상응하는 제안들이 로마에 의해서 거절당했을 때, 민족교회적인 가톨릭 지부인 '체코슬로바키아 교회'(Tschechoslowakische Kirche)가 결성되었으며, 이 교회는 슬라브인 교부(Slawenapostel) 키릴(Kyrill)과 메토드(Method)의 전통 안만이 아니라 얀 후스의 전통 안에 있는 것으로 생각되었다. 체코슬로바키아 교회는 지지자를 거의 체고인 안에서만 발견하며, 슬로바키아인 가운데서는 거의 없었다. 정교회로의 접근 시도는 실패하였다. 이것은 역시 체코슬로바키아의 많은 대표들이 오히려 비도그마적인 그리스도교를 따른다는 것에 있었다. 그들 가운데 1924년 첫 번째 총대주교로 선출된 카렐 팔스키(Karel Farský: 1880-1927)가 있었다. 그는 또한 권한 있는 교리문답을 작성하였다. 그와는 달리 체코슬로바키아 교회의 첫 번째 공의회가 이미 1924년에 개신교 전통과 접근을 결정하였는데, 이 전통은 후스파와 보헤미아 형제단을 통해서 구현되었다.

교회와 국가는 1920년 체코슬로바키아 헌법을 통해서 공식적으로 분리되었으며, 물론 국가는 목사직의 재정 지원에 참여하였다. 그리고 20년대의 흐름 속에서 국가편에서는 가톨릭교회와 타협점을 발견하려고 노력하였다. 법률 앞에서 동등해진 개신교 교회는 이러한 위협적인 불이익에 대하여 자신들의 지위를 주장하려고 시도하였다. 1921년 2월 인구조사에서 다음과 같은 교파들의 배열이 기록된다. 1,360만 명의 인구 중에서 76.3%가 로마가톨릭교회에, 3.86%가 체코슬로바키아 교회에, 7.29%가 개신교 교회에, 나머지는 그 밖의 교파에 나뉘어졌으며, 그 가운데 역시 몇 천 명의 소규모 개신교 교회의 구성원들이 헤아려졌다. 1930년 개신교의 비율이 7.67%로 증가하였고, 체코슬로바키아 교회의 구성원은 5.39%였다. 로마-가톨릭의 비율은 거기에 비해서 73.54%로 감소하였다. 개신교 교회는 탈-로마-운동으로 그들의 주민비율을 증가시킬 수 있었으며 그리고 그와 함께 체코슬로바키아 교회처럼 반가톨릭 경향으로부터 이익을 얻었다. 물론 개신교 교회는 스스로 아직 교파의 정체성을 추구하는 이러한 교회들 사이에는 어떠한 결합도 없었다.

개신교인들은 요제프의 관용칙령 이후 사실 교회적으로 조직될 수 있었으나 그들은 체코 측면에서는 오스트리아에, 슬로바키아 측면에서는 헝가리 교회조직에 놓여있었다. 제1차 세계대전 이후 예컨대 새로운 교회 구조가 세워져야 했으며, 여기에 다양한 전통과 민족적인 특징을 지닌 교회들이 생겨났다. 1918년 12월 체코 지역에 '보헤미아 형제단 개신교 교회'(Evangeklische Kirche der Boehmischen Brueder)가 설립되었다. 이 교회에 개혁파와 루터교가 통합되었다. 다음 해에 여전히 가톨릭으로부터의 약 10만 명의 개종자들이 여기에 덧붙여졌다. 이로써 또한 연합을 위한 옛 노력이 그들의 목적에 도달하였다. 그것을 위한 선구자는 1905년 개혁파와 루터교가 결합한 '콘스탄츠의 일치'(Konstanzer Unitaet)였다. 보헤미아 형제단 개신교 교회는 본질적으로 개혁파 전통에 있으며 그리고 무엇보다 후스파 전통에 있다. 교회 상징물로는 후스파 전통을 구체화시킨 그리고 성서에 바탕한 성배(Kelch)였다. 기본신조는 여러 전통의 흐름들로부터 선택하였다. 교회지도부는 노회에 위임되었으며, 여기의 최고 자리에 노회 상급자가 앉아있으며, 그가 교회를 외부에 대표한다. 첫 번째 상급자는 요세프 소우체(Josef Souček: 1864-1938)였다. 그는 1918년부터 1938년까지 재직하였다. 분리된 지 300년 이후 사람들은 새로운 일치를 형성하고자 하였으며, 이것은 또한 민족 형성의 근거 때문이기도 하였다. 보헤미아 형제단 개신교 교회는 신학적 신진을 1919년 이후 프라하에 새로 세워진 개신교-신학대학에서 양성하였으며, 이것은 얀 후스 이후에 지정되었다. 이전에는 장래의 목사들이 빈에서 공부하였다. 처음부터 보헤미아 형제단 개신교 교회는 에큐메니칼 운동과 결합하였다.

보헤미아 형제단 개신교 교회와 제1차 세계대전 이후에 세워진 구성원들의 숫자가 단지 몇 천 명인 형제교단(Bruederkirche)이나 형제일치(Bruederunitaet)들과 혼동해서는 안 된다. 형제교단은 시작을 19세기 각성운동에 두고 있는데, 자유로운 개혁파 교단이었다. 이들은 역사적으로 형제일치(Bruederunitaet)와, 예컨대 헤른후터(Herrnhuter)와 아무 관계가 없다. 또한 형제일치는 재차 19세기 후반기에 오랫동안 방해받은 후에 다시 그들의 본국 체코에, 예컨대 이 당시는 오스트리아 땅에 재조직될 수 있었다. 요제프의 관용칙령은 그들에게 아직 효력이 없었으며, 1861년 개신교 칙령은 그들에게 처음으로 생존의 토대를 주었다. 또한 침례교와 감리교 교회는 제1차 세계대전 이후 체코슬로바키아에 조직되었다. 이 교회들은 다른 작은 개신교 교회들처럼 가톨릭교회로부터 개종운동으로 이익을 보았다.

슬로바키아에서는 루터교가 개혁파와의 통합을 계속 거절하였다. 루터교 교인들은 민족적으로 슬로바키아인이며, 개혁파 교인들은 민족적으로 헝가리인이며 그리고 이웃 국가인 헝가리에 정향되어 있었다. 국가로부터 단지 슬로바키아에 있는 루터교만이 인정받았으며, 반면에 개혁파 교회는 이러한 승인을 포기하였다. 1919년 1월 21일 교회 대표자 회의에서 아우크스부르크신조의 슬로바키아 개신교 교회를 구성하였다. 지도부로서 총회협의회(Generalrat)가 기능하였으며, 이 안에는 독일 루터교 대표가 자리하였다. 이 교회는 슬로바키아에서 어떤 자신의 교회도 세워져서는 안 되는 것이었다. 1921년 노회는 새로운 조직을 재가하였으며, 노회는 교회헌법을 만들었고, 1922년 국가에 의해서 승인받았다. 슬로바키아에는 1921년 거의 3백만 명이 살았으며, 그 중에 70.89%가 가톨릭이며 12.8%가 개신교인이었다.

서부지역에는 대규모로 독일 출신의 소수자들이 살고 있었다. 이들은 친독일적이고 친오스트리아적이었다. 이러한 '독일적 보헤미아'(deutschboehmen)는 주로 주데텐 거주 독일계 주민(Sudetendeutsch)인데, 그들이 개신교인 한에서 여기에 있었다. 이들은 1919년 '보헤미아, 메렌 그리고 쉴레지아 독일 개신교 교회'(Deutsche Evangelische Kirche in Boehmen, Maehren und Schlesien)를 결성하였다. 여기에 또한 테센(Teschen) 공국의 서부 지역에 있는 독일 출신의 개신교인들이 결합하였다. 이곳은 1920년 체코슬로바키아에 속하게 되었다(동부지역은 폴란드에 속한다). 이 지역에서 폴란드어를 사용하는 교회로부터 '아우크스부르크신조 쉴레지아 개신교 교회'(Schlesische Evangelische Kirche Augsburgischen Bekenntnisses)가 결성되었으나, 이 교회는 오히려 후스파 종교개혁을 참고하였다. 보헤미아, 메렌, 쉴레지아 독일 개신교 교회와 보헤미아 형제단 개신교 교회 사이에는 단지 비공식적인 접촉만이 있었으며, 에큐메니칼 차원에서도 마찬가지였다. 전쟁이 끝난 후 독일 출신자들은 자결권 토대에서, 오스트리아 혹은 독일에 가입할 것을 요구하였다. 여기에 상응하여 그들은 처음에는 새로운 체코슬로바키아 국가통합을 거절하였으나, 20년대 단기간에 분위기가 변하였다. 그러나 30년대에 나치에 대한 '주데텐 독일 정당'(Sudetendeutschen Partei)의 동조 표현이 간과할 수 없게 되었다. 보헤미아, 메렌, 쉴레지아 독일 개신교 교회 수장은 에릭 베렌페니히(Erich Wehrenfennig: 1872-1968)였다. 1930년 비록 몇 곳의 개혁파 교회가 있었음에도 불구하고, 그 교회는 132,333명의 구성원을 가졌으며 스스로 루터교로 이해하였다. 또한 그들은 가톨릭의 개종자들로 인하여 확실한 성장을 이루었다. 이들은 단지 외국으로부터, 특히 독일로부터 그리고 구스타프-아돌프-협회의 도움을 통해서만 생명력이 있었다. 독일 주민들에게는 이 교회가 문화와 교육의 전달자로서 중요한 의미를 가졌다. 다른 한편에서는 1933년 이후에 마침내 '국민성'(Volkstum)에 대한 투쟁이 비독일 주민들과의 관계를 특징 지었다. '쥬데텐 독일 정당'이 독일민족의 세력을 결집시키는 저수지였다.

나치 독일의 팽창 열망은 1938년 '뮌헨협정'(Muencjner Abkommen)에 이르게 되었으며, 이 협정으로 다수의 독일인이 살고 있던 쥬데텐란드가 독일제국에게 양도되었다. 1939년 3월 체코슬로바키아의 격퇴가 뒤를 이었다. 슬로바키아는 독립국가가 되었다. 그리고 '나머지 체코'(Resttschechei)는 '제국보호국 보헤미아와 매렌'(Reichsprotektor Boehmen und Maehren)이 되었다. '체코슬로바키아 교회'(Tschechoslowakische Kirche)는 '체코 교회'(Tschechische Kirche)로 이름을 바꾸어야 했으며, 점령 세력과 함께 일하도록 해야 했다. 쉴레지아 개신교 교회는 해체되었으며, 모든 그들의 목사는 해고되었고 몇 명은 체포되었다. 슬로바키아에서는 약 3만 명의 구성원을 가진 아우크스부르크신조의 독일 개신교 교회가 분열되었다. 슬로바키아의 일부분은 헝가리에 떨어졌으며 동시에 개혁파 신조의 슬로바키아 주민들 대부분도 여기에 속했다. 개신교 교회의 가장 큰, 보헤미아 형제단 교회는 신진들을 비밀히 교육해야 했다. 왜냐하면 체코슬로바키아의 모든 대학들처럼 후스-대학도 문을 닫았기 때문이다. 보헤미아, 메렌, 쉴레지아 독일 개신교 교회는 반대로 승리한 것처럼 보였다. 그러나 여기서 1945년의 악한 깨달음에 이르게 된다.

2. 공산주의 사회와 탈공산주의 사회에서 개신교

전쟁 종전과 함께 몇 년간의 점령이 지난 후에 독일의 행적에 대한 증오심이 나타났다. 그래서 대부분 가톨릭 신자들인 약 3백만 명의 독일 출신들이 체코슬로바키아에서 추방당했다. 거기에 대한 근거는 대통령 에드워드 베네쉬(Edward Benesch: 1884-1948)의 명령이었으며, 그는 추가로 독일에 대한 증오를 호소하였다. 수만 명이 추방되어 사망하였다. 국가의 교회들은 에큐메니칼 운동의 비판적인 목소리에도 불구하고 기껏해야 소극적인 항의만을 표할 뿐이었다.

추방된 자들 중에 개신교 교인들, 예컨대 보헤미아, 메렌, 쉴레지아 독일 개신교 교회의 구성원들은 독일과 오스트리아에서 개신교 쥬데텐독일을 새로 구성하였다. 1948년 공식적으로 해체된 이 교회의 재산은 회수되었고 일부분은 다른 교회에 전달되었다. 추방당하지 않은 교회 구성원들은 보헤미아 형제단 개신교 교회에 가입하였다. 때때로 독일어 사용예배의 개최도 허용되었다. 1946년 체코슬로바키아와 헝가리 사이의 계약을 통해서 남부 슬로바키아에 있는 10만 명의 헝가리인과 헝가리에 있는 10만 명의 슬로바키아인이 교환되었다. 이를 통해서 슬로바키아에 있는 교파 비중이 루터교에 유리하게 옮겨졌고, 이것을 위해 슬로바키아에 21개의 새로운 교회가 세워졌다. 슬로바키아 루터교는 1951년 새로운 교회헌법 토대 위에 조직되었다. 슬로바키아에 있는 개혁파 교인들은 다른 측면에서 손실을 체험했다. 그러나 1949년 슬로바키아에 있는 개혁파 교회는 공식적으로 체코슬로바키아 국가로부터 승인되었다. 보헤미아 형제단 개신교 교회는 마찬가지로 이주를 통해서 가볍게 약 35만 명의 구성원에 이르렀다. 또한 테센지역에서 아우크스부르크신조의 쉴레지아 개신교 교회는 1948년 국가로부터 승인받았다. 그들의 약 5만 7천 명 가운데 여전히 약 1/3이 폴란드 출신이었다.

1948년 민주주의의 시작 이후에 체코슬로바키아에서는 공산당의 반란으로 '인민민주주의'(Volksdemokratie), 독재가 실시되었다. 이들의 목적에는 교회의 감시와 격파 그리고 종교의 배제가 속해 있었다. 1948년 3월 법률이 공포되었는데, 이를 통해 교회의 소유물은 압수되고, 학교는 국가로 넘어가고, 교회는 그들의 공적인 발전에서 단절되었다. 1949년 교회 업무를 담당하는 관직이 감독관청으로 정리되었다.[10] 이것은 지역(Kreis) 단계에 이르기까지 계층적으로 구성되었다. 그래서 감시가 지역교회에까지 이루어졌다. 1956년 이 관청은 형식적으로는 해체되었으나 결국에는 문화부의 한 부분으로 변형되었다. 개신

10) Voss: Die Religionsfreiheit, 230-232.

교의 관점에서 보면 사람들은 국가 조치가 본래 가톨릭교회에 대립되었으며, 이것은 실제로 공산주의 권력 장악에 최대의 적이었다고 생각한다. 국가정책은 개신교에 대한 승인과 동등권을 약속했다. 1949년 '교회와 종교 단체의 국가를 통한 경제적 보호에 관한' 법률이 공포되었다. 이 법률은 교회에 대한 국가의 감독을 더욱 효과적으로 규정하였다.[11] 이것은 구세군 혹은 침례교 같은 독립교단의 활동을 제한하였다. 그들은 전쟁 이후에도 여전히 제한받고 있었다. 국가의 승인은 엄격한 국가감독 선상에서 반대자들을 제거하였다. 모든 교회 성직자들은 1949년에 국가 공무원이 되었고, 국가에 대한 충성 서약을 통해서 그리고 동시에 정치체제에 대해 의무를 지고 있었다. 그러나 그들은 동시에 정책적으로 해고될 수 있었다. 그 외에 그들의 복무의무에 학교에서의 종교수업 행사가 포함되었으나, 이것은 대부분 행사되지 않았고, 1952년 공식적으로 폐지되거나 혹은 교회 건물로 옮겨졌다. 교회 건축물의 유지를 돌보는 국가의무 역시 이행되지 않았다. 교회 관리인과 반주자에 대해서도 물론 교회가 재정을 부담해야 했다. 국가의 감독은 교회와 예배생활에 이르기까지 깊게 미치고 있었다. 이미 1949년 9월에 개신교 목사연맹은 서명되어진 교회법을 피스얀(Piešt'any: Pistyan)의 한 회합에서 반대 입장을 취하였으며, 교회 생활에 대한 넓은 국가감독의 결과를 지적하였다. 슬로바키아 루터교 역시 항의하였다.

가톨릭교회는 처음부터 공산주의 독재에 이르기까지 공개적으로 공격당하고 박해를 당했다. 그리고 대부분 지하교회로서만 생존할 수 있었다. 개신교 교회 역시 강제조치를 통해서 복종할 수밖에 없었다. 물론 체제 순응 역시 여기가 보다 거대하였다. 그래서 개신교 측에서는 '콘스탄틴 시대의 종말이, 말하자면 교회와 국가혼합의 종말이 찬양되었다. 순응에 대한 비판이 전혀 이루어지지 못하게 되었다. 50년대에 슬로바키아에서 35명의 루터교 목사들이 공산주의 독재의 적대자로서 체포되었고, 몇 명은 또한 학대당하였다. 1962년 관청은 계속된 체포의 물결을 꾸미고 있었다. 여기에 더하여 많은 목사들이 국가의 규제에 의해서 자신들의 직무수행을 방해 당하였고 그리하여 다른 직업을 찾아야 했다. 공산당 지도자 알렉산더 두부체크(Alexander Dubček)의 개혁 노선이 보다 많은 영향력을 얻었던 1963년에야 약간의 긴장완화정책이 행사되었다. 그러나 이 시기에 탈교회화와

11) Voss: Die Religionsfreiheit, 220f.

탈그리스도교화가 이미 결정적으로 추진되고 있었다.

1955년 체코슬로바키아 개신교 교회가 에큐메니칼 협의회 안에 결성되었으며, 이것은 1989년 죄책고백과 함께 다시 해체되었다. 이 고백에서 협의회는 정치적 상황에 직면하여 자신의 침묵에 유감을 표명하였다. 1963년 이 에큐메니칼 협의회에 체코슬로바키아 교회가 가입하였다. 체코슬로바키아 교회는 1946년 공의회를 재조직하였는데, 여기서 또한 신학적 현장(Standort)에 대한 선언이 결의되었다. 여기서 다시 한 번 비교의적인 근본적 실행이 강조되었으나, 또한 개신교에 대한 점점 가까움이 인식될 수 있었다. 이 교회는 1971년 '체코슬로바키아 후스파 교회'(Tschechoslowakische Hussitische Kirche)로 칭하였다. 이 교회가 생긴 이후 민족적 측면에서 큰 역할을 하였기 때문에, 이 교회는 사회주의적 체제에 강력한 친화력을 가지며 그리고 이 체제는 반대로 이 교회에 친화력을 가졌다. 1950년 후스파 교회는 프라하 대학교의 후스-학부로 옮겨졌으며, 여기서 이제까지 보헤미아 형제단 개신교 교회의 신진신학자 교육이 이루어졌다. 이 교회는 그래서 1953년 프라하에 코메니우스 학부를 설립하였으며, 이곳에서 마찬가지로 다른 개신교 교회의 장래목사들이 공부할 수 있었다. 여기서는 동시대의 독일어 사용이 신학에 수용되었다. 신학, 교회 생활 그리고 신앙은 하나의 매우 넓은 스펙트럼을 포괄하는데, 그것은 전통적인 성서 신앙으로부터 정치적이고 사회주의 체제를 거절하는 신학에까지 이른다. 성서적인 정향으로부터 1979년 에큐메니칼 체코 성서번역이 자라났다.

1945년 이후 가장 유명한 체코 개신교 신학자는 요세프 로마드카(Josef Hromádka: 1889-1969)였으며, 그는 코메니우스 학부에서 가르쳤고 1950년에서 1966년까지 학장이었다. 그는 또한 보헤미아 형제단 개신교 교회 대표자로 여겨질 수 있었다. 그는 이미 20년대에 칼 바르트의 신학을 프라하에 소개하였다. 60년에 프라하로부터의 사상들이 전 유럽에서 대중적이 되었으며, 이에 의하면 그리스도교와 사회주의의 친화성이 분명히 존재한다.[12] 여기에는 무엇보다 가톨릭에서 영세 받은 철학자 밀란 마코비치(Milan Machovec: 1925-2003)가 있다. 1967년 마리엔바드(Marienbad)에서 그리스도교-사회주의 대회가 열

12) 비교. die von Bé Ruys und Josef Smolík im Fruehjahr 1968 veroeffentlichte Sammlung: Stimmen aus der Kirche ČSSR. Dokumente und Zeugnisse.

렸으며, 여기에 뛰어난 개신교와 가톨릭의 신학자들이, 무엇보다 독일에서 참여하였다. 여기서 서로 상대방을 이해하는 것이 얼마나 어려운 것인지 금방 나타났다. 사회주의로의 접근은 '그리스도교 평화대회'(Christliche Friedenskonferenz)로 구체화하고자 하였으며, 이것은 1958년 처음으로 프라하에서 개최되었다. 이것은 정치적 명령에 따라 생긴 것이다. 왜냐하면 사회주의 국가의 지도부는 그들의 '평화정책'이 교회적으로 호위되고 있는 것처럼 하였기 때문이다. 로마드카는 그리스도교 평화대회의 지도적 인물이 되었으며, 이것은 프라하에 자리를 잡았다. 로마드카는 1968년 '프라하의 봄'이 '인간적인 얼굴을 갖는 사회주의'에 대한 자신의 환상과 함께 바르샤바 조약 군대의 진압으로 좌절되었을 때, 물론 그는 철저히 실망하였다. 밀란 마코비치는 보다 나은 사회주의와 관련해서, 프라하의 봄에 대한 그의 낙관주의에 대해 자신의 프라하 대학 교수직상실로 참회하였다. 1969년 사망한 그리스도교 평화대회 의장 로마드카의 후임자는 슬로바키아 감독 얀 미칼코(Jan Michalko: 1912-1990)였다. 그리스도교 평화대회 자체가 혼란단계를 경험하였는데, 그것은 그들의 1989년 이전의 공식적인 역사서술에서 은폐되었다.

'프라하의 봄'은 또한 짧은 교회자유의 기간을 가져왔으며, 여기서 국가 감독으로부터 독립의식이 보다 크게 시작되었다. 규제되고 그리고 직무에서 제거된 목사들은 이제 복권을 희망하였다. 1968년 8월 21일 바르샤바 조약 군대의 체코슬로바키아 진입으로 이러한 출발은 곧 끝났다. 뒤이은 '정상화'(Normalisierung)의 단계는 가톨릭교회보다는 개신교 교회에 보다 덜 심하게 진행되었다. 가톨릭교회는 여전히 정치적으로 위험스럽게 여겨졌다. 보헤미아 형제단 개신교 교회는 1969년 초 군대 투입에 대한 뒤늦은 항의를 감행하였다. '새로운 정향'(Neue Orientierung) 이라는 이름의 젊은 목사들의 반대진영에서는 당시 바르트, 본회퍼 그리고 로마드카를 읽었다. 그러나 실제로 개신교 교회는 계속해서 그 체제 안에 기꺼이 순응하였다. 이들의 감독들은 국가에 충성스러웠으며, 스스로 불만스러운 목사들의 파면에 간섭하였다. 불만스러운 목사들과 비판적인 신학 교수들은 그들의 직장을 잃게 되었다. 개신교인들이 조용히 있음에도 불구하고 계속 나아간 국가의 농간이 점점 더 개신교의 영향력을 잃어버리게 하였다. 슬로바키아 루터교는 헝가리 루터교와 마찬가지로 사회에 봉사하는 신학에 관계하였다.

1975년 헬싱키에서 KSZE-결정[13]이 통과된 후 또한 체코와 슬로바키아 교회에서도 반대의 기운이 성장하였다. 몇 명의 사람들은 1968년 이후 이 반대를 멈추지 않았으며, 그리고 여기에는 여성교육학자이며 철학자인 보쩨나 코마르코바(Bozena Komárková: 1903-1997)가 포함되어 있었다. 그 결과 고용된 개신교인들과 목사들이 '헌장 77'(Charta 77)에 참여하였으며, 그리고 이 헌장 77 집단은 다음 해에도 신앙의 자유와 양심의 자유를 요구하는 것을 포기하지 않았다. 물론 보헤미아 형제단 개신교 교회 안에서 이 입장은 논의의 여지가 없는 것이 아니었다. 왜냐하면 이것은 국가와의 새로운 갈등을 야기할 수 있기 때문이다. 헌장 77에 서명한 6명의 개신교 목사는 이미 이전에 그들의 직무를 상실하였다. 헌장 77을 뒤이어 교회에 속한 31명의 체제 비판가가, 이 가운데는 6명의 목사 그리고 그 밖의 11명의 종교인이 있었는데, 이들은 하나의 편지를 작성하였으며, 여기에서 의회로부터 자유로운 종교행사에 대한 법률보장을 요구하였으며 교회생활의 방해를 비판하였다. 이 발의는 교회지도부에 대한 간접적인 비판을 나타내었으며, 지도부는 여기에 대하여 강렬한 반응으로 방어하였다. 노회는 절제의 길을 걸으며 그리고 교회지도부에게 비판가들과의 대화를 요구하였다. 그러나 마침내 반체제 인사들은 통합될 수 없었다. 왜냐하면 이들의 비판은 교회의 체제순응에 대해 근본적으로 물음을 제기하였기 때문이다.

비폭력 과정 때문에 '빌로드 혁명'(Samtene Revolution)으로 통하는 1989 전환기에 교회에 대해 과거극복 문제가 제기되었다. 1989년 11월 개최된 보헤미아 형제단 개신교 교회의 첫 번째 노회는 시민 권리를 위해서 하나의 확실한 입장을 수용하였다.[14] 그러나 그 방침은 말할 것도 없이 무너졌다. 이제 교회 역시 데모대에 대한 경찰폭력에 항의하였다. 여하튼 교회는 상대적으로 깨끗한 기구로 여겨질 수 있어서, 요세프 로마드카라 불리는 직무 중인 노회 상급자가 짧은 기간 수상대리인이 되었다. 헌장 77의 가치 인정이 이제 1990년 노회 성명서에 있었다.[15] 같은 해에 국가의 교회감독이 폐지되고, 이제 구세군과 다른 단체들이 국내에 들어왔다. 슬로바키아에서는 1990년 비판적인 목사들이 발언하였는데,

13) 역자 주: Konfernz ueber Sicherheit und Zusammenarbeit in Europa의 약자

14) 1989년 11월 18일일 노회 보고에서 오터의 발췌, Otter: Die erste Vereinigte Kirche im Herzen Europas, 92 und 98.

15) 오터의 발췌, Otter, 98.

이들은 1970년 이후 직무를 이끌던 감독이며, 그 체제의 당원인 얀 미칼코에게 불신임을 나타내었다. 변명의 답변 반응이 일반적이었다. 결국 퇴임한 미칼코는 더 나쁜 상황을 피했다. 1970년 국가자료는, 슬로바키아 루터교 지도부에 충실한 추종자를 가졌다는 관청의 확증을 증언한다.[16] 슬로바키아 개혁파 교회 감독 임레 발가(Imre Varga) 역시 관청의 호의를 만끽하였는데, 그는 슬로바키아 대부분의 개혁파 교인들처럼 헝가리 소수자에 속했다. 그는 친헝가리 경향을 추구하는데 어떠한 의심의 동기도 갖지 않았기 때문이다.

1989년 이후 독립된 슬로바키아에서 1992년의 헌법은 종교와 양심의 자유를 보장하였다. 2만 명 이상의 구성원을 갖는 종교단체는 국가승인을 받을 수 있었다. 그리고 그들에게 재정지원이 허락되었다. 국가 역시 디아코니아 설립의 재정에 참여하였다. 1989년 이후 교회의 학교들이 다시 설립될 수 있었다. 1998년 슬로바키아인의 58%가 가톨릭이었으며, 9%가 개신교였다. 슬로바키아의 '아우크스부르크신조의 개신교 교회'는 90년대 초에 약 33만 명의 구성원이 있었다. '슬로바키아 개혁파 그리스도교 교회'는 주로 헝가리 출신의 구성원이었다. 당시 이 교회에 8만 5천 명이 속했다. 여기에 침례교와 감리교 같은 작은 교단들의 구성원들과 보헤미아 형제단 체코교회가 덧붙여졌다. 재림파들을 제외하고 개신교 교회는 슬로바키아 공화국 교회 협의회를 대표하였다. 슬로바키아 개신교와 가톨릭 성직자들의 교육을 위해 브라티스라바(Bratislava) 대학에 신학부가 설립되었다.

체코는 오늘날 동유럽에서 무교파(konfessionslos)가 최고의 비율을 차지하는 나라이다(그 외에 단지 동독만이 여기에 비교될 수 있다). 무교파의 비율은 1998년 73%였으며, 슬로바키아는 27%였다. 재개신교화(Reevangelisiereung)에 대한 희망은 1989년 이후 이루어지지 않았다. 하지만 국가감독의 유연함이 교회생활의 전개를 가능하게 하였다. 이것은 특히 어린이, 청년 직무와 디아코니아에 대해 가치가 있었다.

1991년 인구조사에 의하면 가톨릭교회는 체코 인구의 39%에 해당하며 4%는 개신교 교회에 속한다. 1998년 하나의 교회 사회학적인 설문조사에 의하면 23%가 가톨릭이며 1%가 개신교였다. 개신교 교인들은 주로 보헤미아 형제단 개신교 교회와 체코슬로바키

16) Rudolf Bohren: Der Protestantismus in der Slowakei der Aera des Kommunismus, 218f., in: Schwarz, Die Reformation und ihre Wirkungsgeschichte in der Slowakei)insgesamt . 211-222).

아 후스파 교회의 구성원이다. 제2차 세계대전이 끝난 후 아우크스부르크신조의 쉴레지아 개신교 교회가 다시 세워졌다. 이 교회와 그 밖의 다른 교회들의 구성원이 당시 몇 천 명이 되었다. 체코 국가의 교회관계는 1989년 이후 단지 지나치듯이 규제되어서, 종교단체들이 국가적으로 등록될 수 있었고 신앙자유가 지속되었다. 여전히 큰 교회들은 무엇보다 목사봉급이 재정적으로 국가에 의존되었으며, 반면에 침례교 교인(침례교의 형제연합으로서: Bruederunitaet der Baptisten)과 다른 자들은 독립교단으로 의식하였다.

독일-체코의 화해 노력 움직임에서 가장 중요한 주제는 쥬데텐 독일주민의 추방에 대한 교회입장이다. 1995년 보헤미아 형제단 개신교 교회는 성명서를 결의하였는데, 그것은 독일들의 '강제이주'(Aussiedlung)를 유감스럽게 여기며, 또한 독일인이 체코인에 행한 범죄를 기억한다는 것이었다. 보헤미아 형제단 개신교 교회와 EKD와의 공동 작업에서 이제 1998년 '나누는 울타리가 해체되다'라는 주제로 화해의 권유가 가결되었으며, 이것은 양편에 대해 책임을 주제화하는 것을 시도하였다.

C 폴란드

1. 제1차 세계대전까지의 개신교

폴란드의 경계선은 세기에 걸쳐서 결정적으로 변화되었다. 답변반응은 폴란드 정체성 형성이었으며, 주로 가톨릭으로 각인되었다. 이것은 철저히 오랜 과정이었으며, 20세기까지 지속되었고 그리고 종교개혁 운동의 첫 결과 이후 가톨릭 종교개혁을 통해서 시작되었다.[17] 폴란드가 근대 초기에 다른 국가들의 탐욕의 희생이었다는 것이, 민족정체성을 형성하는데 장기적으로 공헌하였다. 선거로 선출된 군주국(Wahlkoenigtum)은 낯선 지배자에게 왕관을 가져다주었다. 그 가운데 작센의 선제후 프리드리히 아우구스트 2세(Friedrich August II: 1670-1733), 예컨대 강인한 아우구스트가 있었다. 1768년 강력한 이웃들인 프로이센과 러시아가 폴란드 제국의회의 '바르샤바 조약'(Warschauer Traktat)으로 개신교과 정교회의 종교적 관용을 보증할 것을 강요하였다. 이것은 마치 이미 16세기 법적

17) 비교. Koch (KGE II/8), Kap.1C.

상황에 상응하였다. 1772년 프로이센, 러시아 그리고 오스트리아는 폴란드를 서로 분할하기 시작하였다. 거기에 대한 구실은 관용 관철이었다. 그 중에서도 프로이센의 점유는 가톨릭 박해로 폴란드 개신교 주민의 고통에 대한 가톨릭교인들 때문이었다. 1772년 첫 번째 폴란드 분할 이후 프리드리히 대제(Friedrich the Grosse)는 이제 프로이센이 된 폴란드 지역에서 개신교도들부터 해방자로 환영 받았다. 1795년까지 현존한 나머지 폴란드 국가의 개신교는 짧은 기간 동안 새롭게 조직되었다. 여기에는 아직 약 15만 명의 개신교인들, 즉 개혁파와 마찬가지로 루터교 교인들이 살고 있었으며, 이들의 대표자들은 1775년과 1776년 전국에 걸쳐 노회를 개최하였다. 그러나 교회 조직의 결정에는 이르지 않았다. 1809년 나폴레옹 지배하에 '바르샤바 공국'으로 새로 세워졌던 폴란드를 1815년 빈 회의는 국가로 다시 세웠는데, 물론 단지 주요부분의 존립(Rumpfbestand)과 러시아와의 군합국(Personalunion)[18]에서만 세워졌다. 역사적 폴란드의 대부분은 프로이센과 오스트리아에 혹은 러시아에 합병되었다.

이전에 폴란드에 속했던 지역에는, 이곳은 이제 프로이센 주의 서프로이센과 포젠(Posen)을 이루는데, 프로이센 교회 조직이 도입되었으며, 그래서 또한 1817년 루터교와 개혁파가 연합을 이루었다. 이 주에서는 19세기 동안 독일인과 폴란드인의 대립이 드러났으며, 특히 폴란드 주민들이 주로 가톨릭이었을 때 나타났다.

의도된 이주정책을 통해서 독일인 비율과 그래서 개신교인들이 증가하였다. 1900년 약 50만 명의 개신교인이 포젠 주에 있었으며 그리고 약 100만 명이 서프로이센에 있었다. 1871년 새로운 독일 제국창설과 더불어 교회에게는 독일 민족주의를 위해 더욱 강력하게 요구되어졌다. 단순하게 말하면 개신교는 특히 문화투쟁에서 슬라브주의와 가톨릭에 대항하는 전초병이었다. 또한 오스트리아로 넘어간 폴란드 지역, 예컨대 갈리찌엔(Galizien)과 로도메리엔(Lodomerien)에서는 개별적인 개신교 지교회들이 있었으며, 그 가운데 크라카우(Krakau)에 한 교회가 있었다. 전체적으로 19세기에는 개신교의 새로운 이주민을 - 그들은 부분적으로 라인팔츠 지역에서 왔는데 - 통해서 교회 숫자가 증가하였다.

18) 역자 주: 둘 이상의 독립국이 한 군주를 모시는 명목상의 연합

이제 러시아 땅이 된 폴란드 지역과, 러시아와 결합된 '콘그레스폴렌'(Kongresspolen)[19]에는 그들 편에서 처음에는 단지 흩어진 교회만이 있었으며, 그 가운데 루터교가 큰 비중을 차지하였다. 19세기 동안에 많은 독일 식민주의자들이 바르샤바의 러시아 분할지역과 확장된 산업중심지 로즈(Lodz)로 이주하여서, 폴란드 중앙의 개신교 비율이 증가하였다. 그리고 이것은 그 사이에 언어적으로나 문화적으로 독일에 각인되었지만, 민족주의적이지는 않았다. 1828년 황제 니콜라스 1세는 국교주의 의미에서 성장하는 교회를 포괄하는 교회조직을 규정하였으며, 여기에는 또한 루터교 교인들과 개혁파 교인들의 연합이 속하였다. 바르샤바의 총-당회(General- Konsistorium)는 차르 관청의 지휘 아래 교회감독을 떠맡았다. 당회와 많은 목회자들이 1830/31년 폴란드 봉기의 반란 배후에 서있었다. 그 뒤에는 유럽 전역에서 폴란드 자유 투쟁에 대한 열광이 있었다. 이것은 1863/64년 봉기와는 달랐는데, 이때는 교회지도부가 충실한 관청의 입장으로 물러나 있었다.

연합에 대해 루터교 교인들이 강력한 저항으로 반응하였는데, 이것은 실제로 차르가 귀를 기울였으며, 특히 그들은 차르가 또한 러시아 중심지에서 연합 강요를 포기한 것을 참조할 수 있었다. 그래서 연합은 1849년 폴란드에서 다시 취소되었으며, 그 대신 '폴란드 왕국 개신교-아우크스부르크 교회'에 대한 교회 조직이 공포되었다. 이 교회는 신조 토대를 아우크스부르크신조(Confessio Augustana: CA)에 두었다.[20]이 교회는 계속 바르샤바 당회를 통해서 지도되었으며, 여기 수장에는 총감독(Generalsuperintendent)이 자리하였다. 총노회는 규정되었으나, 비록 20세기 초에 이것을 요구하는 목소리가 더욱 증가하였음에도 불구하고, 러시아 통치 시기에는 결코 소집되지 않았다. 게다가 더욱 목회자 모임이 노회로 통용되었다. 1849년에서 1874년까지 총감독은 합리주의적인 특징을 갖는 아돌프 테오도르 루트비히(Adolf Theodor Ludwig: 1808-1876)였다. 그의 후임자는 1895년까지 파울 볼데마 에버트(Paul Woldemar Everth: 1812-1895)였는데, 그는 폴란드를 마음대로 지배하지 못하였고, 그래서 전임자처럼 바르샤바의 교회목사가 동시에 될 수 없었다. 조직과 재정 측면에서는 개신교-아우크스부르크 교회는 러시아 국교였으나, 다른 한편에서 교회는

19) 역자 주: 빈 회의 결과 만들어진 러시아 제국의 한 부분으로서 폴란드 왕국

20) Kleindienst/Wagner: Der Protestanismus in der Republik Polen, Dok. 7.

거대한 자치권을 가지고 있었다. 반대로 숫자가 적은 개혁파 교회는 본질적으로 방임되었다. 그 밖의 러시아 제국의 루터교와는 단지 간접적인 관계만 있었다. 개신교-아우크스부르크 교회는 전혀 토착적인 구성물이 아니며 매우 다양한 특징들의 교회가 결합된 것이다. 1880년 처음으로 공동의 찬송가가 독일어로, 1899년에는 폴란드어로 된 하나의 찬송가가 도입되었다. 1886/1888년 바이에른의 모형을 따라 두 부분으로 된 독일어 예배순서가 발간되었다. 예컨대 개신교-아우크스부르크 교회의 루터주의에는 어떠한 절망도 있을 수 없었다.

1850년 콘그레스폴렌에 약 20만 명의 개신교 교인들이 살았다. 1865년 개신교-아우크스부르크 교회는 넓은 이주민들의 물결로 이미 23만 6천 명의 구성원을 지니게 되었으며, 그들 가운데 대부분이 여전히 독일 출신들이었다. 그들의 목사들은 서유럽에서 공부해서는 안 되었고, 그래서 그들은 러시아 제국에 있는 독일어 사용 대학인 돌파트(Dorpat) 대학을 다녔다. 전체적으로 폴란드 개신교에 대한 러시아 정책은 우호적이었다. 이것은 물론 국교 영역밖에 있는 개신교 교인들에게는 해당되지 않았으며, 그리고 이것은 무엇보다 침례교에게 해당된다. 헤른후터 형제회(Herrnhuter Bruedergemeine)는 보다 잘 지냈으며, 그들의 구성원은 1874년까지 더욱이 군복무에서 벗어났다. 형제회는 공식적으로 개신교-아우크스부르크 교회에 편입되었으며, 국가의 보호를 누렸다.

바르샤바에서 독일특징을 지닌 폴란드 개신교 분위기가 일어났다. 여기에서 폴란드 문화와 독일 문화가 개신교 교회품 안에서 화해하려는 욕구가 있었다. 이 운동선구자 중 하나는 19세기 후반기의 바르샤바 목사 레오폴드 마틴 (폰) 오토(Leopold Martin (von) Otto: 1819-1882)였다. 다른 한 사람은 오토의 영향을 받은 율리우스 부르쉐(Julius Bursche: 1862-1942)였다. 이 사람의 모토는 다음과 같다. '독일화도 아니요, 폴란드화도 아니다. 오히려 복음의 신실한 선포이다.' 오토는 1863/64년 폴란드 봉기에 동조하였으나, 짧은 감금으로 무사하였다. '폴란드 복음주의'(Polnischer Evangelizismus)의 복음전도 프로그램의 도움으로 시도된 문화적응은, 언어, 문화 그리고 교회 안의 러시아적인 것의 관철에 대항하였으며, 20세기에 폴란드 개신교 가운데 독일 민족주의가 깨어날 때 의문시 되었다.

2. 1918년 이후 근대 폴란드 국가의 개신교

제1차 세계대전 중에 폴란드에서는 민족주의적인 충돌이 생겼다. 왜냐하면 독일인들은 러시아 정부의 눈에는 배신자였기 때문이다. 제국의 동부지역에서의 보복과 추방은 그 결과였다. 그 다음 1915년 폴란드의 독일지역 점령에는 폴란드의 위성국가를 위한 계획만이 연결된 것이 아니라, 독일 교회제도 설립을 위한 것이기도 하였다.[21]그래서 독일지역 점령에 제국독일 목사들과 새로운 교회지도부가 투입되었다. 독일 군대가 철수하고 폴란드가 독립국가 되었을 때, 근본적으로 그 관계들이 변하였다. 1919년 베르사이유 조약을 통해서 프로이센은 포젠 주와 서프로이센을 새로 세워진 폴란드 국가에게 잃었다. 이러한 주들에서, 지금까지 교회생활에 영향을 미쳤던 독일화정책은 이제 폴란드화정책으로 되돌아갔는데, 이것은 가톨릭화정책과 쌍을 이룬다. 여기서 이제 1910년 이후 재직한 포젠의 총감독 파울 블라우(Paul Blau: 1861-1944)의 지도아래 '포젠 연합 개신교 교회'(Unierte Evangelische Kirche in Posen)가 설립되었으며, 서프로이센의 지교회들이 가입하였다. 이 교회는 계속하여 자신들을 구프로이센 연합교회의 일부로 생각하였으며, 국가경계선이 교회 경계선이 되어서는 안 된다는 요구를 고집하였다. 1918년 이후 이 교회는 심각한 구성원 감소를 기록해야 됐는데, 이것은 많은 독일인들이 독일로 이주하였기 때문이다. 그래서 1938년 110만 명의 독일 주민이 30만 명으로 감소할 때, 이 교회 구성원 숫자는 약 87만 명에서 28만 명으로 떨어졌다. 폴란드 국가와 교회는 교회헌법과 교회 지도관청의 보직 그리고 최고관리위원회에 대해서 논쟁 중에 있었다. 여하튼 교회는 자신들의 모든 건물들과 묘지들을 유지하였다. 프로이센 최고관리위원회가 기꺼이 협력하려고 했던, 1923년에 도입된 교회헌법은 국가로부터 거절도 아니고 인정도 받지 못하고, 기다리고 있었다. 포젠의 당회는 국교협정을 제안하였으나, 어떠한 대답도 듣지 못하였다.[22] 총감독 파울 블라우는 주어진 정치적 여건 아래에서 필연적인 것을 받아들이도록 충고하였다. 목사직은 1925년 포젠에 개원된 신학 세미나에서 교육되었다. 왜냐하면 학업이 독일

21) 헌법초안 in Kleindienst/Wagner: Der Protestanismus in der Republik Polen, Dok. 9.

22) Besier: Altpreussische Kirchengebiete, Nr.11.

에서는 금지되었기 때문이다.

또한 이전 프로이센의 상부실레지아에서 1921년 국민투표가 실시되었는데, 주민 다수가 독일에 잔류하는 것에 찬성하였다. 그럼에도 불구하고 경제적으로 중요한 석탄과 철광산을 지닌 상부실레지아는 폴란드로 넘어갔다. 국제연맹은 이 지역 개신교인들에게 자유로운 종교행사와 교회관계를 국가경계선을 넘어서 프로이센으로 향한 것을 보증하였다. 이 지교회들은 카토비치(Kattowitz)에 자리 잡아 '폴란드-상부실레지아 연합 개신교 교회'(Unierte Evangelische Kirche in Polnisch-Oberschlesien)를 설립하였다.[23] 제2차 세계대전까지 이 교회 구성원 숫자는 약 6만 명에서 3만 명으로 내려갔다.

하나의 특별한 위치는 위성지역을 지닌 단치히(Danzig)였는데, 이것은 제1차 세계대전 이후 역시 프로이센에서 떨어져 나갔다. 그러나 폴란드에 속하는 것이 아니라 국제연맹의 위임통치 아래 '자유 도시'의 상태를 유지하였다. 단치히는 교회적으로 프로이센의 일부로 남았으나, 총감독이 주재하는 자신의 고유한 당회를 가졌다. 이 총감독은 1933년 감독 타이틀을 얻었다. 또한 이전에 오스트리아에 속했던 갈리치엔(Galizien)과 로도메리엔(Lodomerien)의 지교회들은 계속 교회의 통일을 이루었다. 여기서 1918년 '갈리치엔의 아우크스부르크신조와 스위스신조의 개신교 교회'(Evangelische Kirche Augsburgischen und Helvetischen Bekenntnisse in Galizien)가 생겼으며 대략 3만 3천 명의 구성원을 지녔다. 가장 작은 개신교 교회는 포젠의 로고츠노(Rogozno)에 자리한 약 4천 명의 구성원을 지닌 개신교-루터교였다. 개혁파 교인들은 두 교회, 즉 약 2만 명의 구성원을 지닌 바르샤바 노회와 그리고 약 11,000명의 구성원을 지닌 빌래어(Wilnaer) 노회에 속하였다. 여기에 때에 따라 몇 천 명의 지지자들을 가진 침례교 같은 다른 운동들이 첨가되었다.

그 밖의 폴란드 지역은 1832년 콘그레스폴렌에 세워진 개신교-아우크스부르크 교회의 계승으로 '폴란드공화국 개신교-아우크스부르크 교회'(Evangelisch-Auggsburgische Kirche in der Republik Polen)가 설립되었다. 1913년 약 69만 명의 교회구성원이 있었으나, 1939년에는 겨우 약 52만 명이었으며, 이들은 독일 출신만이 아니라 폴란드 출신들이었

23) Statut (Kirchenordnung) in: Quellenbuch zur Geschichte der Evangelischen Kirche in Schlesien, 410-412, und in Kleindienst/Wagner: Der Protestanismus in der Republik Polen, Dok. 21.

다. 여기서 독일의 비율은 처음에는 상당히 우세하였으나, 점점 그리고 마침내는 약 3/4으로 감소하였다. 새로 확정된 폴란드의 다른 부분에 있는 여러 교회들 역시 이 교회에 가입하였다. 이 가운데 그때까지 오스트리아였으며 그리고 제1차 세계대전 이후에는 체코슬로바키아와 폴란드로 분할되었던 테센 제후국의 교회들도 있었다. 그러나 포젠 연합 개신교 교회는 개신교-아우크스부르크 교회와의 결합을 거절하였다. 피상적으로는 그들이 루터교에 연결되는 것을 원치 않았기 때문이었다. 그러나 차이에 대한 근본적인 이유를 보면, 포젠 연합 개신교 교회는 자신들을 민족적으로 독일인으로 생각하였으며 개신교-아우크스부르크 교회 승인에 있어서 폴란드 개신교 주민들을 전혀 이해하지 못했기 때문이다. '과도한 외국 영향'(Ueberfremdung)에 대한 두려움은 그곳이 교회이든 학교이든 컸다. 그래서 포젠에 있는 교회지도부는 의심받았으며, 국가는 폴란드 개신교 교인 교사를 이전의 프로이센 지역으로 보냈다. 또한 독일어를 사용하는 초등학교 제도의 방해가 거대한 불만을 일으켰다.

개신교-아우크스부르크 교회 총감독에 이미 1904년 이후 율리우스 부르쉐가 되었다. 1915년 그는 러시아로 압송되었으며, 1918년 초에 스웨덴으로 우회하여 귀국하였다. 그 사이 독일 점령세력은 개신교-아우크스부르크 교회를 독일적인 의미로 개편하려고 시도했는데, 거대한 소요를 걱정하였다. 1917년 10월 로즈(Lodz)에서 노회가 열렸다. 여기에서 독일에 의해 강요된 교회제도 심의가 교회 분열을 야기하였다. 1918년 독일 주둔군 철수로 그 프로젝트가 궁극적으로 좌절되었다. 1919년 폴란드 공화국 탄생 이후에 부르쉐는 정치적 중립을 상기시켰다. 그의 정치적 관계수용은 - 독일 지역이 폴란드로 떨어져 나갔다 - 그를 필연적으로 개신교 연합 교회와 독일로부터 추진된 교회정치와 민족정치의 전선으로 몰고 갔다. 물론 부르쉐는 1920년에 제출된 폴란드 헌법 초안을 거절하였으며, 이것은 가톨릭의 특혜를 규정하는 것이었다. 항의의 결과로 가톨릭이 사실 특별한 지위를 차지하고 있으나, 1921년 발효된 헌법 115조에서 소수교단 자치권과 국가와 교회관계의 규정이 개별적 계약들에 의해서 규정되게 되었다.[24] 1922/23년 개신교-아우크스부르크 교회가 노회를 통해서 구성되었다. 당시 부르쉐의 지도 아래 '바르샤바 그룹'과 '독

24) Kleindienst/Wagner: Der Protestanismus in der Republik Polen, Dok. 18.

일인 다수'를 대변하하고자 하는 '독일 목사의 로즈 연구회'(Lodzer Arbeitsgemeinschaft der deutschen pastoren) 사이의 교회 분열이 다시 염려되었다. 그러나 독일의 독립교단을 세우려는 시도는 시초에 박혀있었다. 강력한 노회 요소를 포함하는 하나의 교회헌법이 통과되었다.[25] 그러나 이 교회헌법의 공식적인 승인은 생기지 않았다.

개신교-아우크스부르크 교회의 목사 양성을 위해서 1922년 바르샤바 대학에 신학 아카데미가 세워졌다. 포젠 연합 개신교 교회의 장래 성직자들은 이 '폴란드' 기관에서 학업하지 않았다. 이 교회는 1936년 처음으로 새 헌법을 가졌다. 그때까지 차르제국 시대의 교회헌법이 통용되었으며, 이 헌법은 국가에게 막대한 점유가능성, 무엇보다 직무임용권을 주었다. 이미 1929년부터 새로운 헌법이 심의되었다. 첫 번째 초안이 1933년 '로즈 연구회'의 저항에 부딪쳤다. 이제 교회 내부의 반대는 그 사이에 나치 독일이 된 상황에서 지원을 찾았다. 그래서 심의는 다시 중단되었고, 1935년에 새로 시작해야 했다. 또한 이제 교회 내부반대는 간과될 수 없었다. 그러나 이제 사람들은 독일 친화적인 반대를 무시하고, 빨리 계약을 결정하였다. 목적은 광범위한 국가 감독권과 협정이었으며, 이것은 또한 목사들의 임명에까지 달했다. 국교계약이 체결되었고,[26] 그래서 단기간에 교회헌법이 발효되었으며 이제 국가가 승인하였다.

반응은 격렬했다. 독일 우호적인 반대자는 새로 개신교-아우크스부르크 교회 탈퇴와 독립교단 설립으로 위협하였다. 독일 개신교 교회(DEK)의 교회대외담당은 에큐메니칼 차원에서 항의하였다. 교회 내부의 반대자들은 개신교-아우크스부르크 교회지도부 선거에 후보를 내세웠으나, 그들이 배치하고 선출한 후보자들이 국가에 의해서 받아들여지지 않았다. 물론 반대자들은 교회 백성들(Kirchenvolk) 안에서 그들이 본래 기대한 지원을 얻지 못하였다. 그럼에도 불구하고 이들은 계속 교회분열을 가지고 압박하였다. 1937년 노회가 개최되었으며 그리고 선거인단을 통해서 당회의 의장과 감독에 부르쉐를 선출하였다. 반대하는 노회원들은 거기에 참여하지 않았다. '로즈 연구회'에 대한 국가의 압력은 증가하였다. 이들의 목사들은 1938년 소환되고 경고 받았다. 국가는 무엇보다 연구회 의장

25) Kleindienst/Wagner: Der Protestanismus in der Republik Polen, Dok. 23.

26) Kleindienst/Wagner: Der Protestanismus in der Republik Polen, Dok. 27.

의 면직으로 압박하였다. 이 사람은 알프레드 클라인딘스트(Alfred Kleindienst: 1893-1978)인데, 그는 나중에 자신이 이 시대의 교회사 작업을 저술하였다. 특히 클라인딘스트는 폴란드와 우크라인 사이의 볼히니엔(Wolhynien)에서 독일 소수민족 구성원으로 해야 했던 경험으로 각인되었다. 볼히니엔 독일인들은 제1차 세계대전 때 시베리아로 추방당했으나, 전쟁이 끝남으로 돌아올 수 있었다. 클라인딘스트는 교회생활을 재조직하였으며, 지교회들을 개신교-아우크스부르크 교회에 가입시켰다. 1938년 그에게서 폴란드 국적이 박탈되었고, 교회 직무에서 해고되었다.

율리우스 부르쉐의 교회정책은 그의 시대만이 아니라, 또한 그 이후에도 오랫동안 적들에게 동기를 제공하였다. 부르쉐는 민족분쟁을 배제하고 폴란드 정부에 어떤 비판동기도 제공하지 않으려고 하였다. 그래서 사람들은 그에게 폴란드 국가만이 아니라, 대체로 '폴란드 정신'(Polentum)에 아첨하는 정치라고 비난했다. 포젠과 상부쉴레지아의 연합교회와의 분쟁은, 폴란드 출신 개신교인들이 폴란드 중앙에서 거기에 거주하고 그리고 개신교-아욱스브르크 교회가 이들을 위해서 고유한 교회를 설립하였을 때, 발발되었다. 갈리찌엔 교회에 속하고 오스트리아 전통에 서있는 크라카우(krakau) 교회결정, 즉 개신교-아우크스부르크-교회에 가입하려는 결정 역시 불만을 염려하였다. 이것은 독일측면에서 볼 때 부르쉐의 폴란드화 정책의 성공이었다. 무엇보다 상부쉴레지아 교회는 폴란드 목사와 교사들의 유입과 후견으로 위협당한다고 생각하였다. 1937년 이것은 국가에 의해서 해체 선언되었으며, 교회지도부는 폐지되고 교회헌법은 폐기되었다. 상부쉴레지아 교회는 개신교-아우크스부르크 교회에 편입되었으며, 그리고 이 교회 목사들이 이제 그 지교회들을 인수하였다.

동부 유럽의 다른 나라들과 마찬가지로, 폴란드 개신교 교회들도 1920년대 에큐메니칼 회의를 통해서 국제적 차원에 직면할 때, 처음 서로 공격하였다. 개신교-아우크스부르크 교회는 에큐메니칼 모임에 참석하였다. 부르쉐와 블라우는 1925년 스톡홀름 삶과 일(Life and Work) 회의에서 만났다. 1926년 폴란드 개신교 위원회가 탄생하였으나, 실제 어떤 중요성도 갖지 못하고 1935년 다시 해체되었다. 1925년 종교협정은 가톨릭교회 지위를 계속 강화시켰다. 같은 해에 원수 요세프 필수드스키(Josef Pilsudski: 1867-1935)가 권력을 장악하였으며, 그래서 또한 이 나라에 계속하여 독재적인 통치권이 세워졌다. 1931년 폴란드 국민의 64.8%가 가톨릭이며, 11.8%는 정교회, 10.4%는 연합교회, 2.6%는 개신교, 9.8%는 유대인이었다.

폴란드 개신교 안에서 민족주의의 논쟁이 1933년 분명하게 드러났으며, 그리고 동시에 독일제국과 마샬 필수드스키에 의해 독재적으로 지배된 폴란드는 이 시기에 결코 아직 적이 아니었다. 1934년 불가침조약이 체결되었는데, 이것은 폴란드 안에서 독일민족으로 생각하는 자들을 매우 당혹시켰다. 이 시기 포젠의 연합교회는 독일 상황들과 비교될 수 있는 교회투쟁을 체험하였다. 포젠의 총감독 파울 블라우는, 자기 목사들에게 정치적 그리고 교회정치적인 자제를 강요하고 그리고 자기 교회가 이데올로기적으로 과대하게 형성되는 것을 저지하고자 시도하였다. 그의 적인 독일적 그리스도인들은 '성서연구회'(Biblische Arbeitsgemeinschafft)를 결성하여, 민족각성에서 복음전도 기회를 보았다. 그러나 이 그룹은 상대적으로 소수였으며 영향력이 없었다. 그리고 독일의 교회투쟁은 이들을 점점 변두리로 쫓아내는데 공헌하였다. 개신교-아우크스부르크 교회 안에서 민족 간의 긴장이 날카로워지고 동시에 부르쉐에 대한 반대도 심해졌다.

1939년 독일의 도발로 독일과 폴란드 사이의 긴장증가와 함께 궁극적으로 폴란드 개신교 교회들은 정치적 사건이 되었다. 개신교-아우크스부르크 교회 내의 갈등은 처음 전쟁을 통해서 억눌러졌다. 전쟁이 시작될 때 포젠 연합 교회의 지도부 구성원들은 폴란드 측에 의해서 체포되었으며, 몇 명의 목사들이 또한 개신교-아우크스부르크 교회에서도 마찬가지로 이 나라의 동부지방으로 압송되었다. 총감독 블라우는 이 시기에 베를린 여행 중이었다. 독일 주둔군의 폴란드점령으로 포젠, 서프로이센 그리고 단치히가 독일제국의 제국관구(Reichsgau) '포젠'(1940년 이후: '제국관구 바르텔란드'/Reichsgau Wartheland) 그리고 '단치히-서프로이센'으로 첨가되었다. 처음 포젠 사람들은 프로이센 교회의 확고한 구성분자가 다시 될 수 있을 것으로 희망하였으나, '바르테가우'에서는 더 이상 이루지 못하였다. 상부쉴레지아의 동쪽은 1921년 이전에 오래 현존하였던 관계들이 상부쉴레지아주에 재편입됨으로써 다시 형성되었다. 거기 지교회권한은 테센 지역과 마찬가지로 블레스라우(Breslau) 당회가 가졌다. 여기서는 여하튼 예배가 폴란드어로 가능하였다.

지금까지 단치히에만 재직하던 감독 요하네스 베어만(Johannes Beermann: 1878-1958)이 이제 단치히-서프로이센 감독이 되었다. 베어만은 나치 교회정치를 지지한 '독일적 그리스도인'의 지지자였으며, 물론 이들은 자신들의 영향력 있는 최고시절을 이미 체험하였다. 그래서 1940년 당회로부터 가장 급진적인 독일적 그리스도인 지지자들이 잘려졌다. 당회와 또한 감독 베어만은 이데올로기 문제에서 적절한 입장을 수용하려고 시도하였다. 1939년 9월 18일 독일제국과 소련 사이에 폴란드분할의 협정체결 이후에 독일출신의 개신교인들이 단치히-서프로이센에 정착하기 위해서 소련에서 나왔다. 이들의 통합이 문제를 야기하였기에, 1940년 그딩엔(Gdingen)에 발트계의 독일인을 위한 고유한 교회가 세워졌다.

폴란드 중심부는 독일 지배아래서 수도 바르샤바와 함께 '총독부'가 되었다. 여기서 개신교-아우크스부르크 교회의 210명 목사 중에서 56명이 체포되었고 그리고 이 가운데 재차 36명이 강제수용소에 감금되었다. 이들 중 15명은 거기서 사망하였다. 여기에 더 이상 포괄적인 교회조직은 없었으며, 지교회들은 직접 독일 개신교 교회(DEK)의 교회대외담당에게, 예컨대 외국감독 테오도르 헤켈(Theodor Heckel: 1894-1967)에게 종속되었다. 혹시 바르샤바 신학아카데미 교육운영처럼, 많은 것들이 단지 지하에서만 가능하였다. 공동의 피해경험을 통해서 이제 강하게 개신교 내부에 에큐메니칼 접촉이 생겼으며, 여기서 1942년 비밀히 국내의 에큐메니칼 협의회가 출현하였다.

개신교-아우크스부르크 교회는 제국관구 바르테란드에 제한되었다. 이 교회는 18만 8천 명의 구성원을 지니고 있었다. 1917년처럼 지금 역시 제국독일의 전도사(Vikar)가 파송되었다. 지역전체가 폴란드 주민의 이주나 근절을 통해서 '독일화' 되어야 했던 것으로 보아서, 제국관구 바르테란드에는 단지 '국민적으로 신실한' 목사만이 직무를 유지하였다. 여기에 상응하여 폴란드 개신교 교회는 해체되었다. 해직된 목사들은 자주 총독부에 취직하고자 시도하였다. 실제 교회정부를 이제 '로즈 그룹' 지도자, 알프레드 클라인딘스트가 위임받았고, 교회지도부는 이제 '리츠만스타트'(Lietzmannstadt)로 개명된 로즈에 자리하였으나, 동시에 재차 포젠 연합교회의 당회 아래 있었다. 율리우스 부르쉐는 1940년 베를린으로 압송되었으며 그리고 1942년 작센하우젠(Sachsenhausen)의 강제수용소에서 사망하였다. 그러나 제국관구 바르테란드는 국가와 교회관계의 새조직의 실험무대였는데, 마치 이것은 '최후 승리'(Endsieg) 이후에 모두 다 덮듯이 확실히 예정된 것 같았다. 1940년 '13개 조항'이 선포되었으며, 1941년 명령이 거기에 뒤이었다. 이을 통해서 제국 총독인 알투어 그라이저(Arthur Greiser: 1897-1946)는 교회를 - 가톨릭 외에 예컨대 개신교 - 아우크스부르크 교회만이 아니라 연합파 교회도 - 사법적(privatrechtlich)인 단체로 만들었다. 여기에는 성인들만이 가입해야 하며 그들의 활동영역에 매우 제한된 한계가 주어졌다.[27] 폴란드어를 사용하는 예배는 금지되었다. 블라우와 클라인딘스트에 대한 실망은 컸다. 그렇지만 개신교 교회를 결합시키려는 시도와 마찬가지로 저항은 상황을 별로 향상시키지 못했다. 비슷한 규정들이 단치히-서프로이센에서 계획되었으나 거기서는 실현될 수 없었다.

3. 제2차 세계대전 이후

독일의 동부지역에서 약탈과 괴멸전선으로 진행된 전쟁 전환은 소련 주둔군의 반격을 가져왔는데, 이들은 독일지역의 시민침해로 공포와 두려움을 확산시켰다. 종전과 함께 폴란드에서는 즉시 소련의 감독 아래 공산주의 독재제도가 설치되었다. 동시에 폴란드 경계선이 다른 국가들과 다르게 옮겨졌다. 지금까지의 국가 동부지역이 동프로이센의 북쪽지방과 함께 소련의 전리품이 되었던 반면에, 동프로이센의 남부지역과 오더강과 나이쎄강(Oder und Neisse) 동쪽의 독일지역은 폴란드에 속했다. 이제 독일 점령 때의 죄과에 따라 탈출과 추방이, 이미 제1차 세계대전에서와 마찬가지로 독일의 운명이 되었다. 3백만 명이 이곳 점령지와 오랫동안 이어온 고향에서만 사라졌다. 높은 개신교 인구비율을 지닌 이 지역에 이제 가톨릭 주민이 들어왔고, 그들을 위해서 많은 수의 개신교 교회건물들이 가톨릭으로 전용되었다. 이것은 새로운 권력자의 지원 아래 행사되었다. 비록 이것이 처음에는 '독일적인' 연합 교회의 건물들을 개신교-아우크스부르크 교회로 양도하는 것을 고려하였음에도 불구하고 진행되었다. 그러나 이것은 가톨릭교회에도 권력기관 편에도

27) Guertler: Nationalsozialismus und evangelische Kirchen, Dok. 8 und 39.

끝까지 관철시킬 수 없었으며, 권력기관은 개신교 교인들을 단순하게 독일적인 것으로만 여겼으며 추방된 지역의 새로운 주민들 사이에 소요가 발생하지 않도록 가톨릭을 지원하였다. 이전에 폴란드에서 높은 비율을 차지하였던 유대교의 주민들은 결국 나치 괴멸정책에 의해서 거의 더 이상 존재하지 못했다.

1946년 9월 독일인을 구성원으로 한 모든 개신교 교회는 해체되었다. 그 중에 특히 포젠 연합 교회가 관계되었다. 또한 단치히-서프로이센 교회 역시 해체되어야 했다. 그것들의 나머지는 개신교-아우크스부르크 교회에 편입되었다. 단치히-서프로이센 감독인 요하네스 베어만은 아직 1945년 1월에 67세로 자기직무를 자신의 대리자인 게르하르드 궐쪼(Gerhard Guelzow: 1904-1980)에게 넘겼다. 많은 지교회들이 이미 해체되었다. 그들의 목사들은 망명 대열의 길에 있었으며, 다른 사람들은 남아 있는 교회에 머물렀다. 또 다른 사람들은 피난길에 죽거나 혹은 그들이 머물 때에 러시아 군인들에 의해 살해되었다. 쉴레지아는 상황이 달랐다. 여기서는 1945년 높은 비율의 독일주민이 정착하거나 혹은 더욱이 전쟁 이후에 다시 귀환하였다. 그러나 1946년 3월 이후 쉴레지아 독일 주민의 비율이 체계적인 추방으로 감소하였다. 그것은 독일 국민만이 겪는 것이 아니라, 독일 혈통의 폴란드 국민도 해당하였다. 1946년 7월 아직 브레슬라우에 있는 쉴레지아 개신교 교회 대표들이 한 노회에 모여서 교회 대표를 선출하였다.[28] - 이미 단기간에 독일 혈통의 쉴레지아 주민들의 대부분이 추방당했다. 고백교회 대표였던 에른스트 호니히(Ernst Hornig: 1894-1976)가 감독에 선출되었으며, 그 역시 그 나라를 떠나야 할 때까지 아직 브레슬라우에서 몇 달 동안 견디었다. 지금부터 그는 괼리츠(Goerlitzer)에게서 아직 남아있는 이전의 쉴레지아 주 교회만을 관리할 수 있었으며, 이곳은 동독(DDR)의 사회주의 독재시기에 소위 '괼리츠 교회지역'(Goerlitzer Kirchengebiet)이었다.

그때까지 독일적 특징이 우세하였던 폴란드 개신교는 이제 새로운 폴란드 정체성을 형성해야 했다. 그리고 이제 비로소 폴란드는 실제로 거의 절대적인 가톨릭 주민들과 함께하는 국가가 되었다. 개신교인들의 거대한 부분들이 서쪽 방향으로 도망갔으며, 이곳

28) 비교. 피난민 원조에 대한 서방의 주교회에 대한 노회 보고: Quellenbuch zur Geschichte der Evangelischen Kirche in Schlesien, 509-511.

은 그때까지 그 나라 동쪽에 정착한 정교회 주민들이 소련 지배 아래 있었다. 그 외에 독일 점령시기에 가톨릭교회는 폴란드의 국가기둥의 역할을 확정하였다. 그래서 남겨진 개신교 주민들은 상반된 상황에 있었다. 국가와 사회에서 가톨릭교회의 강력한 지위는 개신교주민들을 소외시키며 그리고 권리의 위치를 약화시키는 것이었다. 사실 가톨릭교회는 폴란드를 가톨릭 국가로 변형시킬 기회가 마침내 오는 것을 보았다. 국가와 가톨릭은 동일화되어야 하며, 그래서 개신교 교인들, 또한 개신교-아우크스부르크 교회도 역시 독일적인 것으로 여겨졌다. 거기에 대한 적절한 구실은 많은 개신교인들이 또한 폴란드 출신의 개신교 교인들도 독일점령 하에서 '독일적 국민의 리스트'(Deutsche Volkslist)에 있었다는 것이다. 또한 개신교-아우크스부르크 교회 내에서도 사람들은 이제 그러한 구성원들과 목사들에 거리를 두었다.

개신교-아우크스부르크 교회는, 개신교와 또한 남아있는 독일출신들을 공산주의 국가 안에서 자신들 밑으로 통합시키려는 과제를 위임받았다. 그들은 인종숙청을 받아들였으며, 그들의 몇 명 급진적인 대표들은 그것을 더욱이 환영하였다. 개신교-아우크스부르크 교회는 나라전체와 마찬가지로 전쟁으로 인해 인적뿐만 아니라 물리적으로 어려움을 당했다. 주민 이동을 통해서 개신교-아우크스부르크 교회 내의 교회구성이 변하였다. 교회재건이 가능해지자 그것이 시작되었으며, 그래서 1945년에 또한 바르샤바에 신학교육이 다시 시작되었다. 이미 1945년 1월 교회지도부에 의해 임시당회가 형성되었으며, 임시정부가 이것을 이미 3월에 승인한 이후, 1945년 6월 로즈에서 21명의 목사회의에서 인증되었다. 감독에는 얀 체루다(Jan Szeruda: 1889-1962)가 선출되었으며, 그는 개신교-아우크스부르크 교회의 폴란드 전통을 강조하였으며 다른 개신교 교회의 교인들을 대변하는 요구서를 작성하였다. 이것은 무엇보다 아직 피난과 추방으로 완전히 해체되지 않는 연합교회에 해당되었다. 짧은 기간에 더 잘 존재한 쉴레지아 교회와의 접촉은 좌절되었다. 여하튼 체루다는 수용소에 감금된 독일인들을 돌보았으며 다른 사람과 비교해서 독일출신의 개신교 교인에 대하여 여전히 온건한 입장을 대변하였다. 1946년 8월 5일 국가칙령은 1936년 국교계약 채택 안에 아우크스부르크신조 개신교 교회의 승인을 확인하였다. 역으로 이것은 국가에 대하여 충성과 책임의 의무가 있었다.

1946년 9월 19일 모든 개신교 교회는 정책적으로 개신교-아우크스부르크 교회에 편입되었으며 예배에서는 폴란드어가 의무적이었다. 개신교-아우크스부르크 교회의 약 10만 명의 구성원만이 대체로 폴란드에 머물렀다. 거기에 강제로 통합된 교회구성원들도 덧붙여져서, 제2차 세계대전 이후 약 22만 명의 개신교인들이 폴란드에 있었다. 그들은 가톨릭에 대하여 흩어진 소수자들이며, 그리고 열등감에서 많은 교회 대표들이 가톨릭교회 억제에 동의하였다.

또한 국가편에서는 개신교-아우크스부르크 교회가 폴란드 루터교와 연합 교회의 유일한 대화파트너였다. 개혁파 교회는 독립적으로 남았다. 그들은 단지 약 8천 명의 구성원을 가졌으며 부수적인 사혈을 겪어야했다. 왜냐하면 많은 체코 출신 개신교인들이 체코슬로바키아로 가는 것을 선호했기 때문이다. 독립교단 가운데, 무엇보다 감리교는 자기를 확정하려고 시도하였으며, 이것은 분명한 신호를 가지고 정치적이고 민족주의적인 순응의 방향에 있었다. 그 외에 감리교는 무엇보다 동프로이센(마주렌: Masuren)에 놓여있는 연합 교회의 마음을 잡으려고 시도하였다. 이들은 개신교-아우크스부르크 교회와 결합하기를 바라지 않았다. 포젠과 다른 도시들에서는 감리교가 연합 교회(Unierte Kirche)의 건물들을 양도받으려고 시도하였다.

루터교, 연합파(Unierten)와 개혁파의 공동교회를 감리교의 영향 아래에 결성하려는 계획들이 토의되었으나 실현되지는 않았다. 1945년, 유일하게 개신교 교회협의회 구성이 가능하였다. 마찬가지로 1942년 세워진 폴란드 에큐메니칼 협의회도 합법화되었으며, 이 안에 정교회도 총대가 되었다. 이 두 기구의 지도적인 인물은 동시적으로 국가의 순응정책을 강요하였고 그의 목적은 최종적으로 '폴란드 신조'와 함께 하는 폴란드 민족교회 설립에 있었다. 지그문트 미헬리스(Zygmunt Michelis: 1890-1977)는 1945년 감독 선거에서 체루다에 간발의 차로 패했으나, 당회협의회 위원(Konsistorialrat)이 되었다. 미헬리스는 이미 전쟁 전에 좌파진영에 가까이 있었고 소련의 종교정책을 찬양하였다. 종전 후에 그는 바르샤바 목사가 되었다. 여기서 그의 순응과정이 충돌을 가져왔는데, 무엇보다 독일 혈통의 대장 율리우스 롬멜(Julius Rómmel: 1881-1967)과 개신교 군목 펠릭스 글뢰에(Feliks Gloeh: 1885-1960)와 충돌을 가져왔다. 이들은 1948년 스위스에서 도움 호소를 공포하였고 미헬리스가 구제금을 횡령했다고 비난하였다. 미헬리스는 에큐메니칼 차원에서 그의 정치적 입장 때문에 당연히 모호한 인물로 여겨졌다. 개신교-아우크스부르크 교회는 이제 미헬리스의 인격 때문에 분열이 임박하였다. 여하튼 에큐메니칼 원조는 무엇보다 미국과 스위스에서 상당하였으며 교회 재건에 매우 중요하였다. 언짢게 보인 것은, 그 원조가 또한 마주렌의 독립된 지교회에도 도움이 된다는 것이었다. 1949년 외국의 원조가 폴란드 국가에 의해서 중단되었다.

미헬리스는 재차 1945년에 세워진 교회지도부의 해임을 목표로 하였다. 그 자신이 1949년 당회협의회 위원 직무를 사퇴하였으나, 개입의 필요성을 국가관청에 확신시킬 수 없었다. 종전 후 첫 노회선거에서 그는 감독 체루다의 해임을 추진할 수 있었다. 노회는 1951년 그 자리에 로즈의 지교회목사인 카롤 코튤라(Karol Kotula: 1884-1959)를 뽑았다. 미헬리스는 노회의장단 수장으로서 다시 교회지도부 직위에 진입하였으며 코튤라에 상당한 영향력을 행사하였다. 그래서 이제 스탈린주의자인 볼레슬라우 비어루트(Boleslaw Bierut: 1892-1956)에 대한 순응과정이 더욱 심해질 수 있었다. 미헬리스는 1956년 개신교-아우크스부르크 교회에서 독립한 교회 감시를 위한 국가위원회 의장이 되었다. 국가조치에도 불구하고 동일하게 쉴레지아와 동프로이센에 몇몇의 독일어 사용 교회가 현존하였으며, 이 교회들은 폴란드 개신교로 용해되는 것을 거부하였다. 1952년 독일혈통 출신자들에게 폴란드 국적을 받아들이는 것이 쉽게 되었을 때, 그들은 교회생활에 다시 더욱 참여할 수 있었다. 또한 중앙 폴란드에는 더욱 강력하게 독일적으로 각인된 교회들이 있었으나, 교회지도부는 그들을 신경 쓰지 않았다. 국가정책은 독일출국을 쉽게 하여 문제를 해결하고 그리고 동독(DDR)과의 동일화를 통해서 독일적인 것을 재구성하는 것이 목적이었다. 그러나 그것은 1952년에 도입된 여행물결에도 불구하고 완전하게는 기능하지 않았다. 그래서 미헬리스는 1959년 그의 직위에서 면직되었다.

1949년 국가명령에 의해서 미래교회 정책방향이 확정되었다. 중심점은 신앙과 양심 자유 보호이다. 물론 그것은 사회주의 독재국가에서 국가 임의에 맡겨져 있으며 그리고 여기서 오히려 가톨릭교회에 대항하여 날카로움을 표현하였다. 이 보호는 개인만이 아니라, 종교단체에도 확약되었다.[29] 이것의 가치는 1949년 가톨릭교회에 대한 강력한 억압에서 나타났으며 예를 들어 1950년 체포와 압류물결이 독립교단에 역시 넘쳐났을 때였다. 1952년 폴란드 헌법은 국가와 교회를 분리하고 개인의 종교자유를 보장하였으나, 전문에 따르면 역시 공동의 종교행사였다. 이 규정은 개신교 교회에 이익이 될 수 있었고, 그래서 가끔 개신교, 그리고 또한 독립교단의 감사표명이 있었다. 물론 국가가 '교회'에 관하여 말하는 곳은 가톨릭을 의미하며, 반면 개신교는 단지 '종교단체'였다. 1976년 개정된 헌법은 이러한 규정을 그대로 내버려두었다.

1950년대 역시 폴란드에게 결정적인 기간이었다. 체코슬로바키아 혹은 동독과는 약간 다른 것이 보이는데, 그것은 국가가 교회와 그리스도교를 억압할 수 없었으며 기꺼이 받아들인 변두리 위치로 교회를 내몰 수 있었다. 그래서 개신교 교회 역시 그들의 입장을 평범하게 주장하였다. 1950년 바르샤바의 삼위일체교회가 국가로부터 소유를 박탈당한 이후, 1958년 저항들이 그것들을 다시 양도하도록 강요하였다. 또한 학교로부터 종교수업의 배제는 자연히 교회와 국가분리의 프로그램이 되었으나, 여기서 또한 국가는 자기목적에 단지 단초적으로만 도달할 수 있었다. 1945년 종교수업은 폐지되고, 1950년 그것은 가톨릭교회와 결합하여 교과목으로 인정받았으며, 여기서 국가가 교과과정을 감독해야 했다. 개신교 교회에게는 종교수업의 배분이 교파적인 관계에 직면하여 거의 불가능하였다. 또한 국가로부터 허용된 군목, 원목, 형목은 인적 자원결핍으로 인해 개신교 교회에서는 거의 불가능하였다.

근본적으로 상황은 약간 완화되었다. 즉 1955년, 학교에서의 종교수업은 폐지되었다. 그러나 1956년 스탈린 체제 종말로 종교수업이 다시 도입되었다. 그 다음 1961년에 타협이 이루어졌다. 종교수업은 학교 밖의 '교파교회'(Katechetische Punke)에 있는 교회 교사에 의해서 행사되나, 이 교사들은 국가로부터 봉급을 받지 않는다[30]는 것이었다. 이렇게 개신교 종교수업의 재정문제도 역시 안전해졌다. 교회에서 독일어 사용은 다시 허용되었다. 교회와 국가관계에 대한 성명과 교회 구조 개조 이후에 교회지도부는 사회에서 교회의 과

29) 독일어로 된 가장 중요한 논문은 Viertel: Evangelisch in Polen, 90.

30) Voss: die Religionsfreiheit, 128-130.

제에 대한 새로운 결정에 착수하였다. 또한 교회 구조 개조에는 6개 지역의 분할이 속했다 블레스라우, 커토비츠, 마쥬렌, 포멜렌-그로스폴렌, 테센, 바르샤바). 그것을 위해서 감독 코툴라(Kotula)가 1957년 7개의 요점으로 된 프로그램을 제출하였다. 이 프로그램은 흩어진 상황에 있는 개신교 정체성을 강화시키는 데에 목적을 두었다. 여기에는 새로운 성서 번역 작업이 포함되었으나, 폴란드 개신교의 역사적 중요성에 대한 증언도 포함되었다. 1964년 개신교-아우크스부르크 교회는 새로운 기본법을 통과시켰으며, 이 법은 1965년 국가에 의해서 받아들여졌다. 그 사이에 구성원 수는 무엇보다 독일로의 출국으로 인하여 다시 감소하여 약 10만 명뿐이었다.

1948년 국가는 모든 에큐메니칼 운동의 외국과의 관계를 금지하였다. 1960년 탈스탈린의 움직임 속에서 다시 희망이 생겼고, 1959년부터 재직한 감독 안드레체프 반툴라(Andrzej Wantula: 1905-1975)는 그러한 관계 복원을 위임받았다. 반툴라는 제2차 세계대전에 국외의 독일인임을 선언하고 위생병에 전입되었다가 곧 영국군 포로가 되었고 폴란드 망명 군대의 성직자가 되었다. 1955년 개신교-아우크스부르크 교회는 루터교 세계연맹과의 접촉이 허용되었다. 독일 개신교 교회(EKD)와의 관계는 1950년대 말에 가능하였으며 또한 원조를 위해서 이용되었으나, 동독 교회들은 이제 국가의 어드밴티지에 상응하여 파트너로서 강력한 역할을 하였다. 그래서 EKD와의 관계는 곧바로 단절되었다. 1956년 EKD의 '동방백서'(Ostdenkschrift)는 긍정적인 반응을 얻었으나, 폴란드 개신교 교회의 생활에 구체적인 영향을 주지는 못하였다.

개신교 교회는, 1960년 비우호적인 목사에 대한 조치가 보여주는 것처럼, 아직 더 긴 시간 동안 불안한 상황에 놓여 있었다. 개신교-아우크스부르크 교회 내부생활은 그러나 점점 안정되었다. 그것은 교파적으로 소수인 교회 상황에서 나타났다. 즉 개신교 신앙의 교리문답과 돌봄이 거기서 큰 역할을 하였으며, 또한 디아코니아 작업도 가능하였다. 교회 전통주의가 각인되고 남아있었으며, 여기에 대한 근거는 예를 들어 여성 안수가 지속적인 영향과 함께 거절되었다는 것이다.

독립교단은 국가가 승인한 개신교-아우크스부르크 교회에 비하여 힘들었으며, 그래서 그들은 규모면에서 작았다. 가장 큰 독립교단 그룹은 침례교가 형성하였다. 이 집단은

19세기 현대화된 폴란드 지역에 있었다. 두 전쟁 사이에 무엇보다 독일계가 거기에 속하였으며, 그 숫자는 피난과 추방 때문에 약 2천 명으로 감소하였다. 종전 후에 침례교 교회들의 결합은 국가로부터 승인 받았다.

1980년에 폴란드에서 일어난 정치적 해방운동에 개신교-아우크스부르크 교회는 거리를 두었다. 왜냐하면 가톨릭교회가 이 운동에서 큰 역할을 하였기 때문이다. 그리고 이것은 카롤 보이틸라(Karol Wojtyla: 1920-2005)의 1978년 교황 선거의 배경이 되었다. 이제 사람들은 오히려 가톨릭의 정치적 우세를 두려워하였으며 국가의 보호를 희망하였다. 좌우간 1980년대에 이르기까지 마주렌의 교회 건물 이용 논쟁은 계속되었다. 이 건물은 1945년 이전에 개신교에 속했으며, 그 이후에는 비어 있었다. 그래서 루터교 감독 야뉴츠 나르친스키(Janusz Narzynski: 1928년 출생)는 곧바로 국가와 연대하였으며 그리고 강조된 비정치적 입장을 받아들였다. 물론 이 입장에 대해서는 개신교-아우크스부르크 교회 내부에서 격한 논쟁이 있었다. 다시 가톨릭과 폴란드 민족주의의 강화된 동일화에 대한 반응으로 이제 루터교 역시 폴란드적인 것을 강조하였으며, 더욱이 나르친스키는 감독 부르쉐의 전통 속에 서 있다고 여겼다. 분명히 1981년 도입된 전시법은 이제 개신교에게 확실한 이점을 가져왔다. 그래서 그들은 1982년 대중매체에 이르는 통로를 얻었다. 단 5천 명을 지닌 폴란드 개혁파 교회는 루터교 지도부의 정책에 비하여 본질적으로 보다 용감하고 비판적인 것으로 판명되었다. 후자의 정책은 동시에 폴란드 에큐메니칼 협의회 지도부의 정책이기도 하였다. 개혁파 교회는 또한 강력한 가톨릭교회와 접촉하는데 망설이지 않았다. 그러한 접촉은 가톨릭과 루터교 사이에도 사실 있었으나, 거기서는 매우 형식화되었던 반면에, 개혁파 측에서는 정치적 이해가 중요한 역할을 하였다.

1989년 5월 교회와 국가관계의 새로운 법적 규정 역시 순수한 신앙의 자유와 양심의 자유를 축소시켰다. 1989년 10월 마침내 종교업무를 담당하는 국가관청이 해체되었다. 이제야 개신교-아우크스부르크 교회지도부가 국가의 후견으로부터 독립하였다. 교회지도부에 대한 지금까지의 수동성과 독재적인 지도스타일에 대한 교회내부의 비판은 감독 나르친스키의 사임으로 이어졌다. 그러나 가톨릭 우세에 대한 두려움은 결코 약해지지 않았다. 1989년 정치적 전환기와 더불어 폴란드에서도 교회와 국가의 관계가 새로 규정되었다. 그러나 여기서는 가톨릭교회가 사회에서 강력한 지위를 가졌기 때문에, 변화들이 다른 사회주의 국가들에서보다 극적이지 않게 전개되었다. 국가는 계속하여 종교중립성을 표명하였으나, 교회들을 법적상황으로 학대하였다. 가톨릭교회와의 종교협정체결에 상응하여 - 물론 법적으로 종교협정과 비교될 수 없지만, 개신교-아우크스부르크 교회에 대한 국교입법이 1994년 통과되었다. 이와 함께 1936년 교회헌법은, 이것은 국가에게 교회업무에 광범위하게 개입을 허용하였는데, 결국 공적으로 폐기되었다. 교회 스스로 새로운 제도에 착수하였으며, 이것은 국교법률에 상응하여 완성되었다. 1990년 종교수업이 다시 교과목이 되었다(1992년부터 대체과목으로 윤리과목이 있었다). 학교의 종교수업 권리는 1990년 본래 가톨릭교회에만 허용되었는데, 이제 개신교-아우크스부르크 교회에게도 보장되었다. 이 교회는 더 나아가 계속하여 학교 밖의 '교파교회'(Katechetische Punkte)에서 종교수업을 부여하는 권리까지 획득하였다. 이 종교수업은 국가로부터 재정 지원을 받으며, 그 성적은 졸업장에 기입되었다. 개신교 교회는 예배에 대한 보도와 전달매체로 긴 방송시간을 얻었다. 군목, 원목, 형목이 국가에 의해서 보증되었으며, 이러한 임무는 교회 목사들에게 함께 넘겨졌다. 단지 군목은 상근 성직자들의 일이었다. 1994년 국교법률은 1956년 이후 국가에 압류된 교회재산의 반환을 규정하였으나 이것은 가톨릭교회에 의해 점유되지 않는 것들에 한에서였다.

D 리투아니아

역사적인 리투아니아(Litauen)는 그 경계선이 오늘날 국경선과 일치하지 않으며 본질적으로 작은 나라다. 에스토니아(Estland), 라트비아(Lettland) 그리고 리투아니아는 제1차 세계대전 이후에 처음으로 탄생하였다. 돌파트(dorpat: Tartu), 레발(Reval: Tallinn) 그리고 리가(Riga)에는 종교개혁이 이미 루터 생존 시기에 기반을 잡았으며, 곧바로 이곳을 토대로 빌리니우스(Vilnius: Wilna)와 카우나스(Kaunas: Kowno)가 뒤따랐다. 에스토니아가 스웨덴에 속했을 때, 그곳의 루터교 국교 영향에 들어갔으며, 1721년 에스토니아가 러시아로 분할된 후에도 루터교 신조에 머물러 있었다. 에스토니아와 마찬가지로, 수도인 리가와 함께 오늘날의 라트비아는 소수의 독일 대토지소유계층이 지배하고 있다. 라트비아의 북쪽에 있는, 그리고 뒤나(Dúna)건너편에 놓여 있는 한 부분이 역사적인 에스토니아에 속하며, 여기서부터 주로 개신교의 특징을 갖는다. 그러나 이곳의 남쪽 부분에 있는 후일의 라트비아는 역사적으로 리투아니아에 속하며, 재차 폴란드 통치권 아래 속하게 되었다. 이 지역의 재 가톨릭 시도에도 불구하고 후일의 리투아니아의 개신교는 전체적으로 열세의 상황에 빠지지 않았다. 리투아니아의 후일의 국경선은 거의 전 지역에서 가톨릭 종교개혁으로 특징 지워진다. 첫 번째 폴란드 분할 이후에 여기에는 아직도 30곳의 개혁파 교회와 다섯 곳의 루터교 교회가 있었다. 19세기 가톨릭교회가 리투아니아의 문화와 정체성 형성을 위해서, 그리고 마찬가지로 리투아니아 언어대중화를 위해서 공헌하였다. 여기에 대한 반대는 러시아 문화라기보다는 오히려 폴란드 문화였다. 19세기 후일의 리투아니아의 개신교 교회는 러시아 개신교 국교의 일부였다.

폴란드처럼 리투아니아는 1915년 이후 더 이상 러시아가 아니라 독일의 지배를 받았으며, 그 이후 차르제국 말기에 에스토니아, 라트비아, 리투아니아는 1918년 독립하였다. 뒤이은 해에 리투아니아와 폴란드 사이에 빌니우스 지역을 놓고 전투가 벌어졌으며, 이 지역은 폴란드에 합병되었다. 새로운 리투아니아 주민의 압도적 숫자가 가톨릭교인이었다. 약 280만 명의 가톨릭이 약 10만 명의 개신교에 대립해 있었다. 루터교 교인들은 1919년 교회 조직을 이루었다. 여기에 7만 5천 명의 구성원이 속하였으며, 그 가운데 3만 명이 독일인이었고 만 5천 명이 라트비아인, 3만 명이 리투아니아인이었다. 이들은 당시 자신들의 상급자위원회(Seniorat)에 속해 있었다. 이전에 동프로이센에 속하고 그리고 리투아니아에 의해서 실질적으로 병합된 메멜란드(Memelland)의 개신교는 자신들의 프로이센 교회구조를 유지했으며, 리투아니아 개신교와의 접촉을 거절하였다. 발트해 전체 지역의 개신교 문제는, 한편에서는 독일과 에스토니아인, 라트비아인과의 관계를 그리고 다른 한편에서는 이제 새로 생겨난 개신교 민족교회들의 관계를 어떻게 세워야 할 것인가의 물음이었다. 여기에서는 교회언어 문제가 또한 중요했다. 리투아니아 당회는 매우 친독일적으로 표시되었으며, 그것은 리투아니아 정부의 승낙을 받기 어렵게 하였다. 1925년 루터교 노회는 독일어 사용권과 리투아니아 사용권으로 갈라졌다. 그래서 정부에 의해 새로운 당회가 지명되었으며, 그것은 독일어 사용권 목사직으로부터 인정받지 못하였다. 이 시기 위대한 에큐메니칼 운동 인물인 스웨덴 대주교 나탄 세데르블롬(Nathan Soederblom)이 중재자로서 나서게 되었으며 실제로 20세기말에 분쟁이 약간 완화되었다. 1만 명에서 1만 5천 명 사이의 구성원을 지닌 개혁파 교회는 빌라(Wilna) 지역의 폴란드로의 할당으로 약간의 지교회들을 상실하였다. 그들은 자신의 노회를 통해서 조직하였으며 루터교보다 더 국가로부터 환영 받았다. 왜냐하면 그들 안에는 소수 민족의 문제가 없었기 때문이다. 20년대와 30년대에 루터교와 개혁파는 자주 상호 밀접하게 협력하였다.

1940년 히틀러와 스탈린의 비밀협정 이후 소련군대가 발트해 연안에 진입하였다. 그 새로운 그리고 제1차 세계대전 이전시기의 관점에서 옛 러시아 점령군이 교회를 계속 몰수하였다. 1941년 독일계는 리투아니아에서 이주하였으며, 개신교 숫자가 감소하였다. 짧은 기간의 독일 점령 후에, 다시 소련 점령으로 합류되었다. 제2차 세계대전 이후에 메멜란드가 리투아니아에 넘겨졌을 때, 리투아니아의 개신교 비율이 다시 증가하였으나, 개신교는 이제 모조리 독일적으로 여겨졌다. 리투아니아에서 피난 온 루터교 교인들은 망명교회를 세웠으며, 이 교회의 중심은 오늘날 미국에 있다. 1948년 몰수의 물결이 개신교 교회 역시 손상시켰으며, 남아있던 작은 개신교인들은 새로운 교회조직 안에 합쳐지고, 이곳의 상부에 당회가 서 있었다. 1955년 처음으로 루터교 주 노회(Landessynode)가 개최되었고, 빌헬름 부르케비키우스(Wilhelm Burkevicius: 1885-1971)가 상급자(Senor)에 선출되었다. 이 시기에 28곳의 루터교 지교회가 있었다. 1957년 최초의 개혁파 노회가 열렸으며, 여기에는 5곳의 지교회가 대표되었다. 1967년 리투아니아 루터교가 루터교 세계 연맹에 가입할 수 있었다. 나이로 인한 부르케비키우스의 은퇴를 계기로 처음으로 1970년에 노회가 다시 열릴 수 있었다. 1976년 노회는 교회지도자에게 감독칭호를 주기로 결정하였다. 감독은 이제 요나스 칼바나스(Jonas Kalvanas: 1914-1995)가 되었다. 이 시기 교회에는 강력한 긴장이 있었는데, 이것은 메멜란드와 리투아니아의 다양한 전통에 기인하였다. 1989년의 전환기 이후에 백러시아의 교회들이 리투아니아 교회에 결합되었다.

19~20세기 유럽의
개신교 소수(少數)교회

제3장

동유럽 정교회 지배하의 소수 개신교

본서 제1장과 제2장은 오스트리아-헝가리의 연결된 기능(Scharnierfunktion)에 의해서 그리고 거기서 나타난 가톨 릭우세 때문에 여러 차원이 밀접하게 연결된 반면에, 이 제3장은 다시 한 번 다른 근본상황을 인식하게 한다. 비록 여기에서 지베뷔르겐(Siebenbuergen), 크로아티아, 슬로베니아가 재차 오스트리아-헝가리 지역에 뻗어있음에도 불구하고, 정교회는 대부분 이곳에서 언급된 지역들의 교파적인 표징을 근본적으로 형성하고 있다. 제2장과 마찬가지로, 제3장도 역시 언급된 시대 말에 공산주의 독재가 중요하게 각인시키는 힘이었다. 여기서 그리스와 사이프러스는 제외된다. 그리고 1989년 이후에 얻어진 새로운 자유는 실제적인 도전을 나타내었다.

A 루마니아(지벤뷔르겐 포함)

1. 오늘날 루마니아의 제1차 사계대전 종전까지 개신교

루마니아 국가는 오스만제국 세력이 동유럽에서 사라질 때, 19세기 후반기에 처음 탄생하였다. 1881년 오스만제국으로부터 분리된 루마니아왕국은 옛 몰다우(Molda)와 발라카이(Walachei) 제후국을 포함하였다. 예컨대 대략 오늘날 루마니아 동쪽이다. 오늘날 영토 서쪽부분, 즉 무엇보다 지벤뷔르겐과 바나트(Banat)의 거대한 지역이, 오스트리아-헝가리 이중군주국의 몰락에 이르기까지 헝가리왕국에 속하였다. 지벤뷔르겐은 12세기와 13세기에 그 땅을 국경방위와 개간을 위해서 독일민족의 신성로마제국의 사람들을 이주시켰다. 그리고 독일인이 일반적으로 '작센'족으로 알려졌기 때문에, 그곳은 '지벤뷔르그 작센' 이름을 갖는다. 이주자로서 그들의 특권에는 교회자치권이 속한다. 몰다우와 발라카이 제후국은 1512년에, 지벤뷔르겐은 1541년에 오스만제국에 종속되었다. 이곳은 그 이전에 헝가리 영향 아래 놓여 있었다.

몰다우와 발라카이가 루마니아 국가를 세우기까지 오스만 주권 아래 남겨져 있었으며 개신교는 거기서 매우 늦게 정착한 반면에, 지벤뷔르겐에서 1541년까지 확대될 수 있었다. 그리고 그 다음 이러한 과정은 오스만들이 점점 그들의 영향력을 확대할 때까지 계속되었다. 또한 지벤뷔르겐은 오스만의 패권 아래에서도 계속 자율적으로 남아있었다.

그 땅 세력은 독일 이주민들의 그 지역 헝가리 귀족들과, 국토방위와 경작지의 건설로 수익을 얻은 헝가리 농민군들의 후손들로 나뉘어졌다. 이미 1550년 지벤뷔르겐 주 의회는 가톨릭과 루터교의 종교자유를 결의하였으며, 그 뒤 10년 동안 이 결정은 더욱 강화되었고 개혁파로 확장되었으며, 마찬가지로 자신을 그리스도교로 이해하지만 삼위일체를 부정하는 연합파(Unierte)로 확장되었다. 1571년 이 신앙자유는 궁극적으로 확정되었다. 또한 그 땅에 살고 있는 정교회 교인들은 대부분 몰다우인과 발라카이인이며, 후대의 설명에 의하면 그곳의 루마니아 출신들이다. 이 정교회 교인들에게도 근대 이전의 관용이라는 의미에서 신앙의 자유가 허용되었다.

개신교는 무엇보다 귀족과 지벤뷔르그 작센인에 의해서 수행되었으며, 헝가리 농민군의 일부가 거기에 열중하였다. 루터교 아성은 독일어를 사용하는 도시들이었다. 지벤뷔르겐의 루터교는 독일어 사용지역이었으며 단지 소수의 헝가리어 사용 루터교가 있었다. 16세기 동안 몇몇의 루터교 교회가 성만찬 견해에 대한 논쟁으로 개혁파 신조로 넘어가서 개혁파 교회를 세웠다. 여기에는 헝가리계가 주로 참여하였다. 1572년 루터교 감독구가 세워졌고, 비르탤름(Birthaelm: Biertan)에 자리하였다. 1564년 이후 클라우젠부르그(Klausenburg)에 개혁파 감독이 있었다. 곧바로 그 땅에서 가톨릭이 대략 주민의 1/10인 소수자가 되었다. 그 땅으로 데려온 예수회를 통해서 가톨릭 종교개혁을 수행하려는 시도는 좌절되었다. 가톨릭 주교자리를 새로 차지하려는 것은 지속적으로 방해받았다.

1690년 합스부르크의 지벤뷔르겐, 바나트 그리고 다른 지역 점령으로, 황실의 단호한 가톨릭 정책에 직면하여 어떻게 지금의 관용으로 피해갈 수 있는지의 물음이 제기되었다. 황제 레오폴드 1세(Leopold I.: 1640-1705)는 이 지역의 주민들을 달래기 위해서, 교파적인 문제에서 지벤뷔르겐의 자주성을 인정하였다. 그럼에도 불구하고 사람들은 그 땅을 굴복시키고 재정적으로 착취하였다. 더군다나 예수회가 1743년 이 땅에 다시 허용되었고, 그리고 또한 가톨릭 주교의 취임이 다시 가능하였다. 18세기와 19세기에 정교회 역시 거대한 자유를 보유하였다. 1781년 요제프 관용칙령 역시 지벤뷔르겐에 적용되었으며, 그것은 가톨릭의 교파적 압력을 줄이고 개신교를 유입하게 하였다. 물론 지금까지의 법적상황에서 어떤 이점도 없었다. 1807년 지벤뷔르겐은 교회헌법을 도입하였는데,

이것의 기본구조는 당회의 교회지도부가 헤르만스타트(Hermannstadt)에 있는 상급당회(Oberkonsistorium)의 최고 지위를 지니고 있었다.[1] 그 결과는 강력한 국가감독이었다. 지벤뷔르겐의 목사직은 신학적으로 온건한 계몽주의로 각인되었으며, 이것은 루터교 신조와 일치되어야 했다. 견진성사는 완전히 전형적이며, 젊은 그리스도인의 성인표식으로 이해되었던 반면에, 이전에 그것은 성례전에 이르는 첫 단계 전의 신앙검증으로서 해석되었다. 계몽주의는 목사직에, 학제를 강화시키고, 그러나 또한 자신의 고유한 것을 포함하는 교육을 강화시키도록 충격을 주었다.

19세기 그리고 무엇보다 1848년 혁명에서 지벤뷔르겐의 민족주의자들 역시 눈을 떴다. 지벤뷔르그 작센은 독일의 사건에 관심을 보였다. 그리고 헝가리어 사용권의 개신교는 헝가리 자유운동을 지원하였다. 또한 그 땅에 살던 발라카이인과 몰다우인의 자의식 역시 강화되었으며, 때때로 지벤뷔르그 작센의 지원을 받았다. 대체로 이제 '루마니아'(rumaenisch)적인 것이 처음으로 하나의 민족적인 정체성이 되었다. 헝가리 독립운동의 좌절은 지벤뷔르켄 안에서도 단호한 오스트리아 정부로 이어졌다. 물론 교파적인 관용결정은 행사되었다. 지벤뷔르겐의 교회들은 이제 더욱이 자신을 조직하는 더 많은 자유를 얻었다. 그래서 장로회와 노회 선출이 가능해졌으며, 그것은 1861년 새로운 교회헌법에서 확정되었다.[2] 이것은 주 수상(Landesherr)이 최고교회 행정을 행사하던 지금까지의 당회헌법(Konsistoralverfassung)과 단절을 의미한다. 이 결정들에 뒤이어 루터교 감독구의 자리가 1867년 비르탤름에서 헤르만스타트로 옮겼다.

1867년 오스트리아와 헝가리의 '균일화'(Ausgleich)로 지벤뷔르겐은 헝가리의 확고한 구성분자가 되었다. 민족적인 소수자들은 이제 헝가리 국가에 용해되어야 했다. 그래서 독일민족 소수자들은 비록 경제적으로 그리고 문화적으로 중요하게 머물러 있었음에도 불구하고, 정치적 영향력을 상당히 상실하였다. 이것에 대해 본질적으로 지벤뷔르그 작센에 의해 세워진 학제가 기여하였다. 1895년 헝가리 의회는 새로운 관용결정을 통과시켰는데, 이것은 가톨릭, 개혁파, 루터교, 정교회, 연합파 그리고 유대교 역시 해당되었으며

1) Wien/Schwarz: Die Kirchenordnung, Teil 1.1.

2) Wien/Schwarz: Die Kirchenordnung, Teil 2.5.

그리고 종교 단체들에게 국가지원이 약속되었다. 1881년 이후 현존하는 루마니아왕국의 지역에는, 옛 몰다우와 발라카이에는 개신교가 19세기 중엽 이후 처음으로 정착하였으며, 정확히 말해서 각성운동의 길에 함께 하였다. 이 나라에 와서 지지자를 모은 것은 무엇보다 침례교들이었다. 이들은 일부는 독일에서, 일부는 러시아에서 왔다. 이들 침례교인들은 - 몇 명은 지벤뷔르겐으로도 이주하였는데 - 옛 재세례파의 후손들이었으며, 이들은 이미 언젠가 지벤뷔르겐에서 살았으나, 18세기에 마리아 테레지아 시대에 거기서 추방당했었다.

2. 1920년부터 제2차 사계대전 종전까지 루마니아 개신교

1919년과 1920년에 파리교외계약(Pariser Vorortvertraege)[3]을 통해서 동부 헝가리의 큰 지역, 예컨대 지벤뷔르겐과 바나트의 가장 큰 지역이 루마니아에 할당되었다. 그래서 개신교 교파의 거대한 주민비율이 루마니아 지배아래 놓였다. 또한 마찬가지로 루마니아에 할당된 부코비나(Bukowina)에는 개신교인들이 살았으며, 이들은 이제 지벤뷔르겐에 있는 교회에 결합되었다. 러시아로부터 베사라비엔(Bessarabien)이 루마니아에 양도되었고, 이것은 원래 언젠가 몰다우 제후국에 속했던 것이다. 여기서 18세기 그리고 19세기 남러시아의 식민지화 움직임에서 독일 이주자들이 새로운 고향을 발견하였다. 그들은 그들의 교회생활을 흑해지역 식민주의자들처럼 꼭 닮게 독립적으로 조직하였다. 독일로부터 가져온 전통이 오래 동안 영향을 미쳤으며 그래서 사람들은 찬송가 통일로 공동의 교회정체성을 촉진시키고자 하였다. 그럼에도 불구하고 바사라비엔에는 강력한 경건주의적-각성운동의 진영이 분리주의적인 경향과 함께 주목을 끈다.

지벤뷔르겐 개신교-루터교는 1926년 새로운 교회조직이 도입된 이후 '루마니아 아우크스부르크신조의 개신교 주 교회'(Evangelische Landeskirche Augsburgischen Bekenntnisses in Rumaenien)로 개명하였으며 그래서 이것은 지벤뷔르겐 교회만이 아니라, 하나의 루

3) 역자 주: 제1차 사계대전의 연합군과 패배한 중부유럽제국과의 평화조약에 대한 공동의 상위개념이다. 이 조약들은 1919년 파리 평화회의 협정으로 이어졌다.

마니아 교회도 원하고 있다는 것이 분명해졌다.[4] 그러나 비공식적으로 '지벤뷔르그-작센 교회'(Siebenbuergisch-Saechsische Kirche) 표지로 남아있었다. 1926년 이 교회와 루마니아가 된 바사라비엔의 루터교가 통합하였으며, 이 교회와는 이미 1920년 이후 동맹조약이 있었다. 바사라비엔 교회에서 매우 논쟁되었던 통일은 필연적이었다. 왜냐하면 국가는 단지 하나의 루터교만을 인정하고자 하였기 때문이다. 1928년 제의법령(Kultusgesetz)이 다른 것들과 함께 교회를 정책적으로 승인하였다. 이제 루마니아 동부지역에서도 루터교교회가 생겼으며, 이 교회목사는 그러나 대부분 지벤뷔르겐 출신이었다. 헝가리출신 루터교교인들은 1921년 이후 '루마니아 아우크스부르크신조의 개신교 노회-장로회 교회'(Evangelischen Synodal-Presbyterialen Kirche Augsburgischen Bekenntnisses in Rumaenien)에 모였으며, 이 교회는 클라우젠부르크(Cluj)에 거주하는 감독이 관리하였다. 또한 독립교단이 조직되었다. 침례교인들은 이미 1918년 결성되었다. 1922년 이후 루마니아 오순절운동에 속한 자들이 명백히 보인다. 재림파들은 이미 19세기 이후 지벤뷔르겐에 있었으며, 제1차 사계대전이 끝난 후 루마니아 국가로부터 종교 단체로 승인되었다. 1928년 제의법령은 독립 교단에 불리하게 작용하였다. 이들은 또한 외국정당원으로 체계적으로 차별받았으며, 또한 정교회의 적으로 두들겨 맞았다. 재림파와 침례교는 승인되었으나 오순절파는 인정받지 못했다. 1938/39 모든 침례교 교회는 폐쇄되어야 했다. 1930년 인구조사는 238,000명의 개신교 지벤뷔르그 작센, 60,000명의 대부분 개신교 바사라비엔 독일인, 거기에 다양한 소속의 개신교 130,000명이 아직 더 있었다. 교회 학교의 미래는 어려웠으며, 그것은 거의 국가로부터 지원받지 못하였고, 이제 전적으로 주민들에 의해 재정이 거의 부담되어야했다. 이것은 빈번이 교회에게 힘든 일이었다. 제1차 사계대전 때에 교회에 의해서 기부된 전시공채가 사라지고 환율로 손해를 입었기 때문에, 더욱 그들의 재정준비금이 끝나가고 있었다.

루마니아의 압도적인 지역이 정교회와 혹은 가톨릭-정교회 연합이었다. 또한 주된 교파인 정교회는 이전에 헝가리에 속했던 지역, 예컨대 무엇보다 지벤뷔르겐에서 더욱 강력하게 관철되었다. 1923년 헌법은 정교회와 그리스-가톨릭교회에 우선권을 주었다. 거기

4) Wien/Schwarz: Die Kirchenordnung, Teil 3.3.

에 대해서 정치적으로 헝가리와 동일시된 가톨릭주의는 약화되었다. 예컨대 교파문제는 여기서는 또한 민족적인 물음이다. 루터 교인들은 대부분 독일인었으며, 개혁파, 연합파 그리고 가톨릭은 대부분 헝가리인이며, 그리고 정교회는 대부분 루마니아인이었다. 사실 루마니아 정부는 제1차 사계대전 이후 평화조약에서 소수민족의 보호수락에 승인하였으나, 이것은 이행되지 못했다.

지벤뷔르그 작센 교회의 불충분한 민족주의적인 이행에 대한 비판은 '불복'(Unzufrieden) 운동을 통해서 시끄러워졌다. 전쟁이후에 곧 헤르만스타트에서 증가된 탈교회 운동이 인식되었다. 교회의 종교기구와 독일민족 집단의 이중역할은 더 이상 자명한 것으로 여겨지지 않았다. '불복'은 독일민족 집단을 민족적인(Voelkisch) 그리고 국민적인(nationalistisch) 의미로 조직하였으며, 그리고 거기에는 이미 독일의 나치 영향이 눈에 띄었다. 역으로 공개적으로 나치에 대항하는 몇 명의 목사들이 있었다. 1932년 감독죽음 후에 확정된 감독선거는 교회 정치세력들의 극적인 시험장이었으며, 여기서 빅톨 글론디스(Viktor Glondys: 1882-1949)가 승리자로 나타났다. 지벤뷔르겐에서 공개적으로 나치 독일에 대한 공감이 커졌을 때, 마침내 독일 민족주의는 1933년 이후 돌발하였다. 이제 '루마니아 독일민족 갱신운동'(Nationale Erneuerungsbewegung der Deutschen in Rumaenien)으로 사용된 민족주의 세력은 나치 이데올로기 깃발을 가지고서 교회지도부와 주 교회 회합에 진입하였다. 1934년 루마니아 국가가 '갱신운동'을 금지한 것은 단지 그 문제를 옮길 뿐, 그것은 교회 안에서 지속되었다. 1936년 당회는 모든 교회종사자들에게 정당정치 활동을 중지하겠다는 성명서를 요구하였으나, 그것은 오히려 거부반응과 거절을 가져왔다. 이러한 제한에도 불구하고 민족성이라는 주제는 교회 안에서도 큰 역할을 하였다. 교회지도부는 나치에 대항하고자하는 모습을 겉으로라도 일으키지 않았다. 1939년 주 당회(landeskonsistorium)의 새로운 선거에서 나치 입장 대표자들이 성직자 편에서뿐만 아니라 비신학자 편에서 다수를 차지하였다.

동시에 루마니아 1930년대 독재정권이 세워졌다. 1930년 왕좌에 오른 국왕 카롤 2세(Carol II: 1893-1953)가 독재자로서 그 나라권력을 독점하였다. 1940년 원수 이온 안토네스쿠(Ion Antonescu: 1882-1946)는 왕 카롤을 축출하고, 그의 아들 마하엘 1세(Michael I:

1921년 출생)를 왕으로 임명하였다. 국내 정치, 특히 지벤뷔르그 작센의 지위는 이제 안토네스쿠에 동조한 독일의 관점에서 결정되었다. 1940년 감독 글론디스는 퇴임을 강요당했다. 그는 나치의 교회 안의 영향력을 차단하지 못하고서, 갱신운동과 뒤이은 나치 조직형성에 대해 거리를 두고자 시도하였다. 1941년 선출된 감독 빌헬름 스태델(Wilhelm Staedel: 1890-1971)은 헤르만스타트의 '독일적 민족 집단'의 문화부의 이전 지도자였다. 그와 그의 전임자 글론디스 사이에 1935년 이후에 분쟁이 빈번이 일어났다. 독일적 민족 집단은 1940년 제국 독일지원으로 탄생하였으며 그리고 실제로 NSDAP의 외부 출장소였다. 스태델 아래에서 교회는 이데올로기적으로 위험하게 되었고, 그리고 독일적 민족 집단에 어용화 되었다. 교회는 그들의 청년업무와 학제를 독일적 민족 집단에게 넘겨줘야 했다. 히틀러와 스탈린 사이에 체결된 협정이후에 1940년 러시아 주둔군은 바사라비엔으로 진입하였다. 거기 살고 있던 독일인들은, 물론 매우 불확실한 목적으로 '소개' 되었다.

제2차 세계 대전 중에 루마니아는 독일의 맹방이었으나, 1944년 연합국 편에 섰다. 그래서 감독 스태델의 지위는 유지될 수 없었다. 스태델의 대립후보는 프리드리히 뮐러(Fridrich Mueller: 1884-1969)였다. 그는 처음에 나치에 속했던 사람이나, 독일에서 육체적, 정신적 그리고 영적으로 병든 자를 '안락사'(Euthanasie)라는 표지 아래 계획적으로 살해하는 것을 듣고서 나치와 단절하였다. 뮐러는 다음 해에 스태델과 나치 교회정책의 적대자가 되었다. 1943년 그는 독일적 민족 집단의 지도자인, 안드레아스 슈미트(Andreas Schmidt: 1912-1948)에게 편지로, 교회업무방해와 교회탈퇴선동에 대해 항의하였다. 스태델에 대한 반대는, 1944년 정치적 관계가 바뀐 이후 곧바로, 그러나 단지 임시적으로, 뮐러가 스태델의 후임자가 될 것을 예정하였다.

3. 사회주의 독재자 지배 아래 개신교

국왕 미하엘이 1944년 루마니아를 독일동맹에서 떼어내고 쿠데타로 안토네스쿠를 실각시킨 후, 소련 주둔군이 그 땅을 점령하였다. 독일인은 이제 루마니아 전쟁정치의 속죄양이 되었다. 그러나 폴란드와 체코슬로바키아에서처럼 독일인 추방은 행사되지 않았다.

기관으로서 교회는 더욱이 국가의 눈에는 파시스트조직으로 여겨지지 않았으며, 그래서 이들의 존재가 안전해 질 수 있었다. 물론 1944년 수만 명의 지벤뷔르겐인들이 오스트리아와 독일로 소개되어, 거기에 머물면서 자신들의 전통을 유지하고자 하였다. 루마니아에는 이제 아직 240,000명의 지벤뷔르그-작센 교회소속원이 있었다. 이것은 주민들의 약 1%에 해당한다. 대부분의 구성원은 농부들이며, 그래서 뒤이어 심한 몰수를 당했다. 만 명의 지베뷔르그 작센인이 여자든 남자든, 소련으로 강제노동하기 위해서 압송되었다. 어린이와 노인들은 빈번이 보호 없이 남겨져 있었다. 1948년 226곳의 목사직의 107곳이 공석이었다.

교회의 새 조직을 쉽게 하기 위해서, 또한 빅톨 글론디스가 이제 용퇴하여서, 프리드리히 뮐러가 이미 1945년 4월 주 교회 모임에서 감독으로 승인될 수 있었다. 어떤 곳에서는 또한 교회 안에서 이데올로기적으로 자기정화가 이루어졌다.

다음 1946/47년에 교회에 대하여 국가의 공격적인 정책이 도입되었다. 교회 재산은 전체적으로 박탈되었으며, 여하튼 몇 년 후에 몇 곳이 배상되었으나, 결코 모든 것이 실시되지는 않았다. 루터교는 이제 지벤뷔르그 작센에 정체성을 촉진시키는 중심적 요소였다. 1947년 말 국왕 미하엘의 퇴위가 강요되었고 그리고 1948년 루마니아 인민공화국이 공고된 이후에, 가혹한 교회정책이 또한 도입되었다.

1948년 헌법은 자유로운 종교행사의 권리를 유보시켰으며, 이것은 '민주적인 제도'의 영역 안에서 행해져야 했다. 동시에 모든 학교는 국유화되었고, 그리고 제의법령은 모든 종교단체를 - 숫자로는 14곳 - 국가에 등록하도록 강요하였다.[5] 지벤뷔르그-작센 교회에 대한 국가의 승인보상은 국가에 일치되는 교회제도 완성이었으며, 이것은 1949년에 도입되었다.[6] 정교회는 우대되었고, 가톨릭은 대부분 압박받았다. 그 땅의 개혁파와 루터교는 국가에 의해서 통제되었는데, 이는 곧 그들이 소수 민족을 대표하기 때문이었다. 그래서 교회는 또한 에큐메니칼 운동의 지원 접수나 모든 외국 접촉이 금지되었다.

1950년 개신교 독립 교단, 즉 침례교, 오순절, 재림파는 통합할 것을 강요받았다. 루마

5) Voss: Die Religionsfreiheit, 147-158.

6) Wien/Schwarz: Die Kirchenordnung, Teil 5.2

니아의 모든 개신교 신학교육은 1949년 이후 국가감독 아래 클라우젠부르그의 '연합 개신교-신학교'(Vereinigte Protestantisch-Theologische Institut)에서 이루어졌다. 동시에 외국에서의 수업은 폐쇄되었다. 클라우젠부르그 신학교는 그곳의 헝가리어를 사용하는 신학대학에서 출현하였다. 이제 여기서 또 독일어를 사용하는 신학교육분과가 세워졌으며, 1955년 헤르만스타트로 옮겨졌다. 그러나 신학교육 접근은 국가에 의해서 제한되어서 많은 목사직이 비어있었다. 다른 한편에서는 목사들이 부분적으로 국가로부터 봉급을 받으며 국가관청의 감독을 받는다. 감독 뮐러는 루마니아 국민의회 의원으로 지명되었는데, 이는 당연히 완전히 허울뿐인 자리였다.

1956년 헝가리 봉기와 함께 특히 루마니아에 있는 소수 헝가리인들과 그리고 그와 함께 개혁파 교회가 국가로부터 의심을 받았다. 그러나 또한 루터교 역시 슈타지(Staatssicherheit)의 투시경 안에 들어있었다. 목사와 신학생들은 체포되었고 기분 나쁜 에큐메니칼 접촉은 차단되었다. 그와 함께 스탈린 죽음이후의 짧은 해빙의 날씨도 끝났다. 목사보직은 국가 허락에 달렸다. 성서 인쇄조차 금지되었다. 사회주의 독재의 다른 나라들과는 다르게 탈스탈린화는 거의 없거나 혹은 겨우 단기간만 있었으며, 오히려 루마니아 민족주의적인 스탈린주의는 발전하였다. 그것은 한결같은 루마니아 민족의 허구와 그리고 역사를 지닌 것이다. 숫자적으로 헝가리출신 개혁파가 지베뷔르그-작센 교회구성원보다 이러한 생각을 더 많이 저지하였다. 개혁파의 숫자는 약 800,000명이며, 대략 주민의 3.5%에 상응한다.

루마니아 개신교-루터교는 감독 밀러 아래서 1960년대에 겨우 에큐메니칼 접촉을 다시 연결할 수 있었는데, 먼저는 루마니아 내의 개혁파와 정교회, 다음에는 역시 루터교 세계연맹과 세계교회협의회(OeRK: WCC)였다. 그래서 그 밖에 에큐메니칼 관계와 독일로 향한 교회결합이 장려될 수 있었다. 1964년 이후 국가 교회정책이 후퇴하였으며, 결정적인 것은 다른 사회주의 국가들처럼 실행되었다. 그리고 사람들은 감시와 방해를 받았다. 1965년 이후 다시 지벤뷔르그-작센 교회의 출판이 간행되었다. 1969년 알버트 클라인스(Albert Kleins: 1910-1990)의 감독 선거는 이 시기의 상징이었다. 그러나 동시에 니콜라이 차우체스코(Nikolae Ceausescu: 1918-1989)는 국가권력을 점점 독점하였으며, 결국에는 무

제한적인 신스탈린주의의 독재로써 다스렸다. 다음 20세기 동안에 그는 루마니아를 개발도상국의 수준으로 올리는데 성공하였다. 비밀경찰(Securitate)은 모든 사람을 그리고 역시 교회를 감시하였다.

그 땅의 독일 루터교 소속의 소수자들은 불이익과 급격히 악화된 삶의 상황에 직면하여 점점 그 나라를 떠나게 되었다. 독일적인 것들은 철저하게 판매되었다. 왜냐하면 루마니아 정부가 모든 떠나는 이주자들에게 그들에게 투자된 교육비용에 대해 '손해보상'(Entschaedigung)을 요구하였기 때문이다. 1978년 독일연방공화국과 루마니아는 계약을 체결하였는데, 이것은 해마다 약 10,000명의 이주자들을 규정하였다. 그와 함께 지벤뷔르그 작센 교회는 뚜렷하게 감소하였다. 완전히 특별한 문제는 목사들의 이주였다.

1978년 이미 침례교 영역에서 이 교회에 대한 계속된 억압에 직면하여 항의들이 있었다. 그러나 더 가혹한 압류를 피하기 위해서, 비판가들이 교회에서 제명되었다. 그럼에도 불구하고 아직 1980년대에 침례교는 차우체스코에게 신앙자유를 보장해달라고 편지를 썼다. 여하튼 침례교는 약 300,000명이 있었으며, 그리고 그들의 항의는 철저하게 국제적인 주목을 끌었다. 이미 1989년 이전에 약 250,000명의 오순절 교인들이 비슷한 강도로 대변하였다. 또한 그들의 작업은 관청에 의해서 방해받았으나, 전체적으로 보다 나아졌다. 왜냐하면 그들은 국가편으로 여겨졌기 때문이다. 1976년 오순절 교인들에 의해 신학교가 개원되었다. 공식적으로 인정된 교회들 외에 역시 재림파들처럼 '불법' 집단들이 있었다.

1988년 독재자 차우체스코의 정치는 강화되었으며, 그는 나라의 넓은 면적을 산업화시키고 그것을 위해서 수천 개의 마을을 파괴시키고자 하였다. 이제 저항은 무엇보다 헝가리 소수민족 안에서 일어났으며, 그들은 이미 이전에 로마화 캠페인에 대해서 견디어야했다. 이제 헝가리 개혁파와 루터교는 루마니아에 살고 있는 그들의 동족을 위해서 WCC를 항의의 광장(Forum)으로 이용하였다. 1989년 12월 개혁파 교회 목사 라츠로 퇴케스(László Tökés: 1952년 출생)는 이전에 정권비판 때문에 눈에 띄었는데, 그는 자신의 목회지인 티미소아라(Timişoara: Temeschwar)에서 떨어진 벽지의 마을로 옮겨졌다. 그 교회는 자기목사를 후원하였으며, 그리고 국민봉기가 일어나, 전국으로 빠르게 번졌다. 혁명 후에 퇴케스는 오라데아(Oradea: Nagyvárad/Grosswardein)의 감독이 되었는데, 그곳은 라츠로

팝(László Pap)을 대체한 곳이며, 이전에 자기가 법률로 조정하였던 곳의 감독이었다. 1989년 12월에 감독 알버트 클라인스는 강단공고를 작성하였는데, 그 안에서 특히 불의에 이름을 분명하게 알리지 않았던 것을 고백하였다. 1989년 이후 교회는 새로운 자유를 유지하였다. 1991년 헌법은 신앙과 양심의 자유를 보증하였다. 이제 다시 교파 학교들이 세워졌고, 그리고 초등학교와 고등학교의 1학년에서 8학년까지 종교수업 유지가 가능해졌다. 거기에 대해서 처음에 지벤뷔르그-작센 교회는 오히려 소극적으로 반응하였다. 왜냐하면 이들은 자신들의 교회 종교수업을, 동독(DDR)의 그리스도교 교육과 비교해서 우대했기 때문이다. 그러나 전문교사들의 교육과 더불어 학교 종교수업에 대한 주춤거림이 감소하였다.

어려운 국내정치의 해를 뒤이어 공산주의 독재의 종말과 함께 대량 탈출이 시작되었다. 1989년 말에 아직 약 100,000명의 독일인 루터교 교인이 루마니아에 살고 있었는데, 6개월 후에는 약 50,000명이 되었으며, 그들의 숫자는 계속 줄어들었다. 그래서 이전의 약 300,000명의 독일인이 이제 단지 몇 천 명만이 루마니아에 남아있었다. 헤르만스타트에 있는 독일어를 사용하는 신학자 신진교육은 1990년대 끝에 다다른 것으로 보였으나, 그 다음 신학 공부하는 자들의 미세한 증가가 기록되었다. 신진세대 결핍을 없애기 위해서 1990년대 또한 여성 안수가 도입되었다. 정치적 변혁 후 무엇보다 헝가리 개혁파, 헝가리 루터교 그리고 독립 교단 소속교인들이 개신교를 대표하였다. 이 교회들의 신학적 신진세력들은 계속하여 크라우젠부르그에서 교육되었다. 1992년 인구조사에 의하면 지벤뷔르겐에는 796,682명의 개혁파, 158,970명의 오순절파, 94,630명의 침례파 그리고 56,448명의 루터교 교인이 있었다. 또한 '복음주의 그리스도인들'(Evangeliumschristen)이들이 언급될 수 있다. 이들은 50,000명의 구성원을 지닌 19세기말 이후에 현존하는 독립 교단의 연합이며, 두 갈래로 나뉘었는데, 한 쪽은 성인 세례를, 다른 쪽은 유아 세례를 실천하였다. 후자는 스스로 '루마니아 개신교 교회'(Rumaenische Evangelische Kirche)라고 자칭하였다. 여기에는 약 80,000명의 연합파가 있었다. 거기에 비해서 2천만 명의 구성원을 지닌 정교회와 150만 명의 지지자들을 지닌 가톨릭이 우세하였다. 그 외에 루마니아에는 아르메니아 그리스도인, 유대인 그리고 무슬림들이 있다.

루마니아의 루터교는 인구통계학적인 실제를 고려하면 더 이상 '독일적' 교회라고 이해될 수 없으며 그리고 그들의 자의식에 의하면 민족교회에서 디아스포라 교회가 되었다. 보다 작아진 교회는 루마니아 출신 구성원들의 증가된 비율 때문이다. 1995년 지벤뷔르그-작센 교회는 '아우크스부르크신조 개신교 노회-장로회 교회'(Evangelische Synodal-Presbyteriale Kirche Augsburgischern Bekenntnisses), 예컨대 헝가리 루터교와 밀접한 동맹을 맺었다.

B 불가리아

1879년 불가리아는 오스만제국으로부터 독립과 함께, 개신교 교파의 독일 제후였던 알렉산드리아 폰 바텐베르크(Alexander Battenberg: 1857-1893)가 통치자로 선출되었다. 개신교 궁중 설교가를 데리고 있었던 알렉산더는 소피아에 독일 개신교 지교회를 세웠다. 여기에 작은 독립 교단의 지교회들, 즉 감리교, 침례교 그리고 오순절파들이 포함되었으며, 이들은 19세기 후반 이후 무엇보다 미국 선교사들을 통해서 이 땅에 도착하였다. 제1차 사계대전 이후 물론 개신교의 작은 숫자가 더 줄어들었다. 왜냐하면 그들이 외국의 당원으로 여겨졌기 때문이다. 사회주의 독재시대에 개신교 교회는 심하게 박해를 받았고 1989년까지 국가의 압박아래 있었다. 외국 설교가들은 제2차 사계대전이 끝난 후 그 땅을 떠나야 했다. 왜냐하면 그들은 이제 미국의 스파이로 여겨졌기 때문이다. 그리고 개신교 교회들은 모든 국제적인 결합을 단절시켰다. 1947년 개신교 교회에게, 모두 통합하고 그리고 국가감시 아래 있게 하는 하나의 법률이 강요되었다. 목사에 대항한 모의재판, 교회 지도자로서의 비밀경찰 스파이 투입, 교회출판금지 그리고 교회허용에 대한 엄격한 집행은 개신교를 소멸의 한계로 몰아갔다. 1980년에는 약 30,000명의 개신교인이 있었으며, 그 중에 1/2이 오순절 교회에 속했다. 1989년 정치적 변혁과 함께 곧바로 조직개편이 도입되었다. 1990년 종교문제에 대한 국가감시기구가 변형되었는데, 이 단체가 종교단체인가를 결정하여야 했다. 개신교숫자는 이제 100,000명에 이르기는 것으로 평가되었다.

C 그리스와 사이프러스

개신교는 외국 선교사를 통해서 그리스로 왔다. 오스만제국에 대한 그리스의 자유투쟁 움직임 속에서 본래 정교회가 강력하였으나, 1858년 이후 개신교 지교회들이 형성되어, 1873년 노회에 대표를 파견하였다. 개신교는 첫 번째 그리스 왕, 비텔스바허 오토(Wittelsbacher Otto: 1815-1867)의 부인, 아마리에 폰 올덴부르크(Amalie von Oldenburg: 1818-1875)의 지원을 받았으며, 그녀는 아테네 독일 개신교 지교회 설립을 촉진시켰다.

사이프러스 역시 1996년 개신교 지교회를 설립하였는데, 그들의 구성원들은 외국에서 온 개신교인들이었다.

D 옛 유고슬로비아

유고슬라비아는 정치적 단위로서 1918년 처음으로 존재하였다. 이 안에 통일된 지역은 완전히 다양한 전후 역사를 지니고 있다. 슬로베니아와 크로아티아의 개신교는 이미 종교개혁 시기에 있었다. 그러나 여기에 가톨릭 종교개혁이 관철되었다. 본래 대부분의 개신교인들은 유고슬로비아의 새로운 경계 안에서 살았으며, 그 다음에는 합스부르크 군주국의 오스트리아나 혹은 헝가리 지역에서 살았다. 개혁파들은 일반적인 교파관계와 상응하며 무엇보다 헝가리 출신이었다. 근대 개신교 역사는 개신교 이주민들로 시작되었다. 이들은 무엇보다 후기 유고슬로비아 북쪽과 역사상의 헝가리 남쪽, 바나트와 바츠카(Batschka)에서 고향을 찾았다. 여기서 18세기 오스만이 물러난 후 마리아 테레지아 통치아래서 오스트리아 식민정책 움직임 속에서 처음에는 가톨릭 교인들이 이주하였으며, 다음에는 요제프 2세 아래서 개신교 교인들이 또한 이주하였는데, 이들 안에는 독일인, 슬로베니아인 그리고 헝가리인이 있었다. 개신교 지교회들은 대부분 19세기에 처음 생겨났다. 이들은 학교를 설립하였으며, 여기서 모국어로 수업이 이루어졌다. 오스트리아-헝가리 정책은 19세기 동안 개신교에 호의적이었는데, 그것은 정치적 방향에 일치하는 것이 보여 주는 바와 같다. 물론 헝가리 지역에서 1859년의 황제칙령에 대한 논쟁이 눈에 띄었다. 크로아티아(그리고 이 시기에 분리되어 불러진 슬로베니아 지역)는 헝가리 제국 지역에 속했으며, 처음에는 단지 짜그렙(Zagreb: Agram)에만 지교회가 있었으나, 증가된 독일인 이주와 함께 계속 여기에 교회가 생겼다. 크로아티아 지교회에 1859년 빈으로부터 고유한 종교칙령이 선포되었다. 1893년 크로아티아 루터교와 칼빈파의 결합을 감행한 시도는 좌절되었다. 슬로베니아에서는, 이곳은 오스트리아 제국 부분에 속했는데, 마찬가지로 유일한 교회가 있었다. 세르비아는 오스만의 퇴거 이후 1883년에서 1918년까지 독립국가였으며, 여기서는 개신교가 단지 벨그라드(Belgrad) 지교회만을 통해서 대표되었다.

제1차 사계대전 이후 유고슬로베니아 국가, 예컨대 세르비아, 크로아티아 그리고 슬로베니아 왕국의 국가 설립과 더불어 종교의 자유가 보장되었다. 1921년 237,000명의 개신교인이 있었고 이 가운데 177,000명의 루터교 교인이 있었다. 이들은 무엇보다 독일과 슬로베니아 혈통인 반면 - 개혁파는 대략 60,000명의 숫자인데 - 헝가리 출신들이다.

개혁파 교회는 - 그들의 학교는 1920년에 국유화되었는데 - 1921년 새 유고슬라비아 경계선에 조직되었다. 교회지도부가 선출되고, 그 최고위직을 페터 클레프(Peter Klepp: 1884-1928)가 선임상급자(Obersenior)로서 차지하였다. 1931년 이 교회는 51,000명의 구성원을 지녔다. 클레프의 후임자는, 1933년 이후 감독 칭호를 사용하는데, 산도르 아고스톤(Sándor Ágoston: 1882-1960)이다. 개혁파 교인들은 루터교 교인들과 마찬가지로 국가의 희망인 통합에 저항하였다. 이 계획이 실현될 수 없다는 것이 1920년에 열린 '새마을 교회일'(Neudorfer Kirchentag)이 보여주었는데, 이 날은 모든 개신교 대표들의 총모임이었다. 교파도 민족도 말하자면 하나의 공동 교회조직으로 통일될 수 없었다. 그리고 공동으로 파견된 '관리 위원회'(Verwaltungsausschuss)가 이미 1921년 자기업무를 다시 시작하였다. 그래서 1922년 슬로바키아 개신교 교회와 독일 개신교 교회가 조직되었다. 독일 개신교는 1926년 노회를 열었으며, 여기서 교회헌법을 통과시켜야 했다. 그러나 회의가 오랫동안 중단된 후에 정치적으로 불안정한 1930년에 처음으로 결과가 나왔다. 교회지도부는 1923년에서 1926년까지 노회 의장인 구스타프 아돌프 바그너(Gustav Adolf Wagner: 1868-1926)에 의해서 구체화되었다. 감독 집행자로서 필립 포프(Philipp Popp: 1893-1945)가 그를 계승하였으며 자그레브에 자리하였다. 포프는 교회헌법이 통과된 이후 1931년에 감독의 칭호로 '유고슬라비아 왕국 아우크스부르크신조 독일개신교 교회'(Deutsche Evangelische Kirche Augsburgischen Bekenntnisses im Koenigreiche Jugoslawien)의 첫 번째 주 교회의 날을 주최하였다. 포프는 베를린에 교회외무담당을 세운 후에 독일제국 교회정책에 긴밀하게 동조하였으며 그리고 외국감독 테오도르 헤켈(Theodor Heckel)과 굳게 결합되었다. 그래서 유고슬라비아 독일 루터교는 외무담당의 지도아래 남동유럽 개신교 교회의 '남동대회'(Suedostkonferenz) 구성원이 되었다. 그러나 독일 루터교 목사직의 지도인물은 포프의 친구인, 즉 칠리(Cilli: Celje)의 목사인 게르하르드 메이(Gerhard May)가 1944년 오스트리아 루터교 감독이 되었다. 그것에 친척들의 접촉이 또한 기여하였다. 마이는 요한네스 하인젤만(Johannes Heinzelmann)의 딸과 결혼하였으며, 특히 그는 본래 빈에 있는, 새로 준비되었으나 설립되지 않는, 신학대학의 디아스포라 종교와 민속학(religioese und voelkische Diasporakunde)의 교수직 소유자가 되어야 했다.

유고슬라비아 국가는 그 사이에 자신의 의미 안에서 교회생활을 규정하려고 시도했다. 1925년 '초교파적 법령'(Interkonfessionellen Gesetzes)의 초안이 나왔으며, 그것은 국가에게 교회업무의 강력한 개입권한을 부여하였다. 교회로부터의 항의가 분명하였다. 왕 알렉산더(1888-1934)의 쿠데타도 1929년 교회정책에 아무것도 변화시키지 않았다. 1930년 개신교 법령이 발효되었을 때, 여하튼 당사자들이 그것의 성립에 참여하였다. 이제 슬로바키아 루터교와 독일 루터교는 개혁파 교회(이 안에서 1933년 헝가리와 독일 민족분리가 일어났다)와 마찬가지로 국가에 대한 관계가 규제되었다. 교회가 국가에 긴밀하게 결합될 때, 이것은 또한 국가 보조금 형식 안에서 가치가 있었다. 물론 그것은 각 지교회와 마찬가지로 교회들도 그들 업무에 있어서 자율성을 가져야한다는 것이 당연하였다. 개신교 법률을 통해서 국가 학교 안에서 종교수업의 행사가 보장되었으며, 그것은 역시 목사에 의해서 행사되었다. 물론 이것은 헝가리어가 아니었다. 동시에 전에 나타났던 문제에 직면하게 되었는데, 즉 개신교의 어린이를 가톨릭 종교수업에 참여하도록 강요하는 문제였다. 루터교와 개혁파에 비해서 독립 교단들은 불이익을 보았다.

제2차 사계대전 동안 교회생활은 강력하게 규제되었다. 감독 테오도르 헤켈 아래 교회외무담당의 교회정책은 또한 유고슬라비아를 향해서까지 영향을 끼치고자 시도하였다. 바츠카는 헝가리로 되돌아갔으나, 거기 교회는 자발적으로 교회의장 하인리히 메더(Heinrich Meder: 1904-1985) 아래서 조직되었다. 1941년에서 1944년까지 크로아티아는 독일의 위성국가가 되었는데, 자신들의 '루터교 개신교 교회'(Lutherische Evangelische Kirche)가 있었다. 바나트는 독립된 세르비아 국가의 일부분인데, 1942년 헥켈에 의해서 독일 개신교 교회(DEK)의 감독이 임명되었다. 이 사람은 프란츠 하인(Franz Hein: 1901-1986)이며, 1944년 러시아 주둔군 앞에서 피난가야 했었다. 필립 포프는 1941년 DEK와 계약을 체결하였으며 그리고 교회외무 담당과 공동 작업을 강화하였다. 칠리와 마리보(Matibor)의 지교회들은 재차 오스트리아 교회조직에 결합되었다.

독일 점령세력 붕괴와 함께 1945년 유고슬라비아 인민공화국이 세워졌으며, 이 나라는 각 지역 공화국의 연방국가로 조직되었다. 개신교 교인은 가톨릭과 정교회 그리고 무슬림 외에 작은 소수자들이었으며, 물론 가톨릭은 약화된 지위에 있었다. 왜냐하면 그들이 크로아티아의 위성국가의 주된 지자자로 여겨졌기 때문이다. 전쟁이 끝난 후 감독 포프는 1945년 즉결재판에서 총살되었으며, 그의 아들 에드가(Edgar: 1920년 출생)는 1946년 자그레브의 목사가 되었고, 1951년은 '상급자'(Senior)가, 예컨대 크로아티아 개신교 수장이 되었다. 독일 개신교인들은 추방과 폭력행위를 통해서 위협을 당했는데, 대부분 피난갔다. 토지개혁, 예컨대 토지 국유화는 여기서 또한 교회생활의 물리적 토대를 해쳤다. 많은 교회 부동산이 '독일 소유'로 여겨져서 압류되었다. 이것은 디아코니아 시설에도 해당되었다. 교파에서 운영하는 학교업무는 점점 방해를 받았으며, 그 학교들은 몇 년 되지 않아 그들의 존재 기반을 잃어버렸다. 종교수업은 학교 안에서 선택 과목으로 짧은 기간 동안 남았다가, 1952년 폐지되었다. 교사들은 이제 또한 관리인이나 연주자의 일을 더 이상 행해서는 안 되었다. 1953년 신앙단체들에 관한 법령이 발효되어, 1991년까지 유효하였다. 국가와 교회는 이제 분리되었고, 신앙과 양심자유의 보호는 원문에 의해서 보증되었다. 그러나 종교단체는 법인으로 여겨졌으며 그리고 때에 따라서 국가지원을 받았다. 교회에 대한 국가의 감독은 유고슬라비아에도 역시 긴급한 정치적 목적이었다. 이것은 유고슬라비아의 각 지역 공화국 영역에 설치되었다. 여기서는 본질적으로 작은 개신교 교회보다 가톨릭에 국가가 더 관심이 있었다. 개신교인들은 주로 여섯 곳의 공화국 중에서 세 곳,

즉 슬로베니아, 크로아티아 그리고 세르비아에 있었다. 교회정책은 모든 사회주의적인 체제에서 전형적으로 추진된 삶의 탈그리스도교화로 둘러싸여 있었다. 이것은 특히 성탄절에 해당하였다. 그러나 외부를 향해서 교회는 겉으로 종교자유를 의도한 정책의 얼굴마담으로 이용당했다.

사회주의 교회정책은 유고슬라비아에게도 교회를 설립하게 하였으나, 유고슬라비아가 1948년 소련의 영역으로 벗어난 것이 여기서는 큰 역할을 하였다. 동시에 교회에 대한 압류도 약간 완화되었다. 그리고 서방으로부터의 원조가 가능해졌다. 그래서 루터교 세계 연맹이 1950년대 초에 도울 수 있게 되었고, 그리고 1960년대 이후 궁극적으로는 1970년대 이후에 교회는 보다 큰 자유를 얻었다. 이것들은 이미 1950년대 초에 교회건물의 큰 부분들이 국가로부터 다시 자유롭게 된 이후이다. 개신교는 물론 독일인들의 탈출 때문에 더욱 작은 집단이 되었다. 크로아티아 루터교의 지도적 인물은 에드가 포프였으나, 이제 크로아티아는 독일어를 교회언어에서 벗겨내었다. 1951년 루터교와 침례교는 공동찬송가를 도입하였다. 개혁파 교회의 수장자리는 감독 아고스톤(Ágoston)이 1960년 죽을 때까지 차지하였다. 이제 슬로베니아, 크로아티아 그리고 세르비아에는 당시 몇 천 명의 구성원을 지닌 고유한 루터교 교회들이 생겨났다. 슬로베니아 루터교는 공산주의 독재 아래서 일반적인 문제들에 투쟁해야 했다. 예컨대 그들의 공개적인 활동 가능성의 제한에 대해서였다. 교육적인 업무 제한과 목사 결핍은 분명히 눈에 띄었다. 신진 성직자는 부분적으로 그 나라에서 교육되었다. 즉 벨그라드에 있는 정교회 신학대학에서, 그러나 일부는 서방 세계나 혹은 브라티슬라바(Bratislava)에서 공부할 수 있었다. 1980년 약 115,000명의 개신교인들이 완전히 다양한 교파로 각인되어 있었다. 1996년 슬로베니아 루터교 교회는 45,000명의 구성원을 지니고 있었다. 그들의 수장에 감독이 있었다.

E 러시아 (소련연방)

1. 차르의 교회통치권

러시아 제국의 개신교는 본질적으로 민족적으로 소수의 비러시아인에 의해서 이끌어졌다. 모스크바에 정착한 독일인을 통해서 이미 16세기 거기에 루터교 지교회가 있었으며 그리고 역시 하나의 루터교 교회가 있었다. 가톨릭 교인들과는 반대로 개신교교인들은 정교회의 주민 다수에게 위험스럽지 않게 여겨졌다. 개신교 교인의 숫자는 카타리나 대제(Katharina the Grosse)가 18세기 60년대에 볼가(Wolga)에 이주시켰던 독일인을 통해서 증가하였다. 러시아 농민들과는 반대로 그들은 어떠한 농노도 아니었다. 19세기 초 계속하여 독일 식민주의자들이 들어와서, 크리미아(Krim) 북부의 '흑해 독일인'으로서 정착하였다. 그들은 무엇보다 각성운동의 급진적 집단으로부터 충원되었다. 또한 단치히 지역으로부터 온 존경받는 메노나이트 집단은 러시아계 독일인에 속했다. 그들에게는 군복무가 면제되었으며, 그것을 대체하여 임업에 투입되었다. 독일 이주민들 가운데 약 60%는 루터교이거나 혹은 개혁파이며, 10%는 메노나이트이며 그리고 30%는 가톨릭이다. 하나의 문제는 곧 임명되는 목사부족이어서, 많은 지교회들이 방임되었다. 또한 이러한 결핍을 제거하기 위하여 1802년 돌파트(Dorpat) 대학이 다시 개교하였다. 그러나 사람이 널리 흩어져 살고 그들이 함께 들여온 전통을 장려하였기 때문에, 교회생활은 당연히 매우 다양하였으며 자기조직에 의존하고 있었다.

러시아 제국에서 모든 개신교의 교회지도부를 구성하려는 이전의 시도가 좌절된 후에, - 1819년 성 페터스부르크(St. Petersburg)에 러시아 전체를 위해 개신교 감독을 세우려는 것이 성과 없이 끝난 것이 여기에 속한다 - 1832년 법률에 의해서 '러시아 개신교-루터교교회'(Evangelisch-Lutherische Kirche in Russland)가 생겨났다. 여기에는 역시 개혁파가 속했다.[7] 이 법률에 성직자들과 교회관청에 대한 훈령이 포함되었다.[8] 1832년 법률은 프로이센 교회관청의 정신 안에서 조직을 규제하였으며 교회 내적 생활을 세밀히 구별하였다. 교회관청은 성 페터스부르크에 있는 총당회(Generalkonsistorium)에 있었다. 제국 동부지역의 두 번째 당회가 1934년 모스크바에 세워졌다. 남러시아 개신교 센터로 오데사(Odessa)가 계속된 중심을 형성하였다. 그러나 오데사에는 어떠한 당회도 도입되지 않았다. 제1차 사계 이전에 이 지역에 곧 고유한 교회지도부를 세우려는 경향들이 보였다. 마

7) Tschoerner: Kirchenordnungen (Teil 1), 32-181.

8) Tschoerner: Kirchenordnungen (Teil 1), 182-220.

찬가지로 발트 지역들도 어떠한 자신의 상급관청을 지니지 못하였다. 거기서 루터교 교인들은 종교개혁 시기에 이르는 역사를 회상하며 살았으며, 그들은 스웨덴 주권 아래서 살다가, 1721년 이후에는 러시아에 종속되었다. 1721년 북부전쟁이 끝난 후 체결된 평화조약은 그들에게 교파의 상태를 보장하였다.

러시아 개신교는 그들의 국교 형성 시도에도 불구하고 혹은 바로 그것 때문에 하나의 고유한, 비국교적이고 분리주의적인 경향을 유지하였다. 교회지도부에 의해 제정된 교회조직과 예전은 계속하여 받아들여지지 않았다. 일치된 요소들은 다른 측면에서 독일어사용, 돌파트 대학의 대부분의 목사양성과 그리고 특히 '러시아 개신교-루터교 지교회 지원기금'(Unterstuetzungskasse fuer evangelisch-lutherische Gemeinden in Russland)들인데, 예컨대 이것은 보다 가난한 교회 지교회를 돕는 용도였다. 이 원조는 국가가 교회에 대한 재정적 지원을 줄였기에 더욱 필요했다. 각성된 일치문화(Vereinskultur)는 마찬가지로 지교회를 포괄하는 구조를 만들어 내었다. 여기서 러시아 개신교 성서협회가 중요한 역할을 하였다.

19세기에 점점 루터교 교인들이 시베리아에, 무엇보다 탄광과 공업 중심지의 노동자와 전문가로서 정착하였다. 그 외에 핀란드, 에스토니아, 라트비아의 죄수들과 추방된 식민지의 이러한 독일계 주민들이 정착하였다. 루터교 교인들은 또한 군대에 있었다. 왜냐하면 독일이나 스웨덴에 모집된 장교들은 러시아 군대에서 근무했기 때문이다. 시베리아에 있는 지교회들은 계속해서 마을의 선생에 의해서 인도되었다. 왜냐하면 목사는 부양될 수 없었고 사람들은 널리 흩어져 살았기 때문이다. 많은 지교회가 자력으로 해 나갔다. 이것은 물론 재정에 효과적이었다. 그래서 많은 곳에서 특별한 신앙의 형태가 발전하였다. 중심지 오데사와 함께 흑해지역에는 독일 이주자들의 식민지가 있었으며, 이들은 각성운동에 각인되었고 이미 고향에서 국교체제에 적응하지 못했다. 또한 거기에 상응하여 그들은 러시아 개신교-루터교에 거리를 두었다. 이 독일 식민주의자들은 그들의 마을에 고유한 사회적 공동체를 형성하였는데, 이들은 교회생활을 스스로 조직해야 했다. 왜냐하면 단지 몇 명의 목사만이 있었기 때문이다. 이들은 20곳 내지 30곳의 마을을 돌보았다. 그 지역에 있는 초등학교를 관할하는 '관리 교사들'(Kuesterlehrer)이 더욱 중요하였다. '중앙학교들'(Zentralschulen)이 장소에 구애되지 않고 설립되었으며, 이것은 계속하여 학교 교육과 또한 교사 양성을 가능하게 하였다. 흑해지역에는 약 300,000명의 개신교 교인이 살고 있으며, 여기에 약 100,000명이 이웃 볼히니엔(Wolhynien)에서 왔다. 1905년까지 정교회교인이 개신교로 개종하는 것이 금지되었다. 정교회를 버리라고 호소하는 목사는 심각한 결과를 고려해야 했다. 수도 성 페터스부르크에 1912년 약 90,000명의 루터교 교인들이 살았다.

분리된 각성운동 무리들은 경건시간에 모였으며, 그에 따라 참여자를 '시간주의자'(Stundist)라고 불러졌다. 시간주의(Stundismus)는 그 다음 침례교 영향에 빠져들었다. 시간주의자들로부터 '형제회'(bruedergemeinschaft)가 성장하였으며, 그들의 지교회는 러시아 개신교-루터교에 독립되어 있었다. 시간주의자 일부는, 즉 침례교시간주의자(Stundobaptist)는 1869년 이후 성인세례를 실천하였다. 시간주의자 스스로 다른 집단들과 '복음주의 그리스도교 연맹'(Bund der Evangeliumchristen)을 조직하였다. 1876년과 1878년 시간주의자들에 대한 소송이 실행되었으나 무죄판결로 끝났다. 1879년 침례교는 러시아 토착민이 아니라, 외부에서 이주해온 경우에 한에서만 국가의 승인을 받았다. 그들의 가장 큰 적은 민족적으로 정향된 정교회였다. 독립 교단은 1880년대에 침례교의 지도 아래로 결합하려고 강력히 시도했는데, 국교체제에 어울리지 못하였고, 곧 불이익을 당하였으며 1894년에서 1896년까지 역시 박해를 받았다. 처음으로 1905년 허용된 종교의 자유가 약간 완화되어 1908년 침례교 연맹이 형성될 수 있었으며, 그 다음 여기에 복음주의 그리스도교가 결합하였다.

러시아 개신교-루터교 구성이 이질적이어서 겨우 위로부터 조직될 수 있었는데, 페터스부르크 총감독 귀도 핑고우드(Guido Pingoud: 조상이 스위스 출생)가 개혁에 대한 계획서를 제출하였다. 그것은 장로회-노회의 요소를 강화시키는 것이었다. 그러나 이러한 계획은 러시아 정부가 거부하였다. 핑고우드는 자신의 구상에서 특히 자기 교구에 속해 있는 흑해지역의 지교회 이익을 고려하였다. 1914년 러시아 개신교-루터교는 370만 명의 구성원을 지녔다. 그 가운데 130만 명이 라트비아인, 110만 명이 에스토니아인 그리고 110만 명이 독일인이었다. 여기에 다른 몇몇의 소수민족들이 있었다. 65,000명의 교회 구성은 개혁파 교인들이다. 제1차 세계대전 이전에 러시아계 독일인은 반독일적인 르상티망

(Ressentiment)에 당면하였으며 그들의 특권은 점점 감소되었다. 전쟁에서 많은 교회가 그들의 독일적인 특징 때문에 억압으로 고통당해야 했으며, 1915년에는 독일어 설교가 금지되었다. 이주활동이 많은 지교회들을 흐트러뜨렸으며, 이것은 아직 10월 혁명 전이었다. 1917년 2월 혁명 이후 흑해지역의 지교회는 장로회-노회 교회헌법 토대 위에서 자신의 '남러시아 개신교-루터교'(Evangelisch-Lutherische Kirche Suedrusslands)를 설립할 시간이 오는 것을 보았다. 볼가지역의 독일인 역시 그 추측된 시간의 이점을 이용하기 위해서 교회 대회를 열었다. 물론 개신교는 2월 혁명에 대해 교회 자치조직을 통해서 교회생활에 대한 보다 큰 자유를 기대하였다. 그래서 새로운 교회헌법 작업이 시작되었다. 그러나 그 다음의 사건에 직면해서 이러한 결정은 더 이상 지속되지 못했다.

2. 공산주의 교회통치권

볼세비키 권력자는 루터교 같은 독립 교단을 처음 아주 짧은 기간 동안 괴롭히지 않았으며 그들에게 외부를 향하여 헌법에 보장된 종교자유를 통해서 더 많은 자유를, 더욱이 동시에 정교회를 약화시키기 위해서 부여하였다. 레닌은 이미 10월 혁명 전에 차르 국가에 대하여 그와 밀접하게 얽혀있는 정교회국교에 대하여 '종파'(Sekt)들의 적대감을 이용할 수 있기를 희망하였다. 그러나 일반적으로 모든 종교적인 단체들은 소멸되거나 소멸되어야 하는 낡은 세계관의 담당자로 여겨졌다. 처음에 개신교 교회는 새로운 볼세비키 권력자가 그들의 지배를 강화시켜야 하고 먼저 정교회를 공격할 때에 이익을 얻었다. 그래서 독립 교단은 그들의 구성원 숫자가 상당히 증가하였다. 이것은 무엇보다 복음주의 그리스도교 침례교인과 침례교인에게 적용되었으며, 이들의 숫자는 1917년에서 1918년까지 150,000명에서 500,000명으로 증가하였다. 새로운 정부재촉으로 1920년 이후 국가후원과 더불어서 볼가와 흑해지역의 독일교회가 루터교에서 분리되었으며 독립 지교회들을 형성하였다. 볼가 지역에서는 거기로부터 루터교에 대한 경쟁이 성장하였으나, 이것은 30년대 초에 다시 사라졌다.

개신교 교회가 10월 혁명을 겨우 정교회 지배가 끝나는 것으로 볼 수 있었기 때문에,

1918년 초에 실행된 교회와 국가의 분리는 그들을 괴롭게 하였다. 이제 개신교-루터교는 몰수되고, 그들의 학교는 국유화되었으며 종교적 단체는 폐지되었다. 종교는 단지 개인적인 일이 되어야 하며 국가 재정을 없앤다는 이유였다. 발트해 연안 국가들의 독립을 통해서 러시아의 개신교 주민 비율은 그 사이에 많이 줄어들었다. 즉 개신교인 숫자가 약 100만 명으로 줄어들었고, 아직 집무중인 교회지도부들이 사망함에 따라 심하게 약화되었다. 러시아 교회에서 활동했던 많은 발트지역 출신 목사들이 고향으로 돌아갔다. 교회 구성원의 숫자는 1920년대 다시 감소하였다.

제1차 사계 이후 발트해 연안 국가들의 독립으로 러시아 루터교는 새로 조직되어야 했다. 이것은 1924년 국가 승인 아래 총노회가 생겼으며, 이 총노회는 더욱이 국가에 의해 허락된 교회헌법을 통과시켰다.[9] 이 시기에 루터교는 러시아 권력자의 독일에 대한 좋은 관계에 대한 관심으로부터 이득을 얻었다. 1920년 이미 모스크바에는 새로운 당회가 선출되었다. 교회지도부는 임시로 감독 콘라드 프라이펠트(Conrad Freifeldt: 1844-1923)를 통해서 조정되었다. 그는 1920년 '러시아 개신교-루터교 자치에 대한 임시 결정'(Temporaere bestimmungen ueber die Selbstverwaltung der evangeisch-luterische Gemeinden in Russland)을 선포하였다. 그 다음 1924년 교회헌법은 장로회-노회 요소를 더 받아들일 수 있었다. 그러나 당회는 유지되었고 그 외에 두 곳의 감독이 선출되었으며, 한 사람(테오필 마이어: Theophil Meyer)은 모스크바에, 그리고 다른 한 사람(알투어 맒그렌: Arthur Malmgren)은 레닌그라드에 주재하였다. 마이어는 1934년에 사망했다. 맒그렌(1860-1947)은 1936년 독일로 추방당했으며 라이프치히에서 사망하였다. 1925년 레닌그라드에서 성직자 신진 교육을 위한 기관이 세워졌으며, 이곳은 그 사이에 더 이상 러시아 수중에 있지 않는 돌파트에 있는 신학대학을 대체하였다.

1925년 몇 번의 전주곡 이후 공격적인 무신론 선동이 밀려왔으며, 종교법과 헌법 개정과 더불어 1929년 개신교 교회는 국가와의 무난한 평화단계가 끝났다. 그래서 또한 지금까지의 것들과 함께, 비록 성서에 대한 제한적으로 운영된 출판과 수입 허락이었지만 결

9) Tschoerner: Kirchenordnungen (Teil 1), 241-255.

국 지나갔다.[10] 이제 그리스도교에 대한 공산주의 박멸전선이 개신교에게도 엄습하였다. 비록 모든 교회들이 국가에 대한 충성성명을 발표하였지만, 그들은 지하로 숨어들었다. 교회는 외국인과의 관계를 중단해야 했다. 레닌그라드의 신학교육은 상당히 어려워졌으며 1934년 완전히 중단되었다. 집단농장은 광범위하게 기근과 곤궁을 가져왔는데, 이는 지방교회의 재정 토대를 파괴하였다. 1921-1922년 이미 600만 명이 굶주렸다. 교회 건물들과 목사관은 몰수되었고, 목사들은 과도하게 과세되었으며, 일요일은 공휴일로서 폐지되었다. 무신론 캠페인은 그리스도교 종교를 조롱거리로 만들었다. 교회는 모든 가능한 다른 이용거리로 넘겨졌으며, 더욱이 항의자에게 개별적으로 인도되었다. 교회에게 아직은 예배만이 허락되었으며, 모든 다른 집회, 예컨대 어린이와 청년업무는 금지되었다. 목사들은 압박받고 결국엔 모두 체포되었으며, 마침내 루터교는 1938년 문을 닫았다. 러시아의 100명의 루터교 목사 중에, - 제1차 사계대전 이전에는 200명 이상이었다 - 단지 3명만이 스탈린의 그리스도교 박해에 살아남았다. 이것은 이제까지의 그리스도교 박해를 능가하였다. 개신교-루터교는 동시에 사라졌으나, 이 해체는 스탈린이 자기국민에게 행하고 수백만 명을 희생으로 떨어뜨린 단지 강력한 전쟁의 일부분이었다. 아직 존재한 교회는 전적으로 자신에게만 의존했으며 경건은 거의 집에서만, 가정영역에서만 실천되었다. 그래서 자주 여성들이 성직자 생활의 수행자가 되었다.

독일의 소련 진군 동기는, 1924년 아직 고유한 소련공화국에 속한 볼가 독일인들과, 그리고 마찬가지로 나머지 독일 소수자들을 시베리아와 카자흐스탄으로 추방하였던 일이다.[11] 동시에 거주지 조직과 함께 아직 남아있는 교회와 가정의 조직들이 파괴되었다. 성서와 찬송가는 추방 때문에 넘겨주어야 했고 나중에 자주 기억을 힘들게 재구성해야 했다. 끌려간 자들은 강제노역하기 위해서 '노동자 군대'(Arbeitsarmee)에 관련되거나 혹은 '특별 거주지'(Sondersiedlung)의 아주 열악한 조건 아래서 살아야 했다. 루터교는 자발적으로 조직된 '형제회' 안에서 독립 교단 견해의 지지자들과 함께 여기서 생존하였다. 100만 명 이상이 그러한 조치를 당했으며, 그들 가운데 약 300,000명이 사망했다. 다음 해에

10) Steindorff: Partei und Kirchen, Dok. 10 (1923), 35 (1923), 35 (1923), 90 (1927) -그러나 Nr.111 (1929).

11) 추방명령에 대한 번역, Kahle: Dokumente, 41f.

많은 사람들이 그들의 언어와 정체성을 부정하였으며, 교회적인 관점에서도 역시 그랬다. 그러나 추방되지 않은 러시아계 독일인은 독일 점령 아래서 큰 부분을 차지하였으며 이주 조치 대상이 되었다. 이 이주정책은 이들을 바르테가우와 다른 지역으로 데려가는 것이었다. 그 지역으로부터 이들은 전쟁 끝날 때까지 시베리아로 끌려갔다. 군대 진입에 대해서 대부분의 러시아계 독일인들은, 특히 우크라이나에 있는 자들은 스탈린주의 테러로부터의 해방으로 체험하였다. 또한 이제 예배가 다시 행사된 것도 여기에 해당된다. 보다 정확히 말하면 군목을 통해서 행사되었다. 왜냐하면 더 이상 토착인 개신교 성직자가 없었기 때문이다. 이것은 루마니아에 할당된 지역(Transnistrien)과는 다른 상황이었다. 여기서는 지벤뷔르그 - 작센 교회가 교회생활에 책임이 있었다.

제2차 세계대전 중 처음으로 - 스탈린에게 민족 상황을 안정시키는데 교회가 유익했을 때에 - 이 작은 자유가 유지되었다. 1943년 국가 감독관청이 세워지고, 여하튼 그것은 교회실존에 대한 승인을 포함하였다. 1944년 이러한 긴장완화의 움직임 속에서 침례교와 복음주의 그리스도인들이 '복음주의-침례교 총연합협의회'(Allunionsrat der Evangeliumschristen-Baptisten)로 인정되었으며, 1945년 이 협의회에 오순절파와 메노나이트 부분들이 결합하였다. 전쟁 이후에 추방된 독일인들에 대한 압류가 느슨해졌다. 루터교 목사 알투어 파이퍼(Arthur Pfeiffer: 1897-1972)는 생존한 몇 사람 중의 한 사람인데, 그는 신진 성직자를 교육시키고 유배지의 교회를 돌아보았다. 1955년 러시아계 독일인은 독일연방공화국(Bundesrepublik Deutschland)과 외교적 관계 개척 결과로 사면을 받았으나, 다시 그들의 옛 거주지로 되돌아가지는 못하였다. 여하튼 관청은 시베리아에서 카자흐스탄과 다른 지역으로의 이주를 허용했고 기도하기 위한 모임도 마찬가지로 허용하였다. 1955년 오이겐 바흐만(Eugen Bachmann: 1903-1993)은, 카자흐스탄의 아크몰린스크(Akmolinsk: Astana)에 하나의 지교회를 세우는데 성공하였으며, 이 교회는 1957년 더욱이 국가에 의해서 승인받았다. 바흐만은 1934년 레닌그라드의 목사였는데, 그때까지 나무꾼으로서, 그리고 거리노동자로서 생계를 이어갔다. 또한 교회 등록 후에 압류하고 이렇게 해서 더 효과적일 수 있게 된 국가의 억압은 그의 건강을 상하게 하였다. 바흐만은 또한 교회 설립이 형제회의 의미에서 무조건적인 것이 아니라는 것을 보아야만 했다.

1958년 니키타 후르시초프(Nikita Chruschtschow: 1894-1971) 통치 아래서 다시 한 번 심한 무신론적인 정책이 도입되었는데, 이는 재차 종교박멸이 목적이었다. 교회는 구성원들의 종교활동을 억제하는 기구가 되어야 했다. 1961년 이제 통일된 '복음주의 그리스도교-침례교'(Evangeliumschristen-Baptisten)는 후르시초프의 '훈령통지'(Instruktionsbrief)를 통해서 활동을 심하게 제한을 받았으며, 이 훈령통지는 더욱이 공적으로 교회지도부에 의해 받아들였다. 세례는 이제 30세에 행사해야하며, 그리고 이것은 3년간 준비기간이 지나야 했다. 그래서 1963년 비국교 집단들은 '복음주의 그리스도교-침례교 교회협의회'(Rat der Kirchen der Evangeliumchristen-Baptisten)로 분리되었다. 여기에 속한 지교회들은 단지 불법으로만 존재할 수 있었으며, 그들의 구성원은 체포의 위협을 받았다. 그럼에도 불구하고 그들은 국가로부터 독립된 교회를 조직하고자 하였다. 국가의 관심은 모든 개신교를 하나의 교회로 결집시키고 이것을 엄격하게 감시하는 것이었다. 그래서 또한 오순절파도 그들이 이 교회연합에 가입할 때만 허용되었다. 재림파들에게도 비슷하였다. 이 교회연합은 1958년 '그리스도교 평화대회'(Christlicher Friedenskonferenz)와 1962년 WCC에 가입한 것만 일관되었다. 국가에 점유되고 격감된 교회는 예컨대 국제적인 얼굴마담의 역할을 해야 했다. 그러나 러시아(발트 지역 예외)에서 교회의 국가등록은 하나의 문제로 남았다. 그것은 1967년 이후에야 처음으로 가능하였다. 모든 교회들이 공식적으로 국가승인에 관심한 것은 아니다. 왜냐하면 사람들은 강력한 국가감독을 두려워했기 때문이다. 목사 없는 교회생활은 계속해서 본질적으로 그들 지체들에 의해서 이루어졌다. 여전히 독일어가 예배언어였다. 1960년대 말 일종의 긴장완화가 기록될 수 있었다. 교회연합은 이제 또한 교회 반대자들의 소속원들과 대화를 이끌었다. 그들의 지도자는 게오르기 빈스(Georgi Vins: 1928-1998)이며, 그는 1974년 체포되어 1979년 미국으로 추방되었다. 다음 시기에 국가와 그리고 침례교가 우세한 개신교사이에 잠정협정(Modus vivendi)이 생겼다. 교회는 종교문제협의회를 통해서 조정되었으며, 교회 탈퇴자는 박해받았다. 추후에 지하교회 조직구조와 교회숫자들은 거의 더 이상 밝혀질 수 없으며, 여기에는 루터교, 오순절파, 메노나이트, 침례교 그리고 재림파들이 속했다. 이 교회들은 국가조정에서만이 아니라, 보다 큰 교회구조의 분류에서도 벗어났다.

1970년대에 처음으로 독일 루터교 상황이 안정되었다. 1976년 이후 루터교 세계연맹은 그들과 접촉하고 지원하였다. 이제 소련에는 174개의 루터교가 약 100,000명의 구성원을 지니고 있었으며, 그들은 대부분 시베리아와 카자흐스탄에 살았다. 그들은 대부분 각성된 형제회의 독립교단 전통 안에서 스스로 조직하였다. 이러한 전통과 역사적 경험으로부터 나온 이원론적 세계관이 각인되었고, 그 안에는 국가와 그들을 유혹하는 '세상'을 반신적인 것으로 여겼다. 리가(Riga)의 목사 하랄드 칼닌스(Harald Kalnins)는 국가의 허락으로 1980년 감독전권을 지닌 러시아계 독일인 루터교 감독이 되었으며, 1988년 '소련연방 독일 개신교-루터교'(Deutschen Evangelisch-Lutherischen Kirche in der Sowjetunion) 감독으로 지명되었다. 이 교회 이름은 박해 이전의 전통에 접목되어야 했다. 칼닌스는 이미 1970년대에 러시아의 아시아 영역에 있는 지교회들은 방문할 수 있었다. 이때 처음으로 그때까지 10년 이상 고립된 교회들안에서 다시 관계가 연결되었다. 1985년 온화하게 된 국가교회정책 아래서 이미 250~300곳의 루터교 교회가 있었다. 이제 형제단(Bruderkreis) 부류들 역시 루터교와 연결을 점점 추구하였다. 그러나 방어적인 입장 또한 강력하였다.

소련연방 몰락 이후 소련연방 독일 개신교-루터교로부터 러시아, 우크라이나, 카자흐스탄, 중앙아시아 개신교-루터교(Evangelisch-Lutherischen Kirche in Russland, der Ukraine, Kasachstan und Mittelasien: ELKRAS)가 생겼으며, 이 교회감독으로 1994년 이전에 뮌헨에서 가르치던 신학교수 게오르그 크레취마(Georg Kretschmar: 1925출생)가 선출되었다. 교회는 1832년과 1924년의 교회헌법 정관을 통해서 새로운 제도를 보존하였으며, 1999년 다시 한 번 개정되었다.[12] 크레취마는 이전에 리가, 헤르만스타트 그리고 페터스부르크의 강좌를 통해서 개신교 목사 교육에 공헌하였다. 그의 감독구 교회는 1992년 리가의 감독구가 페터스부르크로 옮겼는데, 50년 전에 수영장으로 개조된 것이었다.

지나간 해에 이 교회 전통적인 분위기는 러시아계 독일인들이 독일로 이주함으로써 매우 위축되었다. 다른 한편에서는 러시아인들이 루터교에 가입하였다. 시베리아로의 추방 이후 소련 동부지역에 있었던 러시아계 독일인 루터교에는 정치적 변화가 거의 어떤 결과를 가져오지 않았다. 전통적인 방법으로 거기서 사람들은 정치와 거리 두었고 독일문

12) Tschoerner: Kirchenordnungen (Teil 2), 53-84; 96-139.

화를 장려하는 새로운 가능성에 관해서도 하찮게 여겼다. 옛 형제단적인 전통은 그러한 사건들을 단지 세상적인 일로만 여겼다. 상부 교회조직 역시 자신들의 경건한 관심에 쓸모없는 것으로 보였다. 독일 문화유산을 돌보는 것은 러시아의 유럽지역 안에 있는 개별 교회들 안에 그들의 자리 잡았으며 이것은 이미 1980년대에 있었다. 문화단체로부터 자주 개신교 지교회가 분리되었으며, 그들은 또한 몰수된 교회 건물반환을 신청하였다. 그 사이에 또한 교회언어와 예배언어의 독일어가 러시아 허락으로 보충되었다. 소련 공산당 총서기 미하일 고르바초프(Michael Gorbatschow) 아래서 1985년 이후 국가 종교정책이 느슨해졌다. 그리고 이것은 소련연방만이 아니었다. 1986년 부다페스트에서는 동구권(Ostblock) 교회문제에 대해 국가관청의 마지막 회의가 열렸으며, 그리고 소련 측으로부터 어떤 새로운 회의날짜도 확정되지 않았다. 러시아 세례 1000년 기념에 대한 국가지원은 하나의 종교정책 변화의 표지이다.

소련연방을 분쇄한 20세기 80년대 후반 정치변화는 러시아에 독특한 종교정책을 가져왔다. 정교회는 - 이것은 이미 소련연방 시절에 절대적인 민족교회로 여겨졌는데 - 지금 가톨릭교회 활동과 러시아지역 개신교 '종파'들의 활동을 방어하기 위해서 모든 힘을 동원하였다. 그럼에도 불구하고 1989년 이후 미국 선교사를 통하여 러시아 침례교 숫자는 증가하였다. 이 나라에 정착한 루터교교인들 역시 빈번이 침례교에 가입하였으며, 이들은 러시아계 독일인의 옛 경건주의 전통과의 동질성을 철저하게 나타내었다. 계속해서 그리고 이미 10년 이후 러시아에는 오순절파와 재림주의 같은 다른 은사집단들이 출현하였다. 오늘날까지 이러한 단체들 역시 국가승인을 얻기 위해 노력하며 그리고 국가재량에 맡겨져 있다. 러시아 루터교 숫자는 불분명하며, 거기에 대해 2만~2만 5천 명 사이의 심한 변동이 진술된다.

백러시아에는 이미 오래 전에 루터교와 개혁파가 있었지만 이들은 마찬가지로 스탈린 테러를 통해서 심한 고통을 겪어야 했다. 1989년 이후 몇 곳의 지교회가 다시 등록되어질 수 있었다. 우크라이나에 있는 개신교는 백러시아와 마찬가지로 러시아 제국 그리고 후일의 소련연방의 모든 개신교 운명을 공유하였다.

부 록

색인

KGE 도서목록

색 인

KGE 도서목록

편집인: 울리히 게블러(Ulich Gäbler), 요한네스 쉴링(Johannes Schling)
출판인: 게르트 핸들러(Gert Haendler), 고(故) 요아힘 로게(Joachim Rogge †)

◈ : 한글출판.
Ⓐ : 독일출판예정.

I . 초대교회부터 중세시대까지

I - 1 ◈
DAS URCHRISTENTUM
von Karl - Martin Fischer †
1986, 2. Aufl. 1991 • 200 Seiten+4 S. Beilage
ISBN 978 - 3 - 374 - 00295 - 1
『원시기독교』, 한정애 옮김
ISBN 978 - 89 - 98741 - 02 - 0
978 - 89 - 98741 - 01 - 3 (세트)

I - 2 ◈
DAS CHRISTENTUM IM ZWEITEN JAHRHUNDERT
von Karl - Wolfgang Tröger
1988 • 140 Seiten
ISBN 978 - 3 - 374 - 00465 - 2
『2세기 기독교』, 염창선 옮김
ISBN 978 - 89 - 98741 - 03 - 7
978 - 89 - 98741 - 01 - 3 (세트)

I - 3 ◈
VON TERTULLIAN BIS AMBROSIUS
von Gert Haendler
1978, 4. Aufl. 1992 • 138 Seiten
ISBN 978 - 3 - 374 - 00297 - 8
『테르툴리아누스부터 암브로시우스까지』, 조병하 옮김
ISBN 978 - 89 - 98741 - 04 - 4
978 - 89 - 98741 - 01 - 3 (세트)

I - 4
DIE KIRCHE DES OSTENS IM 3. UND 4. JAHRHUNDERT
von Hans Georg Thümmel
1988 • 136 Seiten
ISBN 978 - 3 - 374 - 00466 - 0

I - 5
DIE ABENDLÄNDISCHE KIRCHE IM ZEITALTER DER VÖLKERWANDERUNG
von Gert Haendler
1981, 4. Aufl. 1995 • 152 Seiten
ISBN 978 - 3 - 374 - 00015 - 0

I - 6
DIE ÖSTLICHEN KIRCHEN IN DER EPOCHE DER CHRISTOLOGISCHEN AUSEINANDERSETZUNGEN(5. BIS 7. JAHRHUNDERT)
von Friedhelm Winkelmann
1981, 4. Aufl. 1994 • 152 Seiten+1 Faltkarte
ISBN 978 - 3 - 374 - 00298 - 6

I - 7
DIE LATEINISCHE KIRCHE IM ZEITALTER DER KAROLINGER
von Gert Haendler
1985, 2. Aufl. 1992 • 140 Seiten
ISBN 978 - 3 - 374 - 00299 - 4

I - 8
DIE OSTKIRCHEN VOM BILDERSTREIT BIS ZUR KIRCHENSPALTUNG 1054
von Hans - Dieter Döpmann
1991 • 164 Seiten
ISBN 978 - 3 - 374 - 01195 - 0

I - 9
VON DER REICHSKIRCHE OTTOS I. ZUR PAPSTHERRSCHAFT GREGORS VII.
(10. BIS 11. JAHRHUNDERT)
von Gert Haendler
1994 • 176 Seiten
ISBN 978 - 3 - 374 - 01529 - 8

I - 10
DIE KIRCHEN IM ZEITALTER DER KREUZZÜGE
(11. BIS 13. JAHRHUNDERT)
von Friedhelm Winkelmann
1994, 2. verb. Aufl. 1998 • 164 Seiten
ISBN 978 - 3 - 374 - 01465 - 8

I - 11 ◆
THEOLOGIE IM MITTELALTER
von Volker Leppin
2007 • 184 Seiten
ISBN 978 - 3 - 374 - 02516 - 1
『중세신학』, 이준섭 옮김
ISBN 978 - 89 - 98741 - 05 - 1
978 - 89 - 98741 - 01 - 3 (세트)

I - 12 ◆
DIE ABENDLÄNDISCHE KIRCHE IM HOHEN MITTELALTER
(12./13. JAHRHUNDERT)
von Heinrich Holze
2003 • 304 Seiten
ISBN 978 - 3 - 374 - 02047 - 8
『중세 전성기의 서방교회(12 - 13세기)』,
최영재 • 권진호 • 황훈식 옮김
ISBN 978 - 89 - 98741 - 06 - 8
978 - 89 - 98741 - 01 - 3 (세트)

Ⅱ. 중세 후기, 개혁, 종파 시대

II - 1 ▲
ENTMACHTUNG UND SELBSTZERSTÖRUNG DES PAPSTTUMS (1302 BIS 1414)
von Volker Gummelt

II - 2 ◆
VON DEN REFORMKONZILIEN BIS ZUM VORABEND DER REFORMATION
von Michael Basse
2008 • 224 Seiten
ISBN 978 - 3 - 374 - 02494 - 0
『개혁공의회부터 종교개혁 전야까지』, 홍지훈 • 이준섭 옮김
ISBN 978 - 89 - 98741 - 07 - 5
978 - 89 - 98741 - 01 - 3 (세트)

II - 3, 4 ◆
ANFÄNGE DER REFORMATION / DER JUNGE LUTHER(1483 - 1521), DER JUNGE ZWINGLL(1484 - 1523)
von Joachim Rogge †
1983,2. Aufl. 1985 • 312 Seiten
ISBN 978 - 3 - 374 - 00300 - 1
『종교개혁 초기 / 청년 루터(1483 - 1521), 청년 츠빙글리 (1484 - 1523)』, 황정욱 옮김
ISBN 978 - 89 - 98741 - 08 - 2
978 - 89 - 98741 - 01 - 3 (세트)

II - 5 ◆
EVANGELISCHE BEWEGUNG UND FRÜHE REFORMATION(1521 - 1532)
von Rudolf Mau
2000 • 250 Seiten
ISBN 978 - 3 - 374 - 01795 - 9
『복음주의 운동과 초기개혁(1521 - 1532)』, 권진호 옮김
ISBN 978 - 89 - 98741 - 09 - 9
978 - 89 - 98741 - 01 - 3 (세트)

II - 6 ◆
REFORMATIONSGESCHICHTE(1532 - 1555/1556) / FESTIGUNG UND REFORMATION, CALVIN, KATHOLISCHE REFORM UND KONZIL VON TRIENT
von Hubert Kirchner
1988 • 178 Seiten
ISBN 978 - 3 - 374 - 00016 - 9
『종교개혁사(1532 - 1555/1556) / 종교개혁의 강화, 칼빈, 가톨릭개혁과 트렌트 공의회』, 정병식 옮김
ISBN 978 - 89 - 98741 - 10 - 5
978 - 89 - 98741 - 01 - 3 (세트)

II - 7 ▲
DIE ENTSTEHUNG EVANGELISCHER LANDESKIRCHEN
(1530 - 1580)
von Günther Wartenberg

II - 8 ◆
DAS KONFESSIONELLE ZEITALTER - KATHOLIZISMUS,
LUTHERTUM, CALVINISMUS(I563 - 1675)
von Ernst Koch
2000 • 356 Seiten
ISBN 978 - 3 - 374 - 01719 - 3
『교파주의 시대 / 가톨릭주의, 루터교, 칼빈주의
(1563 - 1675)』, 이성덕•이상조 옮김
ISBN 978 - 89 - 98741 - 11 - 2
978 - 89 - 98741 - 01 - 3 (세트)

II - 9 ◆
DIE ORTHODOXEN KIRCHEN(1274 - 1700)
von Erich Bryner
2004 • 168 Seiten
ISBN 978 - 3 - 374 - 02186 - 7
『동방 정교회(1274 - 1700)』, 구영철 옮김
ISBN 978 - 89 - 98741 - 12 - 9
978 - 89 - 98741 - 01 - 3 (세트)

III. 근 대

III - 1 ◆
DER PIETISMUS(1675 - 1800)
von Peter Schicketanz
2001 • 196 Seiten
ISBN 978 - 3 - 374 - 01858 - 0
『경건주의(1675 - 1800)』, 김문기 옮김
ISBN 978 - 89 - 98741 - 13 - 6
978 - 89 - 98741 - 01 - 3 (세트)

III - 2 ◆
THEOLOGIE UND KIRCHE IM ZEITALTER DER AUFKLÄRUNG
von Wolfgang Gericke
1990 • 140 Seiten
ISBN 978 - 3 - 374 - 00859 - 3
『계몽주의 시대의 신학과 교회』, 이은재 옮김
ISBN 978 - 89 - 98741 - 14 - 3
978 - 89 - 98741 - 01 - 3 (세트)

III - 3
DER PROTESTANTISMUS IN DEUTSCHLAND(1815 - 1870)
von Martin H. Jung
2000 • 164 Seiten
ISBN 978 - 3 - 374 - 01794 - 0

III - 4
AUSSERKIRCHLICHE RELIGIÖSE PROTESTBEWEGUNGEN
=DER NEUZEIT
von Helmut Obst
1990 • 120 Seiten
ISBN 978 - 3 - 374 - 00964 - 6

III - 5
DER PROTESTANTISMUS IN DEUTSCHLAND(1870 - 1945)
von Martin H. Jung
2002 • 232 Seiten
ISBN 978 - 3 - 374 - 01994 - 3

III - 6
FREIKIRCHEN IN DEUTSCHLAND
(19. UND 20. JAHRHUNDERT)
von Karl Heinz Voigt
2004 • 272 Seiten
ISBN 978 - 3 - 374 - 02230 - 8

III - 7
KIRCHENGESCHICHTE GROSS - RITANNIENS VOM 17.
BIS ZUM 20. JAHRHUNDERT
von William Reginald Ward aus dem engl. Manuskript
Übers. von Sabine Westermann
2000 • 204 Seiten
ISBN 978 - 3 - 374 - 01750 - 9

III - 8
DER KATHOLIZISMUS(1648 - 1870)
von Klaus Fitschen
1997, 2. Aufl. 2001 • 182 Seiten
ISBN 978 - 3 - 374 - 01633 - 2

III - 9
DAS PAPSTTUM UND DER DEUTSCHE KATHOLIZISMUS(1870 - 1958)
von Hubert Kirchner
1992 • 138 Seiten
ISBN 978 - 3 - 374 - 01406 - 2

III - 10
DIE OSTKIRCHEN VOM 18. BIS ZUM 20. JAHRHUNDERT
von Erich Bryner
1996 • 144 Seiten
ISBN 978 - 3 - 374 - 01620 - 0

III - 11 ▲
KIRCHENGESCHICHTE SKANDINAVIENS (17. BIS 20. JAHRHUNDERT)
von Heinrich Holze

IV. 현대

IV - 1
DIE RÖMISCH - KATHOLISCHE KIRCHE VOM II. VATIKANISCHEN KONZIL BISZUR GEGENWART
von Hubert Kirchner
1996 • 192 Seiten
ISBN 978 - 3 - 374 - 01621 - 9

IV - 2 ▲
DER PROTESTANTISMUS IM WESTEN DEUTSCHLANDS (1945 - 1990)
von Martin Greschat

IV - 3
DER PROTESTANTISMUS IM OSTEN DEUTSCHLANDS(1945 - 1990)
von Rudolf Mau
2005 • 248 Seiten
ISBN 978 - 3 - 374 - 02319 - 3

IV - 4 ◆
PROTESTANTISCHE MINDERHEITENKIRCHEN IN EUROPA IM 19. UND 20. JAHRHUNDERT
von Klaus Fitschen
2008 • 184 Seiten
ISBN 978 - 3 - 374 - 02499 - 9
『19 - 20세기 유럽의 개신교 소수교회』, 백용기 옮김
ISBN 978 - 89 - 98741 - 15 - 0
978 - 89 - 98741 - 01 - 3 (세트)

IV - 5
DAS CHRISTENTUM IN NORDAMERIKA
von Mark Noll aus dem amerik. Manuskript Übers, von Volker Jordan
2001 • 268 Seiten
ISBN 978 - 3 - 374 - 01814 - 7

IV - 6
DAS CHRISTENTUM IN LATEINAMERIKA
von Hans - Jürgen Prien
2007 • 448 Seiten
ISBN 978 - 3 - 374 - 02483 - 4

IV - 7 ◆
DAS CHRISTENTUM IN AFRIKA UND DEM NAHEN OSTEN
von Klaus Hock
2005 • 264 Seiten
ISBN 978 - 3 - 374 - 02089 - 5
『아프리카 및 근동의 기독교』, 공성철 • 민관홍 옮김
ISBN 978 - 89 - 98741 - 16 - 7
978 - 89 - 98741 - 01 - 3 (세트)

IV - 8
DAS CHRISTENTUM IN OST - , SÜD UND SÜDOSTASIEN SOWIE AUSTRALIEN
von Friedrich Huber
2005 • 312 Seiten
ISBN 978 - 3 - 374 - 02119 - 0

IV - 9 ▲
DAS CHRISTENTUM IM 20. JAHRHUNDERT
von Hartmut Lehmann

CIP-Kurztitelaufnahme:

Protestantische Minderheitenkirchen in Europa im 19. und 20. Jahrhundert
/ Klaus Fitschen

Kirchengeschichte in Einzeldarstellungen
ISBN 3-374-00017-7
Bd. IV/4 ISBN 3-374-02499-5

1. Aufl. Leipzig: Evangelische Verlagsanstalt, 2008. 184 S.

www.eva-leipzig.de

KGE 교회사 전집
KIRCHENGESCHICHTE IN EINZELDARSTELLUNGEN

IV/4 - 19~20세기 유럽의 개신교 소수(少數)교회
(Protestantische Minderheitenkirchen in Europa im 19. und 20. Jahrhundert)

저 자 클라우스 피첸 (Klaus Fitschen)
역 자 백용기
초판발행 2015년 10월 30일
발 행 처 호서대학교 출판부
발 행 인 강일구
편 집 인 염창선
출 판 팀 김애리
등 록 제 452 - 2011 - 000004호
주 소 충남 천안시 동남구 호서대길 12
호서대학교 천안캠퍼스 1호관 411호
전 화 (041)560 - 8591
팩 스 (041)560 - 8593
이 메 일 press@hoseo.edu
I S B N 978 - 89 - 98741 - 15 - 0
978 - 89 - 98741 - 01 - 3 (세트)